“十二五”国家重点图书出版规划项目

关学文库 总主编 刘学智 方光华

学术研究系列

张载思想研究

方光华 曹振明 著

西北大学出版社

总　序

张载（1020—1077），字子厚，宋凤翔府郿县（今陕西眉县）人，祖籍大梁，宋仁宗嘉祐二年（1057）进士。张载出身于官宦之家。祖父张复在宋真宗时官至给事中、集贤院学士，死后赠司空。父亲张迪在宋仁宗时官至殿中丞、知涪州事，赠尚书都官郎中。张迪死后，张载与全家遂侨居于凤翔府郿县横渠镇之南。因他曾在此聚徒讲学，世称"横渠先生"。他的学术思想在学术史上被称为"横渠之学"，他所代表的学派被后人称为"关学"。张载与程颢、程颐同为北宋理学的创始人。可以说，关学是由张载创立并于宋元明清时期，一直在关中地区传衍的地域性理学学派，亦称关中理学。

关学基本文献整理与相关研究不仅是中国思想学术史的重要课题，也是体现中华思想文化传承与创新的重要举措。《关学文库》以继承、弘扬和创新中华文化为宗旨，以文献整理的系统性、学术研究的开拓性为特点，是我国第一部对上起于北宋、下迄于清末民初，绵延八百余年的关中理学的基本文献资料进行整理与研究的大型丛书。这项重点文化工程的完成，对于完整呈现关学的历史面貌、发展脉络和鲜明特色，彰显关学精神，推动传统文化创造性转化、创新性发展无疑具有重要意义。在《关学文库》即将出版发行之际，我仅就关学、关学与程朱理学的关系、关学的思想特质、《关学文库》的整体构成等谈几点意见，以供读者参考。

一、作为理学重要构成部分的关学

众所周知，宋明理学是中国儒学发展的新形态与新阶段，一般被称为新儒学。但在新儒学中，构成较为复杂。比较典型的则是程朱理学与陆王心学。南宋学者吕本中较早提到"关学"这一概念。南宋朱熹、吕祖谦编选的《近思录》较早地梳理了北宋理学发展的统绪，关学是作为理学的重要一支来作介绍的。朱熹在《伊洛渊源录》中，将张载的“关学”与周敦颐的“濂学”、二程（程颢、程颐）的“洛学”并列加以考察。明初宋濂、王祎等人纂修《元史》，将宋代理学概括为“濂洛关闽”四大派别，其中虽有地域文化的特色，但它们的思想内涵及其影响并不限于某个地域，而成为中华思想文化史上重要的一页，即宋代理学。

根据洛学代表人物程颢、程颐以及闽学代表人物朱熹对张载关学思想的理解、评价和吸收，张载创始的关学本质上当是理学，而且是影响全国的思想文化学派。过去，我们在编写《中国思想通史》第四卷、《宋明理学史》上册的时候，在关学学术旨归和历史作用上曾作过探讨，但是也不能不顾及古代学术史考镜源流的基本看法。

需要注意的是，张载后学，如蓝田吕氏等，在张载去世后多归二程门下，如果拘泥门户之见，似乎张载关学发展有所中断，但学术思想的传承往往较学者的理解和判断复杂得多。关学，如同其他学术形态一样，也是一个源远流长、不断推陈出新的形态。关学没有中断过，它不断与程朱理学、陆王心学融合。明清时期，关学的学术基本是朱子学、阳明学的传入及与张载关学的融会过程。因此，由宋至清末民初的关学，实际是中国理学的重要组成部分，它是一个动态的且具有包容性和创新性的概念，它开启了清初王船山学术的先河。

《关学文库》所遴选的作品与人物，结合学术史已有研究成果，如《宋元学案》《明儒学案》《关学编》及《关学续编》《关学宗传》等，均是关中理学的典型代表，上起北宋张载，下至晚清的刘光蕡、民国时期的牛兆濂，能够反映关中理学的发展源流及其学术内容的丰富性、深刻性。与历史上的《关中丛书》相比，这套文库更加丰富醇纯，是对前贤整理文献思想与实践的进一步继承与发展，其学术意义不言而喻。

二、张载关学与程朱理学的关系

佛教传入中土后，有所谓“三教合一”说，主张儒、道、释融合渗透，或称三教“会通”。唐朝初期可以看到三教并举的文化现象。当历史演进到北宋时期，由于书院建立，学术思想有了更多自由交流的场所，从而促进了学人的独立思考，使他们对儒家经学笺注主义提出了怀疑，呼唤新思想的出现，于是理学应时而生。理学主体是儒学，兼采佛、道思想，研究如何将它们融合为一个整体，这是一个重要的课题。从理学产生时起，不同时代有不同的理学学派。比如，在“三教融合”过程中，如何理解“气”与“理”（理的问题是回避不开的，华严宗的“事理说”早在唐代就有很大影响）的关系？理学如何捍卫儒学早期关于人性善恶的基本观点，又不致只在“善”与“恶”的对立中打圈子？如何理解宇宙？宇宙与社会及个人有何关系？君子、士大夫怎么做才能维护自身的价值和尊严，又能坚持修齐治平的准则？这些都是中国思想史中宇宙观与人生观的大问题。对这些问题的研究和认识，不可能一开始就有一个统一的看法，需要在思想文化演进的历史进程中逐步加以解决。宋代理学的产生及不同学派的存在，就是上述思想文化发展历史的写照，因而理学在实质上是中华思想文化的传承创新，具有重要的历史意义。

张载关学、二程洛学、南宋时朱熹闽学各有自己的特色。作为理学的创建者之一，张载胸怀“为天地立心，为生民立命，为往圣继绝学，为万世开太平”的学术抱负，在对儒学学说进行传承发展中做出了重要的理论贡献。北宋时期，学者们重视对《易》的研究。《易》富于哲理性，他通过对《易》的解说，阐述对宇宙和人生的见解，积极发挥后世所谓《四书》之义理，并融合佛、道，将儒家的思想提升到一个新的高度。

张载与洛学的代表人物程颢、程颐等人曾有过密切的学术交往，彼此或多或少在学术思想上相互产生过一定的影响。宋仁宗嘉祐元年（1056），张载来到京师汴京，讲授《易》学，曾与程颢一起终日切磋学术，探讨学问（参见《二程集·河南程氏遗书》卷二上）。张载是二程之父程珦的表弟，为二程表叔，二程对张载的人品和学术非常敬重。通过与二程的切磋与交流，张载对自成一家之言的学术思想充满自信：“吾道自足，何事旁求！”（吕大临《横渠先生行状》）

因为张载与程颢、程颐之间为亲属关系，在学术上有密切的交往，关学后传不拘门户，如吕氏三兄弟吕大忠、吕大钧、吕大临，苏昞、范育、薛昌朝以及种师道、游师雄、潘拯、李复、田腴、邵彦明、张舜民等，在张载去世后一些人投到二程门下，继续研究学术，也因此关学的学术地位在学术史上常常有意无意地受到贬低甚至质疑（包括程门弟子的贬低和质疑）。事实上，在理学发展史上，张载以其关学卓然成家，具有鲜明的特点和理论建树，这是不能否定的。反过来，张载的一些观点和思想也影响了二程的思想体系，对后来的程朱学说及闽学的形成也有重要的启迪意义，这也是客观的事实。

张载依据《易》建立自己的思想体系，但是，在基本点上和《易》的原有内容并不完全相同。他提出“太虚即气”的观点，认为没有超越“气”之上的“太极”或“理”世界，换言之，“气”不是被人创造出的产物。又由此推论出天下万物由“气”聚而成；物毁气散，复归于虚空（或“太虚”）。在气聚、气散即物成物毁的运行过程中，才显示出事物的条理性。张载说：“太虚不能无气，气不能不聚而为万物，万物不能不散而为太虚，循是出入，是皆不得已而然也。”（《正蒙》卷一）他用这个观点去看万物的成毁。这些观点极大地影响了清初大思想家王船山。

张载在《西铭》中说：“乾称父，坤称母。予兹藐焉，乃混然中处。故天地之塞，吾其体；天地之帅，吾其性。民，吾同胞；物，吾与也。”天地是万物和人的父母，人是天地间藐小的一物。天、地、人三者共处于宇宙之中。由于三者都是气聚之物，天地之性就是人之性，所以人类是我的同胞，万物是我的朋友，归根到底，万物与人类的本性是一致的。进而认为，人们“尊高年，所以长其长；慈孤弱，所以幼其幼。圣，其合德；贤，其秀也。凡天下疲癃残疾、茕独鳏寡，皆吾兄弟之颠连而无告者也”。这里所表述的是一种高尚的人道主义精神境界。

二程思想与张载有别，他们通过对张载气本论的取舍和改造，又吸收佛教的有关思想，建构了“万理归于一理”的理论体系。在人性论方面，二程在张载人性论的基础上进一步深化了孟子的性善论。二程赞同张载将人性分为“天地之性”和“气质之性”。但二程认为“天地之性”是天理在人性中的体现，未受任何损害和扭曲，因而是至善无瑕的；“气质之性”是气化而生的，也叫“才”，它由气禀决定，禀清气则为善，禀浊气则为恶，正因为气质之性不可避免地受到了“气”的侵蚀而出现“气之偏”，因而具有恶的因素。在二程看来，善与恶的对立，实际上是“天理”与“人欲”的对立。

朱熹将张载气本论进行改造，把有关“气”的学说纳入他的天理论体系中。朱熹接受“气”生万物的思想，但与张载的气本论不同，朱熹不再将“理”看成是“气”的属性，而是“气”的本原。天理与万事万物是一种怎样的关系？朱熹关于“理一分殊”的理论回答了这一问题。他认为：“太极只是个极好至善的道理。人人有一太极，物物有一太极。”又说：“太极非是别为一物，即阴阳而在阴阳，即五行而在五行，即万物而在万物，只是一个理而已。”（《朱子语类》卷九四）“理一分殊”理论包括一理摄万理与万理归一理两个方面，这与张载思想有别。

总之，宋明理学反映出儒、道、释三者融合所达到的理论高度。这一思想的融合完成于两宋时期。张载开创的关学为此做出了重要的学术贡献。正如清初思想家王船山所说：“张子之学，上承孔孟之志，下救来兹之失，如皎日丽天，无幽不烛，圣人复起，未有能易焉者也。”（《张子正蒙注·序论》）船山之学继承发扬了张载学说，又有新的创造。

三、关学的特色

关学既有深邃的理论，又重视经世致用。这可以概括为以下几个方面：

首先，学风笃实，注重践履。黄宗羲指出：“关学世有渊源，皆以躬行礼教为本。”（《明儒学案·师说》）躬行礼教，学风朴质是关学的显著特征。受张载的影响，其弟子蓝田“三吕”也“务为实践之学，取古礼，绎其义，陈其数，而力行之”（《宋元学案·吕范诸儒学案》），特别是吕大临。明代吕柟其行亦“一准之以礼”（《关学编》）。即使清代的关学学者王心敬、李元春、贺瑞麟等人，依然守礼不辍。

其次，崇尚气节，敦善厚行。关学学者大都注意砥砺操行，敦厚士风，具有不阿权贵、不苟于世的特点。张载曾两次被荐入京，但当发现政治理想难以实现时，毅然辞官，回归乡里，教授弟子。明代杨爵、吕柟、冯从吾等均敢于仗义执言，即使触犯龙颜，被判入狱，依旧不改初衷，体现了大义凛然的独立人格和卓异的精神风貌。清代关学大儒李颙，在皇权面前铮铮铁骨，操志高洁。这些关学学者“穷则独善其身，达则兼善天下”，体现出“富贵不能淫，贫贱不能移，威武不能屈”的“大丈夫”气节。

最后，求真求实，开放会通。关学学者大多不主一家，具有比较宽广的学术胸怀。张载善于吸收新的自然科学成果，不断充实丰富自己的儒学理论。他注意对物理、气象、生物等自然现象做客观的观察和合理的解释，具有科学精神。后世关学学者韩邦奇、王徵等都重视自然科学。三原学派的代表人物王恕以治《易》入仕，晚年精研儒家经典，强调用心求学，求其“放心”，用心考证，求疏通之解，形成了有独立主见的治国理政观念。关学学者坚持传统，但并不拘泥传统，能够因时而化，不断地融合会通学术思想，具有鲜明的开放性和包容性特征。由张载到“三吕”、吕柟、冯从吾、李颙等，这种融会贯通的学术精神得到不断承传和弘扬。

四、《关学文库》的整体构成

关学文献遗存丰厚，但是长期以来没有得到应有的保护和整理，除少量著作如《正蒙》《泾野先生五经说》《少墟集》《元儒考略》等在清代收入《四库全书》之外，大量的著作仍散存于陕西、北京、上海等地的图书馆或民间，其中有的在大陆已成孤本（如韩邦奇的《禹贡详略》、李因笃的《受祺堂文集》家藏抄本），有的已残缺不全（如《南大吉集》收入的《瑞泉集》残本，现重庆图书馆存有原书，国家图书馆仅存胶片；收入的南大吉诗文，搜自西北大学图书馆藏《周雅续》）。即使晚近的刘光蕡、牛兆濂等人的著述，其流传亦稀世罕见。民国时期曾有宋联奎主持编纂《关中丛书》（邵力子题书名），但该丛书所收书籍涉及关中历史、地理、文学、艺术等诸多方面，内容驳杂，基本上不能算作是关学学术视野的文献整理。20 世纪 70 年代以来，中华书局将《张载集》《蓝田吕氏遗著辑校》《关学编（附续编）》《泾野子内篇》《二曲集》等收入《理学丛书》陆续出版，这些仅是关学文献的很少一部分。全方位系统梳理关学学术文献仍系空白。

关学典籍的收集与整理，是关学学术研究的重要基础，文献整理的严重滞后，直接影响到关学研究的深入和关学精神的弘扬，影响到对历史文化的传承和中国文化精神的发掘。

现在将要出版的《关学文库》由两部分内容组成，共 40 种，47 册，约 2300 余万字。

一是文献整理类，即对关学史上重要文献进行搜集、抢救和整理（标点、校勘），其中涉及关学重要学人 29 人，编订文献 26 部。这些文献分别是：《张子全书》《蓝田吕氏集》《李复集》《元代关学三家集》《王恕集》《薛敬之张舜典集》《马理集》《吕柟集·泾野经学文集》《吕柟集·泾野子内篇》《吕柟集·泾野先生文集》《韩邦奇集》《南大吉集》《杨爵集》《冯从吾集》《王徵集》《王建常集》《王弘撰集》《李颙集》《李柏集》《李因笃集》《王心敬集》《李元春集》《贺瑞麟集》《刘光蕡集》《牛兆濂集》以及《关学史文献辑校》。

二是学术研究类，其中一些以“评传”或年谱的形式，对关学重要学人进行个案研究，主要涉及眉县张载、蓝田吕大临、高陵吕柟、长安冯从吾、朝邑韩邦奇、周至李颙、眉县李柏、富平李因笃、户县王心敬、咸阳刘光蕡等学人，共 11 部。它们分别是：《张载思想研究》《张载年谱》《吕大临评传》《吕柟评传》

《韩邦奇评传》《冯从吾评传》《李颙评传》《李柏评传》《李因笃评传》《王心敬评传》《刘光蕡评传》等。此外，针对关学的主要理论问题与思想学术演变历程进行研究，共 3 部。这些著作分别是：《关学精神论》《关学思想史》《关学学术编年》等。

在这两部分内容中，文献整理是文库的重点内容和主体部分。

《关学文库》系"十二五"国家重点图书出版规划项目，国家出版基金项目、陕西出版资金资助项目，得到了中共陕西省委、陕西省人民政府和国家新闻出版广电总局的大力支持。本文库历时五年编撰完成，凝结着全体参与者的智慧和心血。总主编刘学智、方光华教授，项目总负责徐晔、马来同志统筹全书，精心组织，西北大学、陕西师范大学、中国人民大学、华东师范大学、郑州大学等十余所院校的数十位专家学者协力攻关，精益求精，体现出深沉厚重的历史使命感和复兴民族文化的责任感；他们孜孜矻矻，持之以恒，任劳任怨，乐于奉献，以古人为己之学相互勉励，在整理研究古代文献的同时，不断锤炼学识，砥砺德行，努力追求朴实的学风和严谨的学术品格。出版社组织专业编辑、外审专家通力合作，希望尽最大可能提高该文库的学术品质。我谨向大家卓有成效的工作表示衷心的感谢。由于时间紧迫、经验不足等原因，文库书稿中的疏漏差错难以完全避免。希望读者朋友们在阅读使用时加以批评指正，以便日后进一步修订，努力使该文库更加完善。

张岂之

2015 年 1 月 8 日

于西北大学中国思想文化研究所

前　言

张载是我国北宋时期著名的思想家，关学的创始人，理学的重要奠基者。他以儒家经典为依据，在批判和吸收佛、道思想的基础上，对经典的“义理”之学进行发明贯通，经过“俯而读，仰而思”“未始须臾息”的艰苦探索，最终创立起自成一体的思想体系，“与尧舜孔孟合德乎数千载之间”，“有六经之所未载，圣人之所不言”，为开启儒学思想的新时代奠定了重要的思想基础。

张载在关中培养了一批弟子，形成关学学派。范育“笃信师说而善发其蕴”，苏昞能准确把握张载思想中的“天道性命之微”，他们是张载思想的坚守者。吕大临后来从学于二程，一方面用二程思想反思张载思想潜在的发展可能，另一方面又用张载的思想丰富和发展二程思想，对二程思想的深化起到重要作用，被誉为“程门四先生”之一。吕氏兄弟还撰成我国历史上第一个较为完整的乡约民规《吕氏乡约》，推行礼教，教化乡里，“关中风俗为之一变”。游师雄、种师道、李复则是北宋著名军事将领，才干出众，建功颇多。其中，李复对于音律、盐法、水利、历法、地理、术数等多有研究，尤其精于历法和易学，南宋高宗建炎二年（1128），李复以年老之躯，奉命镇守秦州（今甘肃天水），抗金殉职。他们的学行与思想呈现出张载学术和关中学派的博大气象。

张载及其关学在理学的发展史上具有不可忽视的作用。虽然在张载同时代略早，周敦颐通过吸收道教思想，用“无极”“太极”“阴阳”“五行”等范畴初步提出了一个天人合一理论模式，对理学的形成起到重要作用，但理学许多的基本范畴和核心命题，如“天地之性”“气质之性”“穷神知化”“穷理尽性”“知礼成性”等，均由张载开创。这些基本范畴和核心命题，被二程、朱熹继承发挥，构成了理学的基本内核。二程曾经评价张载说：“横渠道尽高，言尽醇，自孟子后儒者，都无他见识。”朱熹也认为张载思想“极有功于圣门，有补于后学”。

但历史上，张载作为理学重要奠基者的地位却被有意无意贬低。张载去世后不久，经过吕大临、杨时等人对二程的溢美，出现了“横渠之学，其源出于程氏”的说法。虽然二程曾对此说明确地加以否认和澄清，说：“表叔（指张载）平生议论，谓颐兄弟有同处则可，若谓学于颐兄弟，则无是事”，但是，理学的集大成者朱熹等著的《伊洛渊源录》在构建理学道统时，将张载置于周敦颐、二程之后，认为张载之学，“其源则自二先生（二程）发之耳”。其实这并不符合历史事实。

周敦颐、张载、二程时，理学尚属草创，他们为这种“新儒学”所做的奠基性的工作，尚处探索阶段。张载创造性地开启了以《周易》为根本依据，贯通《论语》《孟子》《中庸》《大学》，以《礼》为归依的宏大理论框架，虽然其理论还有待发展完善，但他的思想实属儒学思想的嫡传。可惜的是，理学的主流并没有完全按照张载的思想脉络发展，而是走了一条以“别子为宗”、以程朱为正道的发展路径，程朱从理本立场出发对张载思想进行解读和定位，张载思想在理学史上的重要地位就很容易被贬低。

与此同时，张载的思想体系也被误解。范育在《正蒙序》中已经指出，张载的学说是以儒家经典为文本依托，通过批判佛教、道教思想而创建的。张载对天地宇宙、社会人生、世界万象等做了系统的论证和说明，形成了“本末上下、贯乎一道”的思想体系，一方面继承和复兴了儒家的道统，另一方面充实和创新了儒家道统的时代内涵。然而在程朱看来，张载探究宇宙本性与变化之道，虽然提出了不少有理论价值的范畴，但他所建立的太虚即气的基本思想，并不是有前景的原创性思想，应该被天理思想所取代。

明代中期，当人们反思程朱思想不足的时候，张载思想中遭到程朱贬低的以元气变化为基础的性天之学逐渐引人关注。这一趋向至明清之际的王夫之而达到高峰。王夫之是宋明以来最为推崇张载的学者。他认为：“张子之学，上承孔孟之志，下救来兹之失，如皎日丽天，无幽不烛，圣人复起，未有能易焉者也”，甚至在自撰的墓志铭中表示，“希张横渠之正学而力不能及”。王夫之以弘扬张载之学为终生之志，可见他对张载的推崇程度。理学由此表现出一定程度的向张载思想的复归。

近代以来，中国学术出现了由传统向现代的转向，因研究者的立意不同，张载思想的多方面内涵得到不同程度的发掘和高扬。经过张岱年、侯外庐、牟宗三等学者们的共同努力，张载思想不同于程朱的思想路径及其独创性得到越来越清楚的揭示，张载在理学史上的奠基性地位也得到更加清楚的彰显。

但值得注意的是，在对张载思想的研究中，学者们比较关注张载在哲学思想上的创新。事实上，哲学思想并非张载思想的全部内容。张载主张道学与政术“不二”（《文集佚存·答范巽之书》）。吕大临的《横渠先生行状》对张载思想进行归纳时，就曾经注意到，张载思想有性天之学的创新：“其（张载）自得之者，穷神化，一天人，立大本，斥异学”，同时还有“慨然有意三代之治”的抱负，有“渐复三代”，“仁政必自经界始”，“知礼成性，变化气质之道，学必如圣人而后已”，“大抵以敦本善俗为先”的政治和社会教化思想。

我们认为，如果要用一句话来归纳张载思想的核心，或许“性道合一，学政不二”比较符合张载思想的真实意蕴。张载生活在北宋中叶，有着强烈的经世情怀和治世抱负。少年时，张载就喜欢谈论兵事，“以功名自许”。范仲淹劝读《中庸》后，经过多年的研究，张载发现，要真正实现“万世太平”的盛世理想，必须从“天地、礼乐、鬼神至大之事”入手，按照天地宇宙所昭示的忠孝、仁义、礼乐治理天下。因此，张载立志于研究儒家经典的圣人之奥，探求宇宙、人生和社会政治的普遍法则，并将其贯彻于社会政治的设计和实践当中，最终得出这样的结论：“为政不法三代，终苟道也。”为此，张载以《周礼》为主要蓝本，设计出了一套以恢复井田、重建封建、推行宗法等为主要内容的“渐复三代”的政治改革方案。他的政治改革方案与范仲淹、王安石变法有着根本差别。范仲淹主持的“庆历新政”以整顿吏治为中心，王安石主持的“熙宁新法”以理财和强兵为重点，他们力求使北宋内外困局得以快速解决。张载主张变法不能局限于一时的权宜之计和利害得失，而应更加关注社会道德的重建和社会组织的根本性调整。当王安石邀请张载参与其主持的变法时，张载予以婉言拒绝，认为王安石变法“顾所忧谋之太迫，则心劳而不虚；质之太烦，则泥文而滋弊”，批评王安石的“顿革”主张只注重繁琐的细枝末节而不涉足“至大之事”，并指出王安石的市易法乃“止一市官之事耳，非王政之事也”。张载在《答范巽之书》中指出，“朝廷以道学、政术为二事，此正自古之可忧者”，明白地道出了他“学政不二”的思想意蕴。张载的政治思想是以对三代、汉唐历史及北宋时局进行深刻反思和以儒家经典为根据的圣人之奥的探索发明为基础得出的，寄寓着张载的深思熟虑和远大抱负，具有不同于北宋其他改革变法的独特内涵。张载曾两次被召入朝为官，均因与朝廷官员的政治见解不同而毅然退隐田野。然而，张载一生始终没有放弃自己的理想追求。他在隐居横渠镇期间，始终致力于圣王之道的探索发明，并率领弟子与乡民将自己的思想付诸实践，表现出“知其不可为而为之”的坚毅品格。

张载所创立的关学，再传之后一段时期内，未见有人自觉以传承者自居。学术注重师承传授，从这方面讲，关学并不像二程的洛学那样有一个相对连贯的传授序列。但“关学”并没有消失。随着学术本身的发展演进，它的含义由张载所开创的新儒学而拓展为在关中传播和发展的理学。这是因为，张载不但开创了关学，而且也是理学思潮的重要奠基者，他所构建的理论体系和创建的许多命题，成为理学嗣传的基本内核和核心话题。因此，尽管张载之后的关中儒家学者并非直接祖述张载，但由于张载提出的基本范畴和核心命题已经内化到理学思潮及其理论体系，他们在关中传播和发展理学，无疑也是对张载思想的继承和发展。同时，关中的儒家学者对于理学思潮始终有着自己的独立思考与表达。他们的思想展现出别具风格的学术特性，始终保持着由张载所奠定的“勇于造道”、独立自得，“学政不二”、经世致用，崇礼贵德、重视教化，崇尚气节、坚贞不二的学术风骨。

本书在前人和今人研究成果的基础上，重点对张载思想形成的基础、思想系统、思想品格、与关学学派的关系进行发掘，力图完整呈现张载思想的整体面貌，还原张载思想在理学史和思想史上的地位，主要包括生平著述，经学本原，性天学说，佛道论衡，政治思想，社会教化思想，与周敦颐、二程、王安石思想的比较，奠基关学，张载思想研究史等共九章。我们认为，张载思想的根本依据是儒家经典，是对经典义理独立思考的结果。他的思想既包括对“性天之学”的全新阐发，又包括对“太平治道”的深刻论述。在阐发“性天之学”时，他的主观意图是为了树立完全不同于佛道心性论的儒家天人观，但客观上受到了佛道思想的影响。然而张载对佛教的批判并不像程朱所说的那样“流遁失守”，而是做到了“正立其间，与之较是非、计得失”，表现出了巨大的理论勇气、敏锐的理论视点和强有力的逻辑力量。今天再来反思宋代理学思潮中的佛教观念，恰恰是张载对佛学的批评最切中佛教的流弊，而程朱思想中反而灌注了更多的佛教理论成分，导致以他们的思想为主流的理学思潮保留了许多精致的宗教要素。张载的“太平治道”思想基本遵循儒家经典关于王道政治的理念，同时包含有他对宋代政治危机的深入思考以及对他个人的政治经验的反思。与王安石相比较，张载的政治思想更加关注政治的根本，力图从源头上确立太平之治的根基。他践行了“为天地立心，为生民立命，为往圣继绝学，为万世开太平”的高远抱负。他的思想和他所奠基的关学在中国思想史上占据着重要地位，今天依然是我们宝贵的思想源泉。

目 录

第一章　生平和著述

第一节　生　平

一、少孤自立

张载(1020—1077),字子厚,凤翔府郿县(今陕西眉县)人,祖籍大梁(今河南开封),世称"横渠先生",北宋著名的思想家、教育家和政治家,关学的创始人,理学的重要奠基者。

据《南嘉两铭堂张氏宗谱》收录的《横渠里著谱序》,张氏之先系出自姬姓。黄帝的第五个儿子叫青阳,青阳有一子名曰"挥",挥发明了弓箭,善骑射,被赐氏"张"。张氏家族自此而来。尧舜禹和夏商周之时,张氏先祖均为辅世能臣。汉代先祖为汉开国元勋张良(约前250—前186)。西晋先祖为政治家、文学家张华(232—300),居范阳(今北京与河北保定北部),被封为关内侯、壮武公,后在政变中遭到屠杀(其时或为永康元年,即公元300年晋赵王司马伦所发动的政变),张华家族仅有幼子张韪得以幸免。张华之后,张氏家族分为两支:一支徙洛阳,其中有张说(667—730),唐代文学家、诗人,官居右丞相兼中书令;一支迁曲江(今广东韶关),其中有张九龄(678—740),唐代文学家、诗人,宰相。张九龄之弟张九皋,官居御史中丞,封开国伯,晚年徙家长安(今陕西西安)曲江池附近。张载的曾祖张璲出自后一支张九皋系,唐末任濠州(治所在今安徽凤阳)刺史,并安家于此。祖父张居咏在南唐时任侍郎同平章事,生有六子:远、迪、迥、选、迈、逵,其中五子居吴越一带,只有张载的父亲张迪在长安。张迪卒于涪州(今重庆市涪陵区)任上,后葬于陕西眉县,张载与家人遂籍长安。

但是据《张载集·附录》中收吕大临所撰《横渠先生行状》(下文简称吕大临《横渠先生行状》)[1]载,张载祖籍大梁,曾祖生于唐末,历五代不仕,因子

---

[1] 《张载集·附录》吕大临撰《横渠先生行状》,见《宋史》卷427《张载传》,(元)脱脱等撰,北京:中华书局,1985年版。

贵被赠礼部侍郎。祖父张复，宋真宗朝(997—1022)任给事中、集贤院学士等职，后赠司空。父亲张迪在仁宗朝时任殿中丞、涪州知州，赠尚书都官郎中。[①]此与《横渠里著谱序》的记载有所出入。由《横渠里著谱序》来看，张载祖籍并非大梁，其祖先曾居于曲江、濠州、长安等地。但张载在《文集佚存・庆州大顺城记》却自称“汴人(今河南开封)张载”[②]，在为其弟张戬撰写的墓志铭中亦曰：“戬世家东都(今河南开封)”(《文集佚存・张天祺墓志铭》)，宋代晁公武《郡斋读书志》、明代郭子章《圣门人物志》、清代孙奇逢《理学宗传》等亦从此说。应以张载所叙祖籍开封为是。

至于《宋史・张载传》说张载为“长安人”[③]，明代周汝登《圣学宗传》说张载乃“凤翔人”，明代赵廷瑞修，马理、吕柟纂《陕西通志》，明代冯从吾《关学编》及《全宋文》等说张载乃“眉人”，宋代赵希弁《郡斋读书志附志》说张载乃“秦人”，并无实质冲突。宋时，眉县隶属于凤翔府，属于秦地，故“凤翔人”“眉人”“秦人”所指其实均属长安故地。

再如，《横渠里著谱序》说张载祖父名为“居咏”，《横渠先生行状》则说其祖父名为“复”。张载身为宋朝著名儒者，《横渠里著谱序》却并未提及其祖父在宋朝的仕事。署名为张载所著的《横渠里著谱序》不一定真的出自张载之手。

清代学人武澄(生卒年不详，陕西岐山人)的《张子年谱》(以下简称《武谱》)综合以上诸说认为：“张子本籍，《宋史》谓为‘长安人’；《行状》谓为‘大梁人’；撰《大顺城记》自称曰‘汴人’。盖其先世居大梁，及涪州公(张迪)始侨于长安，生张子焉。故宋史直以为‘长安人’。自称曰‘汴人’者，不忘本也。”[④]此说为当前学者所采用。此外，张载尚有一姐，比张载大12岁，嫁于尚书虞部员外郎宋寿昌。还有一弟，名张戬，小张载10岁。

宋真宗天禧四年(1020)，张载生于长安。后随父迁于涪州任上。10岁时，张载“始就外傅，志气不群，知虔奉父命，守不可夺，涪州器之”(吕大临《横渠先生行状》)。不幸的是，张迪在涪州任上病逝。张迪病逝后，家人决定将其归葬大梁，15岁的张载和5岁的张戬同母亲陆氏护送父亲灵柩过巴

---

①② 《张载集》，(宋)张载撰，章锡琛点校，北京：中华书局，1978年版。

③ 《宋史》，(元)脱脱等撰，北京：中华书局，1985年版。

④ 《张子年谱》，(清)武澄，《宋明理学家年谱》(第1册)，北京：北京图书馆出版社，2005年版。

山，经汉中，走斜谷，越秦岭，当行至眉县横渠镇，因经济拮据及前方兵变，难归故里，遂将父亲安葬于眉县横渠镇南大振谷口迷狐岭，全家侨居于横渠镇大振谷口。

其时，北宋内忧外患的统治危机日渐暴露。为扭转五代十国的乱局，赵宋王朝采取了一系列加强和巩固中央集权的政治、经济、军事、文化措施。比如，推行“崇文抑武”的基本国策，收夺武将和地方兵权，设立相互牵制的种种新机构、新官职，同时把地方的财政权、司法权等收归中央，等等。矫枉过正的种种举措使北宋官僚机构与人员严重臃肿，国家不仅负担了巨大的财政压力，而且造成了行政效率低下、军队数量庞大但战斗力不强的困局。同时，在社会动乱之后建立的北宋，还面临着社会道德秩序重建的重大课题。一些有识之士意识到，要实现国家的稳定与富强，必须采取措施，革除积弊。仁宗后期至神宗即位之初，改革变法逐渐成为当时士大夫的普遍呼声，前后出现了范仲淹主持的“庆历新政”和王安石主持的“熙宁新法”。与此相应，自“宋初三先生”（孙复、石介、胡瑗）开始，儒家学者也着意复兴儒学并以此重建社会政治秩序，王安石“荆公新学”、张载的关学、二程的洛学等成为这一潮流的佼佼者。

早在宋初，李继迁、李明德等领导下的党项族逐渐强大，不断侵袭宋朝西北边境。张载青少年时就表现出强烈的忧世情怀和治世抱负。他“无所不学”，尤其喜欢谈论军事，与邠（今陕西彬县）人焦寅结为朋友，一起研讨兵法，“以功名自许”（吕大临《横渠先生行状》）。宋仁宗宝元元年（1038），元昊正式称帝，建国号大夏。西北战事进一步激化。张载对此十分关注，曾联络豪客，准备夺取被西夏占领的洮西之地（今甘肃临洮一带）。

宋仁宗康定元年（1040），北宋与西夏在三川口（今陕西延安西北）交战失利，关中震动。宋仁宗委任范仲淹为陕西经略安抚副使，兼知延州（今陕西延安），担负起防御西夏的重任。21岁的张载奔赴延州，上书谒见范仲淹，以期能为国家效力。张载上范仲淹书，据《武谱》云“恐即是《文集》所载《边议》”，即《张载集·文集佚存·边议》。“是年，元昊猖獗极矣，官军莫敢撄其锋，惟鄜州（今陕西富县）将种世衡能守要地以御寇，证之《边议》时事悉合”。张载在《边议》中提出，西北边防应当加强“选吏行边”，推行“族闾邻里之法”，招募“善守之人”，“计民以守”，“修实于内”，如此一来“义勇既练”，“兵省费轻”，“民力不足，然后济之以兵”，并认为此乃“三代法制，虽万世可行，不止利今日之民”；此外，还提出了“择帅”“用兵”“官不拘制，一从其宜”等针对北宋军事弊端的诸多建议（《张载集·文集佚存·边议》）。范仲淹很赏识张载的才干，认为他志趣不凡，可成大器，教导他说：“儒者自有名教，何事于兵！”（吕大临《横渠先生行状》）劝导张载不可仅凭一腔热血报效国家，而应潜心研读《中庸》，以儒家之学涵养自己，这样才能有更大的发展。

关于张载上书范仲淹的时间，《横渠先生行状》云：“当康定用兵时，年十八，慨然以功名自许，上书谒范文正公。”康定元年（1040）张载恰为21岁，此与“康定用兵时”张载“年十八”矛盾。而张载18岁时（景祐四年，1037），范仲淹刚被调任润州（治所在今江苏镇江）知州，其任于延州是康定元年（1040）之事。因此，《横渠先生行状》所云张载18岁上书谒范仲淹可能有误。此外，宋人吕中《宋大事记讲义》、清人沈坤山《编年考》说此乃张载20岁之事。据以上事实判断，《宋史·张载传》所载“年二十一，以书谒范仲淹”，似更为妥当。

此次拜见后，张载回到横渠镇，仔细阅读了《中庸》，开始研究儒学。但《中庸》并不能使他感到满足，于是张载又广泛研读佛、道二家之书，“累年究极其说”（参见《宋史》卷427《张载传》，《张载集·附录·吕大临横渠先生行状》）。张载发现佛、道二家的学问并不符合自己的治世抱负，于是回过头来重新研究儒家经典。经过“俯而读，仰而思”“未始须臾息”的几十年苦心思索，最终形成了不同于佛、道的儒家思想体系。

因为张载曾经谒见范仲淹，后人将张载之学视为受范仲淹启发而来，如《宋元学案》曾将张载视为“高平（即范仲淹）门人”，其实这并不符合事实。范仲淹对张载的为学确有启发之功，但张载的思想并非直接来自于范仲淹。谒见范仲淹后，张载虽然读了《中庸》，但并没有读懂，而且还对佛、道二家学说做了认真的研究，可见当时他并没有参悟到儒学的真谛，对儒家的学术宗旨感到有些茫然。在“累年究极”佛、道二家学说后，似有所悟的张载才“反而求之六经”（吕大临《横渠先生行状》），且在“俯而读，仰而思”之后，才逐渐形成自己的思想体系。可见张载的思想没有直接的师承，主要是自己独立思考所得。

需要注意的是，开始研习儒家经典的张载，并未放弃对军事问题的关心。宋仁宗庆历二年（1042），范仲淹为防御西夏的进攻，在庆州（今甘肃庆阳西北，时为环庆路）筑成大顺城。张载撰写了《庆州大顺城记》，“以记其功”。

《庆州大顺城记》曰：

> ……皇皇范侯，开府于庆，北方之师，坐立以听……赐号大顺，因名其川。于金于汤，保之万年……（《文集佚存·庆州大顺城记》）

大意是说，虽然西夏频繁袭扰边境，但由于范仲淹修筑了城池，加强了边事防御，致使敌人溃逃而去，大宋边境固若金汤。张载对范仲淹“连壁”、“保兵储粮”、避敌徐图的军事策略做了高度赞扬。事实上，在此后的历史中，大顺城确实在防御西夏方面发挥了十分重要的作用。可以看出，张载对范仲淹的军事作为极为赞赏。

皇祐五年（1053），张载的弟弟张戬（当时 24 岁）考中进士，任职于陕州阌县（治所在今河南灵宝）主簿。张戬幼年时表现就与众不同，言行举止比较庄重，不喜欢和同龄人嬉游。稍长，虽酷爱读书，但不以科举为志。在其兄张载的劝导下，张戬才从事科举。中进士后，张戬先后担任诸多地方官吏，官至秘书省著作佐郎、监察御史里行。为官时，张戬注重风俗人情，关怀民生疾苦（《文集佚存·张天祺墓志铭》）。

在此前后，张载虽尚未应试科举，但经过多年的潜心思考和研究，已在关中渐有名声，并受到在长安任职的故相文彦博的赏识，被聘往学宫，为士子表率。《横渠先生行状》云：“方未及第时，文潞公以故相判长安，闻先生名行之美，聘以束帛，延之学宫，异其礼际，士子矜式焉。”据史料记载，皇祐三年（1051），文彦博受到唐介的弹劾，被罢除“平章事”（相当于宰相），贬为吏部尚书、观文殿大学士，外知许州（今河南许昌）。皇祐五年（1053），文彦博徙为观文殿大学士、吏部尚书，知秦州（今甘肃天水），同年又徙为忠武军节度使，知永兴军兼秦凤路兵马事。永兴军的首府即京兆府（今陕西西安）。至和二年（1055）六月，文彦博又迁为吏部尚书、平章事、昭文馆大学士，再次入朝为“宰相”。因此，皇祐五年（1053）至至和二年（1055）期间，文彦博任于长安，此乃张载受邀讲学于长安之时。

二、地方治理

仁宗嘉祐二年（1057），北宋古文运动领袖欧阳修以翰林学士身份主持进士考试，38 岁的张载与苏轼、苏辙、程颢、吕大钧等同登进士。据此推测，张载应于嘉祐元年（1056）至二年（1057）前后身居京师。此时，张载对《周易》

已有了比较深入的研究，在朝辅文彦博的鼓励下，张载在汴京大相国寺开讲《周易》，听者甚众。在此期间，程颢、程颐兄弟曾前来拜望他们的表叔张载，三人进行了第一次论学，讨论的主题是如何解释《周易》。关于此次论学，《横渠先生行状》载："嘉祐初，见洛阳程伯淳、正叔昆弟于京师，共语道学之要，先生涣然自信曰：'吾道自足，何事旁求！'乃尽弃异学，淳如也。"从中可以看出当时张载对自己的思考所得具有高度的自信自明，表现出"反而求之六经"的坚定求学志向。而《宋史·道学传》说张载与二程论学后对人讲："'比见二程，深明《易》道，吾所弗及，汝辈可师之'。撤坐辍讲。与二程语道学之要，涣然自信曰：'吾道自足，何事旁求。'于是尽弃异学，淳如也。"所谓"吾所弗及"等语，恐为程朱后学对二程的溢美。对于张载从学于二程、张载之学出自二程的说法，二程在世时就曾予以明确否认。事实上，赴京赶考时的二程对张载的学问是十分赞佩并有着很高评价的。嘉祐二年(1057)三月，26岁的程颢在殿试上曾作《南庙试策五道》，其第二道结尾处曰："圣门之学，吾不得而见焉，幸得见其几者矣。则子厚之愿扫其门，宜乎！"(《河南程氏文集》卷2《书记·南庙试策五道》[①])当时很难见到真正懂得儒家"圣门之学"的人，但张载却是对此深有理解和把握的重要代表，表达出当时的程颢对张载治学的赞叹之情。此时的张载已对《周易》有了较好地研究，《横渠易说》很可能正是在此前后撰成的。

起初，张载的学说尚未引起学界的广泛关注，从学者寥寥无几。出身于关中望族的吕大钧，与张载为同年进士，又是好友，十分推崇张载的为人和学说，不顾与张载的同年关系，拜其为师，执弟子之礼。这一举动在当时引起很大反响，一时从张载而学的人骤然增多，关学从此大盛，成为北宋理学最大的学派之一。

张载及第后，先后担任祁州(今河北安国)司法参军、云岩(今陕西宜川)县令等职，始终以儒家的仁礼理念行政。在任云岩县令时，张载以道德教化、整治风俗为首要政务，每逢月吉之日，必定准备酒食，召集乡里的老人于县衙，举行"乡饮酒礼"，问询民间疾苦，探讨如何训诫子弟等，使人知敬老事长之义(吕大临《横渠先生行状》)。为使县衙颁布的文告能被普通老百姓理解，张载经常把乡长们召集到县衙，耐心地向他们讲解，并嘱托他们回到乡里

---

① 见《二程集》，(宋)程颢、程颐撰，王孝鱼点校，北京：中华书局，1981年版。

认真告知民众。因此,张载发出的文告,不识字的人乃至儿童都没有不知道、不理解的。

嘉祐年间(1056—1063),张载在地方任职时,程颢担任过鄠县(今陕西户县)主薄。在此期间,两人曾以书信的方式进行了第二次论学,讨论的主题是儒学境界,也就是学术界一般所说的"定性"问题。完全做到不为外物所累而达到与万物消融为一的"诚明"之境,是圣人的境界。在此次论学中,张载提出了"定性未能不动,犹累于外物"问题,认为在完全达到圣人境界之前,人们是不能彻底摆脱外部世界的干扰的,如何处理自己内在本性与外部世界的关系需要人们的不断坚持和渐进的修养工夫,主要表现在能否准确地把握事物尺度、找到处理问题最恰当的方式,从而实现心灵自由。而程颢认为张载以性为内、以物为外,将内外分为二物,没有做到"合内外",强调"性无内外"和"内外两忘",主张人之内心能够"廓然而大公",从而保持"无将迎,无内外"的状态,主要表现为心有主宰,即心能定,与外物保持接触但又不被外物所累。从中不难发现,张载强调儒学境界的把握需要不断修养的渐进功夫和恰当方式,程颢则并非从修养功夫立论,而是直接从"已成处"而言,着重于儒家境界的状态描述。这次学术讨论表现出张载与程颢关于如何理解和把握儒学境界问题的治学差异。

《横渠先生行状》云:"京兆王公乐道尝延致郡学,先生多教人以德,从容语学者曰:'孰能少置意科举,相从于尧舜之域否?'学者闻法语,亦多有从之者。""京兆王公乐道"即王陶(1020—1080),字乐道,京兆万年(今陕西西安)人,仁宗庆历二年(1042)进士。英宗治平年间(1064—1067),知永兴军(治所在京兆府,今陕西西安)。此或为张载任云岩县令之时。于此可见张载崇尚"三代"的思想取向。

英宗即位(1063)后,西夏国第二位皇帝李谅祚遣使入贺,因使者不遵宋朝觐见礼仪与宋朝官吏发生冲突,李谅祚以宋有意侮辱西夏国为由,发兵攻掠泾源(今宁夏泾源)及其他州堡。当时,任环庆路(治所在今甘肃庆阳)经略安抚使的是蔡挺。蔡挺(1014—1079),字子政(又作子正),应天府宋城(今河南商丘)人,景祐元年(1034)进士,当时西北边防的著名将领。他迅速布置诸将分守各处要害,同时严令归顺的边境民户入城寨坚守,不得迎战。治平三年(1066)九月,李谅祚亲率数万大军围攻大顺城。该城自范仲淹建成以来,一直是宋朝防御西夏的重要保障。战前,蔡挺在城外水中布满了铁蒺藜,西夏军队从水中经过,人马多被绊倒绊伤。西夏大军围攻大顺城三日无果,李谅祚身穿铠甲亲自临阵督战,不料,宋军以强弩射穿李谅祚的铠甲。西夏军见皇帝受伤,不得不撤离大顺城,转而攻击柔远城(今甘肃华池)。柔远城的防卫力量虽然比较薄弱,但蔡挺已经指派总管张玉率重兵前去防守。张玉招募3000勇士夜袭敌营,李谅祚仓皇败退。蔡挺又增筑荔原堡(在今甘肃华池境),分派3000羌人守卫,以巩固防卫力量。次年,21岁的李谅祚因伤势过重而亡。

神宗即位(1067)后,蔡挺加天章阁待制,知渭州(治所在今甘肃平凉),进龙图阁直学士。时张载升为著作佐郎,任命为渭州军事判官公事,与蔡挺共事。张载深受蔡挺的礼遇和信任,每逢大小军政之事,蔡挺都会向张载请教。张载也夜以继日地辅佐蔡挺,为其出谋划策,对蔡挺的军政之事帮助很大。蔡挺为适应战事需要,加强军队训练,建勤武堂教习士兵阵法,五天训练一遍,并招募义勇为伍番,每番3000人,每年春秋集结起来协助官军巩固防边,其余时间回乡生产,节省诸多军费;又检括出边境大量耕田,募民耕种,增加军粮储备。这些加强边防的措施,正是张载早年上书范仲淹的《边议》的核心内容。张载还说服蔡挺取军资数十万救助灾民。此外,此时的张载还撰写了《与蔡帅边事画一》《泾原路经略司论边事状》《经略司画一》等著述,对边事问题做了深入探讨,为加强西北边防提出了许多具有针对性的建议。

在渭州任上时,已享有盛誉的张载受友人武功(今陕西武功)主簿张山甫的邀请,到武功绿野亭讲学,当时学者"争师宗之"。苏昞、吕大临等大约在此时从学于张载。绿野亭因此闻名于后世。明朝弘治八年(1495),御史巡按李翰、提学杨一清委托知县宋学通扩修旧址,建成绿野书院。

三、新政风云

熙宁二年(1069),神宗以王安石为参知政事,开始变法。朝廷"思得才哲士谋之"(《宋史》卷427《张载传》)。御史中丞吕公著向神宗推荐张载,称赞张载"学有本原,四方之学者皆宗之"。神宗遂召见张载,询问治国之策,张载"皆以渐复三代为对",神宗听后非常满意,说"卿宜日见二府议事,朕且将大用卿",决定重用张载。所谓"二府"是指掌管政务的中书门下(政事堂、东府)和掌管军事的枢密院(西府),为北宋最高国家机构,可见神宗对张载的重视。张载回答说:"臣自外官赴召,未测朝廷新政所安,愿徐观旬月,继有所献。"(吕大临《横渠先生行状》）认为自己刚从外地调入中央朝廷，对新政尚不完全熟悉，愿意观察一段时间，再为朝廷效力。神宗表示同意，并授张载崇文院校书之职。

王安石（1021—1086），字介甫，号半山，封号荆公，抚州临川（今江西抚州）人，是神宗熙宁变法的核心人物。张载与王安石有许多相同之处：第一，他们都有很宏伟的抱负。司马光论张载平生思想云："窃惟子厚平生用心，欲率今世之人，复三代之礼者也，汉魏以下盖不足。"又称张载："教人学虽博，要以礼为先；庶几百世后，复睹百王前。"（《张载集·附录》之《司马光论谥书》《又哀横渠诗》）在仁宗、英宗二朝，王安石虽未受到大用，但已经在士大夫中享有极高声誉，他在38岁首次到中央任职不久，即把多年思考的治国对策，发为一封洋洋万言的《上仁宗皇帝言事书》，并评论时政说："方今之法度，多不合乎先王之政。"可见两人都有致君尧舜的政治抱负。第二，都有过地方治理的经验。王安石22岁列进士第四名，曾经担任扬州签书、淮南节度判官厅公事、鄞县（今浙江宁波）知县、舒州（今安徽潜山）通判、常州（今江苏常州）知州、江南东路提点刑狱。嘉祐三年（1058）十月，被朝廷任命为中央三司度支判官（中央财政机构官员），对北宋地方政治存在的问题都有自己的洞察。第三，都有开拓儒家经学的决心。王安石曾经颁布《三经新义》，让知识分子学习，以改变思想领域道德不一的局面。对王安石恢复儒学的努力，张载也是很认可的，他曾经说："世学不明千五百年，大丞相（指王安石）言之于书，吾辈政之于己，圣人之言庶可期乎？"①

但两人也有一些不同：第一，在地方治理方面，两人观念不完全相同。张载重视礼教，王安石重视经济。张载在基层治理社会主要是实践其礼学思想，利用为官之便，施行礼教。吕大临《横渠先生行状》称："学者有问，多告以知礼成性，变化气质之道，学必如圣人而后已。"对于学生访道问学，他总是告其知礼成性，通过学习礼而养成善良本心，改变气质之性。张载认为解决当时经济问题的对策是推行井田制。井田制是《周礼》所描述的重要制度之一，这一制度曾被孟子理想化，亦曾在王莽时代有过部分试行，目的是限制土地兼并，避免贫富之间过分分化，实现耕者有其田，最大限度地满足小农家庭的生存需要。张载所提出的井田方案是：把土地收归国有，然后分配给农民，

---

① 《张子语录·语录中》《张载集》，（宋）张载撰，章锡琛点校，北京：中华书局，1978年版。

“先以天下之地棋布画定，使人受一方”，取消“分种”“租种”的办法（分种即招佃耕种，租种即出租土地）。但也要照顾大地主的利益，“其多有田者，使不失其为富”，让他们做“田官”，“随土地多少与一官，使有租税”，即收取一定区域的什一之税，“其所得亦什一之法”[①]。而王安石在地方治理方面比较重视经济。庆历七年（1047），他被派往鄞县（今浙江宁波）任知县。一上任便号召当地民众抓住冬天农闲，组织全县东西十四乡进行浚治渠道、兴建堤堰的水利工程。推行育苗法，贷谷与穷人，抑制兼并。农民最为困难的青黄不接的时候，政府出贷仓谷给农民，等秋收以后，用二分利息连本归还。一个比较重视从经典中吸取政治智慧，一个比较重视使用有现实效用的经济手段。第二，王安石较早地进入中央，并在中央主持改革达16年。王安石48岁从翰林学士提升为参知政事，49岁（熙宁三年，1070年）又升为同中书门下平章事，主持熙宁变法，目的是富国强兵。陆陆续续推行理财富国的青苗法、均输法、农田水利法、募役法、市易法，整军强兵的将兵法、保甲法、保马法，整顿吏治、培育人才的更贡举、兴学校等。变法的中心是“理财”。虽然熙宁七年（1074）四月，他一度被罢去相职，熙宁八年（1075）二月，又复同中书门下平章事之职，熙宁九年（1076）六月，又辞职，以带使相（官阶，非实职）兼判江宁府（实际职务），但直至神宗元丰八年（1085）三月去世之前，王安石执政时制定的新法，没有什么大改变。第三，王安石的政治改革勇气非张载所能认同。“天变不足畏，人言不足恤，祖宗之法不足守”。这“三不足”的战斗口号成为王安石变法革新强有力的宣言。总之，与王安石是一个政治改革家不同，张载虽然并不反对改革，但在思想感情上还不能接受王安石过多注重一时功用的大刀阔斧的改革措施。

王安石曾询问张载对新政的看法，并邀请张载参与他主持的变法，张载在赞扬变法的同时，表示自己对如何变法的看法与王安石并不相同，因而婉拒了王安石，并劝导王安石推行变法应当注重方式方法。《横渠先生行状》云：“他日见执政（即王安石），执政尝语曰：‘新政之更，惧不能任事，求助于子何如？’先生对曰：‘朝廷将大有为，天下之士愿与下风。若与人为善，则孰敢不尽！如教玉人追琢，则人亦故有不能。’执政默然，所语多不合，寖不悦。”

---

① 《经学理窟·周礼》，《张载集》，（宋）张载撰，章锡琛点校，北京：中华书局，1978年版。

前述张载也对神宗说过“未测朝廷新政所安”,可见张载不是不赞同王安石变法,而是对变法措施的指向感觉还不好判断,希望多观察观察再说。因与王安石的政见不合,张载曾提出辞去崇文院校书一职,但未获神宗批准。不久,被派往浙东处理苗振案。

光禄卿苗振曾以列卿知明州(今浙江宁波),“熙宁中,致仕归郓州(治所在今山东东平),多置田产。又自明州市材为堂,舟载归郓。时王逵亦致仕,作诗嘲振曰:‘田从汶上天生出,堂自明州地架来。’此句传至京师,王荆公大怒,即出御史王子韶使两浙,廉其事。”[①]苗振致仕后大肆添置田产,又自明州购置建筑材料,被人作诗嘲讽,此诗传到王安石耳中,王安石怀疑苗振有贪腐之嫌,派监察御史王子韶调查苗振案。据《宋史·王子韶传》:“王子韶,字圣美,太原人,中进士第,以年未冠守选,复游太学,久之乃得调,王安石引入条例司(推行变法的主要机构),擢监察御史里行,出按明州苗振狱。”王子韶在调查过程中,又发现知杭州事祖无择违法事实。王安石遂奏请神宗派张载前去处理苗振案情。当时不少士大夫反对这一做法。他们认为“张载以道德进,不宜使之治狱”(吕大临《横渠先生行状》)。程颢也上书神宗说:“窃谓载经术德义,久为士人师法,近侍之臣以其学行论荐,故得召对……推按诏狱,非儒者之不当为……非所以尽儒者之事业。徒使四方之人谓朝廷以儒术贤业进之,而以狱吏之事试之,则抱道修洁之士,益难自进矣。”(《河南程氏文集》卷1《乞留张载状》)但神宗并未接纳众臣的建议。于是,张载被派往越州置诏狱审讯苗振,苗振被贬谪为复州(今属湖北)团练副使。

与苗振案同时的祖无择案在当时也引起很大的轰动。祖无择宝元元年(1038)进士第三名及第,授承奉郎、大理评事、通判齐州(今山东济南)。后历任知南康军州事、知海州军州事、淮南提点刑狱、广东提点刑狱、知制诰、知杭州事,是当时颇有作为的官员。熙宁二年(1069),在处理苗振案时,祖无择也被揭发有不法行为。主要有两项罪名:一是他在知杭州期间有不法行为。《续资治通鉴长编》对此事缘由有具体记载:“无择坐知杭日贷官钱及借公使酒,并乘船过制,与部民接坐及听(任)造、(王)景、(钱)羔羊、(张)应岩等曲法请求。”[②]记载北宋典章制度的笔记《燕翼诒谋录》“公使库不得私用条”对

---

① 《苏魏公文集》,卷17《同两制论祖无择对狱》,(宋)苏颂撰,北京:中华书局,1988年版,第240页。

② 《续资治通鉴长编》,卷213,李焘撰,北京:中华书局,2004年版。

此也有交代:“祖宗旧制,州郡公使库钱酒专馈士大夫入京往来与之官罢任旅费,所馈之厚薄,随其官品之高下、妻子之多寡,此损有余补不足、周急不继富之意也,其讲睦邻之好,不过以酒相遗。彼此交易,复还公帑。苟私用之,则有刑矣。……其后祖无择坐以公使酒三百小瓶遗亲,故自直学士谪授散官安置,况他物乎!”[①]宋代法律规定,公使库钱酒专门用作官员赴任罢官往来的招待费,不能用于私人事务。祖无择将三百小瓶公使库的酒赠送给自己的亲友以作私用,出行使用的交通工具规格又违反规定,还私自用官钱进行借贷,听从了任造、王景、钱羔羊、张应岩等官员的非法请求。二是私生活不检点。宋朝规定,官员只能使用官妓歌舞伴席,禁止有亲密关系。《西湖游览志馀》载:“宋时阃帅郡守等官,虽得以官妓歌舞佐酒,然不得私侍枕席。熙宁中,祖无择知杭州,坐与官妓薛希涛通,为王安石所执,希涛榜笞至死,不肯承伏,想唐制亦然也。”[②]尽管祖无择与官妓私通之事的证据不足,薛希涛至死都不肯承认这件事情,但这也成为祖无择被下狱治罪的重要原因。

当时人和后人看待这件事情很少关注祖无择的犯罪事实和被拘经过,而是将根源追溯到发生于案发六年前的一件小事。嘉祐八年(1063),祖无择与王安石同为知制诰。当时之制,凡亲王、使相、公主、妃、节度使等除授、加恩,由翰林学士草拟内制,例送润笔物或钱。文官待制、武官横行、诸司副使及遥郡刺史以上除授、改转,由中书舍人草拟诏命,亦送舍人润笔钱物。王安石欲拒绝一份润笔费,没有成功,又不想收下,便将它置于舍人院的房梁之上,祖无择认为王安石故作此态,有沽名钓誉之嫌,便将这份润笔取为公用。王安石认为祖无择不廉,两人由此交恶。王子韶调查苗振案期间,牵连到祖无择,遂一并告发,并因此涉及一大批官员[③]。

---

① 《燕翼诒谋录》,(宋)王栐撰,朱杰人点校,北京:中华书局,1981年版。

② 《宋代官制辞典》,“润笔”条,龚延明编著,北京:中华书局,2007年版,第657页。

③ 如邵伯温《闻见录》载:“时词臣许受润笔物,介甫因辞一人之馈不获,义不受,以其物置舍人院梁上,介甫以母忧去,择之取为本院公用,介甫闻而恶之,以为不廉。熙宁二年(1069),介甫入为翰林学士,拜参知政事,权倾天下,时择之以龙图阁学士、右谏议大夫知杭州,介甫密谕监司求择之罪。”(《邵氏闻见录》卷16,北京:中华书局,1987年版)《续资治通鉴长编》的记述也大致相同:“嘉祐中,无择与王安石同知制诰,时词臣许受润笔物,安石因辞一人之馈不获,义不受,以其物置舍人院梁上,安石以母忧去,无择取为本院公用,安石闻而恶之,以为不廉。安石既当国,无择遂得罪。”(《续资治通鉴长编》卷213,李焘撰,北京:中华书局,2004年版)

祖无择下狱，在当时政坛引起巨大的反响。不少士大夫认为，祖无择身为名臣，“不当与故吏对曲直”（《宋史》卷331《祖无择传》）。当时，张载的弟弟御史张戬也反对说：“无择三朝近侍，而聚系囹圄，非朝廷以廉耻风厉臣下之意，请免其就狱，止就审问”（《宋史》卷200《刑法二》），认为拘祖无择于秀州狱进行审讯，这对于士大夫来说是奇耻大辱，而且不合礼数。有的官员还列举之前犯有类似罪行的官员案例，指出虽然他们贪污犯法的严重程度比祖无择有过之而无不及，但都不至于遭到下狱讯问这样的对待。但这些意见都未被采纳。祖无择最终也被治罪贬黜，责授检校工部尚书、忠正军节度副使，不签书本州公事，遭到连坐者众多[①]。祖无择仕途进入低谷，直至神宗元丰六年（1083），受诏知光州（今河南潢川），方得重新起用。此时祖无择已73岁高龄，一年以后卒于任上[②]。

身在朝廷的张载，在苗振案和祖无择案上看到朝廷政事的复杂。熙宁三年（1070），张戬上书《论新法奏》，批评王安石刚愎自用，其变法有违天下之心，并请罢条例司。《全宋文》卷1663载张戬《论新法奏》云：“臣窃以天下之论，难掩至公。在于圣明，动必循理，无适无莫，义之与比。昔建议谓便而试行之，今已知有害而改罢之，是顺天下之心，而成天下之务也。昔非今是，何惮改为？故曰：毋意毋必，毋固毋我。又曰：时行则行，时止则止。大易之义，贵于随时。陛下何利之求，惟义而已。今则众意乖戾，天下骚然，而王安石尤欲饰非，所持甚隘，信惑憸人，力排正论。此臣所以在于必诤，虽死辄为，义或难纵，势无两立也。”[③]张戬与王安石的矛盾白热化，张戬被贬为江陵府公安（今湖北公安）知县，后改陕州夏县（今山西夏县）。此时的张载深感不安，认识到暂时无法在朝廷实现自己的理想抱负，遂托疾辞官，归隐于终南山下的横渠镇。

王安石变法初期，在中央任职的张载曾与二程发生第三次论学。宋英宗

---

① 《宋史》卷200《刑法志》云：“诏狱本以纠大奸慝，故事不常见。初，群臣犯法，体大者多下御史台狱，小则开封府、大理寺鞫治焉。熙宁二年，命尚书都官郎中沈衡鞫前知杭州祖无择于秀州，内侍乘驿追逮。御史张戬等言，无择三朝近侍，而骤系囹圄，非朝廷以廉耻风厉臣下之意，请免其就狱，止就审问。不从。……自是诏狱屡兴，其悖于法及国体所系者著之！其余不足纪也。”

② 关于祖无择案的分析可参见《诏狱缘何涉新法：北宋祖无择案刍议》，辜梦子，广州：《学术研究》，2012年第5期。

③ 《全宋文》，曾枣庄、刘琳主编，成都：巴蜀书社，1992年版。

治平四年(1067),程颢由地方调任中央,任著作佐郎。熙宁二年(1069),王安石进行变法时,程颢被调任三司条例司属官。此时,张载经御史中丞吕公著举荐,被召入朝廷任崇文院校书。张载与程颢再次汇聚京师,有机会进行当面论学。程颐曾说:“况十八叔(指张载)、大哥皆在京师,相见且请熟议,异日当请闻之。”(《河南程氏文集》卷9《书启·再答》)可见,张载与程颢在京师期间确实进行过不少讨论,程颐对此十分羡慕。但张载与程颢的学术讨论“议而未合”。当时,程颐随父在汉州(今四川广汉)。张载曾以书信方式与程颐进行讨论。张载的原书已佚,但程颐的《答横渠先生书》及《再答》(《河南程氏文集》卷9)保存了下来。这次论学的主题是张载的“太虚即气”的理论问题,并兼涉到儒学境界问题。

此时的张载通过长期的易学研究,提出“太虚即气”的理论命题,拟从根本上确立儒学的理论依据,以解决汉唐儒学“知人而不知天”的缺憾。程颐指出:“观吾叔之见,至正而谨严。如‘虚无即气则虚无’之语,深探远赜,岂后世学者所尝虑及也?”(《河南程氏文集》卷9《书启·答横渠先生书》)对张载的“知太虚即气,则无无”的理论发明,深表叹服。但程颐同时又指出“然此语未能无过”,认为将“太虚即气”作为道体的提法不够完善,可能有使道体沦落为“形而下”之嫌,并从工夫修养所达到的“气象”角度评价张载的思想缺乏“宽裕温厚之气”,而应当多一些“涵泳”。(《河南程氏文集》卷9《书启·答横渠先生书》)此外,张载与二程还论及了追求儒学境界的修养功夫的“勿忘勿助”问题(《河南程氏文集》卷9《书启·再答》)。张载认为儒学境界的追求,应当无间断地在“虚明善应之心”方面下功夫,既不能有所停歇,也不能一蹴而就,二程未能真正理解张载的修养次第之义,并强调若“有存于心而不舍”,即如果有了主观之见在先,就不能真正做到“虚明善应”了。

事实上,张载的“太虚即气”有着多层性的丰富内涵,是集自然实体与价值本原于一体的本体观念,二程未能充分把捉到张载“太虚即气”的理论义蕴。至于“无宽裕温厚之气”,是因张载与二程的工夫路径有所不同,二程多以“已成处”的圣人境界来衡量张载的修养功夫。对于“勿忘勿助”的争论,则是二程忽视了张载的修养次第之义并将其理解为主观之见所致。总之,在此次论学中,二程并未充分理解张载的良苦用心。不过从中可以看到,张载既能开诚布公地与晚辈分享心得体会、讨论学术问题,又能在未受充分理解情况下安然坚定地按照自己的思路继续“自得”之学的探索,展现出谦虚而又自信的学术气度。

四、隐居横渠

在隐居横渠期间，张载依靠家中的数百亩田地生活，整日研读儒家经典，专心著述讲学，最终建立了自己成熟的思想体系。《东铭》《西铭》即张载为教授关中学者而书于“学堂双牖”。《横渠先生行状》记述他此时的著述与讲学情况曰：

> 终日危坐一室，左右简编，俯而读，仰而思，有得则识之，或中夜起坐，取烛以书，其志道精思，未始须臾息，亦未尝须臾忘也。学者有问，多告以知礼成性、变化气质之道，学必如圣人而后已，闻者莫不动心有进。又以为教之必能养之然后信，故虽贫不能自给，苟门人之无赀者，虽粝蔬亦共之。其自得之者，穷神化，一天人，立大本，斥异学，自孟子以来，未之有也。尝谓门人曰：“吾学既得于心，则修其辞命，辞无差，然后断事，断事无失，吾乃沛然。精义入神者，豫而已矣。”（吕大临《横渠先生行状》）

此时的张载颇有孔子弟子颜回“一箪食，一瓢饮”，身居陋巷、安贫乐道的精神气象。

在横渠期间，张载还对古代的礼仪典章做了深入的研究，并亲自倡导古礼的恢复和践行。张载看到当时人们的礼仪法度特别是婚丧祭祀的仪式“一用流俗节序，燕亵不严”，决心对古代礼法进行深入研究，并要求全家和弟子们根据古礼行事。如对弟子教之以洒扫应对、携老扶幼之礼，让未嫁之女参加祭礼，熟悉一些日常的礼仪规则等。起初，他遭到了嘲笑，后来逐渐赢得众人的尊敬，人们纷纷开始仿效，“一变从古者甚众”（吕大临《横渠先生行状》），使“关中风俗一变而至于古”[①]。张载也曾说：“关中学者，用礼渐成俗。”[②]他在古礼的研究和倡导方面取得了显著的成效。

同时，张载还将其“渐复三代”的理想付诸试验。张载一生非常推崇“三代之治”，面对当时土地兼并所带来的日益增多的社会问题，张载认为，“仁

---

① 《宋元学案》卷17《横渠学案上》，（清）黄宗羲著，（清）全祖望补，北京：中华书局，1986年版。

② 《张子语录·后录上》，《张载集》，（宋）张载撰，章锡琛点校，北京：中华书局，1978年版。

政”的实现，必须从土地的严格分配开始，确保土地的均占均有。但张载也意识到，要想使当时的执政者完全同意自己的观点，把井田制推行到全国有着很大的难度。于是，张载带领学生在横渠买田一方，按照古代的井田模式，把田地划为公田、私田数井，分与当地农民耕种，并疏通东、西二渠，将井田制度“验之一方”，以证明井田制的可行性和有效性。在此基础上，张载还与弟子讨论宗法制度，进行敦本善俗、推行宗法的实践探索，“分宅里，立敛法，广储蓄，兴学校，成礼俗，救灾恤患，敦本抑末，足以推先王之遗法，明当今之可行”（吕大临《横渠先生行状》）。但试验未及成功，张载就去世了。

值得注意的是，辞官归乡著书讲学和“渐复三代”的试验，说明张载在儒学研究中逐渐意识到，只有以天地宇宙所昭示的忠孝、仁义、礼乐等理念原则重塑社会政治秩序，才能真正实现“万世太平”的盛世理想。张载著名的“四句教”——“为天地立心，为生民立命，为往圣继绝学，为万世开太平”，就是对自己的这一理想抱负的集中表达。张载对王安石的许多具体变法主张并不赞同，批评王安石的改革主张只注重细枝末节，认为其“顾所忧谋之太迫，则心劳而不虚；质之太烦，则泥文而滋弊”（《张子语录·语录中》）。或许，这是张载不愿参与王安石变法的深层原因。他选择了辞官归隐，试图以著书讲学和“渐复三代”的试验方式，将自己的思想学说和变法主张公诸于世、验之于方。其间，张载在《答范巽之书》中指出：“朝廷以道学、政术为二事，此正自古之可忧者”（《文集佚存·答范巽之书》），更为清晰明白地道出了自己思想的真实意蕴。

熙宁三年（1070），张载弟子范育被任命为崇文校书、监察御史里行。神宗说，设立御史的用意即是大臣对自己的权力加以约束，以避免决策失误的发生。范育因而劝神宗应以《大学》的“诚意”“正心”治理天下，并举荐张载入朝为官。范育或许试图以此引导神宗反思王安石变法。熙宁四年（1071），曾受学于王安石、后被王安石推荐给神宗的李定，违背古礼，不服生母之丧，遭到弹劾。但王安石支持李定继续留在朝中，并改李定为崇政殿说书。范育等上书神宗说，不宜以不孝之人居劝讲之地。于是，王安石罢除范育监察御史里行之职，出知韩城县（今陕西韩城）。是年，王安石在京畿地区周围推行保甲法。

熙宁六年（1073），全国推行“上番”措施，“以丁联兵”，“募兵相参”。约于此时，陕西亦在大力推行保甲法。这一变法措施当时遭到了苏轼、司马光等人的反对。张载也作《与范巽之书》《与吕和叔书》，与范育、吕大钧探讨保甲法的利弊。张载年少时提出并在任地方官时在西北边境推行招募贤能、组织民勇的兵民结合的军事防御策略，但张载极力反对王安石"不议制产，而速图师役"的保甲法，认为此法扰民、劳民、害民，弊端甚多，主张应当遵循先王之法，选贤任能，以《周礼》"文饰今制而用"。

神宗熙宁九年(1076)，张戬被贬为凤翔(今陕西宝鸡)司竹监(管理竹子的官员)。是年三月，暴疾而卒，享年47岁。张载悲痛万分，为之撰墓志铭，其辞云："哀哀吾弟，而今而后，战兢免夫！有宋太常博士张天祺，以熙宁九年三月丙辰朔，暴疾不禄。越是月哉生魄，越翌日壬申，归袝大振社先大夫之茔。其兄载以报葬，不得请铭他人，手疏哀词十二，各使刊石置圹中，示后人知德者。博士讳戬，世家东都，策名入仕，历中外二十四年。立朝莅官，才德美厚，未试百一，而天下耸闻乐从，莫不以公辅期许。率己仲尼，践修庄笃，虽孔门高弟，有所后先。不幸寿禀不遐，生四十七年而暴终他馆。志亨交戾，命也奈何！治其丧者：外姻侯去惑、盖节赍及婿李上卿、郭之才，从母弟质凉，甥宋京，攀号之不足，又属辞为之志。"(《文集佚存·张天祺墓志铭》)

是年秋，张载"感异梦"，遂收集整理自己一生的言论与心得，著成《正蒙》，传给门人。《横渠先生行状》记载：

> 熙宁九年秋，先生感异梦，忽以书属门人，乃集所立言，谓之《正蒙》，出示门人曰："此书予历年致思之所得，其言殆于前圣合与！大要发端示人而已，其触类广之，则吾将有待于学者。正如老木之株，枝别固多，所少者润泽华叶尔。"(吕大临《横渠先生行状》)

张载对《正蒙》非常重视，希望能得到后学的学习、补充和完善。其弟子对此书也极其重视。二程的弟子杨时曾说："《正蒙》之书，关中学者尊信之与《论语》等，其徒未尝轻以示人。"①《正蒙》的成书正式标志张载思想体系的最终形成。

约于是年，吕氏兄弟撰成我国历史上第一个成文的较为完整的乡规民规——《吕氏乡约》，以教化乡党邻里，使乡民敦厚为善、遵循儒家仁义，从而形成一个具有自觉知礼习义、周济合作良好风俗的团体。这也是对张载推行

① 《杨龟山集》卷20《答胡康侯》，(宋)杨时撰，《丛书集成(初编)》，北京：商务印书馆，1937年版。

礼教、教化风俗的思想真正地付诸实践，“自是关中风俗为之一变”。张载感叹曰：“秦俗之化和叔（即吕大钧）有力”，“勇为不可及”[①]。程朱对《吕氏乡约》也深为嘉许，竭力予以表彰。

五、赍志而殁

神宗熙宁十年（1077），秦凤路（治所在今甘肃天水）守帅吕大防以“张载之学，善法圣人之遗意，其术略可措之以复古”（吕大临《横渠先生行状》）为由，奏请神宗诏张载回京任职。《宋元学案》卷17《横渠学案上》亦载：“熙宁九年，吕汲公荐，召同知太常礼院。”此时，张载的肺病已经很严重，但他感到机遇难得，认为“吾是行也，不敢以疾辞，庶几有遇焉”（吕大临《横渠先生行状》）。希望借此机会推行自己的理想抱负，于是带病入京。当时，有人向朝廷建议实行婚冠丧祭之礼，神宗召众臣讨论此事。朝廷礼官认为古今习俗不同，反对实行过去的礼制，唯独张载认为可行，意见分歧，议而不决。后来在郊庙之礼上，张载见礼官所行礼仪并不严谨，对其加以纠正，但并未得到众臣的理解和支持。因理想抱负难以实施，加之病情严重，张载遂辞职回陕。

熙宁十年（1077），在西归中的张载途经洛阳，与程颢、程颐进行了第四次讨论，主题是对《易传·说卦》“穷理尽性以至于命”的理解，并涉及到井田、礼教、时政及治国理念等许多问题。初从张载、后师二程的苏昞记录了他们的论学内容。关于“穷理尽性以至于命”，二程认为，“只穷理便是至于命”，“穷理尽性以至于命，三事一时并了，元无秩序”，（《河南程氏遗书》卷10《洛阳议论》、卷2《二先生语二上》[②]）强调“穷理”“尽性”“至于命”三者一以贯通，并无中间的环节和曲折。而张载认为：“亦是失于太快，此义尽有次序，须是穷理，便能尽得己之性，则推类又是尽人之性；既尽得人之性，须是并万物之性一齐尽得，如此然后至于天道也。其间煞有事，岂有当下理会了？”（《河南程氏遗书》卷10《洛阳议论》）强调为学工夫的阶段性，既注重外在的穷理，又重视内在的尽性，突出“穷理”“尽性”“至于命”三者有所不同而又相互衔接的先后次第。张载原本打算将自己最有心得体会的观点就正于同好，但因二程与其在修养功夫方面的差异，没有达到很好的预期效果。

---

① 《关学编》卷1《与叔吕先生》，（明）冯从吾撰，陈俊民、徐兴海点校，北京：中华书局，1987年版。

② 见《二程集》，程颢、程颐撰，王孝鱼点校，北京：中华书局，1981年版。

张载与二程的此次讨论还论及许多其他问题。比如恢复井田问题。张载认为，要实行仁政、渐复三代，首先就要恢复井田制度，平均分配土地。在此之前，张载已在关中开始了恢复井田的实验。二程对张载推行井田制表示认同，并向他请教了恢复井田的具体措施，但在赞同推行井田的同时，对打破现有利益格局可能会引来部分人的反对稍有顾虑。关于礼教问题。张载与二程均主张以礼为教，认为应认真研究古礼并向社会推行，以扭转和改变当时社会风气的流俗之弊。张载在关中正是这么做的，并取得了很好的效果，"关中学者，用礼渐成俗"，二程感叹说"自是关中人刚劲敢为"，对张载在关中推行礼教以移风易俗的坚毅之举深表钦佩。(《河南程氏遗书》卷10《洛阳议论》)其中，他们还讨论了"龙女衣冠"问题，认为"大河之塞，天地之灵，宗庙之佑，社稷之福，与吏士之力，不当归功水兽。龙，兽也，不可衣人衣冠"(《河南程氏遗书》卷18《刘元承手编》)。关于时政及治国理念问题。张载倡导"学政不二"，实行三代以来的"王道"，主张儒家之学与国家治理实践须要相互融合贯通，强调国家应当选拔和任用"才与诚"即德才兼备的贤能之士，并对当时国家在此方面存在很大不足的现状深表忧虑。这可能是对当时政治现状特别是王安石变法的反思和批评。二程对此深表赞同。(《河南程氏遗书》卷10《洛阳议论》)

经过此次讨论，二程对张载及其关学的气象与特色产生了更加深刻的钦佩。二程对张载赞叹道："关中之士，语学而及政，论政而及礼乐兵刑之学，庶几善学者。"张载回应说："如其诚然，则志大不为名，亦知学贵于有用也。学古道以待今，则后世之谬，不必屑屑而难之，举而措之可也。"(《河南程氏粹言》卷1《论学篇》[1])虽然在哲学思想方面，二程与张载存在某些差异，但二程对张载及其关学的深厚博大的气象，流露出深深的敬佩之意："治经论道者亦甚多，肯言及治体者，诚未有如子厚。"(《河南程氏遗书》卷10《洛阳议论》)

据《横渠先生行状》记载：宋神宗熙宁十年(1077)十二月乙亥，张载西归，行至临潼，入馆舍，病情恶化，遂沐浴更衣而卒，享年58岁。据陈垣《二十史朔闰表》、方诗铭《中国历史纪年表》、王双怀，贾云主编《二十五史干支通检》，熙宁十年十二月有"己亥"而无"乙亥"日，十二月己亥为十二月二十三日，即公元1078年1月9日。因此，《横渠先生行状》可能在传抄过程中产生

① 见《二程集》，程颢、程颐撰，王孝鱼点校，北京：中华书局，1981年版。

了错讹,将“己亥”误写为“乙亥”。临终时,张载只有一个外甥宋京在身边。因囊中无钱,无以为殓。张载弟子吕大钧、苏昞等哭奔临潼,买棺成殓,奉柩归眉县。

张载卒后,程颢作诗《哭张子厚先生》曰:“叹息斯文约共修,如何夫子便长休!东山无复苍生望,西土谁共后学求?千古声名联棣萼,二年零落去山丘。寝门恸哭知何限,岂独交亲念旧游!”(《河南程氏文集》卷3《铭诗·哭张子厚先生》)对张载的去世感到十分痛心,对与张载共同论学的情谊充满怀念。司马光则作《又哀横渠诗》,对张载做了高度评价,认为张载“六籍事钻研,羲农及周孔,上下皆贯穿”,“师道久废阙,模范几无传;先生力振起,不绝尚联绵”,“声光动京师,名卿争荐延”,“当令洙泗风,郁郁满秦川”。(《张载集·附录·又哀横渠诗》)

张载弟子准备为张载取谥号曰“明诚夫子”,并与程颢进行商议。程颢对此有所顾虑,于是向司马光征求意见。司马光“仓卒(通‘促’)奉对”:“汉魏以来,此例甚多,无不可者”。但“退而思之,有所未尽”,认为自己原来的说法似乎并不完整,于是专门撰写了一篇《论谥书》,指出:“子厚(即张载)官比诸侯之大夫则已贵,宜应有谥矣”,但“贱不诔贵,幼不诔长,礼也”,因此主张“君子爱人以礼,今关中诸君欲谥子厚而不合于古礼,非子厚之志”(《张载集·附录·司马光论谥书》)。即是说,张载身为一代学者与名仕,应该有一个谥号,但贫贱者、年幼者给尊贵者、年长者议取谥号,有违古代礼法,因此张载的弟子们不应给张载议取谥号,否则就违背了张载的意愿,不同意张载的弟子为张载取谥号。

翰林院学士许诠等上奏朝廷,希望对张载加以抚恤。神宗下诏按崇文院三馆之职,赐丧事官支半数。按照张载的夙愿,其葬礼完全按照古礼进行。宋神宗元丰元年(1078),张载遗体被安葬于横渠大振谷口,位居其父张迪墓左侧偏南,与其弟张戬墓左右相对(现为陕西省重点文物保护单位)。张载有一子名张因,此时尚幼,与其母郭氏因生活困难,寄托在河南娘家为生。

张载安葬后,吕大临、吕大忠、吕大钧、苏昞等关中学者先后从学于二程。他们有些人受到二程理本论的较大影响,有些人依然倾向于张载的气本论,但无一例外地都继承了张载的学术风格。其中,吕大临因学问突出,成为“程门四先生”之一(其他三位是谢良佐、游酢、杨时)。尽管如此,在许多问题上吕大临却依然继承着张载的思想,与二程有着不同看法,以至于程颐也不得不说:“与叔守横渠说甚固,每横渠无说处皆相从,有说了更不肯回”(《关学编》卷1《与叔吕先生》)。而李复虽然是吕氏兄弟、范育等人的后辈,但直接从学于张载,他始终倾向于气本论,注重从形而上层面对元气、自然进行探讨。张载学以致用、贵礼重用的为学宗旨深受弟子们的赞同和效法。张载的弟子无不反对空谈,他们注重躬行实践,推行礼教,表现出以治世经国为己任的鲜明色彩。如吕氏兄弟作《吕氏乡约》,在关中推行礼法,卓有成效,游师雄、种师道、李复等深谙兵法,在军事上颇有作为,成为北宋边防名将,其中李复在南宋高宗建炎二年(1128),以年老之躯奉命镇守秦州,抗金殉职。

作为理学的重要奠基者,张载不断受到各代统治者和学人的重视与推崇。与张载大约同时的程颢、程颐把张载比堪孟子,南宋时朱熹将张载纳入“北宋五子”之列。南宋嘉定十三年(1220,或嘉定十六年[1223]),宁宗赐谥“明公”(或谥“献”)。理宗端平二年(1235),从祀孔庙。理宗淳祐元年(1241),封为“眉伯”。元泰定帝泰定三年(1326),建横渠书院于眉县,祠张载。明世宗嘉靖九年(1530),改称“先儒张子”。明清时期,张载的著述被编入科举教科书《四书五经大全》《性理大全》和《性理精义》。明清之际的王夫之对张载推崇备至,认为“张子之学,上承孔孟之志,下救来兹之失,如皎日丽天,无幽不烛,圣人复起,未有能易焉者也”①。清代戴震认为张载的思想比其他理学家的思想更加符合儒家经典的基本精神,说张载之学“不以理为别如一物,于‘六经’、孔、孟近矣”②。

第二节　著　述

张载精于致思,勤于写作,著述颇丰。据朱熹《近思录》、晁公武《郡斋读书志》、赵希弁《郡斋读书志附志》及《后志》、陈振孙《直斋书录解题》、魏了翁《周、二程、张四先生请谥奏》等记载,张载的著述主要有《西铭》《东铭》《正蒙》《易说》《经学礼窟》《礼乐说》《论语说》《孟子说》《春秋说》《传闻记》《孟子解》《崇文集》《语录》《祭礼》《文集》等。宋以后,张载的著述逐渐亡佚。《宋史·艺文志》记载,张载的著述有《正蒙书》《易说》《经学理窟》《诗说》

---

① 《张子正蒙注·序论》,(清)王夫之撰,北京:中华书局,1975年版。
② 《孟子字义疏证》卷上《理》,(清)戴震撰,北京:中华书局,1982年版。

《横渠张氏祭仪》《三家冠婚丧祭礼》《张载集》等。明代著名关学学者吕柟在《张子抄释》的序中认为，张载的著述甚多，但保存于世的只有《二铭》（《东铭》《西铭》）《正蒙》《理窟》《语录》及《文集》等。

明朝万历年间（1573—1619），沈自彰在凤翔（今陕西凤翔）任职，遍搜张载著述编成《张子全书》，有《西铭》一卷、《正蒙》二卷、《经学理窟》五卷、《易说》三卷、《语录抄》一卷、《文集抄》一卷、《拾遗》一卷，另采宋、元诸儒所论及《行状》等作为《附录》一卷，共十五卷，其中收录了吕柟未提到的《横渠易说》。1978 年，中华书局出版了章锡琛点校的《张载集》，收录有《正蒙》《横渠易说》《经学理窟》《张子语录》《文集佚存》《拾遗》等，并根据历代各种版本做了校订、补遗，在附录中收集了《横渠先生行状》《宋史・张载传》《司马光论谥书》以及各本序文等，是关于张载著作的较好版本。

《正蒙》，或作《正蒙书》，《郡斋读书志》《直斋书录解题》《宋史・艺文志》等均作十卷。此书集张载一生思想之精华，是把握张载思想至关重要的著作。现存《正蒙》共两万余字，是张载的弟子苏昞依据《论语》《孟子》体例编定而成，共分为十七篇。《正蒙》取《周易・蒙卦・彖》"蒙以养正"之义。王夫之曰："谓之'正蒙'者，养蒙以圣功之正也。圣功久矣，大矣，而正之惟其始。蒙者，知之始也。孟子曰：'始条理者，智之事也。'其始不正，未有能成章而达者也。""养蒙以是为圣功之所自定，而邪说之淫蛊不足以乱之矣，故曰《正蒙》也"。（《张子正蒙注・序论》）即是说，"正蒙"就是订正愚顽蒙昧，使人始终正而不邪，或曰启蒙以致圣功。从中可以看出张载治学的用意所在。

张载门人对《正蒙》十分重视，"尊信之与《论语》等"。后世学者，也多为此书作注，如南宋朱熹的《西铭解》、林栗的《西铭辨》，明代刘玑的《正蒙会稿》，高攀龙、徐必达的《正蒙释》，王夫之的《张子正蒙注》，清代王植的《正蒙初义》、李光地的《正蒙注》、杨方达的《正蒙集说》等。中华书局于 2012 年出版了林乐昌的《正蒙合校集释》（上、下册），此书汇集南宋以来 11 种不同版本加以校勘，搜辑南宋以来 19 种旧注加以集释，并对《正蒙》义理加以辨析，共分为解题、合校、征引、释、按语等五个部分，是目前关于《正蒙》的最好版本。

其中，《西铭》原名《订顽》，为《正蒙・乾称篇》的一部分，张载曾将其录于学堂双牖的两侧，右侧题为《订顽》，左侧题为《砭愚》。后来，程颐将《订顽》改称为《西铭》，《砭愚》改称为《东铭》。《西铭》论述了人间道德、政治秩序的宇宙渊源问题，以及从天地宇宙中表现出来的是一种什么样的人间秩序，将天地、人类、万物纳入天然的宗法体系当中，提出了“民吾同胞，物吾与也”理念，构建了“天下一家”的宇宙社会观，是理学“天人合一”的经典诠释。《东铭》主要阐述了《中庸》的“诚”思想，意在说明人之所以有所进步，在于诚其本心。这两段话本是张载基于批评人的顽愚品性、教授学生而说的，因很好地阐述了理学思想意蕴，所以被视为儒家的经典篇目，受到高度评价，多有学人加以注解（历代学者多重视《西铭》，对于《东铭》的关注较少）。特别是《西铭》，大程以“仁体”“仁孝之理”解之，小程则以“理一而分殊”褒之，并以此将张载比堪孟子，朱熹将其从《正蒙·乾称篇》中分出作《西铭解》，使其成为独立的篇章。

《横渠易说》，又作《易说》《横渠先生易说》。《郡斋读书志》《宋史·艺文志》《文献通考》等均著录为十卷，《直斋书录解题》著录为三卷。有文渊阁《四库全书》本三卷。1978 年中华书局本《张载集》中所编《横渠易说》分“上经”“下经”两部分。《横渠易说》是张载研究《易经》的专著，应为张载完成较早的一部学术著作（可能是张载在京师讲《易》前后），包含有“气”为万物之本的思想内核、对立统一的辩证思想以及天人之学、成人成圣的修养论、治国平天下的理想等，是张载整个思想体系的根基，正如后世所言——张载之学“以《易》为宗”。该书并非对《易经》的逐篇逐句的注释，解说较为简略，“往往经文数十句中一无所说”，但观点严谨，有得则记，无则不强为立说。元人董真卿称其“发明二程所未到处”，明人吕柟称其“于发经开物修身教人甚切”。该书是研究宋代易学和理学的重要著作。

《经学理窟》又作《横渠先生经学理窟》，《郡斋读书志》《直斋书录解题》等载为一卷，《宋史·艺文志》录为三卷。1978 年中华书局本《张载集》收录有此书。有人曾因朱熹《近思录》等未提及，认为它不是张载的著作。但根据明代黄巩和当代张岱年、杨向奎等学人的考辨，这本书应是张载、程颢的语录类编，因其中张载的话语较多，一般视为张载的著述。《经学理窟》是对儒家经典的研究成果，其中提出了“天地之性”与“气质之性”的人性论观点。该书还较多地反映了张载的政治思想，特别是恢复井田、重建封建、推行宗法的政治主张。张载十分推崇《周礼》，认为要“渐复三代”，必须以《周礼》为基本依据，并对周代井田、封建、宗法等制度做了深入探索。此外，在《经学理窟》中，张载还对《礼》《乐》《诗》《书》《春秋》等儒家经典以及学校、社会教化、礼仪丧祭等问题进行了精当的论述。

《张子语录》又作《横渠先生语录》《横渠语录》,《郡斋读书志》载为三卷。《四部丛刊续编》本收录有《语录》三卷,《后录》二卷,《校勘记》一卷。中华书局本《张载集》收录《语录》三卷,《后录》二卷及《语录抄》七则,较为完整。此书内容涉及张载的哲学、政治、伦理等思想,对"气质之性""心统性情""闻见之知"与"德性之知""穷理尽性"等理学命题均有论述。此外,《拾遗》是将散见于其他地方的张载与友人弟子的谈话记录采拾集结而成,其中《性理拾遗》对心、性、情及其相互关系问题做了阐述。《张横渠文集》又作《张横渠先生文集》,不见于宋元书录,为清代所刊刻,有《丛书集成新编》本。

遗憾的是,张载的著作在历史上佚失的比较多。《诗说》又作《横渠诗说》,《宋史・艺文志》著录为一卷,《遂初堂书目》亦著录,但未分卷,现已佚。《论语说》,朱熹、吕祖谦《近思录》云张载著有《论语说》,现已佚。《孟子说》,又作《横渠孟子解》《孟子张氏解》,《郡斋读书志》《玉海载》载为十四卷,《文献通考・经籍志》《国史・经籍志》载为二十四卷,现已佚。《横渠春秋说》,《郡斋读书志》录为一卷,现已佚。《礼记说》,《近思录》云张载著有《礼乐说》,《经义考》载为三卷,现已佚。《张氏祭礼》,又作《横渠张氏祭礼》《横渠张氏祭仪》,《直斋书录解题》《宋史・艺文志》《国史・经籍志》均录为一卷,现已佚。《信闻录》,《郡斋读书志》载为一卷,现已佚。《杂述》,《宋史・艺文志》录为一卷,现已佚。《张载崇文集》,又作《张横渠崇文集》,《郡斋读书志》《国史・经籍志》载为十卷,现已佚。《张横渠注尉缭子》,《郡斋读书志》录为一卷,现已佚。《张载集》,《宋史・艺文志》载为十卷,现已佚。

近年来,陆续有学者从史籍中辑出张载的佚文和佚诗。不过,张载著作的辑佚工作尚待学术界的继续努力。张载的思想博大精深,多以注释、发挥儒家经典的形式表现出来,诸多著作从不同角度共同构成了他丰富而完整的思想体系。

第二章　经学本原

第一节　经学与道统

一、五经本义

根据《白虎通》的解释，“经”即“常道”，也就是正常不可改变的道理。《说文解字》释经为直线，即连接竹简的绳线。章太炎指出，古代无纸，字都写在竹简上，竹简一支一支，一篇完整的文字需要以丝绳贯穿起来，用绳贯穿的竹简叫作“经”。可见，古人认为值得用文字记载下来的一定是一些有价值的道理，而这样的文献就叫作“经”。按理来说，“经”应该有很多，因为中国远古历史意识就比较发达，到春秋时期，已经积累了为数不少的历史文献。邱汉生曾经指出，“经”这个名词，本意泛指各种文献。如《管子》有《经言》，《墨子》有《经上》《经下》《经说上》《经说下》，都是以“经”命名的。战国初期，李悝著《法经》也以“经”命名。长沙马王堆汉墓出土的帛书中有《经法》《十大经》，也是以“经”命名的。《管子》《墨子》《法经》是春秋战国时期的著作。《经法》《十大经》流行于西汉初年，考其内容，成书年代亦不晚于战国末年。可见“经”这个名词也被儒家经典以外的诸子所常用。到汉武帝罢黜百家、独尊儒术以后，“经”这个名词才专指儒家经典。[①]

最初被儒家称为经典的主要是《易》《书》《诗》《礼》《乐》《春秋》。其中《易》亦称《易经》《周易》，包含着西周以前关于天道及天人关系的思考。《易・系辞》云：“古者庖牺氏之王天下也，仰则观象于天，俯则观法于地，观鸟兽之文与地之宜，近取诸身，远取诸物，于是始作八卦。”[②]相传伏羲创作了八卦，认为了解八卦就能了解自然和人类社会。八卦作为观察自然现象和人

---

① 《“经学”散札》，邱汉生，北京：《学习与思考》，1984 年第 2 期。

② 《周易正义》，（魏）王弼、（晋）韩康伯注，（唐）孔颖达等正义，《十三经注疏》，（清）阮元校刻，上海：上海古籍出版社，1997 年版。

类现象的一种模式，在夏、商、周都有运用，而且有所深化，夏曰《连山》，商曰《归藏》，周曰《周易》。从夏有《连山》来看，《连山》即兼山之艮，可见重卦始于夏，可能是夏时将八卦做了重叠。商代甲骨文中有重卦出现的充分证据，这一点张政烺和李学勤都已有所论证。西周初期，周文王、周公对八卦做了整理和发挥，形成了古代论述天人关系的经典性作品《周易》。《周易》对天道、地道、人道的内在贯通进行阐述，提出“与天地合其德，与日月合其明，与四时合其序”的经典命题，奠定了中国古代天人关系的基本框架，是历代思想家进一步阐述天人关系的主要依据。之所以要用“易”来总括关于自然的思考，《系辞》说：“生生之谓易”，即“易”反映宇宙生生不息的运动。东汉晚期郑玄也有个解释，他说：“易有三义：易简，一也；变易，二也；不易，三也。”[①]将宇宙万象包罗在八卦、六十四卦中，这是化繁为简；而且“易者变动不居，周流六虚，不可为典要，唯变所适”，它反映了自然世界处在不停的矛盾冲突之中，完全体现变易之义；同时，易在变易中求不易，希望把握变易中的常道，故《易》又有不易之义。

《书》亦称《尚书》《书经》，它是上世帝王之书。所记上起虞舜时代，下至春秋秦穆公，按时代先后分《虞书》《夏书》《商书》《周书》四部分。它是上古政治文献的汇编，主要反映的是虞夏商周的重要政治事件以及政治思想。如它的第一篇《尧典》，记载了尧、舜、禹的禅让历史，反映出远古重视德治的特点。又如其中有一篇《洪范》，是西周初年商朝贵族箕子献给周武王的政治宝典，记载了古代政治智慧。它介绍了九类治国大法，即“洪范九畴”，其具体内容为：“初一曰五行，次二曰敬用五事，次三曰农用八政，次四曰协用五纪，次五曰建用皇极，次六曰乂用三德，次七曰明用稽疑，次八曰念用庶征，次九曰向用五福，威用六极。”[②]所谓五行，即水、火、木、金、土。所谓五事，即貌、言、视、听、思。所谓八政，即食、贷、祀、司空、司徒、司寇、宾、师，是职官设置中的八项关键内容，分掌民食、民贷、祭祀、民居、民教、捕查盗贼、诸侯朝觐、军旅。所谓五纪，即岁、月、日、星辰、历数，是历法方面的内容。所谓皇极，即君主应当建立的大中至正之道。所谓三德即正直、刚克、柔克，指政治的三种风格。所谓明用稽疑，指政治措施如何根据龟筮、卿、士、庶民的赞成和反对的情况

---

① 《论易之三名》，（唐）孔颖达撰，见《宋本周易注疏》，中华书局影印本，1988年版。

② 《尚书校释译论》，顾颉刚、刘起釪著，北京：中华书局，2005年版。

具体决策。所谓庶征，即雨、旸（晴）、燠（暖）、寒、风五者的反映和它们给人事带来的影响。所谓五福即寿、富、康宁、攸好德、考终命，六极即凶短折、疾、忧、贫、恶、弱，它是政治措施好坏所导致的不同结果。像这类政治文献，肯定篇数不少，而且应有所分类。如《墨子·明鬼下》就列举了《夏书》《商书》《周书》，说："尚书《夏书》，其次商周之《书》"[①]，认为最古老的文献是夏代的，其次是商、周时期的。在文献分类过程中，将夏、商、周重要政治文件统称为《书》可能是由于诸子的提倡。

《诗》亦称《诗经》，是古代诗歌总集。《墨子·公孟篇》说："诵诗三百，歌诗三百，舞诗三百"，可见当时诗篇确实不少。在孔子之前，诗篇可能有一些编订本。如《左传》襄公二十九年，吴季札在鲁观乐，鲁太师为奏十五国风和《雅》《颂》，其编次与今本《毛诗》大体相同。《诗经》中的诗有多种来源：有的是乐官采取来的；有的是官吏献给周王，而转入乐官手中的；有的是贵族为祭礼或其他用途创作的，又由乐官谱了曲；有的是诸侯进献的乐歌；还有的是各诸侯国的乐官带到周王朝的乐歌。

《礼》亦称《礼经》，主要是仪礼。从字源上看，礼是指宗教祭祀的仪式。《说文》释礼为"履也，所以事神致福也"。从考古材料来看，远古人们既崇拜太阳、月亮等自然神，又崇拜女性神，后来又崇拜男性神。夏代的至上神观念已经相当发达。商人除了对上帝以及山、川、风、雨、云等自然神的崇拜之外，还有一套复杂的祖先崇拜谱系。周代祭祀的天神有上帝、日月、星辰、风雨雷神、司中司命；祭祀的地神有社稷神、山川河渎；祭祀的人鬼之神既有历代祖先，也有对历史做出杰出贡献的英雄人物，但最主要的内容是祭祀先祖。凡国之大典、官吏任命、诸侯会盟朝觐、战前誓师、战后行赏等，都要在宗庙举行祭祀活动。同时，祭礼也体现出更加严格的等级性。西周时祭礼规定，天子祭祀，诸侯要助祭；诸侯祭祀，卿大夫要佐祭。它反映出周代根据臣服者不同程度的隶属关系，有差别地规定了它们助祭的义务。可见祭祀已经转化为一种辨明政权级别和隶属关系的标志，大大突出了它的政治属性。周礼的另一个突出特点是它突出了除祭祀以外的其他社会内容。周人非常重视人们的日常"威仪"。每个人根据自己的身份地位，有与之相适应的礼仪，他应该根据时间地点和自己的身份，严格遵守相应的礼仪。这些与社会生活密切相关

---

① 《墨子间诂》，孙诒让著，北京：中华书局，1954 年版。

的礼到底有哪些内容呢？从个人的角度看,《礼记·昏义》中说:“夫礼,始于冠,本于昏,重于丧、祭,尊于朝聘,和于射、乡。”[①]也就是说,一个人离不开成年礼、婚礼、丧礼、祭礼、朝聘礼、射礼、乡礼。《大戴礼记·本命》:“冠、昏、朝、聘、丧、祭、宾主、乡饮酒、军旅,此之谓九礼也。”[②]从国家的角度看,礼可分为五个方面:即吉礼、凶礼、军礼、宾礼、嘉礼。吉礼,就是祭祀的典礼。凶礼,指丧礼以及对天灾人祸的哀吊。军礼,有校阅、狩、出师、乞师、致师、献捷、献俘等项。宾礼,指诸侯对王朝的朝见、各诸侯之间的聘问和会盟,等等。嘉礼,有婚礼、冠礼、飨燕、立储等类。

现在我们看到的礼经有三种,《仪礼》《礼记》《周礼》,最初的礼经只有《仪礼》。《仪礼》以其记述士的礼仪,称为《士礼》。根据西汉高堂生所传本来看,分17篇,有《士冠礼》《士婚礼》《士相见礼》《乡饮酒礼》《乡射礼》《丧服》《士丧礼》等,记载各种礼仪程序。在这些礼仪的发展过程中,历史上很多人都发挥过重要影响。例如黄帝通过与炎帝、蚩尤部落的战争,加强了黄河流域诸部落的联合,并对各部落的巫术和祭祀传统进行了合并和改造。颛顼“依鬼神以制义”,做过绝地天通的宗教改革。周公创立礼乐制度,奠定了周代国家的基础。

《乐》经已佚,一说它即包含在《诗经》等文献之中(故后世“六经”亦有“五经”说),《诗经》的曲调即《乐》。音乐是心灵之声,它最能感动人心,唤起共鸣。早在尧舜时代,就已认识到音乐教育对于人格养成和社会和谐的作用,尧舜要求教育贵胄子弟的音乐要正直而温和,宽宏而严谨,刚健而不暴虐,质简而无傲慢。周公认为,移风易俗莫善于乐,礼与乐相辅相成。先王制乐的目的,就是要使人的快乐有节制,让民众在健康的音乐中接受道德的熏陶。古代各种礼仪都有乐舞相配。祭祀、宴饮等不同场合主题各异,乐舞也不一样。例如每年春秋,举行以尊老养贤为宗旨的“乡饮酒礼”,席间要演奏或歌唱《诗经》的许多篇章,每篇都寓意深远。一乡之人在揖让升降、笙瑟歌咏的愉快气氛中,受到礼乐的教化。

《春秋》亦称《春秋经》。以鲁国历史为核心,记载了鲁隐公元年(前722)到鲁哀公十四年(前481)共242年史事,内容涉及周王室和各诸侯国之间的

---

① 《礼记正义》,(汉)郑玄注,(唐)孔颖达等正义,《十三经注疏》,(清)阮元校刻,上海:上海古籍出版社,1997年版。

② 《大戴礼记汇校集解》,方向东著,北京:中华书局,2008年版。

政治、军事活动，以及日食、地震、水灾等自然现象。周代除了周天子有史官纪事外，诸侯也都有国史。鲁国的史书就叫作《春秋》，按四季编年，文字很简单。

二、经学雏形

《易》《书》《诗》《礼》《乐》《春秋》就其原始意义来说，只是记载虞夏至春秋时期的天人关系、政治制度、社会风俗、历史发展等文化内容的文献。西周时期，贵族子弟于学宫学习六艺，六艺即礼、乐、射、御、术、数，其中就包括上述文献的某些内容。春秋时期，孔子继承西周鼎盛时期的“六艺”教育传统，并对原有教学内容进行改革，做了不少文化典籍的整理工作，对这些文献都做了很深入的研究。如孔子对《易》用功甚勤，竟至“韦编三绝”；并强调学习《易》不能局限于卜筮，而应该从易理中品味做人的道理。他还指出，学习《尚书》既可了解古代政治概况，又能从中知道政治以人伦为本的施政原理。《尚书》蕴含着“孝悌”的人伦道理。《论语・为政》说：“《书》云：孝乎唯孝，友于兄弟，施于有政。”[①]孔子对夏礼、商礼、周礼都有研究，并做出“吾从周”的理性选择，同时又强调在日常行为规范中应以礼为根本，“不学礼，无以立”（《论语・季氏》）。他对士礼很重视。据《礼记・杂记下》记载：“恤由之丧，哀公使孺悲之孔子学士丧礼，《士丧礼》于是乎书。”孔子曾经借哀公使人问丧礼这一机会，对丧礼做过初步总结，制定了士人比较通用的丧礼。《乐》也是孔子订正的主要内容之一，他指责新乐“郑声淫”，认为《韶》《武》等雅乐可以提高人的精神修养境界，“子谓《韶》尽善矣，又尽美也；谓《武》尽美矣，未尽善也”（《论语・八佾》）。他主张音乐应是美与善的和谐统一。指出《诗》的核心思想是“思无邪”（《论语・为政》）。学习《诗》具有十分重要的作用，“《诗》可以兴，可以观，可以群，可以怨，迩之事父，远之事君”（《论语・阳货》）。学习《诗》可以抒发个人情感，可以观察社会，了解人生，可以增强集体意识和合作精神，可以从中体会事父事君的做人道理。《春秋》本是鲁国编年史，经孔子笔削后，其字里行间隐藏着“正名分”“寓褒贬”“明善恶”的良苦用心。孔子依据他的思想来整理古代文献，古代文献既是他思想得以产生的

---

① 《论语注疏》，（魏）何晏集解，（宋）邢昺疏，《十三经注疏》，（清）阮元校刻，上海：上海古籍出版社，1997 年版。

源泉,同时又是他发挥其思想的材料。孔子在整理古代文献的过程中,确实有订正,有删削,对于一些他认为不完全真实的内容,他参照其他材料加以改正,对于那些他认为不合乎理性的内容,他予以删削。

孔子对《易》《书》《诗》《礼》《乐》《春秋》等古代文献的整理,使这些文献的历史典范作用得到突出,从而使它们的权威性、重要性超出了当时的其他文献。同时他又提示人们,不要把这些记述仅仅视为是过去的历史,而要发掘它们与现实生活的联系,彰显出这些文献的人文意义。儒家后学一方面按照孔子的整体框架,进一步搜寻历史文献,对孔子在文献整理过程中所出现的某些失载进行弥补;另一方面,他们也视这些文献为拓展自己思想的依托,并依据他们对于孔子思想学说的认识,以及他们对儒学的新的发展,将历史文献的内容加以新的引申。因此,在孔子之后到战国秦汉之际,对于《易》《书》《诗》《礼》《乐》《春秋》的研究,在某种程度上就成为儒家学派的一大理论特征,乃至《庄子·天运篇》把对这几部书籍的研究当成以孔子为代表的儒家学派的特色:"孔子谓老聃曰:'丘治《诗》《书》《礼》《乐》《易》《春秋》六经,自以为久矣,孰知其故矣。'"[①]《庄子·天下篇》甚至还能够将它们的宗旨进行比较凝练的概括:"《诗》以道志,《书》以道事,《礼》以道行,《乐》以道和,《易》以道阴阳,《春秋》以道名分"。道家学派能够对儒家学者所关注的典籍做出上述概括,这与当时儒家学派对它们的研究密切相关。

经过孔子后学的整理和研究,到秦统一以前,《易》《书》《诗》《礼》《乐》《春秋》的内涵更加丰富。例如《易经》,自孔子之后到战国中晚期,儒家后学对《易经》做了大量研究工作。大约在战国晚期,儒家学者对这些研究成果加以收集,分为十篇,即《彖上》《彖下》《象上》《象下》《文言》《系辞上》《系辞下》《说卦》《序卦》《杂卦》,又称《十翼》,作为《周易》研究最权威、最有代表性的作品。这些作品的形成虽然被儒家一概归功于孔子,但与孔子对《周易》的阐释相比,它们无论在篇幅和内容上都已大不相同。再如《礼》,近人就曾根据书中的丧葬制度,结合考古出土器物,证明今存《仪礼》一书中有大量战

① 《庄子集释》,(清)郭庆藩辑,王孝鱼点校,北京:中华书局,2004年版。

国中期礼制。礼学家们设计了《周礼》这样的政治法典。[1] 这部所谓周代政治大法的著作，实际上也不完全是周代制度，其中同样有春秋战国时期的官制，有儒家学者关于理想政治制度的发挥。又如孔门传礼，往往于经文之后附列记、传。《仪礼》各篇中，有13篇经文后附有记传。《汉书·艺文志》著录的有关礼的记除《记》131篇外，还有《明堂阴阳》33篇、《王史氏》21篇、《曲台后苍》9篇、《中庸说》2篇、《明堂阴阳说》5篇。这些篇章，都是对礼的仪式和意义的解释，到西汉时大都被整理归并为《礼记》。总之，经过春秋战国时期的丰富和发展，《易》《书》《诗》《礼》《乐》《春秋》都已产生了变化，其内涵就不仅是伏羲以至夏商周礼乐文明最有代表性的反映，而且还体现了儒家学者对礼乐文明的理解以及儒家学说的自身发展。

三、经学与治道关系之升降

由于儒家经典的重要性，历代儒者都将经典视为最根本的法宝。虽然秦始皇时期发生了焚书坑儒事件，儒家经书的研究转入低潮，但西汉初期，天下初定，就有对经书的研习，如辕固生传《齐诗》，申培公传《鲁诗》，韩婴传《韩诗》，伏生传《尚书》，高堂生传《礼》，田何传《易》，公羊寿、胡毋生传《春秋公羊传》和江公传《春秋谷梁传》等。汉文帝时，传《鲁诗》的申公、传《韩诗》的韩婴已立为博士，景帝时又立传《齐诗》的辕固生为博士。武帝建元五年（公元前136），立《易》《书》《诗》《礼》《公羊春秋》五经博士。元光元年（前134）五月，汉武帝下诏举贤良对策，表示要思考一种有效的政治策略。董仲舒前后给汉武帝上了三策，史称“天人三策”。他在对策中提出儒学和儒术可以有效地解决汉代社会问题，是长治久安的根本大计。他提出要恢复儒家王道政治理想，选拔任用儒生充实吏治，在思想上独尊儒术等主张。“天人三策”是董仲舒对儒学在汉代政治经济文化领域的重要作用的论证。在天人三策中，他不但宣传了儒学的基本精神，而且设计了儒学复兴的具体途径，架起了儒学与汉代政治相互沟通的桥梁。元朔五年（公元前124），又批准公孙弘所

---

① 《周礼》（又称《周官》）成书时间，旧说最有影响的有三种。一说为周公所作，自刘歆首倡，杜子春以下的东汉古文学家均守此说。二说始于东汉今文学家何休，认为《周礼》为六国阴谋之书。三说始于宋代胡安国、胡宏，认为《周礼》为刘歆伪造。彭林认为此书当作于汉初，可能在高祖至文景之际。参见《〈周礼〉主体思想与成书年代研究》，彭林著，北京：中国社会科学出版社，1991年版。

议，为博士置弟子50人。西汉博士的待遇相当于中级官员，但容易升迁，除了教学之外，还要参政议政、奉命出使、制礼、掌管藏书和试策等，在社会上的地位相当于高级官员，很受人们尊敬。太学生享有免除徭役赋税的权利，学有所成之后，可以担任一般官员，也可能担任博士或者教授私学。在上述政策的引导下，经书的研究成为风气。汉昭帝时，又增博士弟子员满百人。汉宣帝时，博士弟子增加到200人。元帝时，博士弟子激增至千人。此后，博士弟子员人数日增，说经者日众，经说越加详密。

经学成为汉代思想文化的特色，在一定程度上是春秋战国以来儒家学者的经学主张的实践。汉代经学家对经典的神圣地位进行论证，认为它是王道政治理想的集中体现，是汉代政治原则的主要依据。当时的儒家学者大都把孔子视为有德无位的"素王"，即不居王位而有王者之道。"素王"一词最早见于《庄子·天道篇》："以此处下，玄圣、素王之道也"，后人解释是"有其道而无其爵者"谓素王，但庄子并没有将素王特指为某人。董仲舒明确提出："孔子作《春秋》，先正王而系万事，见素王之文焉。"[①]除《春秋》以外，《易》《尚书》《礼》《诗》诸经也被视为王道思想的全面体现。他们还阐发了王道政治的具体内涵，认为王道政治最主要内涵是大一统与仁义教化，目标是大同和小康。还论证天人感应是名教礼法思想的前提和基础。董仲舒注《春秋》，吸取阴阳五行学说，提出天人感应说，认为天地、阴阳、五行与人类是一个整体，人类能够从天地运行规则中找到人类社会的正确准则，人类的行为反过来也影响天地运行过程，会在天地运行过程有所表征。刘向所著《洪范五行传》即以阴阳灾异为思想基础，引申《洪范》五行。《易》也被经师视为阐述天人关系最为精微的经典。孟喜提出卦气说，赋予易卦变化以阴阳变化的含义，从分析易卦的卦爻象变化和数字关系出发，说明阴阳变化，又把易卦变化和四季气候相配，来推测气候变化，阐释人事吉凶。京房作《京氏易传》，吸收阴阳五行学说，发展孟喜卦气说，对天人交感的过程和规则进行了更加深入的研究。

经学对汉代的政治实践产生了重要影响。汉元帝时期，儒学真正成为汉代具有国家意识形态性质的观念体系。武帝以后的汉代历朝君主皆自幼读经，诸侯王、外戚等贵族集团也以习儒读经为时务。由此衍生出尊崇经师的

① 《汉书》卷56《董仲舒传》，（汉）班固撰，北京：中华书局，1962年版。

风气，并形成“人主师当为宰相”的惯例。汉昭帝的经师蔡义为丞相，此后有韦贤、韦玄成父子，匡衡、张禹、贡禹、孔光等，皆备受尊崇，位极人臣。东汉明帝对经师桓荣“尊以师礼，甚见亲重”，及卒，“帝亲自变服，临丧送葬”，可谓君主尊师的典范。在汉代君主身体力行的示范带动下，以儒学取仕“劝以官禄”为诱导，社会上攻读儒经蔚然成风。儒家文化家喻户晓，获得了空前的普及，纲常伦理深入人心，儒家思想及其价值成为汉代社会的时代精神。汉代一般君主大都能通晓经义。由于通晓儒学，汉代君主在儒学学术和事务上除了自身固有的政治权威外，还拥有了理论上的发言权和参与资格。汉代君主还热衷于充当理论分歧的裁决者角色。前有宣帝甘露二年（公元前52）石渠阁讲五经异同，后有章帝建初四年（79）白虎观“议五经同异，作《白虎议奏》”。君主凭借自身儒学修养，“称制临决”，就各派间分歧经义进行仲裁，俨然变成最高的经学权威。东汉君主也比较重视塑造自己亦君亦师的文化形象。史称光武帝躬自讲经，明帝还致力儒学研讨，撰《五家要说章句》，并亲于辟雍自讲所制《五行章句》。这种“君师兼资”现象表明儒学文化与君主理论、行为达到密切结合的程度，生动地反映了儒学在汉代意识形态和上层建筑建设中的地位。

但两汉时期的经学经过一段时期的发展和繁荣之后，到魏晋南北朝时期很快就衰落了。究其原因，一方面，汉代经学要求严守“家法”“师法”，这就使得经学研究日益封闭、狭窄，大大限制了学术研究的发展；另一方面，汉儒治经分为今文经、古文经两大派，两派经学均有自己的严重弊端。今文经学注重以经学服务于现实政治，故而在治经时常常牵强附会地大讲经学的“微言大义”，以至于在严肃的学术中出现了许多“非常异义可怪之论”。而古文经学则重视对经书的历史考察，通过文字训诂而研究原典，但又出现了繁杂琐碎、远离经义的弊端。更重要的是，只有专制集权能够基本依据天人感应的神学体系运转并取得一定效果时，这样一套政治学说才会被普遍接受和信奉。而东汉桓帝、灵帝时期，皇帝、宦官、外戚几大集团之间无休止的权力争夺，由此引发的黑暗政治，将人们对天人感应的信念打得粉碎。东汉后期，有的士大夫开始寻求正统思想之外的异端，到传统理论体系中探索治世良方，出现了社会批判思潮。汉魏之际，思想领域中的多元现象更加丰富。有的人热心研究黄老，有的致力于探讨名家、法家，并形成了以综核名实为主导观念的名理学。正始（240—249）年间，还出现了玄学思潮。何晏著《论语集解》、王弼著《老子注》《周易注》《论语释疑》，他们比起汉魏之际的名士来，更加自觉地意识到了历史的巨变，并试图从理论上探讨一种新的政治体制和政治谋略思想。他们在章句注疏走上末路时，另辟蹊径，用道家的思想解释儒家经典，并一反汉儒章句训诂的传统和繁琐学风，倡以义理解经的新风，形成了经学史上较早的义理之学。但玄学经学亦常受到崇尚汉末传统的经学家的责难，说它使“儒雅日替”，“饰华言以翳实，骋繁文以惑世。缙绅之徒，翻然改辙，洙泗之风，缅然将坠”[①]。但玄学经学仍很流行。在正统儒学思想体系崩溃、而新的政治思想尚未成为思想权威之时，道教和佛教等新的宗教意识也逐渐泛滥开来。

隋唐两代，儒家的独尊地位不复存在，形成了儒、佛、道三教鼎立的思想文化格局。虽然隋唐的历代统治者都提倡儒教，隋代出现了刘焯、刘炫二大儒，唐初出现《五经正义》，不过，儒者所做的主要是对儒经的考证亡佚、研核异同上，在经义的发挥上并没有多少创新。中唐以后，儒学研究出现了一些新的迹象。首先，释经方法发生了初步的变化，即舍传求经，其代表人物是啖助[②]、赵匡[③]、陆质[④]，他们均是研治《春秋》的学者。啖助著有《春秋统例》六卷，后由赵匡、陆质整理，定名为《春秋集传纂例》。另陆质撰有《春秋微旨》三卷、《春秋集传辨疑》十卷。他们敢于否定汉唐的传注，一方面“攻传之不合”，另一方面要求“舍传求经”。《四库全书总目》评价说：“舍传求经，实导宋人之先路，生臆断之弊，其过不可掩；破附会之失，其功亦不可没也。”[⑤]他们所重的已不是汉代经学的训诂字义，而是内在的义理，这是中唐儒学复古运动的先声。其次，由古文运动对何为“道”的探讨导致对儒家“道统论”的理论自觉。当时的士人对儒家的发展有了很强烈的危机感与使命感，开始意

---

① 《晋书》卷15《范汪传》，(唐)房玄龄等撰，北京：中华书局，1974年版。

② 啖助，字叔佐，原籍赵州，后徙关中。天宝末年，客于江东，因为安史之乱北方连年战乱，就留居江南。曾做过两任小官，任职期满，以著述为事。从唐肃宗上元二年(761)开始，集三《传》以释《春秋》，撰成《春秋集传》，到唐代宗大历五年(770)完成，不久去世。

③ 赵匡，天水人，啖助只与他有过一次交往，但在《春秋》上的见解非常相近。

④ 陆质(原名陆淳，避宪宗讳改名)，吴郡人，曾师事啖助11年，啖死后，陆质痛感于师学不彰，与啖助之子共同整理啖助遗稿，又请赵匡增删修改，由陆质加以会纂，撰成《春秋啖赵集传纂例》，史称“啖、赵《春秋》学”。

⑤ 《四库全书总目》，(清)永瑢等撰，北京：中华书局，1965年版。

识到儒家道统是天地之道的体现。韩愈(768—824)是唐代古文运动的领袖、复兴儒学文化思潮的倡导者。他著有《原道》,宣称:“夫所谓先王之教者何也?博爱之谓仁,行而宜之之谓义,由是而之焉之谓道,足乎己无待于外之谓德。……是故以之为己,则顺而祥;以之为人,则爱而公;以之为心,则和而平;以之为天下国家,无所处而不当。……斯道也,何道也?曰:斯吾所谓道也,非向所谓老与佛之道也。尧以是传之舜,舜以是传之禹,禹以是传之汤,汤以是传之文、武、周公,文、武、周公传之孔子,孔子传之孟轲。轲之死,不得其传焉。”[①]道统论作为一个全新的儒家观念出现,预示儒学的复兴时代开始到来。

四、北宋经学复兴思潮

到了北宋,复兴儒学很快就形成了一股普遍的社会思潮。宋代形成了一股强大的读经、研经的热潮,儒家经典受到前所未有的重视。学人不仅热心探讨《易》《书》《诗》《礼》《春秋》等汉唐诸儒十分重视的“五经”,而且对《大学》《中庸》《论语》《孟子》等“四书”表示出强烈的兴趣。学习经典、研究经典、讨论经典,成为宋代学术界一种十分盛行的现象。宋人对儒家经典的尊崇态度和钻研精神,较汉儒有过之而无不及。据《宋史·艺文志》记载,宋儒的经学著作达到1304部之多,其中尤以《春秋》学和《易》学著作为多,分别为240部和213部。丰富的经学著作充分反映了宋代学术界对儒家经典的重视,从一个侧面体现出儒学重新成为中国思想文化的主体。

宋代学者研读儒家经典,却并不循汉唐诸儒的章句训诂,他们认为章句之学不能揭示经典的精神追求,对以前儒学研究传统表示了大胆的怀疑。他们继承唐中叶以来的“舍传求经”的学风,对汉唐之传注提出怀疑,庆历之后,学者们不仅敢于怀疑汉唐经师们所作的注疏及所阐发的经义,进而对部分经书的作者、甚至对经典本身也提出疑义。孙复(992—1057)致范仲淹书指出,章句细碎,不足以显示儒家典籍真正的精神实质:

> 专主王弼、韩康伯之说而求于大《易》,吾未见其能尽于大《易》者也。专守左氏、公羊、谷梁、杜预、何休、范宁之说而求于《春秋》,吾未见其能尽于《春秋》者也。专守毛苌、郑康成之说而求于《诗》,

---

① 《韩昌黎全集》卷11《原道》,(唐)韩愈撰,北京:中国书店,1991年版。

吾未见其能尽于《诗》者也。专守孔安国之说而求于《书》，吾未见其能尽于《书》者也。彼数子之说，既不能尽于圣人之经，而可藏于太学，行于天下哉？又后之作疏者，无所发明，但委曲踵于旧之注说而已。……执事亟宜上言天子，广诏天下鸿儒硕老置于太学，俾之讲求微义、殚精极神，参之古今，复其归趣，取诸卓识绝见大出王、韩、左、谷、公、杜、何、范、毛、郑、孔之右者，重为注解，俾我六经廓然莹然如揭日月于上，而学者庶乎得其门而入也。如是，则虞夏商周之治可不日而复矣。[①]

孙复认为，只有摒绝章句小学，改变经学研究的既有传统，才能显示三代之治道。在此潮流中，欧阳修的《易童子问》率先指出，"《系辞》以下非孔子作"，直接对《易传》真实性提出怀疑。他还撰有《毛诗本义》，对历来认为是子夏、毛公所作的大、小《诗序》提出怀疑，同时对《周礼》也表示怀疑。苏轼之弟苏辙也对《诗序》《周礼》表示怀疑。郑樵著有《诗辨妄》，将《诗序》指斥为"村野妄人"的作品，使向来受到尊崇的《诗序》受到极度的贬抑。另外如刘敞，也是这股疑经思潮的重要推动者，他著有《七经小传》，杂论《尚书》《毛诗》《周礼》《仪礼》《礼记》《公羊传》《论语》七经经义，他不但怀疑汉唐经学的注疏之学，甚至对经文本身也表示怀疑，故在论述经义时多以已意改动或论断经文。王安石的新学对汉唐经学更是一个有力的否定，他不满汉唐传注经学，著有《三经新义》，对《书》《周礼》《诗》三部儒经做了新的解释。王应麟《困学纪闻》卷8《经说》在评论北宋疑经风气时说："自汉儒至于庆历间，谈经者则守训故而不凿。《七经小传》出，而稍尚新奇矣。至《三经新义》行，视汉儒之学若土梗"[②]。司马光在《论风俗札子》中描述过当时的情形：

新进后生，未知臧否，口传耳剽，翕然成风，至有读《易》未识卦爻，已谓《十翼》非孔子之言；读《礼》未知篇数，已谓《周官》为战国之书；读《诗》未尽《周南》《召南》，已谓毛、郑为章句之学；读《春秋》未知十二公，已谓三传可束之高阁。循守注疏者，谓之腐儒；穿

---

① 《孙明复小集》卷1《寄范天章书》之二，(宋)孙复撰，《四库全书》第1090册。

② 《困学纪闻》，(宋)王应麟著，(清)翁元圻等注，栾保群、田松青、吕宗力校，上海：上海古籍出版社，2008年版。

凿异说者，谓之精义。[①]

陆游曾论述这种疑经风气的兴起，他说：

> 唐及国初，学者不敢议孔安国、郑康成，况圣人乎？自庆历后，诸儒发明经旨，非前人所及，然排《系辞》，毁《周礼》，疑《孟子》，讥《书》之《胤征》《顾命》，黜《诗》之序，不难于议经，况传注乎！（《困学纪闻》卷8《经说》）

由此可见，疑经已经成为当时儒家士大夫中十分流行的风气。疑经思潮的出现，表明学术界对汉儒传注经学的严重不满，反映了旧的经学形态面临衰落、变革的处境。

在疑经风气盛行的同时，宋初学者热衷于对儒经中义理的探求，表现出对儒学思想的大胆创新。被称为“宋初三先生”的胡瑗、孙复、石介均主张以义理解经。胡瑗的《周易口义》被认为是宋代“以义理说《易》之宗”，孙复的《春秋尊王发微》是以宋人义理解《春秋》的重要著作，石介的《易》学研究也旨在阐发儒家的心性义理之道。所以，他们被认为是“上承洙泗，下启闽洛”。以“三苏”为代表的蜀学对儒经的义理多有发明，如苏轼的《毗陵易传》即对《易》做了新的义理阐发。范仲淹也倡义理之学，主张“经以明道，文以通理”，将阐发义理视为研经的主要目的。王安石虽与二程等道学家政见甚不相合，但他在学术上则与道学一样，否定汉唐经学的训释考辨，而注重阐发儒经中的性命之理。他说：“先王之道德，出性命之理，而性命之理出于人心，《诗》《书》能循而达之。”[②]北宋初期的义理化思潮推动了儒学思想体系的重构。

五、张载的经学复兴自觉

张载对唐宋的儒学复兴思潮有着十分深刻的文化自觉。他认为“道”自天地宇宙和人类起源之初就已经存在：“礼非出于人，虽无人，礼固自然而有，何假于人？今天之生万物，其尊卑小大，自有礼之象，人顺之而已，此所以为

① 《司马文正公传家集》卷42《论风俗札子》，（宋）司马光撰，《四库全书》第1094册。

② 《临川集》卷71《先大夫述》，（宋）王安石撰，见文渊阁本《四库全书》。

礼。或者专以礼出于人,而不知礼本天之自然。"[1]"先王之乐,必须律以考其声,今律既不可求,人耳又不可全信,正惟此为难。求中声须得律,律不得则中声无由见。律者自然之至,此等物虽出于自然,亦须人为之,但古人为之得其自然。"[2]即是说,在人类产生之前,礼乐之道就已经蕴含在天地宇宙的生成运行秩序当中,圣王制礼作乐就是按照宇宙运行秩序进行的。从已有的传世文献来看,此"道"是从伏羲时代开始发现的。他说:"然传上世者,止是伏羲神农。此仲尼道古也,犹据闻见而言,以上则不可得而知。"(《横渠易说·系辞下》)根据孔子所整理的上古文献,我们不难得知是伏羲在天地宇宙的观察探索中制作出圣王之"道"。张载还依据《周易·系辞下》的观点,构建起道统的早期传承谱系,他说:"'作者七人':伏羲、神农、黄帝、尧、舜、禹、汤,制法兴王之道,非有述于人者也"(《正蒙·作者》)。为什么这七人最有开创之功呢,张载说:"伏羲始服牛乘马者也,神农始教民稼穑者也,黄帝始正名百物者也,尧始推位者也,舜始封禅者也,尧以德,禹以功,故别数之。汤始革命者也。"(《张子语录·语录中》)在张载看来,伏羲开启了人类驾驭自然的征程,神农教民从事农业生产,黄帝为自然事物定名并发明创造出自然界所没有的事物,尧确定禅让制度,舜确立国家祭典,禹治理河水,汤替天行道,都有创始之功,尧舜禹是"道"的重要发展时期。往圣"制以礼,垂衣裳而天下治"之后,"文章礼乐简易朴略,至尧则焕乎其有文章"(《横渠易说·系辞下》)。张载还通过对《尚书》的考察,认为舜帝对圣王之道有着更大的贡献。他说:"舜之时又好,德性又备,礼文又备";"观虞书,礼大乐备,然则礼乐之盛直自虞以来"(《张子语录·语录上》)。因而总结和发扬尧舜之绩的帝禹受到张载的极高评价。他说:"如禹之德,斯可谓之大矣,其心以天下为己任,规模如此。"(《横渠易说·上经》)因此张载指出:"今言治世,且指尧舜(禹)而言。"(《横渠易说·系辞下》),也就是说,尧舜之治代表古代政治的高峰。商汤之后,文王、武王、周公、孔子都对"道"的发展起过重要推动作用,西周特别是周公在继承先王之道的基础上对礼乐的昌盛做出了重要贡献。他说:"如《周礼》则不过矣,可谓周尽。"(《横渠易说·系辞下》)即是说,礼乐文化至西周

---

[1] 张载:《礼记说》,引自《礼记集说》卷58,(宋)卫湜撰,长春:吉林出版社,2005年版。

[2] 《经学理窟·礼乐》,见《张载集》,(宋)张载撰,章锡琛点校,北京:中华书局,1978年版。

时已经非常完备。但与开创者们相比,他们继承之功居多。“若谓武王为作,则已是述汤事也,若以伊尹为作,则当数周公,恐不肯以人臣谓之作。若孔子自数为作,则自古以来实未有如孔子者,然孔子已是言‘述而不作’也。”(《张子语录·语录中》)对孔子在道统传承史上的独到地位,张载给以高度评价。他认为孔子最重要的贡献是对历史文献的整理。“历代文章,自夫子而损益之,见其礼而知其政,闻其乐而知其德,不可加损矣。”(《横渠易说·系辞下》)孔子“问于老聃、苌弘、郯子、宾牟贾”(《经学理窟·学大原下》)等,对经典进行了一番整理和改造,圣王之道得以传承下来。“仲尼生于周,从周礼,故公旦法坏,梦寐不忘为东周之意;使其继周而王,则其损益可知矣”(《正蒙·三十》)。张载还认为,孔子虽然是“述而不作”,但却寓“圣人之意”于整理与改造之中,表达出自己对圣王之道的看法。此外,孔子还编有一部新的经书——《春秋》,张载说:“《春秋》之为书,在古无有,乃圣人(即孔子)所自作,惟孟子为能知之,非理明义精殆未可学”(吕大临《横渠先生行状》)。也就是说,孔子整理文献,并非只是单纯保存文献,其中有孔子对“道”的理解与贯通。孔子“一以贯之,盖只着一义理都贯却”(《经学理窟·学大原上》)。孔子之后,有孟子,但孟子与孔子相比还是有不少差距。“孟子志仲尼,亦不如仲尼”(《经学理窟·气质》)。遗憾的是,孔孟之后,此“道”湮没无闻。“孔孟而后,其心不传,如荀(荀子)、扬(扬雄)皆不能知”。(《经学理窟·义理》)战国末年的荀子、西汉晚期的扬雄都不能了解孔孟的心法,更不能了解古圣先贤相传之道的精微。与扬雄相比,董仲舒虽然“德性”较为“博大”,但却泥于公羊谶纬之学,儒家之“道”也并未彰显于世。张载说:“然扬雄比董生孰优?雄所学虽正当,而德性不及董生之博大,但其学差溺于《公羊》谶纬而已。”(《经学理窟·周礼》)即使是开启唐宋道统论高潮的韩愈,也未能很好地彰明先王先圣之“道”。张载说:“今倡此道不知如何,自来元不曾有人说着,如扬雄、王通又皆不见,韩愈又只尚闲言词”(《经学理窟·自道》);“自孔孟而下,荀况、扬雄、王仲淹(王通)、韩愈,学亦未能及圣人”(《拾遗·性理拾遗》)。回首经学研究的演变历史,张载不禁喟然长叹“世学不明千五百年”(《张子语录·语录中》)、“千五百年无孔子”(《文集佚存·杂诗》)。

张载认为,之所以出现这种状况,从儒家学者自身来看,主要有三个方面的原因:

一是信道不笃

“道”本来是儒家乃至中华文明的核心范畴和根本价值追求，围绕“道”的授受与传承形成了“道统”思想。早在先秦，儒家所尊崇的先王（先王和孔孟均被后世儒家尊为圣人）已有对道统的自觉。[①] 此后孔子“祖述尧舜，宪章文武”（《礼记·中庸》），提出了尧、舜、禹等圣人之道的前后授受问题（《论语·尧曰》）。孟子继之而补充许多细节，提出了由尧、舜至于汤，由汤至于文王，由文王至于孔子的授受谱系（《孟子注疏·尽心》）。张载认为，此“道”就是包含“至大之事”的“义理之学”，也就是“学政不二”的“内圣外王”之道。他说：“志于道者，能自出义理。”（《经学理窟·义理》）“义理”又是指什么呢？张载指出：“盖所以求义理，莫非天地、礼乐、鬼神至大之事。”（《经学理窟·义理》）即是说，“义理”就是包括天地宇宙的奥秘以及社会政治与伦理法则的整个体系，它是宇宙观、道德论、政治思想、社会教化思想等主要内容的统一整体。也是张载所谓的“道学”与“政术”合一不二的圣王之“道”（《文集佚存·答范巽之书》）。张载曾经对宋神宗说，“为政不法三代者，终苟道也”（《宋史》卷427《张载传》）。他曾明确指出：“学者求圣人之学以备所行之事”，“圣人苟不用思虑忧患以经世，则何用圣人？”（《横渠易说·系辞上》）认为探究圣王之道，并非仅仅局限于对宇宙哲理的探究，同时必须躬行实践，把所求之理贯彻实行于现实社会政治当中，以实现天下的和谐太平，这正是儒家的“内圣外王”之学。可是自孔孟以后，儒家学者对此没有坚定的信念，面对佛、道二教的昌盛，甚至认为此道缺乏像佛、道那样高深的理论基础。

二是缺乏对经典乃“道”之载体的高度自觉

张载十分尊崇儒家“六经”，认为它是寄寓圣王之“道”或“圣人之奥”的根本经典。他认为，要想求得圣王之“道”，必须依据儒家“五经”或“六经”。他说：“然而得仲尼地位亦少《诗》《礼》不得。孔子谓学《诗》学《礼》，以言以立，不止谓学者，圣人既到后，直知须要此不可阙。”（《经学理窟·义理》）

对于经典与道统的关系，张载曾经加以分别论述。他认为《易》出自于先王先圣，是圣王“崇德广业”的重要载体：“夫《易》，圣人所以崇德广业，以知

---

① 参见《周文王遗言》，李学勤，《光明日报》，2009年4月13日国学版；《周文王遗嘱之中道观》，李均明，《光明日报》，2009年4月13日国学版；《清华简〈保训〉座谈会纪要》，刘国忠、陈颖飞，《光明日报》，2009年4月13日国学版；《清华简〈保训〉篇解读》，廖名春，北京：《中国哲学史》，2010年第3期等。

为德,以礼为业也,故知崇则德崇矣。此论《易》书之道,而圣人亦所以教人。"(《横渠易说·系辞上》)他还指出,《易》中"有圣人之道四焉":"以言者尚其辞,以动者尚其变,以制器者尚其象,以卜筮者尚其占。辞、变、象、占,皆圣人之所务也。"(《横渠易说·系辞上》)"圣人之道四"其实也就是"崇德广业"之道。张载解释说:"夫《易》,圣人之所以极深而研几也。唯深也,故能通天下之志;唯几也,故能成天下之务;唯神也,故不疾而速,不行而至。子曰'《易》有圣人之道四焉'者,此之谓也。"(《横渠易说·系辞上》)《尚书》同样蕴含着圣王之"道"。倘若认为《尚书》不易看懂,那是因为没有把握住其中的圣人之意。张载说:"《尚书》难看,盖难得胸臆如此之大,只欲解义则无难也"(《经学理窟·诗书》)。并指出《周礼》也记载着圣王之"道","是的当之书"(《经学理窟·周礼》),"礼者圣人之成法也,除了礼天下更无道矣"(《经学理窟·礼乐》)。出自"诸儒杂记"的《礼记》,虽然不及孟子深造自得:"(孟子说)万物皆备于我矣,又却要强恕而行,求仁为近。《礼》自外作故文,与《孟子》义内之说如相违,孟子方辨道,故言自得深造,作《记》者必不知内,且据掠浅知。"(《张子语录·语录下》)但《礼记》依然不失其经典的性质:"至如《礼》文不可不信,己(指北宋时人)之言礼未必胜如诸儒"(《经学理窟·义理》)。对于出自《礼记》中的《大学》《中庸》,张载则认为它们均"出于圣门,无可疑者"(《经学理窟·义理》)。《乐》同样由圣人创制,"礼乐之盛直自虞以来"(《张子语录·语录上》),它承载着圣人道德教化之意,所谓:"先王以作乐崇德"(《横渠易说·上经》),"所以养人德性中和之气"(《经学理窟·礼乐》),所以张载说"和乐,道之端乎!"(《正蒙·诚明》)对于"在古无有,乃圣人所自作"(吕大临《横渠先生行状》)的《春秋》,张载也给予高度评价,认为它寄托着天子之"大事":"《春秋》大要,天子之事也"(《正蒙·王禘》)。

张载认为,在长期的流传过程中,经典中确实出现了一些错误。比如他指出,《诗》《书》《周礼》等经典有些地方确不可通,这可能是因为经典传抄过程中发生了失误:

> 草书不必近代有之,必自笔札已来便有之,但写得不谨,便成草书。其传已久,只是法备于右军,附以己书为说。既有草书,则经中之字,传写失其真者多矣,以此《诗》《书》之中字,尽有不可通者。(《经学理窟·学大原下》)

《诗序》必是周时所作,然亦有后人添入者,则极浅近,自可辨也。如言“不肯饮食教载之”,只见《诗》中云“饮之食之,教之诲之,命彼后车,谓之载之”,便云“教载”,绝不成言语也。又如“高子曰灵星之尸”,分明是高子言,更何疑也。(《经学理窟·诗书》)

《周礼》是的当之书,然其间必有末世添入者,如盟诅之属,必非周公之意。盖盟诅起于王法不行,人无所取直,故要之于神,所谓“国将亡,听于神”,盖人屈抑无所伸故也。如深山之人多信巫祝,盖山僻罕及,多为强有力者所制,其人屈而不伸,必咒诅于神,其间又有偶遭祸者,遂指以为果得伸于神。如战国诸侯盟诅,亦为上无王法。今山中人凡有疾者,专使巫者视之,且十人间有五人自安,此皆为神之力,如《周礼》言十失四已为下医,则十人自有五人自安之理。则盟诅决非周公之意,亦不可以此病周公之法,又不可以此病《周礼》。《诗》云:“侯诅侯咒,靡届靡究”,不与民究极,则必至于诅咒。(《经学理窟·周礼》)

对这些不可通处既不可强通,也不能因此而否定它们为道之载体的价值。

张载指出:“义以反经为本”(《正蒙·神化》),“集义则自是经典”(《经学理窟·学大原下》),欲探寻圣王之“道”或“义理之学”必须“会归诸经义”(《经学理窟·义理》)。他认为:“圣人文章无定体,《诗》《书》《易》《礼》《春秋》,只随义理如此而言。”(《经学理窟·诗书》)即是说,儒家经典并非是固定的教条,而是圣人之道和义理之学的载体。总之,张载非常尊崇蕴含着圣王之“道”的“六经”(《乐经》已佚,虽是五经亦有“六经”之谓,古人也有称“五经”者),认为探求圣王之“道”或“义理之学”,“《诗》《礼》《易》《春秋》《书》,六经直是少一不得”,因而“六经循环,年欲一观”(《经学理窟·义理》)。张载甚至认为“天下‘九经’”皆备“学者求圣人之学以备所行之事”的内圣外王之道(《横渠易说·系辞上》)。

在尊崇“六经”的同时,张载也非常重视《论语》《孟子》《大学》《中庸》等“四书”[1],认为它们同样出自于圣人之门,是探求圣王之“道”或“义理之学”的重要典籍。张载指出:“学者信书,且须信《论语》《孟子》”(《经学理窟·

---

[1] 参见《张载的四书学》,龚杰,西安:《西北大学学报》(哲学社会科学版),1994年第3期;《张载之学与〈四书〉》,肖永明,长沙:《船山学刊》,2007年第1期。

义理》)，认为“仲尼(孔子)一以贯之，盖只着一义理都贯却”(《经学理窟·学大原上》)；并主张“要见圣人，无如《论》《孟》为要。《论》《孟》二书于学者大足，只是须涵泳”(《经学理窟·义理》)。足见张载对《论语》《孟子》在圣王之“道”中所占地位的推崇。张载还把《大学》《中庸》从《礼记》中单独提取出来，予以高度重视。他说“《中庸》《大学》出于圣门，无可疑者”(《经学理窟·义理》)，认为“《大学》当先知天德，知天德则知圣人”(《正蒙·乾称》)。张载早年曾“慨然以功名自许”，但范仲淹教导张载读《中庸》。此后，张载“观《中庸》义二十年，每观每有义，已长得一格”(《经学理窟·义理》)，对《中庸》所蕴含的圣王之道与“义理之学”深有发明。宋代刘玑在《正蒙会稿序》中说：“是书(《正蒙》)也，出入乎《语》《孟》、‘六经’……凡造化人事，自始学以至成德，《大学》之所谓格物致知，《孟子》之所谓尽心知性，无不备于此矣。”(《张载集·附录·刘玑正蒙会稿序》)

三是经学研究存在学风上的弊端

张载对汉唐经学做了较为激烈地批评，认为秦代之后圣王之道开始湮没，与经学研究的学风有密切关系。他指出：“知人而不知天，求为贤人而不求为圣人，此秦汉以来学者大蔽也。”(《宋史》卷427《张载传》)即是说，汉唐儒者只关注礼乐之道的外在形式(即社会政治与人伦道德)，而忽略了圣人之道的形上依据(即天地宇宙哲学)，贯通天人、内圣外王的圣王之道从此隐没于世，失去了真传，正所谓“古之学者便立天理，孔孟而后，其心不传，如荀、扬皆不能知”(《经学理窟·义理》)。与扬雄相比，董仲舒虽然“德性”较为“博大”，但却泥于公羊谶纬之学，不是经学的正道(《经学理窟·周礼》)。即使是开启唐宋道统论的韩愈，也没有厚实的经学基础。所以，“自周衰礼坏，秦暴学灭，天下不知鬼神之诚，继孝之厚，致丧祭失节，报享失虔，狃尚浮屠可耻之为，杂信流俗无稽之论。”(《文集佚存·始定时荐告庙文》)

汉唐的政治也离圣人之道太远。张载说：“唐太宗虽英明，亦不可谓之仁主；孝文虽有仁心，然所施者浅近，但能省刑罚，薄税敛，不惨酷而已。”(《经学理窟·周礼》)张载认为，圣王之道之所以如此衰落，就是因为世人不懂得儒经中的“圣人之奥”。他说：“非理明义精殆未可学，先儒未及此而治之，故其说多穿凿，及《诗》《书》《礼》《乐》之言，多不能平易其心，以意逆志。”(吕大临《横渠先生行状》)

张载认识到了宋初学者超越汉唐注疏、探求经典义理的学术风尚之于复兴经学的积极意义。胡瑗的《周易口义》被认为是宋代"以义理说《易》之宗";孙复的《春秋尊王发微》,是以宋人义理解《春秋》的重要著作,石介的《易》学研究也旨在阐发儒家的心性义理之道。所以,他们被认为是"上承洙泗,下启闽洛"。同时,那些在历史上不被认为是理学家的儒家学者,其学术同样表现出重义理的特点。以"三苏"为代表的蜀学是北宋义理之学思潮的重要推动者,他们不仅大胆疑经惑古,而且对儒经的义理多有发明,其中苏轼的《毗陵易传》即对《易》做了新的义理阐发。范仲淹也倡义理之学,主张"经以明道,文以通理",将阐发义理视为研经的主要目的。提倡"新学"的改革家王安石虽与二程等理学家政见甚不相合,但他在学术上则与理学一样,否定汉唐经学的训释考辨,而注重阐发儒经中的性命之理。他说:"先王之道德,出于性命之理,而性命之理出于人心,《诗》《书》能循而达之。"(《临川集》卷82《虔州学论》)"荆公新学""训释经义,主要在阐明义理,反对章句传注的繁琐学风,这一点,实开宋儒义理之学的先河"①。因而张载指出:"世学不明千五百年,大丞相(指王安石)言之于书,吾辈证之于己,圣人之言庶可期乎?"(《张子语录·语录中》)对宋初的学术新风尚之于阐发圣人"奥义"、复兴经学的积极意义做出了肯定。

但在张载看来,宋初儒家学者并未真正彰明儒家经典所蕴含的先王先圣的"奥义",在理论深度上尚有很大欠缺,"今人为学如登山麓,方其迤逦之时,莫不阔步大走,及到峭峻之处便止,须是要刚决果敢以进"(《经学理窟·学大原下》)。于是,以先王先圣之"道"的继承者自居的张载,发出了"自古有多少要如仲尼者,然未有如仲尼者"(《经学理窟·气质》)的千古之叹,决心"志于道"(《经学理窟·义理》),"专与圣人之言为学"(《经学理窟·自道》),重新倡明经典中的"圣人之奥",复兴儒家经学。他说,孔子并不是用来顶礼膜拜的,我们所要做的是"尊其道":

> 家中有孔子真像,尝欲置于左右,对而坐又不可,焚香又不可,拜而瞻礼皆不可,无以为容,思之不若卷而藏之,尊其道。(《经学理窟·学大原下》)

他以孔子、孟子等圣人的继承者自居,说:

---

① 《中国思想通史》(第4卷,上册),侯外庐主编,北京:人民出版社,1959年版,第440页。

仲尼在洙泗之间，修仁义，兴教化，历后千有余年用之不已。今倡此道不知如何，自来元不曾有人说着，如扬雄、王通又皆不见，韩愈又只尚闲言词。今则此道亦有与闻者，其已乎？其有遇乎？（《经学理窟·自道》）

张载还作有《圣心》一诗借以表达此种志向："圣心难用浅心求，圣学须专礼法修。千五百年无孔子，尽因通变老优游"（《文集佚存·杂诗》）。张载的弟子范育也说："自孔孟没，学绝道丧千有余年……子张子（张载）独以命世之宏才，旷古之绝识，参之以博闻强记之学，质之以稽天穷地之思，与尧舜孔孟合德乎数千载之间。"（《正蒙·范育序》[①]）由此，我们也就不难理解张载立下"为天地立心，为生民立命，为往圣继绝学，为万世开太平"之宏愿的苦衷。

第二节　自求义理

张载认为，学者的根本任务就是要彰明儒经所承载的"圣人之奥"，阐发儒家经典中的"义理之学"。他指出："观书且勿观史，学理会急处，亦无暇观也。然观史又胜于游，山水林石之趣，始似可爱，终无益，不如游心经籍义理之间。"（《经学理窟·义理》）事实上在张载那里，不唯独"史"，就是"医书""文集选集""道藏释典"等，相对于承载着圣王之"道"的儒家经书而言，都是无关紧要的，张载甚至还将它们列为"闲书"，认为是不值得用心观看的，"今且专与圣人之言为学，闲书未用阅，阅闲书者盖不知学之不足"（《经学理窟·自道》）。

一、依经典而自求义理

张载认为，儒家经学的复兴也就是儒家经典所承载的"圣人之奥"的再现与彰明，当前治学最重要的任务就是要阐发儒家经典中的"义理之学"。他指出："学者只是于义理中求"（《经学理窟·学大原下》），"观书必总其言而求作者之意"（《经学理窟·义理》），强调"求是即为理义，言理义不如且言求是易晓。求是之心，俄顷不可忘理于义"（《横渠易说·说卦》），如果"不知穷理，如梦过一生"（《张子语录·语录中》）。"吾徒饱食终日，不图义理，则大

① 《张载集》，（宋）张载撰，章锡琛点校，北京：中华书局，1978年版。

非也”(《经学理窟・义理》)。张载把此项任务称之为“正经”,认为这是继承和恢复圣人之道的根本之途,他说:“自今日欲正经为事,不奈何须着从此去,自古圣贤莫不由此始也”(《经学理窟・自道》);“正经然后一以贯天下之道”(《正蒙・中正》)。

在张载看来,文字并不是不重要,但“圣人之奥”的探索与发明不能拘泥于文字之中,认为汉唐诸儒局限于训诂考证而窒息了“圣王之道”的发明。张载指出,“学未至于知德,语皆有病”,而儒家经典中的言辞则是“圣人之奥”的承载者,“必至于圣人,然后其言乃能无蔽,盖由精义所自出也”,所以“辞者,圣人之所重……辞不可以不修。”(《横渠易说・系辞上》)但张载认为,汉唐诸儒的训诂考证是“不知反约穷源,勇于苟作”的泛滥之辞,未能究明“圣人之道”的真实内涵,导致了“圣人之道”隐没不传,因此汉唐诸儒皆“学不及圣人”。他说:“孔孟既没,诸儒嚣然,不知反约穷源,勇于苟作,持不迨之资而急知后世,明者一览,如见肺肝然,多见其不知量也。”(《文集佚存・与赵大观书》)不过,张载并不完全排斥训诂考证之学,他也曾对“古礼”做出详细的考证(参见《经学理窟》等),只是张载认为,训诂考证之学必须以“圣人之道”的发明为主旨。

由此,张载反对固守于经书文字而不识文章之“大体”的做法,认为学者应在儒家经典的基础上通过自己的探索与发明而“自出义理”。张载指出,“凡观书不可以相类而泥其义,不尔则字字相梗”(《横渠易说・说卦》),“纵其间有命字未安处,亦不足为学者之病”(《经学理窟・学大原下》),强调经典中的“义理”“不可以遗言附会解之”,如果“以语言复小却义理,差之毫厘,谬以千里”(《经学理窟・义理》)。张载还以“指”与“所指”为例,对泥于文字而不识“大体”——“义理”的做法进行了批评。他说:“若只泥文而不求大体则失之,是小儿视指之类也。常引小儿以手指物示之,而不能求物以视焉,只视于手,及无物则加怒耳。”(《经学理窟・义理》)然而,汉唐之后的学者已经不能像三代之人那样自幼即可学到“义理文章”,因此,汉唐之后的学者必须通过自己的探索与发明而“自出义理”。张载说:“三代时人,自幼闻见莫非义理文章,学者易为力,今须自作。”(《经学理窟・义理》)“今须自作”道出了面对“世学不明千五百年”危局的张载,决心探索与发明“圣人之奥”的强烈使命自觉。张载强调:“学不能自信而明者,患在不自勉尔。当守道不回,如川之流,源泉混混,不舍昼夜,无复回却,则自信自明,自得之也。”(《横渠

易说·系辞上》)

张载主张治经学者必须“游心经籍义理之间”(《经学理窟·义理》),即在“观其(经典)文势上下”(《横渠易说·说卦》)的基础上,通过自己的思考,提出自己的观点,自出新意,自立其说,张载称之为“自求”义理(《经学理窟·义理》)。张载指出:“当自立说以明性”;“须是自求,己能寻见义理,则自有旨趣,自得之则居之安矣。”(《经学理窟·义理》)但这并不是说天下之“理”可有多个,张载认为:“有言经义须人人说得别,此不然。天下义理只容有一个是,无两个是”(《经学理窟·义理》)。当然,“义理”的把握是以主体的自觉——“心解”“心悟”为基础的。张载指出:“心解则求义自明,不必字字相校”;“学贵心悟,守旧无功”。(《经学理窟·义理》)因此,张载认为,“六经”每年都要通读一遍,这样可以不断地探索和发明“六经”所蕴含的“义理”。他说“六经循环,年欲一观”;“唯是有义理也。故唯六经则须着循环,能使昼夜不息,理会得六七年,则自无可得看。若义理则尽无穷,待自家长得一格则又见得别。”(《经学理窟·义理》)至于“四书”,也要长期地反复研读,“涵泳”其中,以此发掘它们所包含的“圣人之奥”。他说:“观《中庸》义二十年,每观每有义,已长得一格”,“要见圣人,无如《论》《孟》为要,《论》《孟》二书于学者大足,只是须涵泳。”(《经学理窟·义理》)

张载也是以此教导他的弟子的。张载说:

> 今且只将尊德性而道问学为心,日自求于问学者有所背否,于德性有所懈否。此义亦是博文约礼,下学上达,以此警策一年,安得不长!每日须求多少为益,知所亡,改得少不善,此德性上之益。读书求义理,编书须理会有所归著,勿徒写过,又多识前言往行,此学问上益也,勿使有俄顷闲度,逐日似此,三年庶几有进[①]。

而且张载本人也是这么做的:

> 某学来三十年,自来作文字说义理无限,其有是者皆只是亿则屡中。譬之穿窬之盗,将窃取室中之物而未知物之所藏处,或探知于外人,或隔墙听人之言,终不能自到,说得皆未是实。观古人之书,如探知于外人,闻朋友之论,如闻隔墙之言,皆未得其门而入,不见宗庙之美,室家之好。比岁方似入至其中,知其中是美是善,不肯

① 《近思录》卷2《为学》,(宋)朱熹、吕祖谦撰,北京:中华书局,2011年版。

复出，天下之议论莫能易此。譬如既凿一穴已有见，又若既至其中却无烛，未能尽室中之有，须索移动方有所见。言移动者，谓逐事要思，譬之昏者观一物必贮目于一，不如明者举目皆见。此某不敢自欺，亦不敢自谦，所言皆实事。学者又譬之知有物而不肯舍去者有之，以为难入不济事而去者有之。（《经学理窟·自道》）

终日危坐一室，左右简编，俯而读，仰而思，有得则识之，或中夜起坐，取烛以书。其志道精思，未始须臾息，亦未尝须臾忘也。敝衣蔬食，与诸生讲学，每告以知礼成性变化气质之道，学必如圣人而后已。（吕大临《横渠先生行状》）

吾学既得于心，则修其辞命，辞无差，然后断事，断事无失，吾乃沛然。精义入神者，豫而已矣。（吕大临《横渠先生行状》）

当然，这与当时的时代背景紧密相关：

诸公所论，但守之不失，不为异端所劫，进进不已，则物怪不须辨，异端（如佛、道等儒家之外的思想学说）不必攻，不逾期年，吾道胜矣。（《文集佚存·答范巽之书》）

事实上，张载之学已经不再局限于以“经”解“经”，而是由“经”求“理”、以“理”通“经”。张载非常注重维护儒家圣人和经典的权威，认为天下之义理就是圣人按照天地法则制作出来的，经书就是圣人之道的重要载体。张载还以批评“先儒”的方式，维护儒家经典的权威。比如张载曾指出：

灵台，民始附也，先儒指以为文王受命之年，此极害义理。又如司马迁称文王自羑里归，与太公行阴德以倾纣天下，如此则文王是乱臣贼子也。惟董仲舒以为文王闵悼纣之不道，故至于日昃不暇食。至于韩退之亦能识圣人，作《羑里操》有“臣罪当诛兮，天王圣明”之语。文王之于纣，事之极尽道矣，先儒解经如此，君臣之道且不明，何有义理哉？如考槃之诗永矢弗过、弗告，解以永不复告君过君，岂是贤者之言！（《经学理窟·诗书》）

但是，在维护儒家经典权威的同时，张载也对儒家经典和圣人之言的真实程度深表怀疑，认为它们未必就全部符合“天下义理”。张载在考察经学发展史时，就发现经书在流传过程中出现了一些错误。因此他指出：“如有前后所出不同且阙之，记有疑义亦且阙之，就有道而正焉。”（《经学理窟·义理》）即使认为“要见圣人，无如《论》《孟》为要”，但张载依然站在“天下义理”的立场评判孔孟之言,认为孔孟之言也并非全然可信。张载说:“已守既定,虽孔孟之言有纷错,亦须不思而改之。”(《经学理窟·义理》)此处的“已守”正是张载所谓的义理自得之学。张载所说“未能尽天下之理,如何尽天下之言”(《经学理窟·义理》),正是对自已的以“理”通“经”之学的表达。对经典和圣人权威的怀疑,表现出张载对“天下义理”的绝对推崇以及“自信自明”的巨大气魄。因此,张载之学也可以称之为唯“义理”是从之学。在此基础上,张载进一步指出,只要领悟了“天下义理”,经典与文字也就无足轻重了。他说:“今既闻师言此理是不易,虽掩卷守吾此心可矣。凡经义不过取证明而已,故虽有不识字者,何害为善。”(《经学理窟·义理》)

二、自得义理的基本原则

1. 发源端本

张载的“圣人之道”或“义理之学”指的是“至大之事”,包括天地宇宙的哲学以及社会政治与伦理法则,也就是天人合一、内圣外王的“学政不二”之道。张载明确指出,圣王之道绝非是圣人的臆造,它本来就存在于天地宇宙之中,以宇宙法则为其本原。“生有先后,所以为天序;小大高下相并而相形焉,是谓天秩。天之生物也有序,物之既形也有秩。知序然后经正,知秩然后礼行。”(《正蒙·动物》)此处的“经”是指人间秩序所本原的天地之常,也就是宇宙的固有属性。“凡颐之正,以贵养贱,以阳养阴,所谓经也。……以阴居颐卦之尊,拂经也。”(《横渠易说·上经》)因为此“经”是宇宙的内在属性,所以也被张载称之为“天经”。“性天经然后仁义行,故曰‘有父子、君臣、上下,然后礼义有所错’”。(《正蒙·至当》)不难发现,张载认为,“天经”的彰明是社会政治与人伦法则(如礼义等)贯彻实行的前提与根据。

因此张载认为:“发源端本处既不误,则义可以自求。”(《经学理窟·义理》)“礼别异不忘本,而后能推本为之节文;乐统同,乐吾分而已。礼天生自有分别,人须推原其自然”。(《经学理窟·礼乐》)即是说,只有明了“天人合一”原理,才能把握住圣人之道,才能使圣人之道彰显于世。但是,在张载看来,汉唐诸儒有着“知人而不知天”之“大弊”。即是说,汉唐诸儒虽然关注社会政治与伦理法则,但却未能究明其形而上依据——天地宇宙的固有属性,未能彻明圣人的“大道精微之论”。因汉唐诸儒“不知天”,社会政治与人伦法则(如礼义等)也就无法获得真正的贯彻实行,这也正是张载批评汉唐诸儒不懂“礼”或汉唐政治非“仁术”的原因所在。张载认为汉唐诸儒远离圣人之道,汉唐时期为圣王之道最为衰落的时代,有着充分的依据。“窃尝病孔孟既没,诸儒嚣然,不知反约穷源,勇于苟作,持不迨之资而急知后世,明者一览,如见肺肝然,多见其不知量也。”(《文集佚存·与赵大观书》)此处的“不知反约穷源”与汉唐诸儒“不知天”的意义一致,均是在强调要想探索发明“圣人之道”或“义理之学”,必须“发源端本”。

2. 博闻强识

张载说:“虽有不识字者,何害为善”(《经学理窟·义理》)。这仅是指领悟了“天下义理”之后的境界,并不适用于尚在探索发明“义理”的学者。张载指出,治经学者特别是初学者,必须研读儒家经典,甚至还要进行必要的记诵。张载说:“经籍亦须记得,虽有舜禹之智,吟而不言,不如聋盲之指麾,故记得便说得,说得便行得,故始学亦不可无诵记。”(《经学理窟·义理》)因为“义理之学”蕴含于儒家经典当中,所以“义理之学”必须在儒家经典当中求,张载强调在儒家经书的读诵基础上还要博览:“博文以集义,集义以正经,正经然后一以贯天下之道”(《正蒙·中正》);“道理须从义理生,集义又须是博文”(《经学理窟·学大原下》)。张载还提出“心中苟有所开,即便劄记”(《经学理窟·学大原下》),“学者潜心略有所得,即且志之纸笔”(《经学理窟·义理》)。要求学者应当及时记下自己的读经心得。张载十分重视“博学”对于探索“义理”的重要性。他说“读书少则无由考校得义精,盖书以维持此心,一时放下则一时德性有懈,读书则此心常在,不读书则终看义理不见”(《经学理窟·义理》);“惟博学然后有可得以参较琢磨,学博则转密察,钻之弥坚,于实处转为笃实,转诚转信。故只是要博学,学愈博则义愈精微”(《经学理窟·气质》)。事实上,“义理”的探求与儒家经典的博闻强记是相互促进的,“博文”可以探求出经典中的“义理”,而“义理”的探求又可促进“博文”。张载说“但通贯得大原后,书亦易记”(《经学理窟·义理》);“书多阅而好忘者,只为理未精耳,理精则须记了无去处也”(《经学理窟·学大原上》)。

3. 平心逆志

张载指出:“道义虽不可缓,又不欲急迫,在人固须求之有渐。”(《经学理窟·学大原下》)他认为,面对“世学不明千五百年”的危局,求“义理”是当前学者的首要之务,但是学者又不能过于焦虑急迫,“为学所急,在于正心求益,若求之不已,无有不获,惟勉勉不忘为要耳”(《拾遗·性理拾遗》),“观书以静为心”(《经学理窟·义理》)。“正心”是指学者应具有一颗安定平易的心,“义理”只能平心静气地在经典中揣摩,否则就会泥于文字而不能体悟圣人之“志”。他指出:“观书且不宜急迫了”(《经学理窟·义理》),“切不得令心烦,求之太切则反昏惑”(《经学理窟·气质》),“顾所忧谋之太迫则心劳而不虚,质之太烦则泥文而滋弊”(《张子语录·语录中》)。

但是,人的心往往不得平静,张载说,“然人岂能长静,须以制其乱”(《经学理窟·义理》)。如何“制其乱”? 张载认为:“今人自强自是,乐己之同,恶己之异,便是有固、必、意、我,无由得虚。学者理会到此虚心处。”(《经学理窟·义理》)“意、必、固、我”使学者焦虑急迫,与孔子一样,张载认为学者不应当“固、必、意、我”,“然有一意、必、固、我便是系碍,动辄不可。……但起一意、必、固、我,便是助长也”(《经学理窟·学大原下》)。“正心”还需要学者做到守心自勉而不为天下事务所扰。张载说:“虽处喧哄,亦无害于为学。有人于此,或日月而至焉,亦有终日而不至者,及其久也,去者常少。若居于家,闻婴孩之啼则有不忍之心,闻奴婢喧戾则犹有不容之意,至于市井纷嚣一不与我事,何伤于存诚养志!”(《横渠易说·下经》)

张载还根据《孟子·万章》提出“以意逆志”的为学方法。指出:“古之能知《诗》者,惟孟子为以意逆志也。夫《诗》之志至平易,不必为艰险求之,今以艰险求诗,则已丧其本心,何由见诗人之志!”(《经学理窟·诗书》)程朱认为,此处的“意”是学者之心意,“志”是圣人寓于经书中的志向,“逆”为迎取。即是说,圣人寓于经典中的“志”须在平心静气中揣摩出来。张载还曾作过一首名为《题解诗后》的诗,对平心而逆志的原则做了总结,其诗曰:“置心平易始通诗,逆志从容自解颐。文害可嗟高叟固,十年聊用勉经师”(《文集佚存·杂诗》)。

4. 宏精简易

张载认为,学者应当具有博大宽广的胸襟,如此才能心怀宇宙与人类,才能体察、通达蕴含于天下万物中的道理,从而形成规模广大的理论学说。他说:“心弘则是,不弘则不是,心大则百物皆通,心小则百物皆病。”(《经学理窟·气质》)狭隘的心胸会窒碍人对天下之理的感悟能力和学术的洞察视野,所谓“心不弘大,则入于隘”;“心不弘则无由得见”(《经学理窟·气质》);“博大之心未明,观书见一言大,一言小,不从博大中来,皆未识尽”(《经学理窟·义理》)。但心胸宽广并不意味着好高骛远、信马由缰,张载提醒学者不可心浮气躁,“义理之学,亦须深沈方有造,非浅易轻浮之可得也”(《经学理窟·义理》),只有经过深邃的思考即所谓“有疑”“精思”,自得义理之学方有进步。张载说:“书须成诵精思,多在夜中或静坐得之”(《经学理窟·义理》);“义理有疑,则濯去旧见以来新意”,“不思则还塞之矣”,“于不疑处有疑,方是进矣”(《经学理窟·学大原下》)。

张载还强调指出,学者还必须善于发现复杂世界的内在本质,在纷繁复杂的世界万象中总结和提炼出一些基本的范畴概念,通过简洁的语言表达出根本性的道理来,如此才能准确地把握天下之理而不动摇。这就是“简易”原则。张载说:“立本处以易简为是……易简而天下之理得。”(《经学理窟·气质》)“易简理得则知几,知几然后经可正”(《正蒙·至当》)。“由至著入至简,故可使不得叛而去”(《正蒙·中正》)。张载根据自己的治学经验指出,此一过程需要一段长时间的艰难经历才能完成。他说:“某比来所得义理,尽弥久而不能变,必是屡中于其间,只是昔日所难,今日所易,昔日见得心烦,今日见得心约,到近上更约,必是精处尤更约也。”(《张子语录·语录中》)

5. 躬行实践

张载所谓的“义理”之学绝非仅是理论之空谈,事实上它还包括社会政治与伦理道德的贯彻实行。张载指出:“须是精义入神以致用,始得观其会通以行其典礼,此则方是真义理也。”(《横渠易说·系辞上》)强调躬行实践是张载之学的显著特色,反映了张载的“学政不二”思想。张载认为,“义理”确实需要从儒家经典中努力探寻,但“义理”之学同样也离不开政治实践和人情世故,他说:“然立则道义从何而生?洒扫应对是诚心所为,亦是义理所当为也”(《经学理窟·学大原下》)。倘若“为子弟则不能安洒扫应对,在朋友则不能下朋友,有官长不能下官长,为宰相不能下天下之贤”,结果必然是“甚则至于徇私意,义理都丧”(《经学理窟·学大原下》)。也就是说,如果“义理”之学不能在社会实践中得到贯彻,“义理”之学也就等于丧失了。躬行实践可以把“义理”内化为学者的本性,“义理”也就会在人们的人伦日用中随时表现出来,“知及之而不以礼性之,非己有也;故知礼成性而道义出”(《正蒙·至当》)。张载还指出:“若洒扫应对,乃幼而孙弟之事,长后教之,人必倦弊。”(《正蒙·中正》)因此张载认为,躬行实践的自觉养成对于初学者而言也就显得更为重要。张载说:“在始学者,得一义须固执,从粗入精也。如孝事亲,

忠事君，一种是义，然其中有多少义理也。”（《经学理窟·学大原下》）

第三节　“学政不二”

张载以儒家经典为文本依托，构建了一个独具特色的思想体系。但是，不同的儒家经典在张载思想体系中所占据的地位并不完全一致。古代学人对此有着不同的看法：

先生之学，大抵以诚明为本，以礼乐为行。①

其学尊礼贵德，乐天安命。以《易》为宗，以《中庸》为体，以孔孟为法。（《宋史》卷427《张载传》）

张子之学，无非《易》也，即无非《诗》之志，《书》之事，《礼》之节，《乐》之和，《春秋》之大法也，《论》《孟》之要归也。（《张子正蒙注·序论》）

其学以《易》为宗，以《中庸》为的，以《礼》为体，以孔孟为极。（《宋元学案》卷17《横渠学案上》）

尽管古人的具体看法不尽相同，但其中也有一个共同的特征，即张载之学是建立在儒家传统“六经”以及《论语》《孟子》《大学》《中庸》等“四书”基础之上的。

那么，张载思想体系的“经学本原”到底是什么呢？近现代的学术界对此也有着不同的观点。较多的学者认为，张载是“以《易传》为根据来建立自己的哲学体系”②的。不过，有学者针锋相对地提出：“张载之学不是易学，而是以发挥‘四书’义理为主的‘四书学’。”③进而有学者指出：“《易传》是张载思想体系建构的主要依据，但是值得注意的是，张载之学亦受《论语》《大学》《中庸》《孟子》四书影响很大，‘四书’中的思想资料是张载理论体系建构的重要来源。”④客观地说，《易》确实是张载思想的主要根基，而“四书”也是张

① 张载弟子吕大钧语，其中“诚明”出自《中庸》，见《伊洛渊源录》卷8《吕宣义行状略》，(宋)朱熹撰，北京：中华书局，1985年版。

② 《关于张载的思想和著作》，张岱年，《张载集》，北京：中华书局，1979年版，第1页。

③ 《张载评传》，龚杰著，南京：南京大学出版社，2011年版，第30页。

④ 《张载之学与〈四书〉》，肖永明，长沙：《船山学刊》，2007年第1期。

载进行思想创造不可或缺的重要资源,但《易》与"四书"抑或是"四书"中的不同经典在张载思想体系中的地位又有所不同。

特别值得注意的是,当前学术界在研究张载的"经学本原"时,往往把视野局限于张载的哲学思想。实际上,哲学思想并非张载思想的全部内容。张载一向主张"道学"与"政术"的"不二"原则(《文集佚存·答范巽之书》),他所追求的不仅仅是"为往圣继绝学"的学理探索——这是张载思想体系中的"体",而且还包括"为万世开太平"的社会政治抱负——这是张载思想体系中的"用"。因此,在探察张载的经学思想时,我们需要把视野扩展到张载思想的整个体系。

张载的经学思想离不开唐宋时期的学术大变革背景。汉唐以来,与佛、道二教关于宇宙本质、人性内涵及道德修养等"精微"之论相比,儒学在新的理论建树方面显得相形见绌。华严宗五祖宗密在《原人论》中指出:"策万行,惩恶劝善,同归于治,则三教皆可遵行。推万法,穷理尽性,至于本源,则佛教方为决了。"[①]这种文化态势直到北宋初期依然没有改变。宋初智圆指出,"反妄归真""复乎心性"是佛教优于儒、道二教的理论特点。[②] 净源编纂《策门三道》,其中有《儒释言性》一篇,列举了儒、释二家各种心性说供世人思考,并指出:"然则周孔罕言性命,而佛祖之训详矣。"[③]张载弟子范育在《正蒙序》中也对这种情况进行了描述:

> 自孔孟没,学绝道丧千有余年,处士横议,异端间作,若浮屠老子之书,天下共传,与六经并行。而其徒侈其说,以为大道精微之理,儒家之所不能谈,必取吾书为正。世之儒者亦自许曰:吾之六经未尝语也,孔孟未尝及也,从而信其书,宗其道,天下靡然同风;无敢置疑于其间,况能奋一朝之辩,而与之较是非曲直乎哉!(《正蒙·范育序》)

要构建起超越佛、道"精微"之论的儒家学人,为了重新确立儒学的正统和优越地位,不得不对宇宙本质、人性内涵及道德修养等问题做出新的理论突破。这一思想主旨表现在理学思想体系中即是以天人合一为诉求的"性与天道"问题。然而,儒家传统经典对宇宙与人性的论述也散落于庞杂、浩繁的文本

---

① 《原人论》,(唐)宗密撰,《大正藏》第 45 册。

② 《闲居编》卷 34,(宋)智圆撰,《卍续藏》第 56 册。

③ 《圆宗文类》卷 22,[高丽]义天撰,《卍续藏》第 58 册。

之中。张载在尊崇儒家传统“六经”的同时，对《论语》《孟子》《大学》《中庸》等“四书”也十分重视，并将二者作为思想创造的重要依据，最终建立起以《易》为宗、以孔孟为法、以《中庸》为体、以《礼》为用的“学政不二”体系。

“宗”本义指宗庙、祖庙，《尚书・大禹谟》中有“受命于神宗”。后来引申为本源，《国语・晋四》有曰：“礼宾矜穷，礼之宗也”[①]；《荀子・非十二子》有曰：“宗原应变，曲得其宜”[②]。“宗”还被唐代佛教学者用来代称“宗趣”，指学术思想的主旨。如华严二祖智俨曰：“今且就此《华严》一部经宗，通明法界缘起。”[③]即是说，《华严经》之“宗”即思想主旨是“法界缘起”。华严三祖法藏基于南北朝慧光大师的“以因果理实为宗”观点，提出：“今依光统师，以因果缘起理实为宗趣。”[④]径直把“宗”与“宗趣”等同，认为《华严经》的思想主旨即是“因果缘起理实”。可见，古代诸家学说中的“宗”是指来源、根基和主旨、宗趣的含义。

古人评论张载之学所言的“以《易》为宗”，与古代诸家学派对“宗”的使用方法大体一致，不仅是说张载之学以《易》的基本范畴作为思想体系的理论基础，而且以《易》的基本命题作为思想体系的主旨。可以说，张载通过对《易》的解释和发挥，构建起天人合一的思想体系框架。

要创建儒家的“精微”之论，张载必须对于宇宙本质、人性内涵及道德修养等做出较多且较集中论述的“四书”予以高度重视。但是，“四书”并不在儒家传统经典——“六经”之列，而主要是出自孔子及其后学思孟学派之手。因此，将孔子和孟子作为先王之“道”的继承者予以特别推崇，确立孔孟之学在儒家中的道统地位，并发掘儒家天人之学的思想内涵，是张载进行思想创造的必为之事。“以孔孟为法”就是说张载以继承先王之“道”的孔子、孟子为楷模，并以从他们的理论意蕴中凸显出的天人之学来确立自己的治学诉求。

所谓“以《中庸》为体”和“以《礼》为用”，并不是说张载之学的“体”“用”全部依赖于并表现为《中庸》和《礼》。而是说，张载通过《中庸》对其思想体系中的“体”做了进一步的阐发和升华，通过《礼》对思想体系中的“用”做了

---

① 《国语集解》，徐元诰著，王树民、沈长云点校，北京：中华书局，2002 年版。

② 《荀子简释》，梁启雄著，北京：中华书局，1983 年版。

③ 《华严一乘十玄门》，（唐）智俨撰，《大正藏》第 45 册。

④ 《花（华）严经文义纲目》，（唐）法藏撰，《大正藏》第 35 册。

进一步的具体和落实。

总之,张载的经学思想主要表现为以《易》为思想体系的根基和主旨,以孔孟及其思想意蕴为效法,然后通过《中庸》对思想体系中的“体”做进一步深化,凭借《礼》对思想体系中的“用”做进一步落实,最终构建起“学政不二”的完整体系。

一、“以《易》为宗”

张载通过对《易》的解释和发挥,构建起天人合一的思想体系。从治学历程来看,张载虽以儒家“六经”为皈依,但更是以《易》为根据和归宿。张载的治学有三次大转折。在接受范仲淹的指导后,张载首先研读了儒家经典《中庸》,但是未能从中寻找到使自己满意的学问。于是,转而研读佛、道二教典籍,虽然经过几年的研究“究极”佛道学说,但张载发现在佛道学说中依然找不到安身立命之学。于是,张载最后重新回归儒家经典,潜心研究。据吕大临所撰《横渠先生行状》等载,嘉祐二年(1057),约 38 岁的张载登进士第。在此前后,张载开始了道学的讲授活动。而张载所讲之道学正是《易》,并不是《中庸》或者其他。在讲学过程中,张载还曾与二程围绕着《易》展开了学术讨论。《宋史・张载传》《吕大临横渠先生行状》等记载,此次讨论之后张载曾感叹道:“‘吾道自足,何事旁求’。于是尽弃异学,淳如也。”由此可以看出,时约 40 的张载已形成了较为成熟的思想,而《易》在张载的“自得之学”中有着不同于其他经典的独特地位。可以说,除受佛、道二教影响外,张载的自得之学是以儒家“六经”为皈依,但更是以《易》为根据和归宿。

从思想体系的中心议题而言,以“天人合一”为主旨的《易》彰显了张载思想体系的主题。张载认为,《易》包含着天地宇宙的奥秘,与天地完全契合、有着同等的地位。他说:“‘易’与天地准,此言《易》之为书也。”(《横渠易说・系辞上》)不唯如此,《易》其实还总括了“天”“地”“人”之“三才”及其“合一”的道理,正所谓:“《易》一物合三才,天地人一,阴阳其气,刚柔其形,仁义其性。”(《横渠易说・说卦》)张载指出:“不见《易》,则何以知天道?不知天道,则何以语性?”(《横渠易说・系辞上》)即是说,《易》包含了包括人在内的天地宇宙的所有奥秘,“见《易》”是把握“性与天道”的关节点和必由之路。因此,张载明确指出:《易》的根本主旨就是“性与天道”。正所谓:“性与天道云者,《易》而已矣。”(《正蒙・太和》)一言以蔽之,在张载看来,《易》所要阐明的无非是“性与天道”或“天人合一”的道理而已,《易》的主题构成了张载思想的主旨。

从哲学思想的逻辑结构观察,《易》中的基本范畴“气”及其“阴阳”观念,是张载思想体系得以展开的基点。宇宙观、人性论、道德修养论等是张载哲学思想体系的主要内容,然而它们均由《易》中的基本范畴——“气”及其基本原理衍生而来。张载的宇宙观由统一于气的“太虚”和“气化”构成:“太虚”为消散之气,即气的本然、“湛一”的状态,“气化”乃阴阳二气的交感变化与聚合消散。张载的生成论则以“一物两体”为基本原理。“一物两体”即是“气”及其“阴”“阳”二分,“气”的“阴”“阳”属性产生“感”,由此形成世界万物的生成和消亡,即宇宙生生不息的运动变化。而“理”“性”“神”“化”均是“气”的内在属性和基本原理的不同表现形态:“太虚”超越但又统摄阴阳交感变化的总体属性被称为“神”即“天德”,阴阳二气交感变化的属性被称为“化”即“天道”,并表现为“天秩”“天理”。在张载那里,“天性”构成了人性中的至善部分——“天地之性”,而“天性”则本原于“湛一”之气(“太虚”)的内在属性,所谓“天所性者通极于道,气之昏明不足以蔽之”(《正蒙·诚明》)。但人“形而后有气质之性”,现实的人从而具有了“气之昏明”,即阴阳二气所展现出来的刚柔、缓速、清浊等性质,即与善相反的性质,这是“人欲”的根源。基于“合两之性”的人性论,张载提出了“穷理尽性”和“穷神知化”的道德修养论,即发挥人的先天道德意识,努力探寻并穷尽天地宇宙的内在属性和运行法则,泯灭天人的界限而达天人合一的境界。不难发现,不管是张载的宇宙观,还是张载的人性论、道德修养论,都是基于“气”这一基本范畴及其基本原理才得以建立起来的。

从社会政治思想而言,“崇德广业”的《易》是张载“学政不二”思想的经典依据。《易》曰:“鼓万物而不与圣人同忧。”(《横渠易说·系辞上》)张载如此解释道:“‘鼓万物而不与圣人同忧’者,此直谓天也。天则无心,神故可以不诎,圣人则岂忘思虑忧患?……圣人苟不用思虑忧患以经世,则何用圣人?天治自足矣。”(《横渠易说·系辞上》)即是说,“天”并不像人那样的“思虑”,昼夜交换,四季循环,万物化育及其生老病死无非“天”的自然规律而已;但圣人与此不同,必须具有“忧天下”的担当品质,要思考如何才能“治国平天下”。《周易·系辞》曰:“日新之谓盛德,生生之谓易”,道出了宇宙气化流行、万物生生不息的运动变化的道理。张载从中引申出“能通其变而措于民,圣人之事业也"(《横渠易说·系辞上》),即主张洞察并效法天地运动变化的法则,为社会民众谋取福利是"圣人之事业",倘若"非穷变化之神以时措之宜,则或陷于非礼之礼,非义之义"(《正蒙·大易》)。这也正是《周易·系辞》所谓"精义入神,以致用也"之义。因此,张载指出:"夫《易》,圣人所以崇德广业,以知为德,以礼为业也"(《横渠易说·系辞上》)。这也正是张载所谓"学者求圣人之学以备所行之事"(《横渠易说·系辞下》)的含义。不难发现,"崇德广业"的《易》成为张载"学政不二"思想的经典依据。

二、"以孔孟为法"

对孔孟的效法和对《论语》《孟子》的推崇,是张载治学的重要根据。

其一,张载将孔孟视为先王之"道"的继承者,并以此为榜样矢志于重新彰明儒家道统。张载认为,春秋战国时代"礼坏乐崩",是孔子和孟子挽救了先王之"道"濒于灭绝的危机。他指出:"仲尼生于周,从周礼,故公旦法坏,梦寐不忘为东周之意"(《正蒙·三十》);"孟子志仲尼"(《经学理窟·气质》),"学者至于与孟子之心同,然后能尽其义而不疑"(《张子语录·语录上》)。因而对孔孟及其著述《论语》《孟子》十分推崇,说"学者信书,且须信《论语》《孟子》"(《经学理窟·义理》)。在张载看来,孔孟之后,儒家之道湮没无闻。决心复兴儒家道统的张载,以孔子、孟子的继承者自居,说"此道自孟子后千有余岁,今日复有知者"(《经学理窟·义理》),并指出"要见圣人,无如《论》《孟》为要。《论》《孟》二书于学者大足,只是须涵泳"(《经学理窟·义理》)。即《论语》《孟子》蕴含着内涵丰富的"圣人之奥",只要加以细细体悟就足以让学者们实现"致学而可以成圣"(《正蒙·乾称》)的至高理想。此外,张载为了彰明和重建儒家道统,对佛教、道教等"异学"做了深刻批判,对此张载弟子范育曾说:"(张载)故为此言与浮屠、老子辩,夫岂好异乎哉?盖不得已也"(《正蒙·范育序》)。张载的此种气象正是对孟子"予岂好辩哉?予不得已也"精神的继承。

其二,张载认为孔孟思想蕴含着丰富的天人之学,并以此为自己的天人探索寻求文本依据。包括张载思想在内的宋明理学的中心议题是"性与天道",也即是"天人合一"的探索与追寻。为了回击时人所谓的"大道精微之理,儒家之所不能谈",张载指出,儒家的深邃理论——"性与天道"早在孔子那里就已得到充分的阐明。他说:"子贡曰:夫子之文章,可得而闻也,夫子之言性与天道,不可得而闻也。子贡曾闻夫子言性与天道,但子贡自不晓,故曰‘不可得而闻也’。若夫子之文章则子贡自晓。圣人语动皆示人以道,但人不求耳。”(《张子语录·语录上》)即是说,孔子不是没有论及“性与天道”,恰恰相反,孔子经常论及此方面的学问,只不过是因“性与天道”太过深奥而不易被理解罢了。张载对天人合一的探索也离不开《孟子》。所谓“凡物莫不有是性……塞者牢不可开,厚者可以开而开之也难,薄者开之也易,开则达于天道”(《拾遗·性理拾遗》)的天人合一之论,就是对《孟子》“尽其心者,知其性也,知其性则知天矣”的继承和发挥,正所谓:“孟子谓尽心则知性知天以此”(《正蒙·大心》);“孟子所论知性知天,学至于知天,则物所从出当源源自见”(《文集佚存·答范巽之书》)。孔孟的思想意蕴成为张载探寻天人之学的重要依据。

其三,张载认为孔孟确立了儒家的仁义道德传统,并由此为自己的宇宙本体寻找到了价值内涵。商周时期,中国就形成了“以德配天”“敬天保民”的德治理念和“经礼三百,曲礼三千”的礼仪规范。然而,到了春秋战国,这些社会伦理已经无法起到维系社会秩序的作用。因此,孔子致力于将古老的“仁”突出为礼乐的内在精神,孟子继而又强调了“义”,此后,“仁义”成为儒家传统道德的核心观念。张载指出:“仲尼在洙、泗之间,修仁义,兴教化,历后千有余年用之不已。”(《经学理窟·自道》)张载秉承了儒家的这一传统,但更为重要的是,张载将孔孟所倡导的“仁义”提升到宇宙本原的高度,使自然宇宙充斥了超越性的价值内涵,在“知人而不知天”的汉唐儒学之后创建了比较完整意义下的儒家本体说。张载指出:“天地以虚为德,至善者虚也”,“虚者,仁之原”(《张子语录·语录中》)。即作为自然本体的“太虚”乃价值世界的终极依据,具有仁义至善的内在品质。张载还把《孟子》中的“诚”作为“天性”的内在本质,“至诚,天性也”(《正蒙·乾称》),“性与天道合一存乎诚”(《正蒙·诚明》),进一步凸显了自然宇宙的价值内涵。通过将孔孟所倡导的道德原则提升为宇宙本原的理论构建,张载实现了“为天地立心”的宏愿。

其四,孔孟为张载的人性与道德修养学说提供了理论基础,为张载思想的天人贯通确立了重要支点。在人性论上,孔子提出“天生德于予”“性相近,习相远”等理论,孟子进而明确提出“性善”论。张载的“合两之性”“气禀”等人性学说,就是本着气本原则对孔孟人性理论做出重大创新的结果。

张载指出："孔子曰：'性相近也，习相远也'，性则宽褊昏明名不得，是性莫不同也，至于习之异斯远矣。虽则气禀之褊者，未至于成性时则暂或有暴发，然而所学则却是正，当其如此，其一作不。则渐宽容，苟志于学则可以胜其气与习，此所以褊不害于明也。"（《张子语录・语录中》）张载同孟子一样也反对告子的"生之为性"，认为"以生为性，既不通昼夜之道，且人与物等，故告子之妄不可不诋。性于人无不善，系其善反不善反而已"（《正蒙・诚明》）。在张载看来，告子的人性只关注到人性中的"气质之性"，否定了人性的原本性质——善，抹杀了"天地之性"在人性中的主导地位，不能从根本上解决天人的贯通和人的善恶问题，同时也混淆了人性与物性的根本区别。孔孟视"圣人""中道"为至高的理想境界，孔子将体仁践礼作为实现这一境界的重要途径，孟子则提出了"诚"与"思诚"的修养论。张载同样主张，"致学而可以成圣"（《正蒙・乾称》），"学必如圣人而后已"（《宋史》卷427《张载传》），而圣人的境界就是"与天同德，不思不勉，从容中道"（《正蒙・三十篇》）。张载之所以倡导"知礼成性"（《正蒙・中正》）、"圣人乐天，故合内外而成其仁"（《正蒙・三十》），就是对孔孟思想的继承和发挥。所谓"因明致诚，因诚致明，故天人合一"（《正蒙・乾称》）之论，同样离不开《孟子》。张载的人性和修养理论与孔孟思想有着重要渊源。

其五，孔孟学以致用的经世精神为张载的"学政不二"诉求树立了榜样。孔子和孟子虽然"学而不厌"，对商周以来的学术抱有极大的兴趣，但这并不妨碍他们身上所表现出的强烈的经世精神。纵观《论语》《孟子》，除了谈论如何做人外，论述的基本上是如何"为政""使民"的国家治理问题。为了实现自己的治世理想，孔孟历经危难周游列国，以至于被评价为是"知其不可而为之"。张载对此深表认同，认为彰明"圣人之奥"并非仅仅局限于对宇宙哲理的探究，同时必须躬行实践，把所求之理贯彻实行于现实社会政治当中，实现天下的和谐太平。这就是张载"道学"与"政术"不二的思想。张载指出："然不敢决道不济事。若孔子于石门，是知其不可而为之，然且为之者何也？仁术也。"（《张子语录・语录上》）即是说，"决道不济事"不是真正的儒者，并以孔子"知其不可而为之"的精神自勉，对开创太平盛世抱有极大的愿望。孟子认为，推行井田可以实现"王天下"的理想盛世。张载效法孟子，同样主张"仁政必自经界始。贫富不均，教养无法，虽欲言治，皆苟而已"（吕大临《横渠先生行状》）。为了实现自己的治世理想，张载还在横渠购买土地试验井田之法,以达到“纵不能行之天下,犹可验之一乡”(吕大临《横渠先生行状》)的愿望,表现出学以致用的显著特征。

三、“以《中庸》为体”

“四书”中的《中庸》原为《小戴礼记》中的篇章,相传为孔子之孙子思所作。《中庸》所谓的“天命之谓性,率性之谓道,修道之为教”道出了理学“性与天道”或“天人合一”的思想主题,其所提出的“诚”也被升格为与天地具有同等高度的范畴及沟通“天”“人”的基本途径。因此,张载非常重视《中庸》,说“《中庸》《大学》出于圣门,无可疑者”(《经学理窟・义理》)。他在接受范仲淹的指导之后,首先研读的儒家经典就是《中庸》。尽管刚开始张载并未彻底读懂《中庸》,但此后张载“观《中庸》义二十年,每观每有义”,对《中庸》所蕴含的圣人之道和义理之学深有所得,为其“性与天道”思想体系的构建提供了重要经典根据和理论资源。[①] 古代学人认为张载之学“以《中庸》为体”“以诚明为本”,是很有根据的。

其一,张载“合两之性”的人性论可谓是对《中庸》“天命之谓性”命题的详细阐发。张载的宇宙观由“湛一”之太虚和阴阳之气化构成。在张载看来,太虚具有与“天”等同的含义,是至善的;阴阳二气具有刚柔、缓速、清浊等不同的特性,能够产生与善相反的性质。人性中的天地之性根源于至善的太虚,气质之性则由阴阳之气化生而成,“气禀”的不同就形成了圣人、凡人甚至是恶人的区别。周敦颐虽明白性即仁义礼智,即诚,但并未提出如此细致的“合两之性”理论。张载的“合两之性”不仅将现实之人性溯源于天地宇宙,而且较好地解释了由天地化育而来的人为何可以不善的问题,可谓是对《中庸》“天命之谓性”所揭示的人性来自于天地的纲领性原理,进行了成功的论证和补充发展。

其二,《中庸》的“诚”是张载贯通“天”“人”、充实“性与天道”内涵的根本范畴。“诚”是《中庸》的核心范畴。《中庸》曰:“诚者,天之道;诚之者,人之道”。将“诚”上升为天道所本有的内涵,而人道就是效法天道之“诚”(此又谓之为“明”)。这一思想后来得到《孟子》的继承,《易传》对此也有所涉

---

① 参见《张载的四书学》,龚杰,西安:《西北大学学报》(哲学社会科学版),1994 年第 3 期;《张载之学与〈四书〉》,肖永明,长沙:《船山研究》,2007 年第 1 期等。

及。但是,张载之前的儒家始终不能确认阴阳二气蕴含了思孟学派的“诚”的内在超越性。张载将“诚”融入自己的思想体系当中,对儒家的天人之论做了进一步发挥和充实。在张载思想中,“湛一”之气“太虚”具有与“天”(“天德”)相等同的地位,而“道”(“天道”)则是气化流行的内在属性。张载指出:“至诚,天性也”,“天所以长久不已之道,乃所谓诚”(《正蒙·诚明》),“释氏语实际,乃知道者所谓诚也”(《正蒙·乾称》)。也就是说,“诚”乃太虚本体(“天”)与气化流行(“道”)的本质内涵,是宇宙存在和万物化生的本然依据,由此自然宇宙被赋予了先天的人文价值内涵。同时,张载又指出:“诚明所知,乃天德良知,非闻见小知而已”,“仁人孝子所以事天诚身,不过不已于仁孝而已,故君子诚之为贵”(《正蒙·诚明》)。即是说,“诚”不仅是天地宇宙的内在本性,也是人间一切仁义道德、人之“明”的先天来源。总之,“诚则实也,太虚者天之实也,万物取足于太虚,人亦出于太虚,太虚者心之实也,诚者虚中求出实”(《张子语录·语录中》)。“诚”成为“天”“人”贯通合一的形上依据,正所谓:“性与天道合一存乎诚”(《正蒙·诚明》)。倘若“天人异用,不足以言诚;天人异知,不足以尽明。所谓诚明者,性与天道不见乎小大之别也”(《正蒙·诚明》)。理学家对天人合一的理论探索,无不将价值内涵一方面赋予天地宇宙,另一方面又落脚于人间的伦理道德,以此证明现实社会伦理秩序的先天合理,“诚”就是张载实现这一思想突破的根本性范畴。

其三,融合“诚”“明”与“穷理”“尽性”,对儒学的道德修养论做出了重大创新。从道德修养论的角度而言,“诚”与“明”有着很大的差别,这就是张载所提出的“自明诚”、“自诚明”两条不同的道德修养路径:

> “自明诚”,由穷理而尽性也;“自诚明”,由尽性而穷理也。(《正蒙·诚明》)

> 须知自诚明与自明诚者有异。自诚明者,先尽性以至于穷理也。谓先自其性理会来以至于穷理。自明诚者,先穷理以至于尽性也。谓先从学问理会来,以推达于天性也。(《张子语录·语录下》)

很显然,在张载看来,“诚”与“尽性”相对应,作为天地宇宙根本属性的“诚”即是人至善的本然属性、先天主体意识的自觉;“明”与“穷理”相对应,即是人们后天的学习,对天地宇宙奥秘的体察,张载说:“易,造化也。圣人之意莫先乎要识造化,既识造化然后其理可穷”(《横渠易说·系辞上》)。《中庸》有言:“自诚明,谓之性;自明诚,谓之教。”在此,“性”与“教”相对,前者强调先天本性的发挥,即所谓“率性之谓道”;后者侧重后天的教化,即所谓“修道之为教”。不过,“尽性”即天地宇宙奥秘的彻底体察、人本然属性的全面实现,才是道德修养的最高追求和最终归宿,即“诚”才是“天人合一”的最高境界。因此,“至精者,谓圣人穷理极尽精微处,《中庸》所谓至矣”(《横渠易说·系辞上》)张载说:“圣者,至诚得天之谓”(《正蒙·太和》);“人能至诚,则性尽而神可穷矣”;“儒者因明致诚,因诚致明,故天人合一,致学而可以成圣”(《正蒙·乾称》)。在此,张载以《易传》释《中庸》,又以《中庸》释《易传》,沟通了《易传》中的“穷理尽性”和《中庸》中的“诚”“明”思想,在理论上大大拓展和深化了儒学的道德修养理论,为理学的伦理学说奠定了基础。

四、“以礼为用”

学贵于用是张载思想的显著特色,而张载的“用”主要就是通过“礼”具体展开的。张载强调,“礼”并非是无本之木。他指出:“不闻性与天道而能制礼作乐者,末矣。”(《正蒙·神化》)即是说,“礼”来源于天地,是宇宙属性和秩序的集中表现,只有遵从天地宇宙的内在法则,社会政治规范才能得到确立,礼乐的社会政治功用才能获得发挥。正如张载所说:“天之生物也有序,物之既形也有秩。知序然后经正,知秩然后礼行。”(《正蒙·动物》)与张载同时的司马光曾说:“窃惟子厚(即张载)平生用心,欲率今世之人,复三代之礼者也,汉魏以下盖不足法。”(《张载集·附录·司马光论谥书》)

为了重构社会政治秩序,张载对古代的礼仪典章做出了深入的考察和研究。这是张载对北宋时人“一用流俗节序,燕亵不严”局面的自觉回应。他对古礼的研究成果主要集中在《经学理窟》当中。不过,在古代,“礼”不仅限于社会生活中的礼仪节度,事实上,它是国家典章制度和社会道德规范的总称,是国家政治和社会生活所遵循的基本准则。除对婚冠、丧祭等社会生活礼仪的研究外,张载对井田、封建、宗法、学校、朝廷典章等的考察同样也是对古礼的研究。因此,清代学人朱轼指出:“集中《经学理窟》诸篇,于礼乐、诗书、井田、学校、宗法、丧祭,讨论精确,实有可见之施行。薛思菴曰:‘张子以礼为教。’不言理而言礼,理虚而礼实也。儒道宗旨,就世间纲纪伦物上着脚,故由礼入最为切要,即约礼、复礼的传也。”(《张载集·附录·朱轼康熙五十八年

本张子全书序》)

那么,“礼”的功用[1]在张载思想中有着何种展现呢?

其一,“礼”可以培养人的内在德性,即张载所谓的“知礼成性”“以礼成德”。张载的人性论是“合两之性”,“天地之性”是至善的,“气质之性”可善可恶。他指出,“形而后有气质之性,善反之,则天地之性存焉”(《正蒙·诚明》)。认为只要人们通过后天的努力摒除“气质之性”中的恶,就可以回归到人性的本然至善状态。那么,如何“反之”呢?张载提出了“学”以变化气质的理论,主张成就个人道德素养的有效途径就是学礼、践礼。他说:“进人之速无如礼”(《经学理窟·礼乐》);“学者且须观礼,盖礼者滋养人德性”(《经学理窟·学大原上》);“礼所以持性,盖本出于性,持性,反本也。凡未成性,须礼以持之,能守礼已不畔道矣”(《经学理窟·礼乐》)。在张载看来,知礼、践礼可以培养人们对儒家伦理道德的自觉,从而“变化气质”,不断摒除人性中的恶的元素,最终成为具有至善品德并自觉践行儒家道德规范的圣人君子。《横渠先生行状》载:“学者有问,(张载)多告以知礼成性,变化气质之道,学必如圣人而后已。”对于学生访道问学,张载也总是以“知礼成性”教导之,让他们通过对礼的学习和践行改变自我的气质,培养起善良的本性。

其二,“礼”可以实现社会教化,促成良好的社会风俗。张载说:“欲养民当自井田始,治民则教化刑罚俱不出于礼外”(《经学理窟·礼乐》)。认为礼乐具有社会教化、敦本善俗的功能。他在做地方官时,就非常重视施行礼教,敦化风俗。《横渠先生行状》称:“其在云岩,政事大抵以敦本善俗为先。每以月吉,具酒食,召乡人高年会于县庭,亲为劝酬,使人知养老事长之义。”张载隐居横渠镇时,对古代的礼仪做了深入地考察和研究,并亲自践履、要求全家和弟子们遵守实行,“其家童子必使洒扫应对,给侍长者。女子之未嫁者,必使亲祭祀,纳酒浆,皆所以养孙弟,就成德,尝曰事亲奉祭,岂可使人为之。”(吕大临《横渠先生行状》)最终影响“关中风俗一变而至于古”(《宋元学案》卷17《横渠学案上》)。张载弟子吕氏兄弟作乡约乡仪,致力于地方伦理秩序和社会风俗的整顿建设,就是对张载为学之旨的继承和发扬。

其三,“礼”可以重建政治秩序,实现天下太平的治世理想。在中国古代,礼是国家典章制度和社会道德规范的总称,周公“制礼作乐”,不但从政治制

---

① 《张载礼学论纲》,林乐昌,北京:《哲学研究》,2007年第12期。

度上构建了宗法秩序,而且在社会行为规范方面也制定了严格的礼仪规范。张载指出:“时措之宜便是礼……礼亦有不须变者,如天叙天秩,如何可变?礼不必皆出于人,至如无人,天地之礼自然而有,何假于人? 天之生物,便有尊卑大小之象,人顺之而已,此所以为礼也。”(《横渠易说·系辞上》)认为本原于天地宇宙的“天叙天秩”“尊卑大小”是天经地义的,有等级的和谐的社会政治秩序是永不可变的,所谓“除了礼,天下更无道矣”(《经学理窟·礼乐》)。这是张载对唐末以来“礼乐崩坏,三纲五常之道废,而先王制度文章扫地”[1]的社会政治危局的自觉回应。

张载还将《周礼》视为治国理政、天下治平的重要方略,并以此为根据提出了恢复井田、重建封建、推行宗法的政治改革方案。他针对北宋土地兼并所带来的社会政治危机指出:

> 学得《周礼》,他日有为却做得些实事。以某且求必复田制,只得一邑用法。若许试其所学,则《周礼》田中之制皆可举行,使民相趋如骨肉,上之人保之如赤子,谋人如己,谋众如家,则民自信。(《经学理窟·学大原上》)
>
> 礼教备,养道足,而后刑可行,政可明,明而不疑。(《横渠易说·系辞上》)

这就是张载所提出的实现“渐复三代之治”政治蓝图的第一步。自恢复井田之后,再经过重建封建、推行宗法等重要举措的施行,就可以实现天下太平的盛世理想。而井田、封建、宗法等制度就来源于《周礼》。总之,在张载看来,“礼”是重建政治秩序、实现天下太平理想的根本举措。

第四节　承先启后

汉唐时代,儒家学者主要以“六经”为依托,注重经典中的考据训释。宋明时代儒家学者不仅重视传统的“六经”,而且推崇《论语》《孟子》,并将《大学》《中庸》从《礼记》中抽离出来,甚至将“四书”置于“六经”之上,并偏爱义理的自得和发挥,致力于从经典文本中构建出精致的思想体系。侯外庐等指

---

① 《新五代史》卷17《晋家人传论》,(宋)欧阳修等撰,北京:中华书局,1974年版。

出,“以义理之学取代汉唐以来的笺注经学,是宋代的一般取向”[1]。在经学思想的此种变革中,张载发挥了承上启下的作用。

首先,张载倡导儒家经典的“义理之学”,并将“义理之学”与“圣人之道”直接联结贯通起来。“义理”一词源于《周易》。《周易·说卦》曰:“和顺于道德而理于义。”唐代孔颖达《疏》云:“以治理断人伦之正义。”《礼记·礼器》曰:“忠信,礼之本也。义理,礼之文也。”孔颖达解释说“合宜得理”“得理合宜”。《吕氏春秋·怀宠》曰:“义理之道彰,则暴虐奸诈侵夺之术息也,暴虐奸诈与义理反也。”[2]“义理”似乎具有了道义的含义。汉唐时代,“义理”也被用指字义文义。如《唐六典》卷2曰:“其明经,各试所习业,文注精熟,辨明义理,然后为通。”[3]但至北宋初,“义理”尚未与“圣人之道”联结起来,也很少有“义理之学”的使用范例。[4] 欧阳修《诗本义》卷6曰:“《毛》以‘怀’为‘和’,初无义理。”此处的“义理”也仅限于字面的含义。不过,《易学辨惑》记载,生活在宋真、仁宗时期的李之才(邵雍的老师)曾使用了“义理之学”,但他所谓的“义理之学”尚未包含宋明理学的“性与天道”的基本内涵:

> (李之才)问雍(邵雍)曰:“子何学?”雍曰:“为科举进取之学。”之才曰:“科举之外,有义理之学,子知之乎?”雍曰:“未也。愿受教。”之才曰:“义理之外,有物理之学,子知之乎?”雍曰:“未也。愿受教。”之才曰:“物理之外,有性命之学,子知之乎?”雍曰:“未也,愿受教。”于是先君传其学。[5]

王安石曾批评汉唐的“守经者”说:“传写可为也,诵习可勤也,于义理何取哉?”(《临川集》卷69《论议·取材》)王安石虽使用了“义理”一词,但并未像张载那样对“义理之学”的内涵做出明确规定,使其与宋明理学的“性与天道”直接连接起来,在王安石那里,“义理”更多的是在合乎道理、道德的意义上被使用。如王安石曾说:“陛下不复考问义理之是非,一切苟顺执政大臣所为而已也。若陛下视臣等所奏,未尝有所可否,而执政大臣自持其议而不肯

---

① 《中国思想通史》(第4卷,上册),侯外庐主编,北京:人民出版社,1959年版,第497页。

② 《吕氏春秋集释》,许维遹著,梁运华整理,中华书局,2009年版。

③ 《唐六典》,(唐)李林甫等撰,陈仲夫点校,中华书局,1992年版。

④ 《经术与性理》,吴国武著,北京:学苑出版社,2009年版,第42—48页。

⑤ 《易学辨惑》,(宋)邵伯温撰,《永乐大典》本。

改，则是政已不自人主出，而天下之公议废矣。”（《临川集》卷100《杂著·论舍人院条制》）即使是在表明“通天下之志在穷理，同天下之德在尽性”的学术抱负时，王安石对“理”的阐释依然主要集中在合乎道理、道德的意义上，他说：“穷理矣，故知所谓咎而弗受，知所谓德而锡之福”（《临川集》卷65《论议·洪范传》）。

张载则提出：

> 志于道者，能自出义理。（《经学理窟·义理》）
>
> 书多阅而好忘者，只为理未精耳，理精则须记了无去处也。仲尼一以贯之，盖只着一义理都贯却。（《经学理窟·学大原上》）
>
> 有言经义须人人说得别，此不然。天下义理只容有一个是，无两个是。（《经学理窟·义理》）
>
> 圣人语性与天道之极，尽于参伍之神变易而已。（《正蒙·太和》）
>
> 不闻性与天道，而能制礼作乐者，末矣。（《正蒙·神化》）
>
> 盖所以求义理，莫非天地、礼乐、鬼神至大之事。（《经学理窟·义理》）

不难发现，张载所言的“义理”与“经义”（经典的文义）不同，而是指代表着“性与天道”与圣人之“道”的“至大之事”，包括宇宙哲学、社会政治与伦理法则的整个思想体系，正是张载所谓的“道学”与“政术”合一不二的“先王之道”（《文集佚存·答范巽之书》）。然而，这种“义理之学”需要学者“自信自明，自得之也”（《易说·系辞上》）。到了理学渐趋大盛的南宋，“义理之学”基本成为宋明理学的代词。此后，“义理”逐渐成为与考据训诂相对的一个名词。然而，在自得“义理之学”的使用范例、把“义理之学”等同于“性与天道”“圣人之道”方面，张载确有开创之功。其中值得注意的是，张载所谓的“义理之学”绝非只是对天地宇宙、人性伦理的理论探索，而且还包含着对重建社会政治秩序、开创万世太平的思考和设计。

其次，张载依据儒家经典首创了一系列核心范畴或命题，奠定了理学的基本理论框架。在张载同时略早，周敦颐通过“无极”“太极”“阴阳”“五行”等范畴构建起一个包含宇宙论、人性论、道德修养论等为主要内容的天人之学，将“诚”上升为天地宇宙和社会伦理道德的本原，并通过刚、柔、善、恶、中等五品对人性进行探讨，提出了“主静”的道德修养方法，理学的理论规模初见端倪。但实际上,理学的系列核心范畴和命题是由张载发明并奠定的。“天理”虽不是张载论述最多的范畴,但已经成为张载思想体系中代表天地宇宙内在属性的至关重要的根本观念。程朱理学的首要范畴——“天理”最为直接的来源就是张载的思想。理学的人性论是“天地之性”与“气质之性”的“合两之性”。在理学思想史中,这一理论也是由张载开创的,并为理学道德修养论奠定了理论基础,被朱熹视为“极有功于圣门,有补于后学”[①]。在道德修养论方面,张载所提出的“穷神知化”“穷理尽性”及其与“诚”“明”的贯通等基本理论,也奠定了程朱理学道德修养论的基本规模。总之,张载在宇宙观、人性论、道德修养论等方面为理学的进一步发展和完善提供了坚实的理论资源。

最后,张载首次将“四书”并提并重,在推动经学思想由“六经”学向“四书”学的转变中具有承前启后的重要作用。“四书”学的出现代表中国经学思想史发生了重大转折。汉唐儒家学者所关注的儒家经典主要是“六经”,宋代之后,《论语》《孟子》《大学》《中庸》等“四书”取得了与“六经”等同甚至是超过“五经”“六经”的地位。有学者指出,“四书”地位的上升,主要是因为“四书”所包含的丰富的“心性”内容,迎合了儒学理论重点向心性之学转移的思潮,是宋明理学形成的重要条件[②],甚至有人认为,“‘四书’学的兴起,标志着中国经学由汉学向宋学的转变”[③]。

《论语》早在汉代就具有较高的地位,且有不少注解《论语》的著作流行于世。至北宋前中期,《论语》越来越引起儒家学者的重视。北宋真宗年间,邢昺依照何晏《论语集解》重新修订皇侃旧疏,并颁行于学官,《四库全书总目》卷35《论语正义》曰:“今观其书,大抵剪皇氏之枝蔓,而稍傅以义理。汉学、宋学,兹其转关。”此外,宋代学人胡瑗、王安石、王雱、吕惠卿、龚原、苏轼、苏辙、张载、程颐等均对《论语》做了注解。与《论语》不同,《孟子》在汉唐时代被归为“子”书。唐中期道统意识兴起后,《孟子》曾一度受到儒家学者的

---

① 《朱子语类》卷4《性理一》,(宋)黎靖德编,北京:中华书局,1986年版。

② 参见《中国经学思想史》(第3卷,上册),姜广辉主编,北京:中国社会科学出版社,2010年版,第489页;《张载的四书学》,龚杰,西安:《西北大学学报》(哲学社会科学版),1994年第3期。

③ 《经学理学化及其意义》,蔡方鹿,收录于《经学与中国哲学》,上海:华东师范大学出版社,2009年版。

推崇。北宋初期,《孟子》又重新受到儒家学者的关注和推尊,但也有不少学者对《孟子》提出了各种批评。不过,在王安石主持的“熙宁变法”中,《孟子》被列入了科举考试科目之中,逐渐受到士子们的重视。至于《大学》《中庸》,自唐中期韩愈和李翱倡导以来就受到儒家学者的关注。至北宋时期,宋仁宗曾以《大学》一轴赐进士王拱辰。司马光曾作《大广义学》及《致知在格物》,开始对《大学》进行独立研究。此后,周敦颐、张载、二程等均对《大学》做了阐释发挥。作为单行本流行于世,“《大学》篇早已出现于(唐代)敦煌写经卷中”①。北宋初期,以“中庸子”自号的进士陈充,在其著作《子思赞》中有曰:“忧道失传,乃作《中庸》,力扶坠绪,述圣有功”(《全宋文》卷101《子思赞》),成为宋初较早揭櫫《中庸》之义者。此外,胡瑗撰有《中庸义》,司马光撰有《中庸广义》等。宋仁宗庆历年间,范仲淹也曾以《中庸》教授张载。

可见,虽然在张载之前《论语》《孟子》均受到儒家学者的推崇,《大学》《中庸》也已被从《礼记》中抽出独立注解,但儒家学者们均选择其中一种或数种加以推崇,尚未有学者将此四种书并提并重。《宋史·道学传序》说,二程“表彰《大学》《中庸》二篇,与《论》《孟》并行”。其实,《宋史》忽略了张载在推动经学由“六经”学向“四书”学转变中所发挥的重要作用。实际上,并提此四种书并将其加以特别推崇的第一人是张载。② 他指出:

> 要见圣人,无如《论》《孟》为要。(《经学理窟·义理》)
>
> 某观《中庸》义二十年,每观每有义,已长得一格。(《经学理窟·义理》)
>
> 《大学》之道在止于至善,此是有本也……于此发源立本。(《张子语录·语录下》)
>
> 学者信书,且须信《论语》《孟子》。《诗》《书》无舛杂。《礼》虽杂出诸儒,亦若无害义处。如《中庸》《大学》出于圣门,无可疑者。(《经学理窟·义理》)

在此基础上,张载还对“四书”的“义理”之学做了深入的发挥,并将其与“六

① 《宋学的渊源——后周复古与宋初学术》,饶宗颐,收录于《中国宗教思想史新页》,北京:北京大学出版社,2000年版。

② 《张载评传》,龚杰著,南京:南京大学出版社,2011年版,第23—30页。

经”的“义理”之学贯通起来[①]，使儒学思想体系呈现出新的面貌。此后，二程从为学次第上视这四部书比“五经”（或称“六经”）更加重要。二程指出：“于《语》《孟》二书，知其要约所在，则可以观五经矣。”（《河南程氏粹言》卷1《论书篇》）在二程那里，“四书”取得了相对于“五经”的优先地位。南宋理学集大成者朱熹（1130—1200）晚年将这四部书的注解合成一集刊出。至此，“四书”最终取得与“六经”或“五经”同等重要乃至优先的地位。《四库全书总目·四书类小序》云：“《论语》《孟子》旧各为帙，《大学》《中庸》，旧《礼记》之二篇，其编为‘四书’，自宋淳熙始。其悬为令甲，则自元延祐复科举始。古来无是名也。”可见，在儒家经学由“六经”学向“四书”学转变的过程中，张载确实起到了承上启下的重要作用。

① 参见《张载的四书学》，龚杰，西安：《西北大学学报》（哲学社会科学版），1994年第3期；《张载之学与〈四书〉》，肖永明，长沙：《船山学刊》，2007年第1期等。

第三章　性天学说

第一节　“性与天道”

一、“天人合一”

众所周知，中国文明起源于农业文明，而农耕活动要依赖于天时、地利。据目前考古发现，至少在公元前10000—前8000年左右，中国古人即在农业生产活动中对天与人的关系做了实践性的探索。[①] 相传最早试图将自然与人类进行整体把握的是伏羲氏，他创作了乾、坤、震、巽、坎、离、艮、兑八卦。伏羲将所有自然界的一切现象归结到八卦，认为了解八卦就能了解自然和人类社会。八卦在相当长的时期内成为古人把握自然世界的一种工具。在夏、商时期，这种理论都有运用，而且有所深化，夏代八卦叫《连山》，商代八卦叫《归藏》。《连山》即兼山之艮，可见夏代八卦已经有重卦出现，商代甲骨文中也有重卦出现的充分证据。八卦复合关系的复杂化，说明古人对自然界和天人关系的思考不断走向深化。

除八卦以外，古人又发明有一种五行的理论，认为掌握了五行，也可以了解自然与社会。五行的出现可能比八卦要晚，因为对“金”的认识建立在青铜冶炼的基础上。古籍中有黄帝“作立五行”的说法，认为黄帝已经发明了五行。五行最早见诸文字记载的是《尚书·甘誓》：“有扈氏威侮五行，怠弃三正。”但没有交代五行的具体内容。水火木金土的五行字样最先见于《尚书·洪范》，《洪范》由殷贵族箕子陈说，说是上天“锡禹《洪范》九畴”，其中第一条就是五行。《尚书·大禹谟》说，禹曰：“於！帝念哉！德惟善政，政在养民，水、火、金、木、土、谷惟修；正德、利用、厚生惟和，九功惟叙，九叙惟歌。戒之用休，董之用威，劝之以九歌，俾勿坏。”可见大禹确实对五行有很深入的思

① 《中国历史十五讲》，张岂之主编，北京：北京大学出版社，2003年版，第233页。

考。五行曾经被广泛用来概括万物。《洪范》说:水曰润下,火曰炎上,木曰曲直,金曰从革,土曰稼穑。润下作咸,炎上作苦,曲直作酸,从革作辛,稼穑作甘。说明商代对五行的性质已经有很深入的了解。

西周初期,周文王、周公对八卦做了进一步发挥,形成了古代论述天人关系的经典性作品《周易》。《周易》对天道、地道、人道的内在贯通进行阐述,提出"与天地合其德,与日月合其明,与四时合其序"的经典命题,奠定了中国古代天人关系的基本框架,是历代思想家进一步阐述天人关系的主要依据。

春秋战国时期,天人问题得到新的探讨。孔子在谈论人道与天道关系问题时说"天生德于予"(《论语·述而》),"巍巍乎!唯天为大,唯尧则之"(《论语·泰伯》),认为人的德性是天赋予的,人道应当效法天道。思孟学派继之对人道与天道的关系做了进一步探索,并试图把人道的根源追溯到天道那里。不过,先秦儒家过多地关注于现实的人道,对人道与天道的关系特别是人道的形而上依据——天道的内涵并未做出充分论述。先秦道家则对宇宙本质的探索表现出了特别的兴趣,从宇宙本原——"道"的立场对天人关系特别是天道的内涵做了更多的论述,提出了"人法地,地法天,天法道,道法自然"[1]的理论命题。

关于如何效法天道,人们的认识并不一致。一种以儒家为代表。他们直接依托《周易》,形成《彖上》《彖下》《象上》《象下》《文言》《系辞上》《系辞下》《说卦》《序卦》《杂卦》十篇研究《周易》具有代表性作品。其中说"天行健,君子以自强不息","地势坤,君子以厚德载物",主张效法天道刚健有为、宽容包含的精神,自强不息,厚德载物,"裁成天地之道","辅相万物之宜"。这种观点成为中国古代天人关系思想的主导。另外一种以老子为代表。老子也主张从自然与人类社会相统一的角度去把握人类生活的准则。但他观察自然界运行法则的角度与常识不同,认识自然运行的法则一般都是从事物刚强的方面去加以把握,而老子说,在自然界实际起主导作用的并不是事物刚强的方面,而是事物柔弱的方面。他认为常人因为看不到事物柔弱、空虚的方面比刚强、肯定的方面更有力量,从而对自然运行的规则产生错误的认识。他把刚强的方面概括为"有",把柔弱的方面概括为"无",并认为:"天下

---

① 《老子·二十五章》,《老子道德经注校释》,(魏)王弼注,楼宇烈校释,北京:中华书局,2008年版。

万物皆生于有,有生于无”。也就是说,天道总是凭借它柔弱的方面生育万物,柔弱的方面包含着无限的可能性。他主张效法天道柔弱的属性,见素抱朴、知雄守雌,无为而治。这种观点成为中国古代天人关系补充性的思想,对中国文化的发展也发生过巨大作用。

“天人合一”包含着丰富的宇宙情怀和人生智慧。它的基本内涵有三点:

第一,宇宙的本真状态是生命秩序的和谐。在天人合一的观念里,宇宙被视为万物富有活力的生命发生和展开过程,呈现着各种生命过程之间的有机联系。《周易》曰:“天地之大德曰生。”整个大自然被看成一个大的生命整体,在这一生命整体内部的万事万物相互联系,相互渗透、相互感应、相互贯通。儒家认为,万物并育而不相害,道并行而不悖。道家认为,事物的多样性甚至会表现出极端对立的特点,但就是在这种对立中才显示出事物统一的深刻性,事物的多样性才使宇宙充满活力。

第二,人类只有实现自身生命秩序的和谐,才会拥有真正的生命。作为生命整体有机构成的人类,与宇宙万物一样,具有生长发育的本性。这个本性是什么?孟子曾经有明确的解释,认为它就是恻隐之心、羞恶之心、辞让之心、是非之心,是人身上仁爱的力量、正义的力量、秩序的力量和理智的力量。人类的生存与发展,最终是为了使爱心更加丰富,使尊严更加稳固,使社会更加和谐,使理性能力得到提升。只有使最真实的本性得到表达,人类的生命过程才会得到完整地显示。当然,在中国文化中,对于人类生长发育的本性的认识并不完全一样。如老子说,人的真实本心是“婴儿之心”“愚人之心”“赤子之心”。庄子进一步明确,这种纯真之心是向自然回归的超越情怀。但他们都认为只有顺乎人类的本性,人类的生命才会展现绚丽的风采。

第三,宇宙整体生命意义的彰显依靠人类的德性。在天人合一的观念中,一方面,人类从自然界禀受了生命价值,要以人类特有的形式完成自己的人性;另一方面,人类又通过人的目的性的创造活动使自然的目的真正实现出来。[①] 宇宙是有意义的存在,但“人能弘道,非道弘人”,宇宙意义的彰显离不开人类的实践活动,对生命本性有所彻悟的人类才能发现宇宙的意义。《中庸》曰:“唯天下至诚,为能尽其性;能尽其性,则能尽人之性;能尽人之性,则能

---

① 《为什么说中国哲学是深层生态学》,蒙培元,北京:《新视野》,2002 年第 6 期,又见《中国哲学生态观论纲》,北京:《中国哲学史》,2003 年第 1 期。

尽物之性;能尽物之性,则可以参天地之化育;参天地之化育,可以与天地参矣。"即是说,对生命本性有所彻悟的人类才能参与天地万物的大化过程。

二、性道别解

传统的有关天人关系的思维模式在魏晋南北朝时期受到挑战。随着佛教的传播,另外一种关于世界的认识逐渐为社会接受。佛教创立于公元前6—前5世纪的古印度,创始人为悉达多,族姓乔达摩。佛教开始在印度传播时信徒很少,到公元前3世纪阿育王在位时才广泛传播,向北传入大夏、安息及大月氏,并越过葱岭传入中国西北地区。据史书记载及考古资料显示,早在西汉末年,佛教就已经在长安、四川和东部沿海的部分地区传播,但影响力很小。东汉明帝遣使至大月氏求佛经,标志着佛教正式传入中国,明帝时上层统治者已有信奉佛教者(如楚王刘英)。但在东汉末年以前,在中国内地流传的佛经仅有译者不明的《四十二章经》等,当时人们认为它与黄老方技相类似,带有巫术性质。东汉桓、灵二帝的时候,印度及西域地区的僧人来到汉地,以洛阳为中心,译出大量佛教典籍,佛教的基本特征开始为人们所了解,信奉佛教的人也越来越多。三国初期,一位被称为牟子的佛教信徒写了《理惑论》,以回应当时世俗人士对佛教的误解和非难。牟子介绍了佛教的创立过程、轮回学说以及三皈五戒和出家禁欲等佛教修行方式,并讨论了佛教与儒家、道教的区别,表明佛教独特的信仰特征已经逐渐为国人所知。

魏晋南北朝是中国佛教发展的重要时期。人们了解佛教的愿望更加强烈,更多的佛教经典传入中国并得到翻译。许多人不辞艰辛,从西域和印度带回了不少佛教经典。另一方面,精通佛教经典的域外高僧被请到中原从事佛经的翻译事业。其中最有影响的是鸠摩罗什(343—413),他于后秦弘始三年(401)被迎至长安,率弟子800余人译出《妙法莲华经》《佛说阿弥陀经》《金刚经》《中论》《百论》《十二门论》《大智度论》等经论,共74部,384卷。他精通汉语,佛学修养又高,所译经典简洁晓畅,对于佛教的发展有很大贡献。

随着对佛教了解的深入,中国佛教徒已经能够准确把握佛教义理的精髓。鸠摩罗什有个弟子僧肇(384—414),曾在姑臧(今甘肃武威)和长安跟随鸠摩罗什从事译经,他对鸠摩罗什所译《中论》《百论》《十二门论》十分了解,深得鸠摩罗什的赞赏。他著有《物不迁论》《不真空论》《般若无知论》《涅槃无名论》等文,后合称《肇论》。在这些论文中,他对此前在中国出现的主要佛教理论见解进行了系统的批评,认为它们都不是对佛教的正确理解。他对佛教缘起学说、智慧学说、涅槃学说的特点进行了深入的分析,指出佛教观察世界的一般原则是非空非有、非非空非非有,佛教的涅槃世界是不离众生世界而有佛国世界。《肇论》对于廓清中国佛教理论界的迷雾,引导中国佛教根据佛教的根本精神发展起到了重要作用。

大约在6世纪中叶,中国佛教已经不满足于追求什么才是原汁原味的佛教,开始出现用自己的理解去构架佛学体系的尝试。最先明确表示这一意图的是南朝梁武帝萧衍。他对佛教很有研究,写了一篇文章《立神明成佛义》,认为心识之神明是统一佛教理论的基点,说心识有神明、无明两个方面,心识神明是成佛之本,显现无为法;无明是障佛之根,显现有为诸法。梁武帝的观点被吹捧为是对佛教教义的根本把握。

隋唐时期是中国佛教创宗立派的重要时期。如吉藏依据《中论》《百论》《十二门论》创立三论宗,智顗依据《妙法莲花经》和《大般涅槃经》创立天台宗,玄奘偏重《解深密经》和《瑜伽师地论》创立法相唯识宗,法藏依据《华严经》创立华严宗,等等。这些宗派共有的特征是,依据自己的理解,建立持之有据、言之成理、反映佛教根本精神、各有特色的佛教理论体系。其中最有代表性的是禅宗。禅宗是中国佛教独有的宗派,正式产生于唐朝中叶,其创建人慧能被后人推尊为禅宗六祖。还有一个净土宗,由唐代道绰(562—645)和善导(613—681)正式创建,以《无量寿佛经》《观无量寿佛经》《阿弥陀经》为主要经典,宣扬阿弥陀佛的功德和神通,极乐世界的美好。他的修行方法极为简便易行,常念"阿弥陀佛"的名号即可。净土宗缺乏理论上的贡献,但适合社会下层的需要,在中国流传也十分广泛。

中国佛教最重要的理论是缘起论、佛性论与解脱论。其中缘起论是佛教的基础理论,主要阐释宇宙万法皆由因缘所生起的相状及其原由。释迦牟尼创立的佛教,基本内容是"三法印",即"诸行无常""诸法无我""涅槃寂静"。他从人生有痛苦这个结果去倒推,发现人的痛苦是因为有执着,有执着是因为无明,即对事物不能按照事物的本来面目去认识。早期佛教经典对事物的本来面目进行了分析,如《阿含经》认为,构成宇宙万物的基本因素有五种,即色(物质)、受(感觉)、想(思想)、行(意志)、识(精神总体),称之为五蕴。五蕴中的任何一种,都没有一个质的规定性或常住不变的实体,也没有一个与之相应的独立存在的客体,它们变化无常。这五种因素在不同条件下聚合所形成的宇宙万物没有任何规定性。后来的《般若经》在此基础上,将“空”视为万物共同所有的本质,指出人我空、法我空、一切皆空,空即一切现象的本体。佛教认为,我们生活的世界并不是气的阴阳变化运动的结果,外部的自然世界对我们真实的生活起不到实际作用。实质上,众生都生活在主观世界之中,是我们的思想、言语、行为所构造的世界真正主宰了我们的生活。我们生活的世界实质上是由众生虚构的幻象所组成的一个重重无尽、相互交错的因陀罗网。所有的生命,只要没有完全超脱,就难免受这种主观性的世界所左右。这种世界观是对中国传统世界观的颠覆。

这样一个充满苦难的众生世界是否还有一些希望呢?佛教认为众生的希望是存在的。释迦牟尼在菩提树下成道时即说:“奇哉,奇哉,大地众生,皆有如来智慧德相,但以妄想执着,不能证得。”众生皆有的“如来智慧德相”,在《大般涅槃经》等经典中被论断为“佛性”。佛性实际上就是觉悟的可能性,从苦海中解脱的可能性。“缘起论”使众生意识到其所生活的世界是空虚的,常会有一种幻灭感。“佛性论”则给众生带来了希望,因为它保障众生在获得解脱和超越的根本依据上是平等的,证明一切众生都有超越现实的潜在动力。在印度佛教中,佛性这个概念并不十分突出,但它在中国佛教中成为核心。最早提起这个话题的竺道生(355—434),他也是鸠摩罗什的弟子,为僧肇同学。他敏锐地洞察到“一切众生皆可成佛”,由于佛性本有,真理不分,所以只能顿悟成佛。当时认为众生皆有佛性的《大般涅槃经》还没有完整的翻译过来,竺道生的看法不为时人所接受,他本人因此被逐出建康(含江苏南京)的佛教僧团。但据说道生对顽石讲说此法,顽石都为之点头。竺道生之后,几乎所有的中国佛教都认为众生皆有佛性。尽管后来玄奘从印度引入法相唯识宗的看法,认为众生有五种层次的差异,一阐提人永不能成佛,但是,中国人并未接受这种认识,而是接受了一切众生皆能成佛的看法。

为什么佛性讨论会成为中国佛教的核心话题呢?因为在佛教文化传入中国之前,儒家和道家都已经有比较发达的人性论。佛教传入中国,发现人生的苦恼和迷惘、社会的纷争与动乱,都与人们对于自身本来面目的认识有很大的关系,指出如果不从人类所具有的超越于现实生存的更高价值去提升人性,人进行超越解脱的内在动力就发挥不出来。这一部分内容,丰富了传统文化关于人性的观察。儒道讲到人性的时候,通常采纳自然人性的看法。

而佛教认为真正的人性是佛性。慧能指出:心体的实质是空,本无一物,但它具有自然智慧,有洞彻一切皆空的超越性情怀。佛性“外善能分别诸法相,内于第一意而不动”。由此可见,对于人获得终极解放的根据的性质,印度佛教与中国传统思想是有着巨大差异的。

佛性是获得解脱的基础。但是要获得真正的解脱,还需要脚踏实地的修行。如何才能实现众生的解脱?早期佛教提出有“八正道”:正见解、正思想、正语、正业、正命、正方便、正念、正定。后来规约为“六度”:布施、忍辱、持戒、精进、禅定、般若。通过这些修行,人能达到一个什么样的境界呢?——“涅槃寂静”。对如何才能达到涅槃,涅槃是一种什么样的境界,佛教自身的认识有前后期的不同。小乘佛教认识到现实生活的世界是解脱的枷锁,只有逃离,才有出路。他们主张在人迹罕至之地,通过禅修的方式净化心灵,沉寂下来,免受物欲的干扰,而最高的成就是获得“罗汉果”。这些修行理论都具有明显的禁欲遁世的消极色彩。而大乘佛教认为,尽管众生这个世界是一个痛苦的世界,但是要想在这个世界之外去寻求佛国净土是不可能的。生活在这个痛苦的世界,但又不被诸苦所困住,这才是真正的解脱,这种佛教实践就是大乘佛教所倡导的菩萨行。菩萨“不厌世间苦,不欣涅槃乐”。在鸠摩罗什所翻译的《维摩诘所说经》中,就塑造了一位在世俗生活中普度众生的维摩居士的形象,据佛经记载,他是印度毗舍离城中的一名富商长者,拥有妻子儿女和众多财富,但他“虽处居家,不着三界;虽有妻子,常修梵行”,虽然过着世俗的生活,却对佛法有着极高的体悟,并在日常生活中修行和度化众生,在境界上甚至超出了一般的菩萨。维摩诘正是在俗世中自觉觉他的“菩萨行”的代表。

佛教讲究出世,主张超出三界、摆脱轮回;中国传统儒学推崇经世,关注现实人生。二者本来冲突极大,历代排佛者对佛教的攻击主要着眼于此。到了唐代,主要佛教宗派都屈服于中国政治与社会的现实需要,对佛教理论与修行方法进行调整,由通过出世追求解脱的修行途径,逐渐变化为不离世间而追求解脱的修行途径,甚至主动介入现实政治,并力图在思想上打破此岸世界与彼岸世界的藩篱,使佛教由印度的出世型宗教转变为中国的世俗型宗教。

三、性道自觉

唐代中叶,一部分儒家士大夫开始呼吁、倡导复兴儒学。唐中叶兴起的古文运动是这场复兴儒学文化思潮的开始。作为唐代古文运动的领袖、唐宋时期复兴儒学文化思潮倡导者的韩愈，著有《原道》，认为儒家之“道”与佛、老之“道”有着根本的区别：

> 吾所谓道也，非向所谓老与佛之道也。尧以是传之舜，舜以是传之禹，禹以是传之汤，汤以是传之文、武、周公，文、武、周公传之孔子，孔子传之孟轲。轲之死，不得其传焉。（《韩昌黎全集·原道》）

韩愈一方面强调华夏文明的核心是从尧舜传之孔孟的一以贯之的“道”；另一方面，他又认为自孟子以后的1000多年此道统已经断绝，表明自己将要继承儒家道统、复兴儒学的文化使命。韩愈的“道统论”和“文以载道”论，表达了唐宋之际复兴儒学的时代要求。另一位古文运动的积极参加者李翱，则强调子思所作的《中庸》，《中庸》也是宋代经学的主要典籍“四书”之一，李翱还深入探讨了人的性与情的关系问题，认为“人之所以为圣人者，性也。人之所以惑其性者，情也”[①]。他强调人性无不善，不善者乃情之所为，故而主张通过道德修养而达到“复性”的目的。这些学术观点，主要来之于儒家经典《孟子》《中庸》《大学》，同时也吸取了佛道之学，体现出一些新的特点。他们对宋代理学思潮的勃兴产生了很大的影响。

到了北宋，复兴儒学很快就形成了一股普遍的社会思潮。从“宋初三先生”胡瑗、孙复、石介开始，儒家学者就继承了韩愈提倡古文、复兴儒家之道的精神，立志于道学的创建。石介曾批评唐代以来流行的浮华虚空的文风，倡导儒家道统：“夫尧、舜、禹、汤、文王、武王、周、孔之道，万世常行，不可易之道也。”[②]他们在倡扬复兴儒家之道的同时，批判了佛道二教及其他异端邪说。石介著《辨惑篇》，反对佛道二教，人们评价他“尤勇攻佛老，奋笔如挥戈”（欧阳修语）。孙复也是如此，他一方面宣扬道统论，一方面力辟佛老之学。他说：“文者，道之用也；道者，教之本也”，“自汉至唐，以文垂世者众矣，然多杨、墨、佛、老虚无报应之事，沈、谢、徐、庾妖艳邪侈之辞”。（《孙明复小集·答张洞书》）显然，他也认为汉唐以来的辞章之学、佛老之学皆背离了儒家道统，并希望复兴儒家之道。他研究《春秋》之学，阐发《春秋》大义，其目的也在于张扬孔子之道。除上面所讲的“宋初三先生”之外，庆历时代的范仲淹、欧阳修也是北宋初倡导复兴儒学、批判佛老之学的重要人物。欧阳修主张为

---

① 《李文公集》卷2《复性书》，（唐）李翱撰，台北：商务印书馆，1986年版。

② 《徂徕石先生文集》卷5《怪说下》，（宋）石介撰，陈植锷点校，北京：中华书局，1984年版。

学者应以“道胜”而不以“文胜”，主张“道胜者，文不难而自至也”。他也批判佛教，认为“佛之法可谓奸且邪矣”[1]。

北宋初年这些儒家士大夫们在倡导复兴儒学方面尚只是开端。此后，相继涌现出一大批著名的儒学学者，如周敦颐，张载，程灏、程颐兄弟，邵雍等人及其弟子。他们继续张扬韩愈提出的“道统说”，精研儒家经典，阐发儒学新义，不仅深入研究了《周易》《论语》《孟子》《中庸》《大学》等儒家经典，而且通过阐发经书中的义理，建立了一套包括宇宙论、心性论、修身工夫论等各种理论问题在内的思想学术体系，以和释老之学相抗衡。

张载对唐宋的这一社会思潮有着十分深刻的文化自觉。他认为，自秦汉以来，先王先圣之“道”湮没无闻，因而发出“世学不明千五百年”（《张子语录・语录中》）、“千五百年无孔子”（《文集佚存・杂诗》）的感叹。“道”是人生的根本依托，舍此即丧失生命的价值，他说：“天下之物多矣，学者本以道为生，道息则死也”（《经学理窟・气质》）。在张载看来，天下之富贵莫大于“道”者：“天下之富贵，假外者皆有穷已，盖人欲无餍而外物有限，惟道义则无爵而贵，取之无穷矣。”（《经学理窟・学大原下》）他认为，自天地宇宙和人类起源之初，“道”就已经产生，“所传上世者，未必有自，从来如此而已”（《易说・系辞下》）。在“道”的发现过程中，伏羲、神农、黄帝、尧、舜、禹、汤、周文王、周武王、周公旦、孔子、孟子都有杰出的贡献。尧舜禹“三代”尤为关键，古圣先王“制以礼，垂衣裳而天下治”之后，“文章礼乐简易朴略，至尧则焕乎其有文章”（《横渠易说・系辞下》）。此“道”虽被孔子、孟子继承，但孔孟之后，儒家之“道”逐渐湮没无闻。“孔孟而后，其心不传，如荀、扬皆不能知。”（《经学理窟・义理》）与扬雄相比，董仲舒虽然“德性”较为“博大”，但却泥于公羊谶纬之学，儒家之“道”并未彰显于世。张载说：“今倡此道不知如何，自来元不曾有人说着，如扬雄、王通又皆不见，韩愈又只尚闲言词”（《经学理窟・自道》）；“自孔孟而下，荀况、扬雄、王仲淹（王通）、韩愈，学亦未能及圣人”（《拾遗・性理拾遗》）。汉唐时代进入了被张载称为“知人而不知天”的时代。

张载还指出，因为缺乏先圣先王之“道”作为根基，汉唐时代的政治离盛世理想太远。因而他说：“唐太宗虽英明，亦不可谓之仁主；孝文虽有仁心，然

---

[1] 《欧阳文忠公文集》卷7《答吴充秀才书》，（宋）欧阳修撰，《四部丛刊初编》，上海：商务印书馆，1936年版。

所施者浅近,但能省刑罚,薄税敛,不惨酷而已”。(《经学理窟·周礼》)

张载感叹:“自古有多少要如仲尼者,然未有如仲尼者”(《经学理窟·气质》)。他决心“志于道”(《经学理窟·义理》),立下了“为天地立心,为生民立命,为往圣继绝学,为万世开太平”的宏愿。

张载认为,重新确立儒家道统地位,关键在于对“性与天道”这一根本问题形成准确认识。他认为儒学的核心问题就是“性与天道”的问题。《论语·公冶长》记载:“子贡曰:夫子之言性与天道,不可得而闻也。”有人认为这句话是说孔子很少论及天道与人性方面的学问,张载却不这样认为。他说:

> 子贡曰:“夫子之文章,可得而闻也,夫子之言性与天道,不可得而闻也。”子贡曾闻夫子言性与天道,但子贡自不晓,故曰“不可得而闻也”。若夫子之文章则子贡自晓。圣人语动皆示人以道,但人不求耳。(《张子语录·语录上》)

即是说,孔子并不是很少论及“性与天道”,恰恰相反,孔子经常论及到此方面的学问,所以才有子贡说“夫子之言性与天道”(夫子经常讨论性与天道的关系),子贡之所以认为“不可得而闻”,是因为“性与天道”的道理太过深奥、不易被理解。实际上,儒学都是“围绕性与天道”这一主题展开的。他指出:

> 圣人语性与天道之极,尽于参伍之神变易而已。(《正蒙·太和》)
>
> 不闻性与天道,而能制礼作乐者,末矣。(《正蒙·神化》)
>
> 性与天道合一存乎诚。(《正蒙·诚明》)
>
> 若圣人,则性与天道无所勉焉。(《正蒙·中正》)

“参伍之神变易”是说宇宙的变化,“礼乐”是指社会法则和伦理道德,“诚”是人达到的至高境界。关于宇宙本质属性的认识,关于政治社会秩序的思考,关于人性内涵及其人生价值与理想的思考,都是以“性与天道”的认识为依据。张载还指出:“知人者不可不知天,能知天斯能知人矣。”(《横渠易说·说卦》)即是说,人道的探求离不开天道基础,把握了天道也就洞彻了人道的根本内涵。

张载不同意儒家经典缺少“性与天道”的思考的判断。他最重要的著作《正蒙》的主题就是发掘“性与天道”的关系。其弟子范育在给《正蒙》作的《序》中指出:“自孔孟没,学绝道丧千有余年,处士横议,异端间作,若浮屠、老子之书,天下共传,与六经并行。而其徒侈其说,以为大道精微之理,儒家之所不能谈，必取吾书为正。世之儒者亦自许曰：'吾之六经未尝语也，孔孟未尝及也'，从而信其书，宗其道，天下靡然同风，无敢置疑于其间，况能奋一朝之辩，而与之较是非曲直乎哉！"（《正蒙·范育序》）这里的"大道精微之论"主要指佛教关于"性空""心性"以及道家（教）关于"有生于无"的形而上学理论，远比秦汉以来儒家学者所局守的宇宙结构论更为精致，最终导致了张载所谓的"学绝道丧""人伦不察""庶物不明""德乱治忽"的危机局面。张载认为，只有树立儒学关于宇宙本质内涵、人性与社会伦理的认识，才能构建起超越佛、道"精微之论"的儒家天人之学。范育对张载以继承和彰明圣王之道自居的气象做出总结说："子张子（张载）独以命世之宏才，旷古之绝识，参之以博闻强记之学，质之以稽天穷地之思，与尧舜孔孟合德乎数千载之间"（《正蒙·范育序》）。

为了彰明儒家天人之学的正统，张载对佛、道二教的思想理论做出深刻批判。他认为，"自非独立不惧、精一自信、有大过人之才，何以正立其间，与之较是非，计得失！"（《正蒙·乾称》）即是说，如果不能深入佛、道的理论内部进行针砭，就不足以真正地重新彰明儒家正统之学。他指出，对"性与天道"认识的差别是儒学与佛教、道教的根本区别。儒家的"性与天道"之学不仅探求宇宙的本质内涵，而且还以此为基础思考现实社会政治秩序的设计，而佛教虽然善于探索宇宙的本质，但却不懂得将宇宙本质内涵应用于现实社会，而且其形而上的理论探索也"与吾儒二本殊归"（《正蒙·大心》）。

众所周知的"张子四句"——"为天地立心，为生民立命，为往圣继绝学，为万世开太平"①完整地表达出了张载思想的"性与天道"主题，是对张载为

---

① "张子四句"常见的有两种不同版本。南宋朱熹、吕祖谦《近思录》，南宋《诸儒鸣道》本所收《横渠语录》，南宋末吴坚刊本《张子语录》，明版《张子全书》以及中华书局出版的《张载集·张子语录》（1978 年版）均作："为天地立心，为生民立道，为去圣继绝学，为万世开太平。"《宋元学案》卷 17《横渠学案上》引作："为天地立心，为生民立命，为往圣继绝学，为万世开太平。"张岱年在《试谈"横渠四句"》（《中国文化研究》，1997 年第 1 期）中认为，宋明各本当为原文，《宋元学案》所引是经过后人润色的。"为生民立道"之"道"或为张载所谓先王先圣之"道"（即学政不二、内圣外王之道），但此义与其他三句的含义有所重叠；或专指张载所谓本原于天地宇宙的道德准则、社会政治秩序。"为生民立命"之"命"应为本原于天地宇宙的人性内涵、社会秩序与人生价值，"为生民立命"即为民众确立人生的使命与意义。"为生民立道"和"为生民立命"措辞虽异，但主旨相近。笔者采用历史上流传较为广泛的《宋元学案》之说。

学宗旨和远大抱负的总概括。它一经提出,就被标榜为儒家学者的理想格言,历朝历代传诵不衰。“为天地立心”就是要确立宇宙的本性与秩序,即所谓“天德”“天道”。“为生民立命”就是要确立以本原于“天”的道德品质为核心的人性内涵、社会秩序与人生价值,为民众确立人生的使命与意义。“为往圣继绝学”就是要恢复和重建先王先圣之“道”,确立儒家天人之学的正统和主流地位。“为万世开太平”是经由“往圣绝学”所开创出来的社会效果,是张载理想抱负的最终归结,体现了儒家学者强烈的现实关怀和普遍的社会理想。“张子四句”表达出来的对于宇宙、人生、社会乃至天下的深切关怀和伟大抱负,将张载以“天人合一”为诉求的“性与天道”旨趣展现得淋漓尽致。

总之,张载以“性与天道”为主题,结合汉唐以来的学术发展特点,对宇宙本性与法则做了深入的探索,并在此基础上对人的本质、社会属性以及儒家所理想的太平盛世赋予了新的内涵、做出了新的设计,将儒家的古老传统——天人之学发展到新的高度。

不能忽略的是,张载对天人之学的努力探寻还有着深刻的时代性的社会背景。北宋建立以前,是长达 200 年的儒家伦理道德遭到破坏、社会秩序日趋混乱的历史。从唐代后期开始,皇帝权威和中央集权受到地方藩镇的威胁,全国逐渐形成了藩镇林立的局面。随后演变成长达半个多世纪的诸国分立、战乱纷争的五代十国,中央集权统治被破除殆尽,整个国家四分五裂,战乱频繁,社会秩序处于瘫痪状态。正如史书所评论的:“礼乐崩坏,三纲五常之道废,而先王制度文章扫地而尽于是矣。”(《新五代史》卷 17《晋家人传论》)新建立的赵宋王朝,虽然从军事、政治、经济、文化等诸领域采取措施加强皇帝权威和中央集权,为国家稳定和经济文化发展提供了制度上的保障,但社会政治秩序的重建亟须被普遍认同并自觉践行的儒家伦理道德的有效支撑。再者,北宋对五代十国“国擅于将,将擅于兵”的形势矫枉过正的变革,使国家日益深陷内忧外患的社会政治危局之中。社会政治统治危机积重难返,使心怀太平盛世理想的北宋士大夫逐渐萌生出改革变法的诉求。殷切关怀国家和民众命运的张载,对北宋统治的诸种危机深有感触,因而决心创造出儒家崭新的天人之学,以此重建理想的社会政治秩序,奠定“万世太平”的千古伟业。

第二节　“太虚即气”

一、太虚

为纠正汉唐儒学“知人而不知天”的弊端，回击儒、道二家的“精微之论”，构建起“道学”与“政术”不二的理想社会，张载首先要阐明宇宙的本质内涵及其与人道的贯通，从而为现实的政治、社会法则确立先天合理的形上根据，从中不难发现张载力图超越汉唐儒家思想的鲜明特色。

张载的宇宙观由“太虚”和“气化”构成，既探索宇宙的内在本性，又解释宇宙的生成变化及其法则。张载指出：“由太虚，有天之名；由气化，有道之名。”（《正蒙·太和》）有了“太虚”才有“天”，“天”以“太虚”为内在本性；有了阴阳二气的交感变化（气化）才有“道”，“道”即是对阴阳二气交感变化过程的属性或规则的表达。由“太虚”和“气化”构成的宇宙观又以“体用”的方式展开。“太虚”为“体”，内涵宇宙本体之义；“气化”为“用”，内涵宇宙生成之义。“太虚”和“气化”构成宇宙观不一不异、不即不离的两个方面。不过，“太虚”与“气化”均统一于“气”。“太虚”为消散之气，即气的本然、“湛一”的状态，是未分阴阳的气；“气化”乃阴阳二气的交感变化，由此而有世界万物的生成和消亡。“太虚”之“体”和“气化”之“用”是基于“气”展开的不一不异、不即不离的两个方面。因而，张载的宇宙观可归结为“气本论”。张载通过对宇宙本性与法则的探讨，企图超越汉唐儒者“知人而不知天”之“大蔽”，对佛、道二教关于“空”“无”的“精微”之论进行批判，同时也是对佛教学者批判汉唐儒学之“气本论”的回击①。

“太虚”（张载有时也称之为“虚空”）在先秦思想中已经出现，汉魏以来也被中国佛教学者所使用，本身有其产生、发展和演变的过程，在不同的思想

①　唐代后期的佛教学者宗密（即华严宗五祖）曾撰《原人论》，明确批评了儒、道两家的“气本”之说：“然今习儒道者，只知近则乃祖乃父，传体相续，受得此身；远则混沌一气，剖为阴阳之二，二生天地人三，三生万物。万物与人皆气为本。”（参见《原人论》，（唐）宗密撰，《大正藏》第45册）当然，宗密是以佛教“心性”本体的立场批判儒、道二家在本体论上的不足；但是，这一批评确实道出了汉唐儒学的弊病之所在，与张载所作的秦汉以来儒者“知人而不知天”的批评，可谓殊途同归。

家、思想学派那里也有着不同的含义。“太虚”一词,“《六经》、孔、孟无是言也”(《孟子字义疏证》卷上《理》),最早见于道家。《老子·无章》曰:“天地之间,其犹橐蓊乎。虚而不屈,动而愈出”,将空虚特征视为宇宙本原“道”的基本属性。《庄子》曰:

若是者,外不观乎宇宙,内不知乎太初,是以不过乎昆仑,不游于太虚。(《庄子·知北游》)

以本为精,以物为粗,以有积为不足,澹然独与神明居。古之道术有在于是者,关尹、老聃闻其风而悦之。建之以常无有,主之以太一。以濡弱谦下为表,以空虚不毁万物为实。(《庄子·天下篇》)

“游”是《庄子》中的关键字眼,是与宇宙本真(“道”)合而为一的自由自在的理想境界。庄子的“太虚”“空虚”既具有无限的宇宙空间的含义,即“太空”之义,又如唐代学人成玄英把“太虚”理解为“深玄之理”那样,具有“实智内德”的含义[①]。《黄帝内经》中也多次讲到“太虚”:

太虚寥廓,肇基化元,万物资始,五运终天。[②]

帝曰:“地之为下否乎?”岐伯曰:“地为人之下,太虚之中者也。”(《黄帝内经·素问》篇67《五运行大论》)

《黄帝内经》中的“太虚”除指广大无边的宇宙空间外,也指创始万物的源泉,同时也包含水、木、金、火、土等五行的运行,具有宇宙生成的含义。《管子·心术上》曰:“虚者,万物之始也”[③],同样把“虚”理解为宇宙的根源。这种看法在《淮南子》中获得了更彻底的表达。《淮南子》认为,天地万物由有限的“气”变化而来,“气”来源于“宇宙”,“宇宙”来源于“道”,“道”始于“虚廓”,“虚廓”成为宇宙的终极依据:

天坠未形,冯冯翼翼,洞洞漏漏,故曰太始。道始于虚廓,虚廓生宇宙,宇宙生气。气有涯垠,清阳者薄靡而为天,重浊者凝滞而为地。清妙之合专易,重浊之凝竭难,故天先成而地后定。天地之袭精为阴阳,阴阳之专精为四时,四时之散精为万物。积阳之热气生火,火气之精者为日;积阴之寒气为水,水气之精者为月。日月之淫

---

① 《庄子集释》,(清)郭庆藩撰,王孝鱼点校,北京:中华书局,2004年版。

② 《黄帝内经·素问》篇9《六节藏象论》,姚春鹏译注,北京:中华书局,2010年版。

③ 《管子校注》,黎翔凤著,梁运华整理,北京:中华书局,2004年版。

为精者为星辰。天受日月星辰,地受水潦尘埃。①

在东晋张湛那里则出现了这样的说法:“群有以至虚为宗”②,“夫唯寂然至虚,凝一而不变者,非阴阳之所始终,四时之所迁革”(《列子注·天瑞》),“太虚”似乎被提升为世界本原的地位,获得了先秦道家之“道”的含义。唐代柳宗元在《天对》中也论述过“太虚”。屈原在《楚辞·天问》中曾发问:“日月安属?列星安陈?”柳宗元回答说:

规毁魄渊,太虚是属。棋布万萤,咸是彦托。③

“规毁”原指火一般的圆形物体,这里是指“日”;“魄渊”原指月亮深沉的微光,这里指“月”。这是柳宗元利用天文学知识讲述日月星辰在太虚中的存在和运行,“太虚”即是指“漭弥非垠”的宇宙空间。④

中国道教也常常论及到“太虚”(“虚空”)。道教进一步将“太虚”(“虚空”)与汉唐的“元气”宇宙论糅合起来。唐代道教经典《道教义枢》卷7《洞神经》云:“大道妙有,能有能无,道体本玄,号曰太易;元气始萌,号曰太初,一曰太虚,其精青,其形未有”⑤。径直把“太虚”与未分阴阳的“元气”等而视之,并赋予其宇宙论的含义。

中国佛教把“太虚”理解为宇宙的无限空间:

一切法无际故,当知般若波罗蜜多亦无际。一切法无生故,当知般若波罗蜜多亦无生。一切法无灭故,当知般若波罗蜜多亦无灭。太虚空无边故,当知般若波罗蜜多亦无边。⑥

小非定小故,能容太虚而有余,以同大之无外故。大非定大故,能入小尘而无间,以同小之无内故。是则等太虚之微尘,含如尘之广刹,有何难哉。⑦

另一方面,以缘起为基本理论的佛教,认为宇宙万象处于因缘之网中,这种因缘之网不可能给任何事物予以真实的规定,这正是事物空无所有的“自性”,

---

① 《淮南子集释》卷3《天文训》,何宁著,北京:中华书局,1998年版。

② 《列子注·序》,(东晋)张湛注,上海:上海古籍出版社,1989年影印版。

③ 《柳宗元集》卷14《天对》,(唐)柳宗元撰,北京:中华书局,1979年版。

④ 以上参见《张载的哲学思想》,姜国柱著,沈阳:辽宁人民出版社,1982年版,第25—28页;《张载评传》,龚杰著,南京:南京大学出版社,2011年版,第36—38页。

⑤ 《道教义枢》,(唐)孟安排集,长春:时代文艺出版社,2008年版。

⑥ 《大般若波罗蜜多经》卷400《初分法涌菩萨品》,(唐)玄奘译,《大正藏》第6册。

⑦ 《华严经疏》卷2《世主妙严品》,(唐)澄观撰,《大正藏》第35册。

从而以“空”“虚空”等代表超越性的宇宙本体，即真如、法性、佛性等：

> 如来相即是一切法相，一切法相即是如来相。如来相即是毕竟空相，毕竟空相即是一切法相。①
>
> 夫以法性空虚，廓无涯而超视听，智慧大海，深无极而抗思议。②
>
> 知心无形不可得是虚空法身。若了此义者，即知无证也，无得无证者，即是证佛法法身。③

不难发现，“太虚”“虚空”自先秦以来就是中国思想中的重要范畴，除被用来指称无限的空间外，还被道家用来指称创始万物的根源乃至宇宙的本原，道教还以“元气”规定“太虚”的内涵。此外，汉魏以来的中国佛教也借用了中国固有的“太虚”范畴指称无限的空间，同时更被佛教用来代表真如、法性、佛性等概念。道家、佛教关于“太虚”“虚空”的相关论述成为张载创用“太虚”的重要学说渊源。

二、“太虚”与“气”

张载认为，世界是由“气”构成的。《易·系辞上》曰：“仰以观于天文，俯以察于地理，此所以知幽明之故。”这段话原本是讲圣人通过溯本穷源，明了生死问题。张载却将其置于宇宙观的意义之上：

> 天文地理，皆因明而知之，非明则皆幽也，此所以知幽明之故。万物相见乎离，非离不相见也。见者由明，而不见者非无物也，乃是天之至处。（《横渠易说·系辞上》）

在《系辞》里，幽、明只是认识的对象之一，并非全部，更不是世界的全部，张载却将其扩展为整个宇宙，认为世界可被分为“幽”和“明”两个部分，可见之物为“明”，不可见之物为“幽”，“幽”并不是完全的空无，而是对深邃不可见之物的形容。为了说明世界的“幽”和“明”的状态，张载引入了“气”：

> 气聚则离明得施而有形，气不聚则离明不得施而无形。方其聚也，安得不谓之客？方其散也，安得遽谓之无？故圣人仰观俯察，但云“知幽明之故”，不云“知有无之故”。（《正蒙·太和》）

---

① 《大智度论》卷55《释幻人听法品》，[印度]龙树撰，(后秦)鸠摩罗什译，《大正藏》第25册。

② 《华严经探玄记》卷1，(唐)法藏撰，《大正藏》第35册。

③ 《顿悟入道要门论》卷上，(唐)慧海撰，《卍续藏》第63册。

“气”有“聚”和“散”等存在形式，气聚则为有形体之物，能被人们看见；气散则为无形之物，无法被人们看见，但却不是空无所有。因此，世界上只存在“幽明”之分，而不存在“有无”之别。① 从中可以发现，在张载的哲学里，“气”不见得一定是有形的、可见的，将“气”统归于“有形”“形下”的存在②，并不符合张载的思想。由此，张载利用古老的“气”范畴将《易》的宇宙观做了大胆的改造，并对佛教的“空”和道家的“无”做了深刻地批判。

为了表明“气”的消散状态，也就是气的本然状态，张载又创造性地运用了“太虚”这一传统范畴。从“太虚”可以看出张载博综诸家的为学特征。一方面，张载把“太虚”理解为无限空间③，但又将其与“气”联系起来，认为在“太虚”这个无限空间中充满了无所不在的“气”。张载的这种认识是与他的天体观分不开的。④ 张载重视自然科学，对天文、地理、历算、生物等均有研究，并结合中国古代天体论中的浑天说和昼夜说，提出了自己的天体观：

> 地纯阴凝聚于中，天浮阳运旋于外，此天地之常体也。恒星不动，纯系乎天，与浮阳运旋而不穷者也；日月五星逆天而行，并包乎地者也。地在气中，虽顺天左旋，其所系辰象随之，稍迟则反移徙而右尔，间有缓速不齐者，七政之性殊也。月阴精，反乎阳者也，故其右行最速；日为阳精，然其质本阴，故其右行虽缓，亦不纯系乎天，如恒星不动。……愚谓在天而运者，惟七曜而已。恒星所以为昼夜者，直以地气乘机左旋于中，故使恒星、河汉因北为南，日月因天隐见。太虚无体，则无以验其迁动于外也。（《正蒙·参两》）

古人把金、木、水、火、土五星加上日、月合称为“七政”或“七曜”。以上的文字是说，凝聚的大地处于宇宙的中央，漂浮着的天把大地紧紧地裹在中间，并

---

① 以上参见《宋明理学史》（上册），侯外庐、邱汉生、张岂之主编，北京：人民出版社，1984 年版，第 95 页。

② 参见《虚气相即——张载哲学体系及其定位》，丁为祥著，北京：人民出版社，2000 年版，第 59—69 页；《张载两层结构的宇宙论哲学探微》，林乐昌，北京：《中国哲学史》，2008 年第 4 期；《气本与神化：张载哲学述论》，杨立华著，北京：北京大学出版社，2008 年版，第 40 页等。

③ 《中国思想通史》（第 4 卷，上册），侯外庐主编，北京：人民出版社，1959 年版，第 551 页。

④ 《宋明理学史》（上册），侯外庐、邱汉生、张岂之主编，北京：人民出版社，1984 年版，第 97 页。

挟着日月星辰围绕着大地旋转；但因为广袤无垠、晶莹透明的太虚没有可见的形体，所以无法在其之外窥得它的运动。“太虚”被视为包容阴阳二气及其所生成的宇宙万物的无限空间。在此基础上，张载还对宇宙空间（“太虚”）里的风云、雷霆、雨露等各种气象做出了无神论的解释，认为各种气象并无神秘性，只是阴阳二气交感变化所形成的自然现象罢了：

> 阴性凝聚，阳性发散；阴聚之，阳必散之，其势均散。阳为阴累，则相持为雨而降；阴为阳得，则飘扬为云而升。故云物班布太虚者，阴为风驱，敛聚而未散者也。凡阴气凝聚，阳在内者不得出，则奋击而为雷霆；阳在外者不得入，则周旋不舍而为风；其聚有远近虚实，故雷风有大小暴缓。和而散，则为霜雪雨露；不和而散，则为戾气曀霾；阴常散缓，受交于阳，则风雨调，寒暑正。（《正蒙·参两》）

值得注意的是，张载把“太虚”视为“气”的“本体”，即“气”消散的、本然的、原始的状态，也就是“气”未分阴阳的“湛一”状态。“太虚”并非空无所有，它本质上还是“气”，世界的本原是有而不是无，如此一来道家（教）的“无”、佛教的“空”便没有了立足之地。

三、太虚即气

学术界有不少学者将张载的“太虚”与“气”分判为二物，认为“太虚”与“气”是两个不同的范畴，并以“体用”立场，或“从（二者）‘合言’的角度强调了体用的相即、不二、不离”；或强调“从（二者）‘分言’的角度看，体用关系还具有相分、不即、不杂，亦即独立的一面”；或“合言”“分言”兼而论之。[①] 将“太虚”与“气”分判为二物的观点，实际上是受了程朱别分“理”“气”之高下思想的潜在影响，试图将“太虚”抽离为独立于“气”但又支配“气化”的形而上者，而将“气”视为形而下的范畴，未能充分揭示张载哲学中的“气”的多层性含义，落入了“以程（朱）解张”的理论轨道之中。此种看法其实也正是张载所反对的在“气”之上别置“太虚”（“虚能生气”）的理论观点。

在张载看来，“太虚”本质上就是“气”。他把“太虚”规定为气之“本

---

① 参见《心体与性体》，牟宗三著，上海：上海古籍出版社，1999 年版，第 358—489 页；《虚气相即——张载哲学体系及其定位》，丁为祥著，北京：人民出版社，2000 年版，第 59—69 页；《张载两层结构的宇宙论哲学探微》，林乐昌，北京：《中国哲学史》，2008 年第 4 期；《20 世纪张载哲学研究的主要趋向反思》，林乐昌，北京：《哲学研究》，2004 年第 12 期等。

体”，即气的消散、本然、原始状态。张载指出：

> 太虚无形，气之本体。其聚其散，变化之客形尔。（《正蒙·太和》）
>
> 太虚不能无气，气不能不聚而为万物，万物不能不散而为太虚。（《正蒙·太和》）

世界上有形的物体和无形的虚空，均属于“气”的范畴，均为“气”的不同存在状态，如表现为聚散（万物与太虚）、出入（产生与消亡）、形不形（有形与无形）等各种形式的存在。① 气“聚”则成有形的世界万物，气“散”则为无形的“太虚”（“万物不能不散而为太虚”），“太虚”本质上还是“气”。因而，相对于“气”而言，或“聚”或“散”均是“客”，《说文解字》曰：“自此托彼曰客，引申之曰宾客”。需要注意的是，不是说“太虚”是由气“散”所形成的，不存在“太虚”在“气”之后的时间问题，张载所强调的是超时空的逻辑形式：气“散”的状态——“太虚”才是“气”的本然状态。

那么，“气”的本然、原始状态又是一种什么样的存在形态呢？张载进一步申明：作为“气”的本然、原始状态的“太虚”，实际上就是“气”未分阴阳的状态，张载称之为“湛一”之气。他指出：

> 气本之虚，则湛一无形。（《正蒙·太和》）
>
> 湛一，气之本。（《正蒙·诚明》）
>
> 太虚之气，阴阳一物也。（《横渠易说·系辞下》）
>
> 言虚者，未论阴阳之道。（《张子语录·语录中》）

即是说，作为“气”之“本”或“虚”的“湛一”，是“无形”的，是未分阴阳的“气”，也就是气的本然的、原始的存在状态——“太虚”。在张载看来，“太虚”实际上就是未分阴阳的“湛一”之气。

尽管“气”这一古老范畴自始以来就具有物质性的含义，但在张载的哲学中，“气”的这种性质并不影响它对各种超越属性的蕴含。我们并不能把张载哲学中的“气”完全“还原为物质性的‘气’”，张载哲学思想中的“气”在蕴涵超越属性方面也并不存在“难以解决的理论困难”②。张载认为，“气”有多种

---

① 《宋明理学史》（上册），侯外庐、邱汉生、张岂之主编，北京：人民出版社，1984 年版，第 96 页。

② 《20 世纪张载哲学研究的主要趋向反思》，林乐昌，北京：《哲学研究》，2004 年第 12 期。

存在状态,有消散的或本然的状态(太虚),有阴阳交合变化的状态(气化、太和),还有凝聚的状态(万物),但不管是哪种存在状态,它们均蕴含着各自的超越属性,比如气化流行中蕴含着“理”:

天地之气,虽聚散、攻取百涂,然其为理也顺而不妄。(《正蒙·太和》)

人作为万物之一种,则禀赋着“天性”:

天性在人,正犹水性之在冰,凝释虽异,为物一也。(《正蒙·诚明》)

作为“气”的本然、“湛一”状态的“太虚”,同样蕴含着固有的超越本性。张载认为,具有超越性的“太虚”,是不能用“耳目”所能觉察到的,必须用“心”才能认知。他指出:“天之不御莫大于太虚,故必知廓之,莫究其极也。人病其以耳目见闻累其心,而不务尽其心,故思尽其心者,必知心所从来而后能。”(《正蒙·大心》)“太虚”固有的超越本性主要体现在以下三个方面:

第一,“太虚”被等同于“天”,是世界万物的终极根据,是永恒性的终极实在,具有自然世界的本原属性①。张载认为,“由太虚,有天之名”(《正蒙·太和》),“太虚”即是“天”之定名;“太虚者,天之实也”;“与天同源谓之虚”(《张子语录·语录中》),“太虚”即是“天”的内在本性。因此,“太虚”也就被等同于“天”。张载还赋予“太虚”(“天”)以世界终极根据的内涵。张载指出:

虚者,天地之祖,天地从虚中来。(《张子语录·语录中》)

万物取足于太虚,人亦出于太虚。(《张子语录·语录中》)

天惟运动一气,鼓万物而生。(《横渠易说·系辞上》)

此处的“天”是与“地”对举的,是指具体的物而言,也就是说,“太虚”是包括天、地、人在内的世界万物的终极根据。张载认为,这一终极根据是永恒性的终极实在。他说:

金铁有时而腐,山岳有时而摧,凡有形之物即易坏,惟太虚无动

---

① 将张载哲学中的“太虚”视为宇宙本体范畴,已有学者做过论述,参见牟宗三的《心体与性体》、丁为祥的《虚气相即——张载哲学体系及其定位》、林乐昌的《张载两层结构的宇宙论哲学探微》《20世纪张载哲学研究的主要趋向反思》等,但他们把“太虚”与“气”分判为二物,认为“太虚”是形而上的超越本体,“气”是形而下的经验之物,与笔者的立意不同。

摇，故为至实。（《张子语录·语录中》）

“太虚”是永不崩坏消亡的“至实”，即永恒存在的终极实在，即使气聚形成的世界万物崩坏消亡，但作为“至实”的“太虚”会永恒地存在下去。张载认为，“天地之道无非以至虚为实”。（《张子语录·语录中》）“太虚”（“天”）被张载赋予了自然世界的本原属性。

第二，“太虚”还被赋予了价值世界的本原属性。张载指出“天地以虚为德，至善者虚也”；“静者善之本，虚者静之本”。（《张子语录·语录中》）“至善”是至高无上的善，是儒家仁义礼智信等所有道德高度抽象的合一，这是“天德”的体现，本原于“太虚”。张载明确指出：

天德即是虚。（《经学理窟·气质》）

虚者，仁之原，忠恕者与仁俱生，礼义者仁之用。（《张子语录·语录中》）

张载还说：

至诚，天性也。（《正蒙·乾称》）

天所以长久不已之道，乃所谓诚。（《正蒙·诚明》）。

“诚”是指天化育万物、真实无妄的属性，是儒学沟通天人的重要范畴。由此，自然宇宙的人文价值内涵得到进一步凸显。张载认为，“至静无感”的“太虚”还是“性之渊源”（《正蒙·太和》），也就是“性”的根据。这里的“性”，一方面是指宇宙的本性，所谓“天道即性也”（《横渠易说·说卦》）。此“性”乃“万物之一源”（《正蒙·诚明》），即世界万物的根据。另一方面“言性已是近人言”（《横渠易说·说卦》），即指人之“性”。张载指出，人的本性即是“仁义”：“阴阳其气，刚柔其形，仁义其性”，“仁义之道，性之立也”（《横渠易说·说卦》）。不过，人之“性”本原于宇宙的本性，正所谓“受于天则为性”（《张子语录·语录中》）；“天性在人，正犹水性之在冰，凝释虽异，为物一也”（《正蒙·诚明》）。作为对价值世界的抽象概括——“天序”“天秩”，也是来自于“天”（“太虚”）。张载指出：

生有先后，所以为天序；小大高下相并而相形焉，是谓天秩。天之生物也有序，物之既形也有秩。知序然后经正，知秩然后礼行。（《正蒙·动物》）

天之生物便有尊卑大小之象，人顺之而已，此所以为礼也。学者有专以礼出于人，而不知礼本天之自然。（《经学理窟·礼乐》）

从价值角度而言,宇宙的内在本性及其运行法则表现为“天秩”,现实的人间秩序即本原于此。“天序”“天秩”也就是“理”。不难发现,张载所谓的“太虚”,不仅是客观存在的自然实体,而且也是精神世界的价值本原,是自然实体和价值本原合而为一的超越本体。

第三,被等同于“天”的“太虚”,超越但又蕴含阴阳二气的交感变化,张载称“太虚”的此种属性为“神”。张载认为,作为终极存在的“太虚”,“至静无感”,具有超越阴阳二气交感变化的属性,是超越了相对的动与静的绝对“至一”。如张载所言:“静犹对动,虚则至一。”(《张子语录·语录中》)但是,“太虚”同时又蕴含着世界一切的交感变化。张载曰:

> 无所不感者虚也,感即合也,咸也。以万物本一,故一能合异;以其能合异,故谓之感;若非有异则无合。(《正蒙·乾称》)

世界万物皆由“气”构成,因此“万物本一”,此处的“一”即指未分阴阳的“湛一”之气“太虚”;于是千罗万象、各自不同的世界万物在“太虚”的作用下寻找到了统一性,此即是“合异”;“太虚”具有使自身、阴阳二气以及世界万物彼此之间相互感应、相互感通而整合为一体的属性,此即是“感”。由此,超越阴阳二气交感变化的“太虚”同时又具有“无所不感”的内在本性,包含着阴阳二气交感变化乃至世界万物相感而为一的性质。所以,“太虚”可谓是阴阳二气交感变化的根本根据。张载还指出,“健顺”即阴阳二气的交感变化,而阴阳二气的“健顺”包含于“太虚”之气中:“太虚之气,阴阳一物也,然而有两体,健顺而已。”(《横渠易说·系辞下》)

张载还通过对“太和”的论述规定了“太虚”蕴含阴阳二气交感变化的内涵:

> 太和所谓道,中涵浮沉、升降、动静、相感之性,是生细缊、相荡、胜负、屈伸之始。(《正蒙·太和》)

“太和”是阴阳二气的交合状态。张载曰:“不如野马、细缊,不足谓之太和”(《正蒙·太和》)。“野马”“细缊”之说分别出自《庄子》和《周易》。“野马”是指游气,“细缊”是指阴阳二气“和之至矣”的状态。早在春秋时期,中国古人就已提出“和实生物”的观念。《国语·郑语》曰:“夫和实生物,同则不继。以他平他谓之和,故能丰长而物归之。若以同稗同尽乃弃矣。故先王以土与金、木、水、火杂,以成百物。”《老子·四十二章》也提出:“一生二,二生三,三生万物。万物负阴而抱阳,冲气以为和。”老子所谓的“和”正是阴阳二气的交合。张载的“太和”思想，是对春秋时代“和实生物”“冲气以为和”观念的继承和发展。

“太和所谓道”，其实就是说“太和”属于阴阳二气交感变化的“气化”之“道”的范畴。超越阴阳二气“相感”的“太虚”包含阴阳二气“相感”的各种属性，阴阳二气“相感”的属性则是“太和”的本有内涵，因而“太和”也就蕴含于“太虚”之中。在张载看来，“太和”与“太虚”不同，“太虚”是气的本然状态，是未分阴阳的气，用张载的话说即“湛一”之气，是宇宙本体论的范畴；而“太和”则是“湛一”之气分化为阴阳二气之后的交合状态，是宇宙生成论的范畴。钱穆也曾指出：“（张载的）宇宙观是广大坚实的，但最先则只是一气。此气分阴分阳，阴阳之气会合冲和，便是他之所谓的‘太和’。”[①]可以看出，倘若将“太和”与“太虚”等同起来，是不恰当的。

四、天德神化

张载还把“气”不同状态的内在属性分为两个层面：“神”和“化”。所谓“神”，即“天德”，指“太虚”蕴含而又超越阴阳交感变化的总体属性；“化”即“天道”，指阴阳二气交感变化的属性。张载说：“天地以虚为德”（《张子语录·语录中》），“天德即是虚”（《经学理窟·气质》），即是说“天德”乃“太虚”本具的内在属性。张载指出：

> 太虚为清，清则无碍，无碍故神；反清为浊，浊则碍，碍则形。（《正蒙·太和》）
>
> 散殊而可象为气，清通而不可象为神。（《正蒙·太和》）
>
> 一物两体，气也。一故神，两在故不测。两故化，推行于一。（《正蒙·参两》）
>
> 神，天德；化，天道。德，其体；道，其用，一于气而已。（《正蒙·神化》）

在张载看来，“太虚”是清通之气，“湛一”之气，统摄又超越阴阳二气交感变化的总体属性，具“天德”，它能“一天下之动”（《正蒙·神化》），所谓“天下之动，神鼓之也”（《正蒙·神化》）；“化”是阴阳二气交感变化过程的属性，但最终又归结为“一”。“太虚”及其属性“德”“神”为“体”，阴阳二气的交感及

① 《宋明理学概述》，钱穆著，北京：九州出版社，2011 年版，第 52 页。

其属性“道”为“化”为“用”，它们是“气”相互蕴含、相互差别的两个方面。“神”以异“化”，“化”以践“神”，“神”与“化”、“太虚”与“气化”是不一不异、若即若离的关系。因此张载说：

有天德，然后天地之道可一言而尽。(《正蒙·天道》)

大而位天德，然后能穷神知化。(《正蒙·神化》)

人能知变化之道，其必知神之为也。(《正蒙·神化》)

即是说，“天德”可统摄“天地之道”，与“天德”合一既可“穷神”，又可“知化”，认清了“变化之道”，也就明白了“神”的道理。“德”“神”与“道”“化”其实是相互蕴含、相互统一的。

此外，张载早期思想中，“太虚”常被称为“太极”。在晚年的著作《正蒙》中，一般把“太极”称为“太虚”。“太极”在汉唐学人那里常被用来指未分阴阳的元气。张载之所以用“太虚”代替“太极”，是要彰显自己的学说与汉唐诸儒的不同，要赋予“太虚”更加丰富的超越性内涵，为探讨“性与天道”、构建“天人合一”的理论体系奠定宇宙本体论的形上基础。

需要强调的是，张载确实是以“体用”的立场把握太虚和阴阳气化的关系的，“太虚”和“气化”共同构成“气”相互区别而又相互蕴含、相互统一的两个方面。这在张载关于“神”“化”的论述中已有体现。张载还说：

太虚者，气之体。气有阴阳，屈伸相感之无穷，故神之应也无穷；其散无数，故神之应也无数。虽无穷，其实湛然。(《正蒙·乾称》)

两不立则一不可见，一不可见则两之用息。(《正蒙·太和》)

“湛然”“一”等实指同一个对象，也就是“太虚”，被张载视为“体”；相感变化之“无穷”也就是阴阳二气的交感变化，被张载称为“用”。围绕着“气”，张载展开了“太虚”之体和“气化”之用两个相互蕴涵的方面。张载还指出：

气之聚散于太虚，犹冰凝释于水，知太虚即气，则无无。(《正蒙·太和》)

张载此处的“冰水”之喻有时会给人们留下以“太虚”为无限空间的印象，但“冰水”之喻其实还有更深一层的含义，即以“水”的永恒不变代喻“太虚”，以“冰”的凝释代指阴阳二气的交感变化，“太虚”与“气化”的体用关系便由“水”与“冰”不一不二、不即不离的关系彰显出来。不过，比喻总是不可避免的有所局限。张载对于体用关系的论述还有以下一段材料：

若谓虚能生气，则虚无穷，气有限，体用殊绝，入老氏"有生于无"自然之论，不识所谓有无混一之常；若谓万象为太虚中所见之物，则物与虚不相资，形自形，性自性，形性、天人不相待而有，陷于浮屠以山河大地为见病之说。此道不明，正由懵者略知体虚空为性，不知本天道为用，反以人见之小，因缘天地。（《正蒙·太和》）

如果说太虚"生"气，就意味着将"太虚"与"气"分裂开来，在"气"之上别立一个"太虚"，不懂得"太虚"本质上就是"气"，"湛一"之"太虚"与阴阳之"气化"的体用关系就会割裂，也就落入了道家"有生于无"的"谬论"当中；如果按照佛教的缘起性空理论，世界万物皆为虚幻的假有，那么太虚与万物（由气的聚合而成）的"相资""相待"关系也就不存在了，就落入佛教、道家（教）以宇宙的形而上（宇宙的本质属性，"体"）否定现实世界的形而下（社会、政治与人生的法则和意义，"用"）的错误之中。

不难发现，在张载的哲学思想里，当"气"作为一个认识对象时，可以通过体用的立场别分"体"（即"太虚"）和"用"（即"气化"）两个方面进行把握。"体"（即"太虚"）是指"气"的本然状态，也就是未分阴阳的"湛一"之气；"用"（即"气化"）是指阴阳二气的交感变化，万事万物由此产生和消亡。

值得注意的是，张载强调，"气"不仅是构成世界的基本质料，同时也包含世界的内在本性和运行规则，具有"太虚"和"气化"的所有内涵。张载曰：

气之性本虚而神，则神与性乃气所固有。（《正蒙·乾称》）

神，天德；化，天道。德，其体；道，其用，一于气而已。（《正蒙·太和》）

即是说，"太虚""气化""德""道""神""化"等均统一于"气"，是"气"展开的不即不离的"体"和"用"的两个方面，"太虚"与"神"、"气化"与"道"等所有超越性内涵"乃气所固有"，"气"本身蕴含世界内在本性和运行规则的所有含义。总之，在张载看来，"气"是自然实体和价值本原的合一体。这是我们把张载哲学定位为"气本论"的真正含义。

第三节　"阴阳交感"

一、一物两体

张载对于世界生成及其运动变化，也就是从"气"到世界万物的过程与原则也有很深入的思考。张载指出:“凡圜转之物,动必有机;既谓之机,则动非自外也。”(《正蒙·参两》)《说文》曰:“主发谓之机”。这是说,世界的运动变化并非有一个外力推动,而是来自于世界本身的内部。为什么“动非自外”呢?张载依据《周易》提出了“感”的思想。在张载看来,“气”从无形的本体状态聚合为有形的万物,要经过“感”的环节。

“感”一词出自《周易》。《周易·咸卦》曰:“天地感而万物化生”。张载曰:

> 二端故有感,本一故能合。天地生万物,所受虽不同,皆无须臾之不感。(《正蒙·乾称》)
>
> 事有始卒乃成,非同异、有无相感,则不见其成,不见其成则虽物非物,故一屈伸相感而利生焉。(《正蒙·动物》)

“感”即交感、感应,是指对立双方在运动变化时的相互吸引与排斥。由于存在着“感”,万物才能产生,所谓“屈伸相感而利生焉”,各种不同的物质形态才能相互作用、共同存在;没有“感”,“则不见其成”。“感”存在着多种不同的情况,或“以同而感”,如圣人对人心的感化,或“以异而感”,如男女异性的交感,此外还有“虎”见“犬”的“相悦而感”,“犬”见“虎”的“相畏而感”,磁石与引针的“相应而感”,等等。张载指出:

> 感之道不一:或以同而感,圣人感人心以道,此是以同也;或以异而应,男女是也,二女同居则无感也;或以相悦而感,或以相畏而感,如虎先见犬,犬自不能去,犬若见虎则能避之;又如磁石引针,相应而感也。(《横渠易说·下经》)

后来张载在《正蒙》中又强调了“以异而感”:

> 无所不感者虚也,感即合也,咸也。以万物本一,故一能合异;以其能合异,故谓之感;若非有异则无合。(《正蒙·乾称》)

万物皆由“气”构成,从“气”的立场言,“万物本一”,通过“气”的沟通,千差万别的事物产生相互感应、相互感通的作用而成为统一体,太虚“无所不感”。“感”使天地万物和谐地统一起来。

张载认为,天地万物之所以存在着相互感应的现象,是因为宇宙本身有相互对立又相互统一的两个方面,张载称之为“一物两体”。“感”的作用与宇宙自身内部的“两”密切相关。张载曰:

> 一物两体,气也;一故神,两在故不测。两故化,推行于一。此

天之所以参也。(《正蒙·参两》)

一物两体者,气也。一故神,两在故不测。两故化,推行于一。此天之所以参也。两不立则一不可见,一不可见则两之用息。两体者,虚实也,动静也,聚散也,清浊也,其究一而已。有两则有一,是太极也。若一则有两,有两亦一在,无两亦一在,然无两则安用一?不以太极,空虚而已,非天参也。(《横渠易说·说卦》)

所谓"一",即气的本然状态——"太虚",张载有时也称之为"太极",正所谓"一物而两体,其太极之谓与"(《正蒙·大易》);"有两则有一,是太极也"(《横渠易说·说卦》)。所谓"两",是指"一"所包含的对立双方具有的"虚实也,动静也,聚散也,清浊也"(《正蒙·太和》)。张载认为,正是事物内部存在着对立双方("两")才引起了运动、变化,这种对立贯穿于一切事物之中。张载说:"物无孤立之理,非同异、屈伸、终始以发明之,则虽物非物也。"(《正蒙·动物》)如果没有对立的"两体",事物就不成为事物了。此外,张载还对"一"与"两"相互对立、相互依存而不可分割的关系做了细致地阐发。他认为,没有相互对立的"两",对立面的统一也就不存在了,正所谓"有两亦一在","两不立则一不可见";不存在相互对立的统一,相互对立的"两"及其作用也就消失了,正所谓"一则有两","一不可见则两之用息"。所谓的"参",并非指阴、阳与天三部分的组合,而是指相互对立的"两"所形成的统一体,借指天包含着运动不息的矛盾双方这一基本特点。这是对世界存在状况的天才洞见,是一种深刻的辩证法思想。

天地之间以及一切万物之间的相互感应是通过"阴""阳"二气的相互作用而进行的。张载曰:

游气纷扰,合而成质者,生人物之万殊,其阴阳两端,循环不已者。(《正蒙·太和》)

气不能不聚而为万物,万物不能不散而为太虚。循是出入,是皆不得已而然也。(《正蒙·太和》)

若阴阳之气,则循环迭至,聚散相荡,升降相求,絪缊相揉,盖相兼相制,欲一之而不能。(《正蒙·参两》)

气聚合而为万物,消散即返归太虚,其间阴阳二气的交感变化,"循环不已","不得已而然","欲一之而不能"。阳气代表天的上升浮散的特性,阴气代表地的下降沉聚的特性,"浮而上者阳之清,降而下者阴之浊"(《正蒙·太和》);“阴性凝聚,阳性发散;阴聚之,阳必散之”(《正蒙·参两》);“阴虚而阳实,故阳施而阴受;受则益,施则损,盖天地之义也”(《横渠易说·系辞下》)。这些特性表现为阴阳二气之“健顺”:

> 太虚之气,阴阳一物也,然而有两体,健顺而已。亦不可谓天无意,阳之意健,不尔何以发散和一?阴之性常顺,然而地体重浊,不能随则不能顺,少不顺即有变矣。有变则有象,如乾健坤顺,有此气则有此象可得而言。(《横渠易说·系辞下》)

由于天尊地卑,阳气处于主动的一方,因而称之为“键”;阴气处于被动的一方,所以称之为“顺”。在张载看来,这是阴阳二气本来具有的天经地义的秩序。在阴阳二气的无穷变化中,阳胜阴则“气”飘浮轻扬,升而为天空,阴胜阳则“气”凝聚沉降而为大地万物。万物生灭变化,无一不体现这一原则。正所谓:“其实一物;无无阴阳者,以是知天地变化,二端而已。”(《正蒙·太和》)阴阳二气运行变化,生生不息,因此世界万物的生长消亡也永不间断。[①]

张载将“一物两体”生生不息的运动变化的整个过程归纳为:

> 气本之虚则湛一无形,感而生则聚而有象。有象斯有对,对必反其为。有反斯有仇,仇必和而解。(《正蒙·太和》)

“气”的本然状态(“太虚”)是无形的,“气”之“两体”的交感变化,便聚合而成世界万象万物,万象万物一旦产生就与无形之气、阴阳二气以及其他万象万物相互不同、相互对待,在相互对立和斗争中不断产生相反的运动变化,最终又归结为相互统一的整体。这是对“气”从“一”到世界万象万物,再从世界万象万物到“一”的运动变化过程的总描述,说的是看不见的“幽”的世界与看得见的“明”的世界之间的相互生成与转化,阐明了世界生成与消亡的总道理。

二、变化、动静道理

“气”的运动变化过程,还涉及“变”与“化”、“动”与“静”、“道”与“理”以及“神”与“化”等相关问题。这是进一步理解张载关于宇宙运动与变化理论的重要内容。关于“神”和“化”前文已述,此不赘言。下面主要看一下

---

① 《宋明理学史》(上册),侯外庐、邱汉生、张岂之主编,北京:人民出版社,1984年版,第99—100页。

“变”与“化”“动”与“静”“道”与“理”等问题。

张载认为,“气”的运动变化有两种不同的基本形式,一种是缓慢的、不显著的变化,不易被人们所察觉,这叫作“化”;一种是迅速的、显著的变化,能够被人们觉察到,这叫作“变”①。张载说:“变,言其著;化,言其渐。”(《横渠易说·系辞上》)“变”与“化”是相互依赖、相互转化的,“化”是“变”的前提和准备,“变”是“化”的最终结果。正如显而易见的雷霆也是从逐渐的变化中产生一样,“雷霆感动虽速,然其所由来亦渐尔”(《横渠易说·系辞下》)。而且,“变”与“化”前后往复,循环不已。“变则化,由粗入精也,化而裁之谓之变,以著显微也”(《正蒙·神化》),在每次的“变”之后即进入“化”的过程,表面上看也就是由大变(“粗”)转入小变(“精”)的过程;精微的“化”经过一定的积累,便形成显著的“变”。“变”与“化”循环不已,世界万物的运动变化生生不息。因为“化”终究是一种变化的形式,所以“化,事之变也”(《横渠易说·系辞下》);既然“变”由“化”所形成,因此张载又说“暴(即“变”)亦固有渐,是亦化也”(《横渠易说·系辞上》)。

在世界万物的运动变化中存在一种不断向上发展的趋势,张载称之为“富有”“日新”。张载说:

> 富有者,大无外也;日新者,久无穷也。(《正蒙·大易》)
>
> 志大则才大、事业大,故曰“可大”,又曰“富有”;志久则气久、德性久,故曰“可久”,又曰“日新”。(《正蒙·至当》)
>
> 惟日新,是谓盛德。义理一贯,然后日新。(《横渠易说·系辞下》)

《周易·系辞》曰:“富有之谓大业,日新之谓圣德。”《大学》曰:“苟日新,日日新,又日新。”②“富有”“日新”主要是指人的道德修养而言,但同时“富有”又具有“大无外”的无限空间含义,“日新”又具有“久无穷”的无限时间含义,表示新旧事物新陈代谢的永无止境。于是,张载提出:“通其变然后可久,故止则乱也”(《横渠易说·下经》),认为随着情况的发展变化,一定的变化革新是必要的;如果故步自封,混乱之事便会发生。

张载认为,阴阳二气交感变化过程中会产生“动”“静”。“动静阴阳,性

---

① 《宋明理学研究》,张立文著,北京:人民出版社,2002年版,第212页。

② 《礼记正义》,(汉)郑玄注,(唐)孔颖达等正义,见《十三经注疏》,(清)阮元校刻,上海:上海古籍出版社,1997年版。

也”(《横渠易说·系辞上》),“动”“静”是阴阳二气交感变化的本性。张载指出:

> 屈伸、动静、终始各自别,今以刚柔言之,刚何尝无静,柔何尝无动,“坤至柔而动也刚”,则柔亦有刚,静亦有动,但举一体,则有屈伸、动静、终始,干行不妄,则坤顺必时也。(《横渠易说·上经》)
>
> 动是静中之动,静中之动,动而不穷,又有甚首尾起灭?自有天地以来以迄于今,盖为静而动。(《横渠易说·上经》)

“动”与“静”各有自己遵行的原则,“刚”为“阳”,“阳”为“动”,但“刚何尝无静”,即“动”中有“静”;“柔”为“阴”,“阴”为“静”,但“柔何尝无动”,即“静”中亦有“动”。“动”与“静”相互渗透、相互蕴含。因而,“动”便是“静”中之“动”,“静”便是“动”中之“静”,并无绝对的“动”或“静”。张载说:“一动一静,是户之常,专于动静则偏也。”(《横渠易说·系辞上》)“一动一静”是宇宙不变之法则,把“动”与“静”绝对对立起来是片面的。不过,张载认为,“静亦有动”“动而不穷”,肯定了静止的相对性和运动的绝对性,并认为“动是静中之动”,把运动看成不断以静止状态所表现出来的永恒存在。“动”“静”也是魏晋玄学的重要论题,但玄学家以“静”为根本,认为“凡有起于虚,动起于静,故万物虽并动作,卒复归于虚静,是物之极笃也”(《老子注·第十六章》)。张载虽以“太虚”为宇宙本原,但却主张“至静无感”的“太虚”中仍然含有阴阳二气的交感变化——“动”,“太虚”即是“动”“静”合一之体。否则,世界的生成便缺乏了中间环节,落入道家“有生于无”的“体用殊绝”。周敦颐在《太极图说》中则以“动”“静”观念解释“太极”如何生“两仪”(阴阳)的问题,认为“太极动而生阳,动极而静,静而生阴,静极复动,一静一动,互为其根”①。周敦颐虽然承认“太极”中具含“动”“静”,但却有过分地夸大阴“静”阳“动”之相对性的嫌疑。不过,张载主张“慎言动”:

> 凡一言动,是非可否随之而生,所以要慎言动。“拟之而后言,议之而后动”,不越求是而已。……凡有一迹出,则便有无限人议论处。至如天之生物亦甚有不齐处,然天则无心不恤,此所以要慎言动。(《横渠易说·系辞上》)

“慎言动”是偏重社会政治领域而言。即使是没有私心的“天”所生成的万物

---

① 《周敦颐集》,(宋)周敦颐撰,陈克明点校,北京:中华书局,1990年版。

依然存在参差不齐的现象，所以是是非非也会不可避免地随着人们在社会中的“动”而产生，因此，要“慎言动”，要有计划地从事社会政治活动，所谓“拟之而后言，议之而后动”，而不可盲动（“越求”），这是张载提出渐变的政治主张的哲学根据。

在阴阳交感而化生万物的过程中所蕴含的规则，即运动变化的内在本性，张载称之为“道”“天道”或“理”“天理”。“道”不能离开阴阳二气的交感变化而独立存在。故曰：“由气化，有道之名”（《正蒙·太和》）；“一阴一阳不可以形器拘，故谓之道”（《横渠易说·系辞上》）；“气之生即是道是易”（《横渠易说·系辞上》）；“阴阳合一存乎道”（《正蒙·诚明》）。“天道”的含义基本上等同于事物的客观规律。张载说：“天道，四时行，百物生”；“天不言而四时行……神之道与”（《正蒙·天道》）。四时的运转流徙，百物的生息繁衍，都遵循着“天道”的规则。与此同时，张载又提出一个与“道”或“天道”基本等同的范畴——“理”或“天理”：

> 天地之气，虽聚散、攻取百涂，然其为理也顺而不妄。气之为物，散入无形，适得吾体；聚为有象，不失吾常。（《正蒙·太和》）
>
> 若阴阳之气，则循环迭至，聚散相荡，升降相求，絪缊相揉，盖相兼相制，欲一之而不能，此其所以屈伸无方，运行不息，莫或使之，不曰性命之理，谓之何哉？（《正蒙·参两》）

“理”或“天理”亦是指阴阳交感而化生万物过程所蕴含的规则，也就是前文所言之“天序”“天秩”。不过，“理”或“天理”以及“理”与“气”的关系并不是张载论述最多的问题，与程朱多论“理”及“理气”关系不同。尽管程朱认为理在气先、理气相互依存，但终究还是把“理”与“气”区分为二。张载虽以“气”为本，但张载哲学中的“气”并不是简单的物质性的“气”，其本身具有宇宙的内在本性和运行规则，包含了“太虚”和“气化”的全部内涵，当然也蕴含着“理”。

综而言之，张载的宇宙观从“气”到“太虚”“阴阳”“气化”及世界万物，从“神”到“天性”“天道”及“天理”等，构建起一个完整而有机的宇宙整体。

第四节 “天人合德”

一、天人贯通

张载以后的理学家无一不大谈“性与天道”“阴阳气化”等问题，把很大的精力用来探究宇宙的“奥秘”，落脚点却回到日常的伦理规范也就是人间秩序上来。“理学的最终目的，无非是教人如何在封建社会中安身立命，加强封建道德修养，安于现状，恪守封建义务，借此稳定社会等级秩序，强化封建统治。”①因此，理学家在理论上都面临着一个核心问题：怎样沟通“天”与“人”，也就是怎样用宇宙观论证现实社会中的等级秩序和道德规范的先天合理。

汉代儒者用“天人感应”的方式回答这一问题，把人世间一切道德的、政治的秩序归结为人格化的“天”的安排，而“天”的意志又通过阴阳五行、谶纬迷信的方式显现出来。这种学说适应了大一统专制集权的需要，在汉武帝时被确定为国家统治的正统思想。经过西汉宣帝甘露三年（前51）石渠阁会议和东汉章帝建初四年（79）白虎观会议，儒学变成国家的宗教。在东汉桓帝、灵帝时期，皇帝、宦官、外戚几大集团之间展开无休止的权力斗争，由此引发的黑暗政治，使天人感应的神学逐渐走向破产。东汉以后，文人士大夫开始寻求正统思想之外的异端。魏晋时期，产生了取代神学经学的玄学思潮，随之佛、道宗教思想也传播开来。至南北朝隋唐时期，佛、道思潮的兴盛对儒学的宇宙结构论构成了严重威胁。专制集权要想建立更加精致的统治思想，必须借鉴佛、道理论，重新确立一个形而上的宇宙理论来取代汉唐儒学形而上学的粗疏。由汉代至宋代，儒学“正处在从粗俗的宗教神学向精致的思辨哲学理论过渡的时期”②。

张载自觉地顺应了这一趋势。同其他理学家一样，张载力图贯通天人，从宇宙论中寻找人世间的道德、政治秩序的先天合理性。他采取的办法是，把宇宙的内在本性、生成变化及其规则统统归结于合自然实体和价值本原于一体的“气”，人世间一切道德、政治秩序均由“气”演化而来，从而使封建社

---

①② 《宋明理学史》（上册），侯外庐、邱汉生、张岂之主编，北京：人民出版社，1984年版，第105页。

会的道德观念与天地宇宙联系起来。张载的“天人合德”论奠定了理学的基本框架。

张载认为，宇宙万物包括人皆是由“气”聚合而成的不同形态，他说：“均死生，一天人，惟知昼夜，通阴阳，体之不二”（《正蒙·乾称》）。这是张载“天人一物”（《正蒙·乾称》）的命题。万物都秉承着“天性”，人也不例外，正所谓“性者万物之一源”（《正蒙·诚明》）。尽管如此，万物之间，人与万物之间依然存在着差别。张载说：

> 天下凡谓之性者，如言金性刚，火性热，牛之性，马之性也，莫非固有。凡物莫不有是性，由通蔽开塞，所以有人物之别，由蔽有厚薄，故有智愚之别。塞者牢不可开，厚者可以开而开之也难，薄者开之也易，开则达于天道，与圣人一。（《拾遗·性理拾遗》）

“性”即本质、内在本性，不同的事物各有不同的本性。但是，各自不同万物及人之“性”均来源于“天性”，万物及人之“性”不过是“天性”具体的不同表现而已。但是，宇宙万物之所以有别，人之所以不同于万物，人与人之间之所以有智愚的差异，是因为万物与人对“天性”禀受的程度不同，“性”蔽而塞者，只能为物；通而开者，可以成人；人对“天性”的禀受也有其“闭塞”，秉之“厚”者为愚，秉之“薄”者为“智”，无闭无塞者，是为圣人。

张载继承了《易传》关于天、地、人的论述[①]。《易·说卦》曰：“昔者圣人之作《易》也，将以顺性命之理。是以立天之道，曰阴与阳；立地之道，曰柔与刚；立人之道，曰仁与义。”于是，张载把“阴阳”“刚柔”与“仁义”作为“天性”在天、地、人三者之中所反映出来的不同内容。他说：

> 易一物而合三才：阴阳气也，而谓之天；刚柔质也，而谓之地；仁义德也，而谓之人。（《正蒙·大易》）
>
> 乾于天为阳，于地为刚，于人为仁；坤于天则阴，于地则柔，于人则义。（《横渠易说·系辞下》）
>
> 阴阳天道，象之成也；刚柔地道，法之效也；仁义人道，性之立也。（《正蒙·大易》）

“阴阳”是“气”交感变化生成万物的两端，“刚柔”是天地万物所具有的坚硬

---

① 参见《宋明理学史》（上册），侯外庐、邱汉生、张岂之主编，北京：人民出版社，1984年版，第106页；《〈横渠易说〉与张载的天人合一思想》，刘学智，西安：《陕西师范大学学报》（哲学社会科学版），1992年第2期。

和柔软的性质;“仁义”是人的道德品行、内在本质。三者都是一个“天性”,都是天地宇宙和人间永恒不变的法则:“阴阳,刚柔,仁义,所谓性命之理。”(《正蒙·大易》)

“天性”的道德内容即是其固有的内在本质——“诚”。张载说:

> 至诚,天性也。(《正蒙·乾称》)
>
> 性与天道合一存乎诚。天所以长久不已之道,乃所谓诚。仁人孝子所以事天诚身,不过不已于仁孝而已。故君子诚之为贵。(《正蒙·诚明》)

“诚”是古代儒学中的一个重要范畴,《中庸》《孟子》均有论述,指天化育万物真实无妄的内在品质以及本原于此的崇高精神境界。张载把“诚”作为“天性”的内在本质,是为了突出“天性”的道德内容,并将“天性”之“诚”视为人世间伦理道德的来源与根据,从而得出天与人合一的结论①。张载认为,“天人异用,不足以言诚”(《正蒙·诚明》),如果把天与人割裂开来,“诚”也就失去了存在的意义。

张载还指出,人应该按照自然规律办事,要做到“人事”“人谋”与“天道”“自然”合一,而不是天与人相分离。张载说:

> 天人不须强分。《易》言天道,则与人事一滚论之。若分别则是薄乎云尔。自然、人谋合,盖一体也。人谋之所经画,亦莫非天理。(《横渠易说·系辞下》)

即是说,“天道”之中本来就蕴含着“人事”,人的主观能动性的发挥是与自然的规律相统一的,因此人的合理的能动行为“莫非天理”,正如张载所言“人生固有天道”(《张子语录·语录中》)。张载认为,“天德”与“天道”是基于“气”而展开的体和用相互蕴含的两个方面,认清了“变化之道”,也就明白了“神”的道理。

> 天道即性也,故思知人者不可不知天,能知天斯能知人矣。(《横渠易说·说卦》)

“天道”虽然与“天德”有所区别,但二者在根本上还是相互蕴含的,都是宇宙内在本性的表现。也就是说,天地宇宙的内在本性是人之“性”的根据,要探

---

① 《宋明理学史》(上册),侯外庐、邱汉生、张岂之主编,北京:人民出版社,1984 年版,第 106 页。

究“人”必须探究“天”，只有明了“天”才能真正地明了“人”。换言之，天道中蕴含着人道，人道中蕴含着天道，天道与人道相互统一。

张载在反对佛教理论时，也明确提出了儒学“天人合一”的命题。他说：

> 释氏语实际，乃知道者所谓诚也，天德也。其语到实际，则以人生为幻妄，以有为为疣赘，以世界为荫浊，遂厌而不有，遗而弗存。就使得之，乃诚而恶明者也。儒者则因明致诚，因诚致明，故天人合一，致学而可以成圣，得天而未始遗人，《易》所谓不遗、不流、不过者也。彼语虽似是，观其发本要归，与吾儒二本殊归矣。（《正蒙·乾称》）

佛教以“实际”也就是“空”“真如”指代宇宙的本性及其法则，但却以现实世界为悲惨肮脏的世界，以现实人生为虚为幻，主张逃避现实世界和人生而趋向“真如”之净土，从而否定了现实世界和人生的价值，最终使人放弃了学而成圣的固有属性——“明”；儒学肯定现实世界和人生，认为人之“明”与天之“诚”是相互贯通的，人们通过自己的学习可以成为圣人，所谓“天人异知，不足以尽明”，因此儒学在探究宇宙奥秘时并没有否定现实世界与人生，而主张“天人合一”。所以说，佛教与儒学在出发点和归宿点上均有着根本性的差异。

张载的“天人合一”论在《西铭》中获得了总结性的阐述。《西铭》不仅论述了人间道德、政治秩序的宇宙渊源问题，而且还论述了从天地宇宙中变现出来的是一种什么样的人间秩序。《西铭》说：

> 乾称父，坤称母；予兹藐焉，乃混然中处。故天地之塞，吾其体；天地之帅，吾其性。民吾同胞，物吾与也。（《正蒙·乾称》）

“乾”“坤”是天地的代称，天地是万物和人的父母，人是处于天地宇宙间的藐小一物。包括人在内的天地万物皆由“气”所构成，天地万物之“性”皆来自于天地宇宙之“性”。因此，人类就是我的同胞，万物就是我的伙伴，因为归根结底，我与天地万物皆禀一“气”而生。所以人们应当相互博爱，存鳏寡，恤孤独。但这并不意味着天下万物都是平等一如的：

> 大君者，吾父母宗子；其大臣，宗子之家相也。（《正蒙·乾称》）

帝王君主是天地宇宙的嫡长子，百官臣僚是帝王的臣仆。也就是说，天地万物和人类社会都有着严格的等级界限，这种等级界限是先天所生，不是由后天决定的。这也正是所谓“天序”“天秩”，是礼仪制度的来源。既然天地万物和人类社会都有天然的等级秩序，人们就应该承认这种等级秩序的合理性，自觉遵循现实社会的道德、政治秩序。后世的理学家对张载“天人合一”的这一理论特别称赞。二程将其概括为“理一分殊”，朱熹用“月印万川”来比喻这一道理。不过，陈俊民指出：“‘理一分殊’非为张子《西铭》本旨，而是程朱理学的宇宙‘理本论’在《西铭》机体上绝妙的附会。”①

二、“合两之性”

人性的善恶问题是中国古代思想中的重要问题，曾经引起较大的争论。孔子在《论语·阳货》中提出“性相近，习相远”，似乎强调人性在先天上的一致以及后天的差异。在孔子之后，孟子明确主张“性善”：“人性之善也，犹水之就下也。人无有不善，水无有不下。”（《孟子·告子上》）认为人性先天本善，恻隐之心、羞恶之心、辞让之心、是非之心是人所固有的四心，这四心是仁、义、礼、智等伦理的开端。与孟子大约同时的告子把人的伦理本性等同于“食”“色”等生理本性，即《孟子·告子上》所谓“生之谓性”。《中庸》提出“天命之谓性”的命题。荀子提出“性恶”的理论，认为人性是天然生成的生理属性，并把它与人的“血气”联系起来，“凡用血气志意知虑由礼则治通，不由礼则勃乱提僈”（《荀子·修身》），所以《荀子·荣辱》说：“饥而欲食，寒而欲暖，劳而欲息，好礼而恶害”。要想培养起人性中的善，则需要后天的努力，《荀子·性恶》说：“圣人化性起伪，伪起而生礼仪，礼仪生而制法度。”此处的“化性起伪”，就是通过后天的努力使天然的本性得到变化而生出人为的新内容，使人们的言行符合社会的正常秩序。荀子的学生、法家学者韩非初步提出了“气禀”之说，认为人的生命禀受于“气”，《韩非子·解老》有曰“死生气禀焉”②，但韩非并未做出进一步申论。这是先秦诸家学派关于人性的不同观点。

到了汉唐时代，人性学说得到进一步发展。董仲舒提出“性三品”之说，即“圣人之性”（善）、“中民之性”（善恶混）和“斗筲之性”（无善），《汉书·董仲舒传》曰：“明于天性，知自贵于物，知自贵于物，然后知仁谊”，由此才能

---

① 《张载哲学思想及关学学派》，陈俊民著，北京：人民出版社，1985年版，第89页。

② 《韩非子》，陈秉才译注，北京：中华书局，2007年版。

“重礼节”“安处善”“乐循理”而成“君子”。[1] 董仲舒虽然提出了人性的根据“天地之性”，但未能说明人性别分为三的详细原由。扬雄提出人性“善恶混”之说。王充则进一步探讨了气与性的关系及“天地之性”问题。他在《论衡》的《命义》和《率性》篇中指出：“人禀气而生，含气而长，得贵则贵，得贱则贱”；“人之善恶，共一元气，气有少多，故性有贤愚”；并在《论衡・本性》中主张，“天地之性”是先天至善的，只有孟子的性善论才能称之为“天地之性”[2]。在王充看来，人的性命、祸福以及人的善恶属性皆由“气”决定，人的先天善的本性来自于“天地之性”，但王充未能充分说明人性别分善恶的问题。

唐代儒家和佛道也提出了各自的人性论。韩愈主张“性三品”，并论述到“性”与“情”，但也未解决性的善恶起源问题。李翱在《复性书》中提出了“性善情恶”的问题，把“情”排除在“性”之外，认为“性善”乃天命所授，但被喜、怒、哀、惧、爱、恶、欲等七情所遮蔽，因此主张人们要“复性”。李翱的学说显然已经落入了佛教的人性理论当中。中国佛教一般认为，一切众生皆有佛性，但却被人的执着欲望即“无明”所遮蔽，因此众生必需破执灭欲才能成佛。这是传统儒家学者所不能容忍的。唐代佛教和道家（教）通过对宇宙本质的追寻和对现实社会的批判，提出了“略知体虚空为性，不知本天道为用”（《正蒙・太和》）的观点，“他们如是说性的实质在于，否认现实世界和社会人生，所看重的仅是其个人的修身养性、成佛成仙，‘蔽其用于一身之小，溺其志于虚空之大’”，我们并不能忽视“张载是在批判佛老异说和清算‘陋儒’偏见的过程中‘自立’人性新说”的时代背景。[3] 此外值得注意的是，唐代佛教学者宗密（即华严宗五祖）曾提出“禀气受质”的理论，“宋明道学讲气质，亦恐受此影响”[4]。

不难发现，自先秦到汉唐，关于人性出现了很多不同的探讨，对于人性本质是善还是恶、是纯粹的超越还是具有现实的经验性，确实引起很大争议。这些不同学说为张载的人性论提供了大量的思想素材。但其中有一个至为关键的问题——人性或善或恶、或超越或经验的根据究竟来自哪里，是张载

---

① 《汉书》，（汉）班固撰，北京：中华书局，1962 年版。

② 《论衡校释》，黄晖著，北京：中华书局，1990 年版。

③ 《张载对儒家人性论的重构》，林乐昌，北京：《哲学研究》，2000 年第 5 期。

④ 《中国哲学史》（下册），冯友兰著，上海：华东师范大学出版社，2000 年版，第 196 页。

之前儒家学人所未能解决的重大问题,也是张载力图做出新的哲学突破的关键论题。张载的这一突破是以他的"太虚"与"气化"的宇宙观为根基的。

张载继承了孟子的性善论,认为"性于人无不善,系其善反不善反而已"(《正蒙·诚明》)。"天性"是至善至美的,这也是人性的固有本质,具有超越性内涵。但是,张载又指出,在人性未正式恢复原本状态——张载称之为"成性"——之前,还包含着某种恶的因素。他说:"性未成则善恶混","纤恶必除,善斯成性矣;察恶未尽,虽善必粗矣"(《正蒙·诚明》)。为了说明人性或善或恶的来源和根据,张载从他的气本论的宇宙观出发,别分"天地之性"与"气质之性"对人性的本质进行了诠释。[1] 张载认为,"天地之性"与"气质之性"均根据合自然实体与价值本原于一体的"气","天地之性"以太虚之气为根据,是人性固有的至善本质,具有超越性内涵;"气质之性"来源于阴阳二气的交感聚合,有善有恶,因而人性也就具有了现实的经验性质。因此张载主张人要努力摒除气质所带来的属性而恢复原本固有的至善本质,"形而后有气质之性,善反之,则天地之性存焉"(《正蒙·诚明》),如此就会达到圣人境界,这就是"成性"。

张载认为,"天地之性"具有至高无上的内涵,实际上也就是"天性""天道""天理"在人身上的体现,它根源于宇宙论中的"太虚"或"天"。正如张载所说:"天所性者通极于道,气之昏明不足以蔽之"(《正蒙·诚明》)。因此,"天地之性"是超越于"气质之性"的。所谓"气之昏明"是指阴阳二气有刚柔、缓速、清浊等不同的性质。张载说:

> 气质犹人言性气,气有刚柔、缓速、清浊之气也,质,才也。气质是一物,若草木之生亦可言气质。惟其能克己则为能变,化却习俗之气性,制得习俗之气。(《经学理窟·学大原上》)

"才",同材,指构成一切物质的材料;"气质"指由气构成的物质形体。"气质之性"是指由阴阳二气交感聚合成有形之物时所产生的性质,犹言生物由物质本性所决定的生理本能、生存本能,正如张载所说,"形而后有气质之性"。因为阴阳二气有刚柔、缓速、清浊等不同性质,因此当气聚合成人的肉体时也就使人具有了与善相反的性质,正所谓"人之刚柔、缓急,有才与不才,气之偏

---

[1] 《宋明理学史》(上册),侯外庐、邱汉生、张岂之主编,北京:人民出版社,1984 年版,第 110 页。

也”(《正蒙·诚明》),在现实生活中它表现为“习俗之气性”,在人身上就表现为人的欲望。张载说:

> 湛一,气之本;攻取,气之欲。口腹于饮食,鼻舌于臭味,皆攻取之性也。知德者属厌而已,不以嗜欲累其心,不以小害大、末丧本焉尔。(《正蒙·诚明》)

在此,张载区分了“天地之性”与“气质之性”的根源以及二者各自的地位,对“天地之性”与“气质之性”做了充分的总结。张载认为,“天地之性”根源于“湛一”之气,也就是“太虚”,乃至善,这是人性之“本”;“气质之性”来源于阴阳二气的交感聚合,具有了气的攻取、刚柔、缓速、清浊等性质,有善有恶,因此便产生了人的各种欲望,这是人性之“末”;要想成为真正的人,不能以欲望损害人性中的善,否则就是在舍本取末,最终丧失人性。

张载还提出“气秉”之说,对现实中为什么有圣人、凡人乃至恶人的差别予以理论说明。[①] 他指出:

> 大凡宽褊者是所禀之气也,气者自万物散殊时各有所得之气,习者自胎胞中以至于婴孩时皆是习也。及其长而有所立,自所学者方谓之学,性则分明在外,故曰气其一物尔。气者在性学之间,性犹有气之恶者为病,气又有习以害之,此所以要鞭辟至于齐,强学以胜其气习。其间则更有缓急精粗,则是人之性虽同,气则有异。天下无两物一般,是以不同。孔子曰:“性相近也,习相远也”,性则宽褊昏明名不得,是性莫不同也,至于习之异斯远矣。虽则气禀之褊者,未至于成性时则暂或有暴发,然而所学则却是正,当其如此,其一作不。则渐宽容,苟志于学则可以胜其气与习,此所以褊不害于明也。(《张子语录·语录下》)

张载认为,世界万物和人都是由气形成的,气有清浊昏明的区分。尽管“天地之性”清洁无暇,但它的受体人身之气清浊昏明的程度不一,于是产生了有染有净的“气质之性”。所以,“气秉”便出现了两种情况:秉之正和秉之偏。秉之正,“气质之性”属善,加上至善的“天地之性”,便有圣人的出现;秉之偏,“气质之性”有恶,不免使“天地之性”受到熏染,便有凡人乃至恶人的产生。

---

① 《宋明理学史》(上册),侯外庐、邱汉生、张岂之主编,北京:人民出版社,1984 年版,第 111 页。

不过,人平日的言行举止可直接影响到“气质之性”的发展变化:“秉”之偏者,只要通过勤奋学习,克己行善,丢弃积恶,就能消除“气质之性”或曰人性中恶的因素,逐渐向善的目标前进,最终成为圣人;如果荒于学业,贪图享乐,就会积恶难返,最终丧失人性而成为恶人。张载说:“有志于学者,都不更论气之美恶,只看志如何”(《张子语录·语录中》)。即是说,不管“气质之性”是善是恶,只要有志于学习、进步,都能成为圣人。

那么,张载是否在部分程度上承认了告子所认为的人生来不分善恶的学说了呢?当然不是。张载并不同意告子的人性论。张载说:“以生为性,既不通昼夜之道,且人与物等,故告子之妄不可不诋。”(《正蒙·诚明》)“昼夜之道”出自《周易·系辞上》,一般被理解为“一阴一阳之道”。告子把人的生理本性等同于伦理本性,认为人生来不分善恶,把善恶之性的产生形成完全归结为人后天的习染。张载认为,这样解释人性只关注到人性中的“气质之性”,忽略或否定了人性的原本性质——善,抹杀了“天地之性”在人性中的主导地位,不能从根本上解决天人的贯通和人的善恶问题,也就混淆了人性与物性的根本区别。

别分“天地之性”与“气质之性”的人性论,正是张载所谓“合虚与气,有性之名”之义。张载说:

由太虚,有天之名;由气化,有道之名;合虚与气,有性之名。(《正蒙·太和》)

此处的“虚”和“气”直接承自上句之“太虚”和“气化”而来,“虚”是为太虚之气,“气”是为阴阳二气。也就是说,“天地之性”与“气质之性”和合为一个人性,“天地之性”根源于太虚之气,“气质之性”根源于阴阳二气的交感聚合,因此“合虚与气,有性之名”。这也正是张载所提出的“性其总合两也”(《正蒙·诚明》)的命题。此处的“两”就是指“天地之性”和“气质之性”,但人性是合“天地之性”与“气质之性”于一体之人性,谈人性时我们不能把“天地之性”与“气质之性”割裂开来,哪怕是圣人,除“天地之性”外也有“气质之性”。因此张载说:“天性在人,犹水性之在冰,凝释虽异,为物一也。”(《正蒙·诚明》)“天地之性”在人的肉体内,“气质之性”来源于阴阳二气交感聚合成人的肉体之时,正如流动的水与凝聚的冰块虽然不同,但却都是湿性之物一样。因此“天地之性”与“气质之性”虽有别,但却都是人性。

不过值得注意的是,张载还说过:

气本之虚，则湛本无形，感而生则聚而有象。有象斯有对，对必反其为；有反斯有仇，仇必和而解。故爱恶之情同出于太虚，而卒归于物欲，倏而生，忽而成，不容有毫发之间，其神矣夫！（《正蒙·太和》）

“爱恶之情”“物欲”即是“气质之性”，湛一无形的太虚是无所谓爱恶之情的。太虚超越但又蕴含阴阳二气交感变化，当太虚所蕴含的阴阳二气交感聚合为世界万物时，就有了相互的分别、对立和冲突，但最终会因相互的调和而消解，由此产生了“爱恶之情”“物欲”。因此，世界万物的相互冲突与相互和解在逻辑上是蕴含在“太虚”之中的，如是“爱恶之情”“物欲”也就来源于太虚了。如果没有阴阳二气交感聚合，“爱恶之情”“物欲”也就无从成立。“爱恶之情同出于太虚”所要表达的主旨并不是要打破“太虚”乃至善的规定，而是在强调太虚超越但又蕴含阴阳二气交感变化的属性——“神”。

张载的人性论别分“天地之性”与“气质之性”，不仅坚持了孟子的性善说，而且恰当地解释了人性的根据特别是人性中恶的来源，成功地论证了人性兼具超越内涵和经验性质的双重元素，成为“天人合一”的具体实现方式，并在此基础上提出“穷理”“穷神”“知化”的道德修养理论，开创并奠定了理学的人性论和道德修养论的理论基础，被此后的理学家所吸收、发扬，在中国古代伦理学说史上有着承上启下的重要地位。朱熹曾赞叹张载的“合两之性”理论“极有功于圣门，有补于后学”（《朱子语类》卷4《性理一》）。

张载还提出了“心统性情”命题，突出了“心”的主体作用。张载说：

心统性情者也。有形则有体，有性则有情。发于性则见于情，发于情则见于色，以类而应也。（《拾遗·性理拾遗》）

“情”按照儒家传统的说法，是指喜、怒、哀、惧、爱、恶、欲等七情，它由人性中的“气质之性”所形成，正所谓“发于性则见于情”，可以说七情也就是张载所说的“气质之性”。心统性情，即“性”与“情”都在人心之内。于是，人的善恶之性，都囊括在人心之中了。[1] 如此看来，“心”不仅成为容纳“性”与“情”的场所，更为重要的是，“心”成为能够控制、调节“性”与“情”的道德主体，如张载所说“心能尽性，‘人能弘道’也”（《正蒙·诚明》），从而赋予了“性”与

① 《宋明理学史》（上册），侯外庐、邱汉生、张岂之主编，北京：人民出版社，1984年版，第111页。

“情”以能动的状态,人或“上达反天理”,或“下达徇人欲”(《正蒙·诚明》)的主体能动性由此而来。这也就是张载所谓的“合性与知觉,有心之名”(《正蒙·太和》)。

三、“天理”与“人欲”

张载从“合两之性”出发,提出了“天理”与“人欲”的问题。此后理欲之辩成为理学家们所津津乐道的题目。[①] 这是张载对理学的又一大贡献。

虽说张载专论“理”与“气”的言论较少,但并不是说张载就不重视“理”以及“天理”与“气”的关系。在张载看来,“理”或“天理”体现在阴阳二气交感变化、聚散离合的气化过程中,表现为气化过程中固有的法则或秩序,与“天道”同义。“天理”又与“诚”相互联结。为什么“天理”能与“诚”相互沟通呢?太虚与气化是体与用的关系,太虚成为阴阳二气交感变化的根据,阴阳二气交感变化则是太虚的外化运用,宇宙的内在本性及其运行法则或秩序就是天理。正如张载所说:

> 天地之气,虽聚散、攻取百涂,然其为理也顺而不妄。气之为物,散入无形,适得吾体;聚为有象,不失吾常。(《正蒙·太和》)

此处的“体”与“常”是指“太虚”及其属性“神”。阴阳二气的交感变化、聚散离合有其所遵循的法则,此种法则是太虚及其属性的一种体现。而“诚”所体现的圣人的境界也就是天理所呈现的边界。张载说:

> 天理一贯,则无意、必、固、我之凿。意、必、固、我,一物存焉,非诚也;四者尽去,则直养而无害矣。(《正蒙·中正》)

“至诚,天性也”(《正蒙·乾称》),“性与天道合一存乎诚”(《正蒙·诚明》),“诚”是天的本然属性。所以张载说:

> 全备天理,则其体孰大于此,是谓大人。以其道变通无穷,故谓之圣人。(《横渠易说·说卦》)

待人接物完全与宇宙的内在本性及其运行法则相符的是“大人”,而能够将天理巧妙运用以至无穷的是“圣人”。

“天理”被用来指称宇宙万物存在变化的根据和规律,但这里的“物”不

---

① 《宋明理学史》(上册),侯外庐、邱汉生、张岂之主编,北京:人民出版社,1984年版,第112—113页。

仅局限于宇宙所存在的客观万物，而且也包含人事或人类社会历史的发展规律——宇宙间的一切皆具此“理”。“天理”是具有普遍性的。张载说：“万物皆有理”（《张子语录·语录中》）；“万事只一天理”（《经学理窟·诗书》）。同时，“天理”还体现于具体的时代背景和历史情境之中，它并不脱离社会历史基础而独自存在。正如张载所说：

“在帝左右”，察天理而左右也，天理者时义而已。（《正蒙·诚明》）

在张载那里，社会历史中的不易法则或秩序有时也被称为“理势”，“理势既变，不能与时顺通，非尽利之道”（《横渠易说·系辞上》）。此处的“理势”其实就是历史的发展大势。他还认为，“天理”与天下民心相统一，是天下民心的表现，是得到天下民众认可和赞同的道理：

大抵众所向者必是理也。（《经学理窟·诗书》）

所谓天理也者，能悦诸心，能通天下之志之理也。（《正蒙·诚明》）

但值得注意的是，张载的“理”“天理”虽有对于自然世界的思索，但整体来说，张载研究自然世界，着重点是为人类社会的政治和伦理秩序立法，是为建立政治、伦理生活的理想方式，是为人类精神生活寻找支柱。由此也可以管窥到中国思想的这种特色：人们是因为出于对人事的关怀，而去探求天与人及其关系；如果不能满足人事的需要，对天道的探求就失去了意义。

那么张载又是如何看待“人欲”的呢？张载说：

饮食男女，皆性也，是乌可灭？（《正蒙·乾称》）

也就是说，人的生存和生理需求是人性中所固有的，也是正当的、合理的，不能断除，否则人类也将无法生存和延续。张载并不反对“人欲”的存在，没有说过“叫人们去掉欲望”的话。张载还引用《论语·述而》，主张只要办法得当，财富也是可以去追求的（《正蒙·三十》）。不过，张载明确反对“穷人欲”。他认为，过分地追求欲望的满足就会伤害“天理”，所谓“徇物丧心，人化物而灭天理者乎”；“化而自失焉，徇物而丧己也”（《正蒙·神化》）。这也就是“灭理穷欲”。因此张载认为，人必须寡欲，必须克制自己莫使欲望膨胀，所谓“不以嗜欲累其心，不以小害大、末丧本焉尔”（《正蒙·诚明》）；“中心安仁，无欲而好仁，无畏而恶不仁”（《正蒙·中正》）；“克己要当以理义战退私己，盖理乃天德，克己者必有刚强壮健之德乃胜己”（《横渠易说·下经》）。

此处的“无欲”并非如佛教那样断除人的一切欲望，而是说人的生存与生理的合理欲望可以存在，但不能产生过分的欲望。

因此，张载提倡“立天理”，“寡欲”；反对“穷人欲”，“灭天理”。张载还通过“今人”和“古人”的对比，着意突出此种主张。张载说：

> 今之人灭天理而穷人欲，今复反归其天理。古之学者便立天理，孔孟而后，其心不传，如荀、扬皆不能知。（《经学理窟·义理》）

他认为，今人与古人的重要区别就在于他们对天理与人欲的态度不同，今人只知道追求欲望的满足（“穷人欲”），同时不断打破世界的合理秩序（“灭天理”），古人与此正好相反；但是，古人对政治和伦理秩序自觉追求与遵循的传统，在孔子和孟子之后就失传了，即使是荀子、扬雄等大学问家也不知道了。所以，张载为了拯救世道人心，极力主张当下社会的人要“反归其天理”，克制自己的欲望，不要因对欲望的追求而违背甚至破坏正常的伦理道德和社会秩序。张载的这种主张反映在个人身上其实就是“成性”——消除“气质之性”中恶的因素，恢复“天地之性”的原本状态，从而实现人性的完满和社会秩序的重建。

其实，贬低追求物质享受、高扬社会秩序和伦理道德，是中国古代文化固有的一个特点，在先秦的儒学思想中就已有传统。《论语·卫灵公》曰：“君子谋道不谋食”；《论语·里仁》曰：“君子喻于义，小人喻于利”。《孟子·尽心下》更为明确地提出：“养心莫善于寡欲”；《孟子·告子上》更提出“舍生取义”的命题。《礼记·乐记》则提出“人欲”与“天理”的对立：“人化物也者，灭天理而穷人欲者也。于是有悖逆诈伪之心，有淫泆作乱之事。是故强者胁弱，众者暴寡，知者诈愚，勇者苦怯，疾病不养，老幼孤独不得其所，此大乱之道也。”不过，《礼记》中的“天理”“人欲”尚未获得张载宇宙观的哲学基础及其由此而产生的丰富内涵。但不能否认的是，张载的理欲之辩显然是继承了先秦儒家思想中贬低物质享受、高扬道德伦理的传统，把中国伦理思想史的发展推到新的高度。

四、“穷理尽性”与“穷神知化”

除倡导“立天理”、反对“穷人欲”的理欲之辩外，张载的“成性”理论还包括“穷理尽性”与“穷神知化”。“成性”理论是恢复人的原本性质，也就是成就圣人君子的道德修养论。张载认为，要想成为圣人君子，必须成身成性。

他说：

> 进德修业，欲成性也，成性则从心皆天也。所以成性则谓之圣者，如夷之清，惠之和，不必勉勉。彼一节而成性，若圣人则于大以成性。（《横渠易说·上经》）
>
> 君子之道，成身成性以为功者也；未至于圣，皆行而未成之地尔。（《正蒙·中正》）

“大理”是宇宙本质内涵的表现，体现着太虚之体（太虚的属性为“神”，即“天德”）和气化之用的内在属性。这是宇宙存在和运动的奥秘所在，也是现实人性和道德秩序的形上根据。因此，要想成身成性、成就圣人君子，必须对“理”“性”和“神”“化”等有着充分的认知、体证和自觉，使自己与“天德”相统一，从而成为与天合一的圣人君子。正如张载所说：

> 无我而后大，大成性而后圣，圣位天德不可致知谓神。（《正蒙·神化》）
>
> 成性则跻圣而位天德。（《正蒙·大易》）
>
> 位天德，大人成性也。……大人成性则圣也化，化则纯是天德也。圣犹天也，故不可阶而升。圣人之教，未尝以性化责人，若大人则学可至也。位天德则神，神则天也，故不可以神属人而言。（《横渠易说·上经》）
>
> 天道即性也，故思知人者不可不知天，能知天斯能知人矣。知天知人，与穷理尽性以至于命同意。（《横渠易说·说卦》）

“穷理尽性”与“穷神知化”是一种道德修养论，同时也涉及了认知主体和认知客体的关系，因此也涉及认识论，但它们主要还是一种道德修养论。因为，它们所关注的重点并不是对认知主、客体之间的关系做出科学分析，而是出于对人事的关怀而去探求天人关系及其道德理想，为现实的政治、伦理确立形上根据。侯外庐等指出：“认识论与道德修养论分不开，这是张载和其他理学家的思想特点。”①

“穷理尽性”见于《周易》。《易传·说卦》曰：“穷理尽性以至于命。”理学家们对这句话很感兴趣，张载较早地借此发挥了自己的道德修养论和认识

---

① 《宋明理学史》（上册），侯外庐、邱汉生、张岂之主编，北京：人民出版社，1984年版，第117页。

论。他认为,“穷理尽性以至于命”是三个不同但又相互连接的阶段。不过,张载认为,人也存在“顿悟”的可能。张载说,“人有见一物而悟者,有终身而悟之者”(《张子语录·语录上》)。很显然,这里已经有了佛教渐修与顿悟思想的影子。

“穷理”是第一个阶段,指穷尽体现在万事万物中的“天理”。因为“天理”已经内涵于宇宙万物当中,所以要“尽性”必先“穷理”,“穷理”则须“尽物”,即接触事物、研究事物的法则,以万事万物为媒介逐渐达到对“天理”的体认以及对人禀自于天的道德品性的体察。张载说:

> 穷理亦当有渐,见物多,穷理多,如此可尽物之性。(《张子语录·语录上》)
>
> 穷理亦当有渐,见物多,穷理多,从此就约,尽人之性,尽物之性。天下之理无穷,立天理乃各有区处,穷理尽性,言性已是近人言也。(《横渠易说·说卦》)

当然,张载所谓的“物”并不仅仅指具体万物,也包括人事在内的社会事务。他指出:

> 然立则道义从何而生?洒扫应对是诚心所为,亦是义理所当为也。(《经学理窟·学大原下》)

可见,“穷理”需要一个过程,需要广泛接触、研究万事万物,切身地参与社会实践,才能体认到存在于万事万物当中的“理”。体证到包含人事在内的万事万物之“理”,也就体证到了万事万物禀自于天的内在品性,对人而言就是禀自于天的道德品性,从而成为与天合一的圣人君子。这是第二阶段的“尽性”。穷尽了天性、人性,便进入了“诚”的境界,“至诚,天性也……人能至诚,则性尽而神可穷矣”(《正蒙·乾称》)。

在“穷理”过程中,涉及“见闻之知”和“德性之知”以及“尽心”“大心”等理论问题。张载认为,接触事物、研究事物的第一步是由耳目等感官获得对世界的经验认识,张载称之为“见闻之知”。譬如,“目”接受“天之明”,如日月之明;“耳”接受“天之声”,如雷霆之声。张载认为,经验认识的获得须要内与外、主体与客体的合一。他说:

> 若以闻见为心,则止是感得所闻见。亦有不闻不见自然静生感者,亦缘自昔闻见,无有勿事空感者。(《张子语录·语录上》)

凡感官知觉皆因物而生而有,若没有客观外在的事物,也就形成不了感官的经验认识。确有不闻不问于沉思中心有所感的情形存在，但它必须因过去的所见所闻而引发。因此，人们的感官认识是主体与客体相结合的产物，即所谓内外相合[①]：

> 人谓己有知，由耳目有受也；人之有受，由内外之合也。（《正蒙·大心》）

这是认识的第一步，在整个认识过程中起着基础性作用，是认识的“启之之要”，所以人的认识过程“须要他”：

> 耳目虽为性累，然合内外之德，知其为启之之要也。（《正蒙·大心》）

> 闻见不足以尽物，然又须要他。耳目不得则是木石，要他便合得内外之道，若不闻不见又何验？（《张子语录·语录上》）

这是张载认识论中的闪光点。不过张载认为，以耳目获得的“见闻之知”，范围狭小，深度有限，只是简单、初级的认识，是一种比较狭隘的认识方法，因而不能穷尽“天理”。张载说：

> 尽天下之物，且未须道穷理，只是人寻常据所闻，有拘管局杀心，便以此为心，如此则耳目安能尽天下之物？尽耳目之才，如是而已。（《张子语录·语录上》）

> 言尽物者，据其大总也。今言尽物且未说到穷理，但恐以闻见为心则不足以尽心。人本无心，因物为心，若只以闻见为心，但恐小却心。今盈天地之间者皆物也，如只据己之闻见，所接几何，安能尽天下之物？（《张子语录·语录下》）

所以张载又提出了超越耳目见闻的“德性之知”。“德性之知”是一种超越感性的先天存在的道德主体意识：

> 见闻之知，乃物交而知，非德性所知；德性所知，不萌于见闻。（《正蒙·大心》）

它来自于“天德”，张载说：“诚明所知，乃天德良知，非闻见小知而已。”（《正蒙·诚明》）因此，要“见物”“穷理”就不能仅仅依赖于耳目等的见闻所得，“见闻之知”会桎梏人“心”，限制认识的范围和深度，而应当充分发挥先天的道德主体意识，张载称之为“尽心”“大心”。张载说：

---

① 《宋明理学研究》，张立文著，北京：人民出版社，2002 年版，第 219—222 页。

大其心则能体天下之物，物有未体，则心为有外。世人之心，止于闻见之狭。圣人尽性，不以见闻梏其心，其视天下无一物非我，孟子谓尽心则知性知天以此。(《正蒙·大心》)

所以欲尽其心也。穷理则其间细微甚有分别，至如偏乐，其始亦但知其大总，更去其间比较，方尽其细理。若便谓推类，以穷理为尽物，则是亦但据闻见上推类，却闻见安能尽物！今所言尽物，盖欲尽心耳。(《张子语录·语录下》)

依托“德性之知”的“尽心”“大心”境界不是在“见闻之知”基础上经过思维而获得的理性知识，而主要是通过先天道德意识的充分发挥而获得的主观体悟。前文已知，张载曾提出“心统性情”之说，这里的“尽心”“大心”其实也就是通过主体意识的自悟而达到对“天理”的神秘贯通。这种对“天理”的体认过程张载也称之为“学”。他说：

穷理即是学也，所观所求皆学也。长而学固谓之学，其幼时岂可不谓之学？直自在胞胎保母之教，己虽不知谓之学，然人作之而己变以化于其教，则岂可不谓之学？(《张子语录·语录下》)

值得注意的是，张载还指出，“穷理尽性”和“尽性穷理”是两种不同的修养论和认识论。[①] 他说：“自明诚，由穷理而尽性也；自诚明，由尽性而穷理也。”(《正蒙·诚明》)由“明”至“诚”，是先穷理而后尽性；由“诚”至“明”，是先尽性而后穷理。也就是说，一种是通过对事物的研究以达到与天合一的道德境界；一种是直接由天人合一的道德境界体会事物的内在品性皆禀自于天。张载还说：

须知自诚明与自明诚者有异。自诚明者，先尽性以至于穷理也，谓先自其性理会来，以至穷理；自明诚者，先穷理以至于尽性也，谓先从学问理会，以推达于天性也。某自是以仲尼为学而知者，某今亦窃希于明诚，所以勉勉安于不退。(《张子语录·语录下》)

他对“自明诚”和“自诚明”的态度，就像孔子对“生而知之”和“学而知之”的态度一样，认为儒者可兼具其二，但重点是在“学”上下功夫：“儒者则因明致诚，因诚致明，故天人合一，致学而可以成圣。”(《正蒙·乾称》)“自明诚”

---

① 《宋明理学史》(上册)，侯外庐、邱汉生、张岂之主编，北京：人民出版社，1984 年版，第 116 页。

“自诚明”源自于《中庸》,在此,张载把《中庸》之义与《周易》结合了起来。

“至于命”是最后一个阶段,即通过穷尽“天理”“人性”而达到对“天命”的最终体悟。“既穷物理,又尽人性,然后能至于命,命则又就己而言之也。”(《横渠易说·说卦》)为什么不主张“知命”而言“至于命”呢?张载说:

> 致知与至为道殊远,尽性然后至于命,不可谓一;不穷理尽性即是戕贼,不可至于命。然至于命者止能保全天之所禀赋,本分者且不可以有加也。既言穷理尽性以至于命,则不容有不知。(《横渠易说·说卦》)

言下之意,“至”比“知”更进一步,这也正是理学乃至中国文化的思想特色,其目的不只是要认识一个对象,而是要体验到那个对象、与那个对象合一。

完成了“穷理”“尽性”“至于命”的整个过程之后,人的精神境界就发生了根本性的变化,进入一个至诚至善、无思无虑、无私无欲,排除了“意”“必”“固”“我”的主观成见,上与“天性”“天理”合一,下与万物贯通的最高境界,也就是圣人的精神境界。张载称之为“中正”。张载说:

> 中正然后贯天下之道,此君子之所以大居正也。盖得正则得所止,得所止则可以弘而至于大。(《正蒙·中正》)

张载还依据孔子“三十而立,四十不惑,五十而知天命,六十而耳顺,七十从心所欲不逾矩”的一套修养命题,提出了自己的道德修养过程,并以“中道”为最高:

> 三十器于礼,非强立之谓也。四十精义致用,时措而不疑。五十穷理尽性,至天之命;然不可自谓之至,故曰知。六十尽人物之性,声入心通。七十与天同德,不思不勉,从容中道。(《正蒙·三十》)

“穷神知化”也是《周易》中的术语。《易传·系辞下》就非常崇敬宇宙运行变化的神奇,认为“穷神知化,德之盛也。”张载也非常重视“穷神知化”,在《西铭》中说:“知化则善述其事,穷神则善继其志。”(《正蒙·乾称》)在《正蒙》一书中,还有“神化”一篇,专论“穷神知化”问题。在解释《易传·系辞下》中的“穷神知化”时,张载说道:

> 德盛者,神化可以穷尽,故君子崇之。(《横渠易说·系辞下》)
>
> 易谓“穷神知化”,乃德盛仁熟之致,非智力能强也。(《正蒙·神化》)

穷神知化是穷尽其神也。(《横渠易说·系辞下》)

穷神知化,与天为一。(《正蒙·神化》)

在张载的哲学里,"神"与"化"构成了宇宙观的基本内涵,聚集了宇宙的全部奥秘。"神"是太虚本体的总体属性,也就是"天德","化"是在"神"的作用下产生的阴阳二气的交感变化,其内在属性表现为"天道"。"穷神知化"就是努力探赜索隐,穷尽"天"的奥秘,达到天人合一的境界。但是,"神"是不可知的,人无法通过对宇宙万物的经验观察而充分体认它,所以"穷神"需要凭借人的"德性之知",即"大心""崇德",充分发挥主体的先天道德意识:

神化者,天之良能,非人能;故大而位天德,然后能穷神知化。大可为也,大而化不可为也,在熟而已。《易》谓"穷神知化",乃德盛仁熟之致,非智力能强也。(《正蒙·神化》)

先后天而不违,顺至理以推行,知无不合也。虽然,得圣人之任者皆可勉而至,犹不害于未化尔。大几圣矣,化则位乎天德矣。大则不骄,化则不吝。无我而后大,大成性而后圣,圣位天德不可致知谓神。故神也者,圣而不可知。(《正蒙·神化》)

"穷神知化",乃养盛自致,非思勉之能强,故崇德而外,君子未或致知也。神不可致思,存焉可也;化不可助长,顺焉可也。存虚明,久至德,顺变化,达时中,仁之至,义之尽也。知微知彰,不舍而继其善,然后可以成人性矣。圣不可知者,乃天德良能,立心求之,则不可得而知之。(《正蒙·神化》)

发挥原有的至善之德,消除不合理的欲望,忘却自我之私,达到与"天德"相合的地步,彻底泯灭天人的界限,使自己的意志行为完全符合天理的要求,与"天"融为一体。这种境界是常人的思维不能达到的。[1]

在唐末五代以来的长期混乱之后,为了重建以儒家文化为主导的社会秩序,除赵宋王朝采取的加强中央集权的制度措施之外,许多文人士大夫都在积极探索天人关系,企图建立一套更加"精微"的新的正统思想。张载是比较早地探讨这个问题的学者之一。他从古代儒家的学说出发,抛开儒学中关于天地鬼神、灾异祥瑞、天人感应、元气结构等粗俗的天人理论,吸取了汉唐儒

① 《宋明理学史》(上册),侯外庐、邱汉生、张岂之主编,北京:人民出版社,1984 年版,第 115 页。

家学者王充、柳宗元等关于“气”的学说，建立了以气为本的“精微”的哲学理论，即由合自然实体和价值本原于一体的“气”展开了以太虚为体、以气化为用的宇宙观，“天德”与“神”以及“天道”与“化”均是不同形态的“气”的不同属性，这是张载的人性、道德和认识学说的宇宙论根据。因此，“天德”与“神”以及“天道”与“化”在具有自然宇宙意义的同时，更多的是具有了社会意义。

通过对宇宙观、人性论、道德修养论和认识论的探究，张载构建起了一个颇有特色的哲学思想体系。他迈出了宋明理学关于天人贯通问题的重要一步，把人性、政治社会秩序与天统一起来，确立了“天人一体”“天人合一”的理论，解决了“天人合德”的重大理论问题。宋明理学的许多命题，在张载的哲学中已获开启或已经确立。作为理学的重要奠基者，张载当之无愧。

第四章　佛道论衡

第一节　“访诸释老”

张载之所以超越汉唐儒学构建起深邃系统的哲学思想体系，是他依托儒家经典、殚精竭虑“志于道”的结果，但与他早年遍研佛、道之学也有关系。

张载“少喜谈兵”，青年时代忧于北京边患侵扰，深怀安边的抱负，但经范仲淹劝导后，发愤读《中庸》，久读之不以为足，于是“又访诸释老之书”，累年穷究其说。但在遍览佛道典籍之后，张载仍没有找到能够使自己安身立命的学问，故“反而求之六经”，即回归儒家、研读儒经，“仰而读俯而思”，终于建立起了“吾道自足”的思想体系（吕大临《横渠先生行状》）。从中可以发现，“访诸释老”成为张载学术思想中的一个重要转折点。研究、批判并吸取佛、道思想资源，对张载重建儒学思想体系、重新构架儒家“道统”产生过重要作用。

佛学自两汉之际传入中国，由依傍黄老到独立开宗，直至影响社会精神生活各个方面。至唐宋时代，已几乎家家信佛，户户谈禅。南宋佛教学人志磐所著《佛祖统纪》记载：

> 荆公王安石问文定张方平曰：“孔子去世百年而生孟子，后绝无人，或有之而非醇儒。”方平曰：“岂为无人，亦有过孟子者。”安石曰：“何人？”方平曰：“马祖、汾阳、雪峰、岩头、丹霞、云门。”安石意未解。方平曰：“儒门淡薄，收拾不住，皆归释氏。”安石欣然叹服，后以语张商英，抚几赏之曰：“至哉，此论也！”①

南宋学者陈善的《扪虱新话》也有类似的记载：

> 王荆公尝问张文定：“孔子去世百年，生孟子亚圣。自后绝无人何也？”文定言：“岂无？只有过孔子上者。”公问：“是谁？”文定言：

① 《佛祖统纪》卷45，（宋）志磐撰，《大正藏》第49册。

“江西马大师，汾阳无业禅师，雪峰，岩头，丹霞，云门是也。儒门淡薄，收拾不住，皆归释氏耳。”荆公欣然叹服。[①]

至于中国土生土长的道教，在以道家思想为根基并博综众家思想特别是佛教理论的基础上，至隋唐时代也发展成为义理和仪轨都比较成熟的宗教，与佛教在中国成为并驾齐驱的两大宗教，中华文化的儒、释、道三教格局得以确立。特别是在李唐王朝的尊崇与推动下，道教在唐代十分兴盛，道家的思想借助道教的形式得到广泛传播，甚至道家经典也被列入官学当中。唐高祖李渊追认老子为李唐之始祖，以老子庙为太庙。唐高宗乾封元年（666），加封老子为“太上玄元皇帝”。上元二年（675），高宗在科举考试中加试《老子》策。仪凤三年（678），又下令将《道德经》《孝经》并为上经，贡举皆须兼通。唐玄宗开元二十一年（733），敕令士庶家藏《老子》一本，贡举每年量减《尚书》《论语》两条策，加试《老子》策。“开元二十九年（741），始置崇玄学，习《老子》《庄子》《文子》《列子》，亦曰道举”[②]。“道举”制度的产生，打破了儒家之学对官学的垄断地位，并存大约 200 年，至后晋天福五年（940）才被敕停，“道举”对推动道家和道教思想的传播发挥了重要推动作用。在此期间，道教进一步吸收儒学特别是佛教的思想资料不断提升自己的理论内涵，由偏重炼丹服药而求仙的外丹修炼转向注重内在心性修养的内丹功夫，使道教展现出了新的面貌，形上理论的优势日益明显。

至北宋前期，道教在统治者的支持下继续发展。宋太宗“志奉释老，崇饰宫庙……创上清太平宫以尊道教。殿阁排空，金碧照耀”[③]。宋真宗则把北宋王朝对道教的崇奉推向了一个高潮。大中祥符五年（1012），真宗称赵氏始祖“九天司命保生天尊”赵玄朗下降于延恩殿，于是将其加封为“圣祖上灵高道九天命司保生天尊大帝”。次年（1013），加封老子为“太上老君混元上德皇帝”，并到亳州太清宫谒拜老子神像。其在位期间，还大肆兴建道观，召见著名道士，并命王钦若、张君房编辑《道藏》等，道教得到了较快的发展。真宗以后的仁、英、神、哲时期道教热才有所降温。

对于佛、道等“异端”思想，特别是它们关于宇宙、人性和道德修养等的

---

① 《扪虱新话》卷 10《儒释迭为盛衰》，（宋）陈善撰，上海：上海书店出版社，1990 年版。

② 《新唐书》卷 44《选举志上》，（宋）欧阳修等撰，北京：中华书局，1975 年版。

③ 《儒林公议》卷上，（宋）田况撰，《丛书集成（初编）》，商务印书馆，1937 年版。

“精微”理论，对儒学的正统地位产生严重挑战的文化态势，张载有着深切的感受。他概括这种情况说：

> 自其（佛教）说炽传中国，儒者未容窥圣学门墙，已为引取，沦胥其间，指为大道。乃其俗达之天下，至善恶、知愚、男女、臧获，人人著信。使英才间气，生则溺耳目恬习之事，长则师世儒宗尚之言，遂冥然被驱，因谓圣人可不修而至，大道可不学而知。故未识圣人心，已谓不必求其迹；未见君子志，已谓不必事其文。（《正蒙·乾称》）

在张载看来，这种社会风习造成了“人伦不察”“庶物不明”“德乱治忽”“上无礼以防其伪，下无学以稽其弊”（《正蒙·乾称》）的时代危局，儒家大道几乎至于断裂和灭亡。

因而，张载不仅发出了“千五百年无孔子”（《文集佚存·杂诗》）的感叹，而且认为“自非独立不惧、精一自信、有大过人之才，何以正立其间，与之较是非，计得失！”（《正蒙·乾称》）即是说，如果不能深入佛、道的理论内部进行针砭，就不足以彻底树立儒学的道统。所以，在接受范仲淹的劝导以后，遍研佛、道之书而又回归儒学的张载，对佛、道思想进行了激烈而深刻地批判，誓言“为往圣继绝学”，重新构建儒家的道统。其弟子范育概述他一生的学术宗旨时说：

> 自孔孟没，学绝道丧千有余年……子张子独以命世之宏才，旷古之绝识，参之以博闻强记之学，质之以稽天穷地之思，与尧舜孔孟合德乎数千载之间。闵乎道之不明，斯人之迷且病，天下之理泯然其将灭也，故为此言与浮屠老子辩，夫岂好异乎哉？盖不得已也。（《正蒙·范育序》）

不过，张载对佛道的批判态度并不完全相同。对于佛教，张载进行了不遗余力的批判，在现有的张载著述中我们很难看到张载对佛教有多少正面的评价。张载对道家（教）的态度与此有所不同。他在对道家（教）展开批判的同时，对道家（教）也有不少的赞颂之词，甚至还明确地加以引用以为自己的学说寻找学理依据。但不管如何，张载的思想体系在“辟佛老而正人心”的基础上，即在批判并吸收佛道思想的基础上才得以建立起来，却是无疑的。

第二节　针砭佛学

一、缘起性空与虚气神化

佛教认为，处于假名状态的宇宙现象是可说为有的，但它否定假有的任何实在性，认为假名之有处于无穷无尽的因缘之网中，而这种因缘之网不可能给任何事物予以真实的规定。龙树《中论》开首的“归敬颂”概括缘起法的本质云：“不生亦不灭，不常亦不断，不一亦不异，不来亦不出，能说是因缘，善灭诸戏论，我稽首礼佛，诸说中第一。”即是说，虽然事物离不开因缘之网，但这种缘起不是生灭缘起，不是断常缘起，不是来去缘起，不是一异缘起。它不阐明世界万有的生化和毁灭，不解释世界万有的中断和延续，不阐析世界万有的同一与差别，不说明世界万有的流转与变化。比如《中论》说“不生”：“诸法不自生，亦不从他生，不共不无因，是故知无生。”就是说，一切事物既不是由自己而生，也不是由其他事物而生，也不是由自己和其他事物共同而生，也不是无因而生，因而无生。因而事物的属性即由事物这种无决定性的因缘关系所概定；事物离不开其他条件，但其他条件又不足以概定事物的所谓“常性”，因而事物的“自性”本身是“空”。“如来相即是一切法相，一切法相即是如来相；如来相即是毕竟空相，毕竟空相即是一切法相”（《大智度论》卷55《释散华品》），“诸法无所有性，是诸法自性”（《大智度论》卷59《释校量舍利品》）。

“八不缘起”被视为“众教之宗归，群圣之原本”[①]。这种特殊的缘起观念对中国传统的天道观和生化观的冲击是相当大的。僧肇就曾依般若中观以及八不缘起反省中土固有的动静观念，指出“求向物于向，于向未尝无，责向物于今，于今未尝有，于今未尝有，以明物不来，于向未尝无，故知物不去。复而求今，今亦不往，是谓昔物自在昔，不从今以至昔，今物自在今，不从昔以至今”[②]。过去的事物与现在的事物并没有真实的决定性关系，都是空其自性地存在。这种理论影响太极、阴阳以及道生一、一生二、二生三的生化观念。

① 《中论疏》卷二《因缘品》，（隋）吉藏撰，《大正藏》第25册。

② 《物不迁论》，（后秦）僧肇撰，《大正藏》第36册。

澄观在《华严玄谈》卷8论儒佛不同时说:"《周易》云:'易有太极,是生两仪,两仪生四象,四象生八卦,八卦定吉凶,吉凶生大业者'……太极为因,即是邪因。若谓一阴一阳之为道,即计阴阳变易,能生万物,亦是邪因。……安知因缘性空,真如妙有?"[①]即是说,根据八不缘起的观点去看,太极与阴阳都不能生化万物、规定事物的属性。宗密认为"元气生天地,天地生万物"这种对于宇宙的看法,"虽指大道为本,而不备明顺逆起灭,染净因缘",只能当为"权教"(宗密:《原人论·序》)。

佛教不但从"八不缘起"批驳太极阴阳的生化模式,同时也批判玄学的自然而生论。玄学的代表人物郭象认为:"物之生也,莫不块然自生,得生之难,而犹上不资于无,下不待于知,突然得此生矣。又何尝营生于已生,以丧其自生哉?"[②]他曾举影与形的关系为例说,影由形起,但影与形并不相互决定,虽然相互关联,但它们各自的内在属性即是各自的自然常性,即所谓"独化"。"故彼我相因,形景俱生,虽复玄合,而非待也。明斯理也,将使万物各反所宗于体中,而不待乎外:外无所谢,而内无所矜,是以诱然皆生而不知所以生,同焉皆得而不知所以得也"。(《庄子注·齐物论》)玄学的主题即在汉代元气生化论基础上探究超越性、境界性的"无",到郭象把这种超越性安置于事物的"性分",虽然在一定程度上以"独化"论批判了元气生化模式,但玄学并没有彻底否定事物在独化过程自然而得的本性。吉藏《三论玄义》对郭象的形影论做过批判,指出:"复有外道,穷推万物,无所由籍,故谓无因,而现睹诸法,当知有果,例如庄周烟陋问影,影由形有,形因造化,造化则无所由。本既自有,即末不因他,是故无因而有果也。"[③]他根据八不缘起指出郭象的自然而生论是站不住脚的。澄观也曾点出王弼《周易注》的自然论之荒谬。佛教对玄学自然而生的所谓无因有果论的批判,其实质乃同于其对太极生化论的批判,即通过否定一切可能带来相互肯定性的条件对待,而揭示事物的本质即无所有之自性,即空。

张载认为,要批判佛教虚无的价值取向,树立一种不同于佛教境界的境界,就不能不批判佛教的缘起学说。他指出:"物无孤立之理。"(《正蒙·动

---

① 《华严玄谈》,(唐)澄观撰,《卍续藏》第5册。

② 《南华真经注疏·天地》,(晋)郭象注,(唐)成玄英疏,曹础基、黄兰发点校,北京:中华书局,1998年版。

③ 《三论玄义》,(隋)吉藏撰,《大正藏》第45册。

物》）任何事物都不可能离开与其他事物的相互关系；同时也离不开自身内部对立双方的矛盾运动过程，“非同异，屈伸、终始以发明之，则虽物非物也。事有始卒乃成，非同异，有无相感，则不见其成；不见其成，则虽物非物。”（《正蒙·动物》）但张载认为这种条件对待的本质不是八不缘起，而是阴阳二气的真实的交感变化：

> 造化所成，无一物相肖者，是以知万物虽多，其实一物；无无阴阳者，是以知天地变化，二端而已。（《正蒙·太和》）
>
> 天地之气，虽聚散、攻取百涂，然其为理也，顺而不妄。（《正蒙·太和》）

张载认为，事物在阴阳变化中并非像佛教所说的那样没有任何肯定性。他批评佛教视天地万物的客观存在为幻化，即佛教所谓的“虚空”。张载的“太虚”观念（有时张载以“虚空”代替“太虚”）不能忽视佛教的影响，但是，张载主张“虚空”（“太虚”）也是由“气”构成的，是“至实”的。他指出：

> 知太虚即气，则无无。（《正蒙·太和》）
>
> 知虚空即气，则有无、隐显、神化、性命通一无二。（《正蒙·太和》）
>
> 金铁有时而腐，山岳有时而摧，凡有形之物即易坏，惟太虚无动摇，故为至实。（《张子语录·语录中》）

由此出发，张载对佛教的生死鬼神观也进行了批判。在张载看来，人们所言之“鬼神”实际上指的是“气”之往来、屈伸的自然状态，并非是人死后的精神转化之物。他说：

> 鬼神，往来、屈伸之义，故天曰神，地曰示，人曰鬼。神示者归之始，归往者来之终。（《正蒙·神化》）

因此，张载否定了佛教的生死轮回观，认为人来自于天地，人死后复归之于大自然之中，并无转世投生和现实世界之外的彼岸世界。张载指出：

> 阴阳之气，散则万殊，人莫知其一也；合则混然，人不见其殊也。形聚为物，形溃反原，反原者，其游魂为变与！（《正蒙·乾称》）
>
> 浮屠明鬼，谓有识之死受生循环，遂厌苦求免，可谓知鬼乎？以人生为妄见，可谓知人乎？天人一物，辄生取舍，可谓知天乎？孔孟所谓天，彼所谓道。惑者指游魂为变为轮回，未之思也。（正蒙·乾称）

但张载也不再像汉代气化论者那样侧重探讨宇宙的本源和内在结构，他试图深入考察“湛一”之气和阴阳二气交感变化所体现的“天德”与“天道”，即“气”的内在本质。他把“气”的内在属性分为两个层面——“神”与“化”。所谓“神”，即“天德”，指太虚超越而又统摄阴阳变化的总体属性；而“化”即“天道”，指阴阳二气运动变化的属性：

> 德其体，道其用，一于气而已。……气有阴阳，推行有渐有化，合一不测为神。（《正蒙·神化》）
>
> 一故神，两故化。（《正蒙·参两》）

在张载看来，“神”是“湛一”之气的总体属性，而“化”则是阴阳二气变化交感过程中的属性。“神”以异“化”，“化”以践“神”，“神”不即是“化”，“化”不即是“神”，“神”“化”是不一不异、若即若离的体用关系，即二者分而不裂，别而不离。

张载的虚气神化论因而具有两方面的含义，就其对佛学缘起观的批判而言，它重新肯定宇宙存在的真实性；而就其对佛学的继承来看，它虽然夹杂着某些汉代命定论，但其核心在于探求宇宙真实存在的超越性。

张载的虚气神化论极有功于儒学的发展。孔子创立儒家学派，其理论核心即在从人的道德属性分析礼制起源，至于人的情性与天道的相互关系，其弟子子贡曾说：“夫子言性与天道，不可得而闻焉”（《论语·公冶长》）。思孟学派进一步发掘人的内在超越性，指出“仁者，人也，合而言之，道也”（《孟子·尽心上》），试图从人的角度探讨整个宇宙的本质。但这种企图在受到老庄道论批判之后，而有《易经》从阴阳变化说“继之善也”（《易经·系辞上》）。但《易经》始终不能确认阴阳二气蕴含了思孟学派的“诚”的内在超越性。张载把“气”分判为“神”与“化”两个方面，对于沟通思孟学派与《易经》体系起了巨大的推动作用，甚至比同时代的周敦颐单纯从太极动而生阳、静而生阴、化生五行而圣人无欲以立仁义礼智显得更加深思熟虑。张载试图把周敦颐的理论进一步明朗化，对理学的发展产生了巨大的影响。

二、空性心性与合两之性

从八不缘起出发，佛教认为，事物的法性，即事物“非有非无，非非有非非无”双向多重否定所凸现的本性。从八不缘起涵括所有假名状态的存在物而言，人的本质亦是这种双向多重否定的体性，中国佛教论者即视此为“佛性”，认为每个个体都蕴含有佛的本质,只是一般人由于无明遮盖而不能有所体证而已。

南北朝以来,心性论逐渐发展成为佛教思想的中心议题,如来藏学说、阿赖耶识学说逐渐成为佛教不同派别所关注的共同话题。其中,南北朝后期产生的《大乘起信论》对隋唐以前的佛教心性论做了总结,提出了"一心开二门"的理论①。所谓"一心"是指众生心,"二门"是指心真如门和心生灭门,真如心自性清净,是世间一切的终极皈依;生灭心是真如心随缘起灭而出现染净、迷悟的差别相。因此,真如心和生灭心是不一不异、若即若离的关系。这种思想极大地影响了隋唐佛教对心性学说的探索和构建。值得注意的是,虽然佛教中这种肯定心性"本清净""人人皆有佛性"的思潮受到了"性善"和"人人皆可为尧舜"等中国儒家固有思想的熏染,但佛教的任何理论包括心性学说,始终没有失去以否定性的"空"说性的基本前提。

佛性的这种理论前提是与中国固有的性论不同的。孟子言性,就人的四端而言并兼人的道德超越情怀,而荀子言性,多就人的生理属性,臻至于汉代而统一于从元气阴阳五行生化说性禀于气,都没有去否定性地考察事物缘起的非真实对待,即使玄学避开宇宙生化,从事物自身探求其存在的"常性",也未曾从否定方面入手。不过,佛性论者深入事物的内在超越而把它视为绝虑超言的本真体性,对于重新点醒思孟学派性论的超越情怀是大有帮助的,但其价值趋向却不能与儒家合辙。

佛性论曾经多次批评气禀说,指出佛教与儒家(包括道家、道教)之不同还表现在"禀缘禀气异",即"释以森罗万象,并由缘生,儒道以富贵吉凶,皆由气命,禀气者,不可改易,禀缘者,则可增修"(澄观:《华严玄谈》卷8)。这种批评对汉唐沉沦化的禀气论性说无疑是一种重大打击。张载也认识到,像汉唐儒者那样论性,已经不能针砭佛性。他说:"当自立说以明性,不可以遗言附会解之。"(《经学理窟·义理》)即必须重新阐发"性"的新意。

张载认为,佛性论是有其缺陷的。他说:"若谓万象为太虚中所见之物,则物与虚不相资,形自形,性自性,形性不相待而有,陷于浮屠以山河大地为见病之说,此道不明,正由懵者略知体虚空为性,不知本天道为用,反以人见

① 《大乘起信论》,[印]马鸣撰,(梁)真谛译,高振农校释,北京:中华书局,1992年版。

之小,因缘天地,明有不尽,则诬世界乾坤为幻化。幽明不能举其要,遂躐等妄意而然。不悟一阴一阳范围天地、通乎昼夜、三极大中之矩,遂使儒、佛、老、庄混然一涂。”(《正蒙·太和》)由于佛性作者在八不缘起的基础上论性,虽然能够体虚空为性,即能够追求事物的内在超越性,但由于他们的八不缘起站不住脚,因而其佛性也是错误的,从八不缘起论性只能造成形性、天人相分,而只有从阴阳变化论性,才能正确展示此“性”的内涵。

同时,张载也指斥了南北朝之后的中国佛教以心性为世界本原的基本理论。南北朝以来,心性本原说逐渐成为中国佛教心性论的特色所在[①]。《大乘起信论》云:“心真如者,即是一法界大总相法门体。”即是说,“心”是一切世间法、出世间法即现实世界和彼岸世界的本原,世界万有皆由此“心”变现出来。华严宗也极力倡导这种理论。《华严经》卷25《十地品》曰:“三界虚妄,但是心作。”[②]华严三祖法藏在《修华严奥旨妄尽还原观》中曰:“谓三界所有法,唯是一心造,心外更无一法可得,故曰归心。谓一切分别,但由自心,曾无心外境,能与心为缘。何以故?由心不起,外境本空。”[③]中国佛教其他宗派基本都把心性视为世界之本原。张载对此做了否定。他指出:

> 释氏不知天命,而以心法起灭天地,以小缘大,以末缘本,其不能穷而谓之幻妄,真所谓疑冰者与!夏虫疑冰,以其不识。(《正蒙·大心》)

张载认为,其一,由于“气”有神有化,而天人共贯于阴阳生化,故从“天人合一”立场而言,性与天道是两个相等的概念:

> 天人异用,不足以言诚;天人异知,不足以尽明。所谓诚明者,性与天道不见乎小大之别也。(《正蒙·诚明》)
>
> 天道即性也,故思知人者不可不知天,能知天斯能知人矣。(《横渠易说·说卦》)

张载大量借用《易》《诗》《书》《礼》诸经典的有关材料,分别作《大易篇》《乐器篇》《王禘篇》去阐明天人共德的观点,从而构架天人共德的理论桥梁。

---

① 《试论中国佛学有关心性的基本思想》,吕澂著,《吕澂佛学论著选集》(第3卷),济南:齐鲁书社,1991年版,第1417页;《佛教哲学要义》,方立天著,北京:中国人民大学出版社,2002年版,第275、298、806页。

② 《华严经》,(东晋)佛陀波陀罗译,《大正藏》第9册。

③ 《修华严奥旨妄尽还原观》,(唐)法藏撰,《大正藏》第45册。

其二,性也有两个层次。相当于天道之“神”的性,即“天地之性”,是至善的;而相当于天道之“化”,处于阴阳变化的具体过程中的“性”,则是各个不同的。“天性在人,正犹水性之在冰,凝释虽异,为物一也,受光有大小、昏明,其照纳不二也。”(《正蒙·诚明》)虽然天德之“神”统摄万物,但水与冰体现此“神”的表现不一样,又好像太阳普照万物,接受阳光的多少与明暗都取决于各具体的存在物。

张载主张,性的两个方面是相互关联的,正犹天德之“神”与天道之“化”的关系一样,两性不异不一,既不能等同,又不能截然分离。他认为《中庸》说“至诚为能化”,以及孟子说“大而化之”,“皆以德合阴阳,与天地同流而无不通也”(《正蒙·神化》)。他们是两层“性”的统一的典范。不过,张载的“合两之性”与佛教《大乘起信论》的“一心开二门”理论似乎也有着相似的演进思路。

张载如此言性,无疑也是儒学思想上一重要理论飞跃。在某种程度上,他把孔孟践仁以知天的道德信仰内化于“性”字之中,而大大扩展了儒家性字的含义。当时周敦颐虽明白性即仁义礼智,即诚,但也无法如此条分缕析。张载性论的得出是与他批判佛学而又继承佛学分不开的。他并不认为孔孟的性论已讲到极处,他说:“要见圣人,无如《论》《孟》为要,《论》《孟》二书于学者大足,只是须涵泳。”(《经学理窟·义理》)其性论即在佛学影响下从《论》《孟》诸书中“涵泳”而来。这也难怪叶适见范育序《正蒙》而总述讲学大旨,感叹周、张、二程“欲却浮屠之锋锐,而示吾所有之道若此”(《张载集·附录·叶适因范育序正蒙遂总述讲学大指》)。

三、止观并重与穷理尽性

由于佛性在理论上是人人俱有,人之佛性蒙蔽只是由于无始以来无明障覆,因而佛教把体证佛性放在截断无明风起、离妄还真之上。而消除无明障覆不外两种方法,即止与观,“止”是使观察的对象“住于心内”,“观”是在“止”的基础上,集中观察和思维预定的对象。天台宗《修习止观坐禅法要》即云:“若夫泥洹之法,入则多涂,论其急要,不出止观二法。”[①]禅宗将二者作为体用关系,《坛经·定慧品》云:“我此法门,以定慧为本”,“定是慧之体,慧

---

① 《修习止观坐禅法要》,(隋)智𫖮撰,《大正藏》第46册。

是定之用”。①

佛教的这种体证方法，把一切假名的万有收缩于内心，其实质即在于主观内缩式剥离而至于寂灭。既与传统的内圣外王之旨不合，又不同于“得意忘象”“得意忘言”的肯定性体悟方法。张载指出，佛教最大的弊端即在于体证方法上遗落人伦物事，虽然有某些见解，但整体上谬不堪言。“释氏语实际，乃知道者所谓诚也，天德也。其语到实际，则以人生为幻妄，以有为为疵赘，以世界为阴浊，遂厌而不有，遗而弗存，就使得之，乃诚而恶明者也。”(《正蒙·乾称》)而“儒者因明致诚，因诚致明，故天人合一，致学而可以成圣，得天而未始遗人，《易》所谓不遗，不流不过者也。”(《正蒙·乾称》)因此，“儒者穷理，故率性可以谓之道。浮图不知穷理而自谓之性，故其说不可推而行”(《正蒙·中正》)。

张载指出：“气”有“神”“化”，“敦厚而不化，有体而无用也；化而自失焉，徇物而丧己也；大德敦化，然后仁智一而圣人之事备。性性为能存神，物物为能过化”(《正蒙·神化》)。“神”与“化”二者不能脱节，而圣德即在于存神过化，性性物物。同时，从性的合体来看：“性其总，合两也；命其受，有则也。不极总之要，则不至受之分。尽性穷理而不可变，乃吾则也。”(《正蒙·诚明》)只有把“性”的超越层面和所谓“命”的滞固方面统一起来，才能尽性。

张载特别专辟一章(被后世称为《西铭》，存于《正蒙·乾称》中)，指出天地阴阳交感的中介即：“乾称父，坤称母；予兹藐焉，乃混然中处。故天地之塞，吾其体；天地之帅，吾其性。民吾同胞，物吾与也。”(《正蒙·乾称》)因而无论如何谈性的体征，都只能立足在这一真实的天地万物之中，只能从君臣父子夫妇兄弟的人伦中去切实地体证。

张载把体性和成性的修养过程放在具体的个人身上去看，他认为可以表述为两个方面，一即毋意必固我，而虚净其心以纳德，“意，有思也；必，有待也；固，不化也；我，有方也”，“妄去然后得所正”(《正蒙·中正》)，乃至于“纤恶必除，善斯成性焉”，而“察恶未尽，虽善必粗矣”(《正蒙·诚明》)。二即仁民化物。“物有未体，则心为有外。”(《正蒙·大心》)所谓仁民化物，它包括讲究切实的兵战井田之术，而无一不当孜孜以求其准则。张载指出：在这一成性的过程中，不能“沉空入寂”，不能一味高谈性境妙用。他在《正

---

① 《坛经》，(唐)慧能撰，《大正藏》第48册。

蒙·三十篇》中以文王和孔子为例，说明他们在具体社会背景下成性是如何艰难，指出孔子到最后不梦周公，从心所欲而皆自然，乃在于“穷理尽性，然后至于命，尽人物之性，然后耳顺，与天地参，无意我固必，然后范围天地之化，从心而不逾矩，老而安死，然后不梦周公”（《正蒙·三十篇》）。张载指出：“释氏之学言，以心役物，使物不役心；周孔之道，岂是物能役心？虚室生白！”（《经学理窟·义理》）儒学之体证性德乃是在切实的人伦关系和切实的社会践履中无处而不自然，无处而不超越。

张载的成性修养论是儒家内圣外王理论的新发展。孔孟践仁以知天，而孟子仁心仁政之说，基础即在于性情才内在统一。自荀子揭示性恶之旨后，如何在“性”上贯穿内圣外王之旨，一直是儒学的困惑。汉儒以仁言天，而以气论性，只能以一种神学化的形式在人外之天上统一情与性于天德。张载肯定情与才在某些方面与性存在背离，他提出了“气质之性”的概念，“形而后有气质之性”，而所谓气质之性，既指受于气之偏的“刚柔、缓急、有才与不才”（《正蒙·诚明》），也指人的食色等生理需求。张载在明朗“性恶”之旨的前提下，试图从“性”本身体证性的“天德”，其解决方式和思维路径为儒学进一步考察社会主体的自由与历史必然之关系提示了方向。但张载对于气质之性，一则说“饮食男女皆性也，是乌可灭?!”（《正蒙·乾称》）指斥佛教灭性之说，不畅于理；二则又说：“气质之性，君子有弗性者矣”（《正蒙·诚明》），还说：“善反之，则天地之性存焉”（《正蒙·诚明》）。因此，其成性修养过程既有统一或变化气质之性的倾向，又有轻视气质之性的倾向，甚至说：“能以天体身，则能体物也不疑”（《正蒙·大心》），试图凭天德而直贯于下，这就是孔孟践仁以知天，由切身躬履到体悟天德而有所异。张载的体证论因而也残留着某些佛学因素，使他不能深入到成性的两面趋向的本质关系。他的这些思想也影响了理学的发展，朱熹曾极力赞颂张载的“气质之性”这一概念，将成性修养论之误愈演愈远。

张载的哲学体系标志着儒学经过长期的理论困惑和思考之后，终于从表层深入里层，展开了比较系统而又比较有力地对佛学的理论批判。它通过吸取佛学思想精华，拓展儒学固有概念的内涵，把儒学的固有体系进行调整、融合，从而更新了儒学。张载的哲学体系是从问题中来，他说：“某学来三十年，自来作文字说义理无限，其有是者皆只是亿则屡中。”（《经学理窟·自道》）正因为他企望针砭佛学而又不能不反求于六经，因而他对传统的气论、性论、修养论等都有相当了解和发挥,虽然在气象上苦心极力,但比起理学所谓天理、良知之体贴出来,就显得其理论更具有批判佛学的理论基础,而不失于儒学之正,展现了佛学与儒学两种不同的超越情怀:佛学侧重从人生的否定方面分析人的自由,而儒学侧重从人生的肯定方面分析人的自由。

四、张载佛教观述评

张载早年研读《中庸》,但并未从中得到满足,转而攻读佛、道经典,随后回归儒家创立了自己的思想体系。由无法从儒家经典中获得满足到依托儒家经典创建自己思想体系的此种转折,显然不可忽视佛、道思想的启发作用。张载对佛教"精微"之论的优势有着充分的认知,正因对佛教的理论内核有着深刻的把握,张载对佛教的批判确实抓到了佛教的核心理论命题。他提出了由"气"构成的"太虚"理念,主张万象万物生灭变化及其彼此关系的根基在于阴阳二气的交感变化,而对包括人在内的万物本质属性的把握与体证同样离不开对"太虚"与"阴阳"变化内在属性的体悟,可谓是与佛教的基本原理"缘起""性空"及"心性"本原、止观学说针锋相对,努力从理论根基上批驳佛教学说。同时,张载指出,虽然佛教对宇宙和人性的超越性内涵多有阐发,但它不能于真实的天地宇宙之理和君臣父子夫妇兄弟的人伦中去切实地加以体证,因此是无"用"之"体",暴露出"天人"相隔的理论弊病,与儒家"天人合一"的修养境界不可同语。我们可以看到,张载对佛教的批判确实是"正立其间,与之较是非、计得失",表现出了巨大的理论勇气、敏锐的理论视点和强有力的逻辑力量。

张载对佛教做了诸多批判,但在二程和朱熹看来并不完全恰当,朱熹曾直接指出:"横渠论释氏,其言流遁失守,穷大则淫,推行则诐,致曲则邪。……未详其相因之序而错言之,亦未尽善也。"①二程和朱熹也是佛教的反对者,但他们认为张载对佛教的批判"未尽善"。他们的主要理由是:

第一,张载依据"气"的理论批评佛教,落入了佛教轮回转世学说的圈套。二程认为"气"并非如张载所说那样是万物之归宿处。万物各有万物之终始:

凡物之散,其气遂尽,无复归本原之理。天地间如洪炉,虽生物

① 《朱子全书》第22册《晦庵先生朱文公文集》卷52《答吴伯丰》,(宋)朱熹撰,朱杰人、严佐之、刘永翔主编,上海:上海古籍出版社,2002年版。

销铄亦尽。况既散之气，岂有复在？天地造化又焉用此既散之气？其造化者自是生气。至于海水潮，日出则水涸，是退潮也，其涸者已无也。月出则潮水生也，非却是将已涸之水为潮，此是气之终始。开阖便是易，一阖一辟谓之变。（《河南程氏遗书》卷15《伊川先生语一》）

张载认为万物产生于气，复归于气。而二程认为气有自生的作用，日新月异，新生之气并非原有之气的再生。如果像张载所描述的那样，天地将是一个大轮回。朱熹也说：

横渠说"形溃反原"，以为人生得此个物事，既死，此个物事却复归大原去，又别从里面抽出来生人。如一块黄泥，既把来做个弹子了，却依前归一块里面去，又做个弹子出来。伊川便说是"不必以既屈之气为方伸之气"。若以圣人"精气为物，游魂为变"之语观之，则伊川之说为是。盖人死则气散，其生也，又是从大原里面发出来。（《朱子语类》卷126《释氏》）

朱熹认为，张载是在以"气"的往来、屈伸之循环代替佛教的生死之循环而已，并未对佛教的轮回观做出彻底的批判，反倒还为佛教的轮回观提供了理论的支撑："横渠辟释氏轮回之说。然其说聚散屈伸处，其弊却是大轮回。盖释氏是个个各自轮回，横渠是一发和了，依旧一大轮回。"（《朱子语类》卷99《张子书二》）总之，以气的变化来反驳佛教，有理论上的局限。

第二，张载讨论"气"的变化，目的是建立不同于佛教的宇宙真理观。如他突出气之"神""化"属性，既要对事物的整体属性与个别属性给出说明，同时也要对人类的天地之性与气质之性予以说明。但二程认为，固然气之阴阳不是道，只有所以阴阳者才是道，但此所以阴阳者却不是"神"，而是"理"。儒家描述宇宙变化多说"理""义"，而很少说"神"字：

仲尼于《论语》中未尝说"神"字，只于《易》中，不得已言数处而已。（《河南程氏遗书》卷15《伊川先生语一》）

论述宇宙变化的客观真理，不如用天理这个观念去阐述，如果要从气之"神化"的属性去讨论万物理一分殊的复杂关系，就有可能陷入"流遁失守、致曲则邪"的窘迫状态。朱熹认为二程简明直接，张载的思路却容易导致对宇宙变化的繁琐探求。

第三，在反驳佛教的止观学学说时，张载虽然认识到佛教的弊端在于体证方法上遗落人伦物事,但由于张载的人性论是以其天道观为基础的,终究有分别天人的理论局限。在二程看来,天人本无二,对人性的认识与对天道的认识本质上是一致的,认识了人性即认识了天道,认识了天道亦自然认识了人道,“穷理尽性以至于命”。二程发现“格物致知”这样的命题似乎比“究理尽性以至于命”更能准确地揭示证知本体的方法论原则,从而对《大学》做了新的诠释。他们认为“格物”即“穷理”,但此物并不仅仅是“外物”,“性分中物”同样也包括在内。当时有人问二程,“格物”的“物”“是外物、是性分中物”? 二程回答说:“不拘。凡眼前无非是物,物物皆有理”。(《河南程氏遗书》卷19《伊川先生语五》)而且格物的目的并不是要去了解一物有一物之理,而是要体察出万理皆出一理。朱熹认为二程的主张比较符合实际。

但今天再来反思宋代理学思潮中的佛教观念,恰恰是张载对佛学的批评最切中佛教的流弊,而程朱思想中反而灌注了更多的佛教理论成分,它导致以他们的思想为主流的理学思潮保留了许多精致的宗教要素,直到明清之际,当人们对理学思潮的宗教性开始有切身的体悟以后,才发现张载的佛教批评是何等的庄严中正。

张载对佛教的若干重要范畴和命题的批评,如果有失误,那是他没有从佛教理论本身出发去观察其不足。如对佛教“缘起性空”的批判上,张载虽然以阴阳二气的交感变化否定佛教所谓的诸缘对待的无规定性,但是他并未从八不缘起本身去反驳佛教的缘起观,从而对佛教所谓的“空”的内涵也就缺乏佛教所能接受的理论批判。再如,对佛教心性说的批判上,张载一方面否定佛教所谓的心性本原说,指斥佛教“以心法起灭天地”(《正蒙・大心》)的观点违反了世界存在的真实性,但自己又主张“性者,万物之一源”(《正蒙・诚明》),又陷入了佛教心性本原说之中。

第三节　甄别道家道教

道家(教)和儒家都是在中国土生土长的思想文化,但儒家和道家的思想有很大的不同。孔子的巨大贡献是从人的立场阐明了忠孝仁义等社会伦理法则。思孟学派继之对仁义道德与天道的关系做了进一步探索,努力把人道的根源追溯到天道,并提出“诚”等以实现天道与人道的贯通。但孔孟对天道的具体内涵及其与人道贯通的论述还不够充分和深入。而先秦道家致力于对天道进行描述和概括，一再指出人不可能在人类社会领域找出存在的终极依据，而应从人类、社会与自然界都不能背离的“道”中寻找根据，并以此赋予人道以超越性的内涵，道家的这种理论被后来的道教所继承，对儒家学说构成了挑战。为建立自家学说的天道依据和超越性内涵，儒家学者开始吸取道家的天道思想，《易传》就是汉代之前儒家学者的努力成果，后来汉唐儒家学者继续融合道家(教)思想提出元气宇宙结构论。但在张载看来，在佛道“精微”之论面前，汉唐时期儒家的“性与天道”思想丧失了理论上的绝对优势，为了弥补儒学“性与天道”理论的粗疏，对自然天道观和人道超越性内涵做出深入探索的道家(教)，也就成为张载进行哲学创新的重要思想资源。因此，张载在依据儒家经典进行哲学创造之前，“访诸释老，累年穷究其说”，对道家(教)思想做出了深入的考察和研究，进而对道家(教)的思想进行了批判、吸取与改造。

一、有无之论与太虚即气

从探索宇宙本原的角度规定“道”的基本内涵，是先秦道家在中国思想发展史上的重要贡献。《老子·二十五章》曰：“有物混成，先天地生。寂兮寥兮，独立而不改，周行而不殆，可以为天地母。吾不知其名，强字之曰道。”老子认为，这种“道”本原是确实存在的浑然一体之物，但它无形、无状，无法从经验中感知，正如《老子·二十一章》所言：“道之为物，惟恍惟惚。惚兮恍兮，其中有象；恍兮惚兮，其中有物。窈兮冥兮，其中有精；其精甚真，其中有信。”在老子看来，“道”是“有”“无”的统一体。“无，名天地之始；有，名万物之母。故常无，欲以观其妙；常有，欲以观其徼。此两者，同出而异名。”(《老子·第一章》)“道”是“有”，即“道”并非一无所有，而是“独立而不改”“为天地母”的实在物；“道”是“无”，即“道”乃无形、无状，无法经验感知，超越于一般的具体事物；“同出而异名”即是说“道”是“有”“无”的统一体，帛书《老子》中直接写为“两者同出，异名同胃(谓)”。庄子继承了这些看法。《庄子·大宗师》指出：“夫道，有情有信，无为无形；可传而不可受，可得而不可见；自本自根，未有天地，自古以固存。”老庄从“无”“有”两方面把握宇宙本原“道”的思想，成为后来道家(教)的根本理论。

老庄思想中的本原学说在魏晋时期有了新的发展。魏晋初期，何晏与王弼注释《老子》，认为不能从宇宙生化中去追溯宇宙本根，不能从宇宙生化的过程对“道”作更加具体的说明，因而对《老子·四十章》所说的“天下万物生于有，有生于无”命题做出了新的解释：“天下之物，皆以有为生，有之所始，以无为本。将欲全有，必反于无也。”（王弼：《老子注·四十章》）这种新的解释表现出了魏晋学人探索世界终极本质的浓厚兴趣，说明了本体之“无”与现象之“有”的主要联系环节并非阴阳二气的交感运动，而主要体现为“有”时刻以“无”作为根据，没有“无”就不可能有“有”的功用，“无”与“有”构成了“体”与“用”相互蕴含而又相互区别的若即若离的关系。王弼指出：

> 万物虽贵，以无为用，不能舍无以为体也。舍无以为体，则失其为大矣。所谓失道而后德也。以无为用，则德其母，故能己不劳焉而物无不理。（《老子注·三十八章》）

也就是说，一方面，“无”成为决定“有”并体现于“有”、但又时刻超越“有”的实在；另一方面，“无”不能完全从自身中解释自己，必须通过“有”加以把握，正所谓“夫无不可以无明，必因于有，故常于有物之极，而明其所由之宗也”①。这种“体”“用”思维方式，是中国传统本体论的一次比较全面的总结和提高，表明中国本体论在汉代尝试了宇宙生成论之后，开始向体用论过渡。

张载受到道家（教）对宇宙本原的理论探索的巨大启发，认为“知人而不知天”是汉唐儒学的“大弊”，继承老庄从“无”“有”两方面规定“道”本原的思想，努力为儒家构建起自己的形而上本体，并认为它是“太虚”。张载指出，“虚者，天地之祖，天地从虚中来”，“万物取足于太虚，人亦出于太虚”（《张子语录·语录中》）。“太虚”被赋予了宇宙万物之本原的内涵，而且被同等于至高无上的“天”，“由太虚，有天之名”（《正蒙·太和》），“太虚者，天之实也”，“与天同源谓之虚”（《张子语录·语录中》）。然而，作为宇宙本原的“太虚”又是无形无象的，是超越一切经验事物的，所谓“太虚无形”，“气本之虚，湛一无形”（《正蒙·太和》）。但这并不是说“太虚”就是空无一物，“太虚”的无形、无状并不妨碍它确实存在的本质。张载曰：“金铁有时而腐，山岳有时而摧，凡有形之物即易坏，惟太虚无动摇，故为至实。”（《张子语录·语录中》）即是说，“太虚”是永不崩坏消亡的“至实”，即永恒存在的终极实在，即使气聚形成的世界万物崩坏消亡，作为“至实”的“太虚”也会永恒地存在

① 见韩康伯《易·系辞注》，引自《王弼集校释·大衍义》，（魏）王弼撰，楼宇烈注，北京：中华书局，1980年版。

下去。在张载看来,即使是“天”“地”及其运动变化的根据也无非是来自于“太虚”,张载说“天地之道无非以至虚为实”(《张子语录·语录中》)。道家(教)的“太虚”观念成为张载的重要思想渊源。

不过,张载以“气”阐释“太虚”本体,提出了“太虚即气”说,认为“太虚”实质上依然是“气”,具体而言就是未分阴阳的“湛一”之气,不承认宇宙中有“无”的存在,更不认同“无中生有”的学说,而是运用魏晋玄学提出的“体”“用”思维,将“太虚”与“气化”视为由“气”展开的相互蕴含而又不同的两个方面,从而对道家(教)核心理论做了批判,澄清了儒家与道家(教)的根本差异。

张载指出:“太虚无形,气之本体。其聚其散,变化之客形尔”,“太虚不能无气,气不能不聚而为万物,万物不能不散而为太虚”(《正蒙·太和》)。“太虚之气,阴阳一物也”。(《横渠易说·系辞下》)“言虚者,未论阴阳之道”。(《张子语录·语录中》)即是说,“太虚”是“气”的本然、原始状态(“本体”),是未分阴阳的“湛一”之气,世界上有形的物体和无形的太虚均属于“气”的不同存在状态,如表现为聚散(万物与太虚)、出入(产生与消亡)、形不形(有形与无形)等各种形式的存在。气“聚”则成有形的世界万物,气“散”则为无形的“太虚”,“太虚”本质上还是“气”。其中值得注意的是,“气”之“聚”“散”的思想来自于道家。《庄子·知北游》曰:“人之生,气之聚也,聚则为生,散则为死。若死生为徒,吾又何患,故万物一也。”认为事物之“生”是气“聚”的结果,事物之“死”则是气“散”的结果,或“聚”或“散”,均是“气”的不同状态。但庄子的“气”之“聚”“散”理论是以“道”为形上本体的,与张载的气论根本不同。

基于“气”之“聚”“散”,张载提出,世界可被分为“幽”和“明”两个部分:可见之物为“明”,不可见之物为“幽”,但“幽”并不是完全的虚无,宇宙中根本不存在道家(教)所谓的“无”:“气聚则离明得施而有形,气不聚则离明不得施而无形。方其聚也,安得不谓之客?方其散也,安得遽谓之无?故圣人仰观俯察,但云‘知幽明之故’,不云‘知有无之故’。”(《正蒙·太和》)在此基础上,张载对道家的“无中生有”的理论做了明确地批判,他说:“若谓虚能生气,则虚无穷,气有限,体用殊绝,入老氏‘有生于无’自然之论,不识所谓有无混一之常。”(《正蒙·太和》)

不难发现,对道家“有生于无”的批判,张载还运用了魏晋玄学提出的

“体”“用”思维,将太虚(“神”“德”)和气化(“化”“道”)视为由“气”而展开的“体”“用”相互蕴含而又不同的两个方面,对太虚与气的关系做了不同于道家(教)的申论。张载还指出:

太虚者,气之体。气有阴阳,屈伸相感之无穷,故神之应也无穷;其散无数,故神之应也无数。虽无穷,其实湛然。(《正蒙·乾称》)

两不立则一不可见,一不可见则两之用息。(《正蒙·太和》)

神,天德,化,天道。德,其体;道,其用。一于气而已。(《正蒙·神化》)

“湛然”“一”等实指同一个对象,也就是“太虚”,被张载视为“体”;相感变化之“无穷”也就是阴阳二气的交感变化,被张载称为“用”。围绕着“气”,张载展开了太虚之“体”和气化之“用”相互蕴涵而又不同的两个方面。不过,与道家把“道”视为比“德”更为根本、把“德”当作“道”的具体体现的看法不同,张载认为,“德”是对太虚之属性“神”的规定,“道”是对阴阳二气之属性“化”的规定,因此“德”比“道”更为根本,作为“用”的“道”是“德”之“体”的具体表现和功用,流露出了张载严分儒道之别,彰显儒家自我特色的强烈意识。

道家(教)从“有”“无”两方面对宇宙本原“道”的理论探索表现出了深邃的哲学洞察。“访诸释老”的张载对道家(教)的这一理论优势有着清醒的认识,并自觉地吸取这一理论资源构建儒家自己的形上本体。但是,张载并未完全照搬道家(教)的“道”本原或“无中生有”的理论学说,而是别具心裁地运用“气”这一古老范畴和魏晋玄学的“体”“用”思维对道家(教)的本原学说作了批判和改造,提出了“太虚即气”之说,为儒家寻找到了自己的本体学说,并澄清了儒学与道家(教)本原论的根本不同,为推进儒道融合和儒家哲学思想的重大突破做出了重要贡献。

二、道生万物与一物两体

从宇宙生成论意义上对“气”及其阴阳交感变化理论加以系统化的是老庄道家学派。在探索“道”本原化生宇宙万物的功能时,道家认为自然界基于阴阳二气的矛盾运动而产生变化。《老子·四十二章》曰:“道生一,一生二,二生三,三生万物。万物负阴而抱阳,冲气以为和。”“一”是浑然一体之物,即未分阴阳的“气”，是“道”的派生物；“二”是指从浑然一体之物中生化出来的“阴”与“阳”；“三”是阴阳二气的交感和合状态，就是“冲气以为和”，由此万物得以化生，此与春秋时代“和实生物”的观念相一致。“一”与“三”不同，“一”中没有阴阳之分，是浑然一体之物；“三”是阴阳对立的统一，因此“三”是“一”的否定之否定。“道”的这种化生万物的功能是无穷的、永恒的，而且是一个周行不殆的过程，即万物由“道”化生，最终复归于“道”：“谷神不死，是谓玄牝。玄牝门，天地根。绵绵若存，用之不勤”（《老子·六章》），“夫物芸芸，各归其根。归根曰静，静曰复命，复命曰常，知常曰明”（《老子·十六章》）。

在老子的基础上，庄子对“道”本原化生万物的过程做了这样的描述，他说：

以本为精，以物为粗，以有积为不足，淡然独与神明居。古之道术有在于是者，关尹、老聃闻其风而说之，建之以常无有，主之以太一，以濡弱谦下为表，以空虚不毁万物为实。（《庄子·天下》）

泰初有无，无有无名，一之所起，有一而未形。物得以生，谓之德；未形者有分，且然无间，谓之命；留动而生物，物成生理，谓之形；形体保神，各有仪则，谓之性。（《庄子·天地》）

至阴肃肃，至阳赫赫。肃肃出乎天，赫赫发乎地。两者交通成和而物生焉。（《庄子·田方子》）

作为宇宙之“本”的“道”，即是天地宇宙之前的“无”，但起初并没有“无”的称谓，此“道”化生万物的功能凭借“太一”或“一”展现出来。“一”是混一之物，没有形体，万物由之而生，谓之“德”，在混一之物产生经验的、有形的万物之前，产生阴阳之分，且流行不息，称之为“命”。阴阳之气的相互感应产生万物，生成的万物具有各种样态，称之为“形”。形体保有精神，各有规则，称之为“性”。很显然，在“道”化生宇宙万物问题上，庄子与老子是一致的，都认为“道”化生万物是基于阴阳二气的交感变化。

经过魏晋南北朝的发展，道教在义理和仪轨方面不断完善，到了隋唐时期迎来发展的高峰，但其宇宙生成论的建树并未完全冲破道家的宇宙生成论规模。如唐代道教学者成玄英（生卒年不详）在注解《老子》时说：

有物者，道也。明道非有而有，非物而物。混沌不分，而能生成庶品。

道无所不在，名曰周行；所在皆通，故无危殆。开化阴阳，安立天地。亭毒群品，子育含灵，生之畜之，故可为母。

从本降迹，肇生元气，又从元气变生阴阳。于是阳气清浮，升而为天，阴气沉浊，降而为地。二气升降，和气为人，有三才，次生万物。①

成玄英认为：（一）"道"是"有"与"无"相统一的"混沌"之物，具有生成万物的功能；（二）"道"可生出"元气"，"元气"可分化出"阴"与"阳"，阴阳交合而万物化生。这一思想与老庄的学说一脉相承。

与老庄相比，孔孟对人伦道德与社会法则做了充分的探索，但"气"及其阴阳交感变化的宇宙理论是他们所缺乏的。尽管孟子也曾论及到"气"，但孟子讲"气"主要是从道德修养和理想人格意义上讲的，并不是像老庄那样的关于宇宙生成的理论。《孟子・公孙丑上》曰：

"何谓浩然之气？"曰："难言也。其为气也，至大至刚，以直养而无害，则塞于天地之间。其为气也，配义与道；无是，馁也。是集义所生者，非义袭而取之也。行有不慊于心，则馁矣。"（《孟子・公孙丑上》）

夫志，气之帅也；气，体之充也。夫志至焉，气次焉。（《孟子・公孙丑上》）

为了弥补自身的理论缺陷，儒家学者自先秦以来就开始吸取道家的宇宙生化思想，《易传》关于阴阳二气及其交感变化的基本原理就离不开对老庄思想的借鉴。汉唐儒家学人对《易传》的"易有太极，是生两仪"做了进一步发挥，甚至杂糅了五行等思想资料，认为"太极"就是"元气"，"两仪"就是阴阳二气，宇宙万物是阴阳、五行运转变化的结果，从而构建起了以"气"及阴阳交感为基本内容的宇宙生成理论。

张载同样认为，宇宙本体"太虚"化生万物是基于阴阳二气的交感变化。在张载哲学思想里，"太虚"是未分阴阳的"湛一"之气，"湛一"之气分化出的阴阳二气的交感变化是为"气化"，"太虚"之"体"凭借"气化"之"用"化生万物。张载指出：

---

① 参见《中国哲学史教学资料汇编》（隋唐部分，下册），中国哲学史教学资料汇编编选组编，北京：中华书局，1965年版，第310、312页。

太虚者，气之体。气有阴阳，屈伸相感之无穷，故神之应也无穷；其散无数，故神之应也无数。虽无穷，其实湛然。（《正蒙·乾称》）

两不立则一不可见，一不可见则两之用息。（《正蒙·太和》）

游气纷扰，合而成质者，生人物之万殊，其阴阳两端，循环不已者。（《正蒙·太和》）

若阴阳之气，则循环迭至，聚散相荡，升降相求，絪缊相揉，盖相兼相制，欲一之而不能。（《正蒙·参两》）

所谓“一”，即气的本然状态——“太虚”，是气之“体”。所谓“两”，是指“一”所包含和分化出的“阴”“阳”二气。“两之用”即“阴”与“阳”对立双方的交感变化，即“气化”，而“太和”就是阴阳二气交感变化的理想状态，“中涵浮沈、升降、动静、相感之性”（《正蒙·太和》），从而构成了宇宙的运动变化，万事万物得以生成、演变和消亡。此处的“太和”正是对“一”（“太虚”）的否定之否定。张载说：“物无孤立之理，非同异、屈伸、终始以发明之，则虽物非物也”（《正蒙·动物》），如果没有对立的“两体”的交感，事物就不成为事物了。

当然，在本体论上，张载反对道家（教）在“气”之上别置一个“道”本原，不同意“虚”（“道”）能生“气”的理论；但是，在宇宙生成论上，张载确实吸取了道家（教）的思想资源，其宇宙生成论基本是以道家（教）的“一生二，二生三，三生万物，万物负阴而抱阳，冲气以为和”（《老子·四十二章》）命题为纲展开的。此外，老子认为万物由“道”化生、最终复归于“道”是一个周行不殆的循环过程，张载也借鉴了这种宇宙化生周行不殆的循环过程，主张“一”（“太虚”）与万事万物也始终处于循环往复、永不休止的运动状态，正所谓：“气不能不聚而为万物，万物不能不散而为太虚”（《正蒙·太和》），“形聚为物，形溃反原”（《正蒙·乾称》）。

总之，道家运用阴阳之“气”较早地对宇宙生化理论做出了系统的总结，并奠定了道教宇宙生化论的基本规模。这一理论是对人道做出充分探讨的先秦儒家所缺乏的重要理论环节，先秦的《易传》作者及汉唐儒者曾对融合这一理论做出过努力。尽管不同意道家（教）在“气”之上别置“道”“虚”的本体论，但决心构建完整的“天人合一”理论体系的张载，也不得不吸取道家（教）关于宇宙生化的理论资源，认为“太虚”之“体”必须凭借阴阳二气的“气化”之“用”化生万物，“一”（“太虚”）与万事万物构成一个周行不殆的循环往复的运动过程,从而构建起了自己的宇宙生成理论。

三、道法自然与天地仁义

道家(教)的天道观是一种自然主义的天道观,源自于对自然世界的崇拜,它以自然本体论的形式表现出来。老子特别重视对自然世界的观察和思考,并惊异于自然界在自然无为的运动中所达到和谐美满的秩序,因而得出结论:“人法地,地法天,天法道,道法自然。”(《老子·二十五章》)即是说,天地万物均遵循着自然而然的法则,“道”就是对自然之法的顺应。虽然“道生之,德畜之,物形之,势成之,是以万物莫不尊道而贵德”,但是“道之尊,德之贵,夫莫之命而常自然……生而不有,为而不恃,长而不宰”(《老子·五十一章》)。也就是说,虽然“道”本原在天地万物中具有至高无上的地位,但是“道”从不“主宰”“控制”或“干预”“占有”宇宙万物。“道”的这种本质老子称之为“无为”。“无为”并不是说“道”没有任何功能或作为,而是说“道”没有任何主观性的目的、造作或妄为。老子所说的“道常无为而无不为”(《老子·三十七章》),“以辅万物之自然而不敢为”(《老子·六十四章》),“天地不仁,以万物为刍狗”(《老子·五章》),正是此意。因此,老子的“道”缺乏儒家所着意凸显的仁义价值内涵。庄子继承了老子的自然观念,认为人不见得是万物的准绳,怎么能说仁义之端、是非之辩可以成为万物的根据呢?相反是人的不自量力,破坏了自然秩序的和谐,人不但黥自身以仁义,而且络马首,穿牛鼻,使万物失其所适。此后,“道法自然”成为道家(教)最为核心的思想观念。

张载赞同并接纳了道家(教)“道法自然”这一根本性原理,非常明确地把“自然”属性赋予了“太虚”和“天”,认为“太虚”和“天”遵循着自然之法,不具有任何主观性的目的或造作。他指出:“太虚者,自然之道”(《张子语录·语录中》),“老子言‘天地不仁,以万物为刍狗’,此是也。……天地则何意于仁?鼓万物而已。”“人不可以混天,‘鼓万物而不与圣人同忧’,此言天德之至也。”(《横渠易说·系辞上》)在此,张载认同了道家(教)的自然本体论,认为“天地不仁”,与心怀天下、忧患世事的“人”不同,“天”虽然可以化生万物,但它是无忧无虑的,何意于仁?但是,对于道家(教)自然天道观张载有所改造和发展。他在赞同“自然”“不仁”是“太虚”“天”的根本属性的同时又强调:

虚者，仁之原，忠恕者与仁俱生，礼义者仁之用。（《张子语录·语录中》）

至诚，天性也。（《正蒙·乾称》）

天所以长久不已之道，乃所谓诚。（《正蒙·诚明》）

一物而两体者，其太极之谓欤！阴阳天道，象之成也；刚柔地道，法之效也；仁义人道，性之立也；三才两之，莫不有乾坤之道也。易一物而合三才，天地人一，阴阳其气，刚柔其形，仁义其性。（《横渠易说·说卦》《正蒙·大易》）

认为忠孝仁义以及"诚"等价值内涵是"太虚""天"所本有的根本属性，"仁""诚"等贯穿于天地宇宙的整体当中。即是说，儒家的价值原则同时也被提升为宇宙本体的高度，是"太虚""天"的固有内涵。

那么，原本似乎相互冲突的道家（教）之"自然"与儒家之"仁义"如何在"太虚""天"上达成统一呢？张载指出：

老子言"天地不仁，以万物为刍狗"，此是也；"圣人不仁，以百姓为刍狗"，此则异矣。圣人岂有不仁？所患者不仁也。天地则何意于仁？鼓万物而已。圣人则仁尔，此其为能弘道也。……"鼓万物而不与圣人同忧"者，此直谓天也。天则无心，神故可以不诎，圣人则岂忘思虑忧患？虽圣亦人耳，焉得遂欲如天之神，庸不害于其事？圣人苟不用思虑忧患以经世，则何用圣人？天治自足矣。（《横渠易说·系辞上》）

不难发现，老子所谓的"天地不仁"在张载那里实际上只是"天地则何意于仁"的同义语而已。具体言之，"天地不仁"并不是否定太虚或天具有"仁"的本质属性，而是说"天则无心"，"太虚""天"没有像人那样的主观性的目的（"心""思虑忧患"），本具"仁"这种本质属性、自发自为地"鼓万物"的太虚或天"无心"于"仁"。这里似乎具有老子所谓"上德不德"的意味。这才是张载所谓的"天地不仁""太虚者，自然之道"的真正含义。

此外，道家（教）在"道"自然本体论上提出了以自然统摄人、以人与自然为整体连续性系统的观点，庄子的"天地与我并生，而万物与我为一"对此表达得淋漓尽致。张载对道家（教）这种理论意蕴颇有体会。张载在《西铭》中指出：

乾称父，坤称母；予兹藐焉，乃混然中处。故天地之塞，吾其体；

天地之帅，吾其性。民吾同胞，物吾与也。(《正蒙·乾称》)

张载在《正蒙·大心》中所说的“视天下无一物非我”，其实与“民胞物与”思想意境是一致的，这种将人类和万物视为自我价值的思想是一种强烈的宇宙论的关怀向度，超越了儒家基于宗法伦理的等差之爱，颇具道家(教)以人与自然为整体连续性系统的显著特色。张载虽然对道教追求“长生”观点及其鬼神观念予以批驳，认为“延得顷刻之生，决无长生之理”(《经学理窟·义理》)，“鬼神，往来、屈伸之义”(《正蒙·神化》)，但却认同了道家的自然主义生死观。《庄子·知北游》曾以“气”之“聚”“散”的理论说明“若死生为徒，吾又何患”的道理，《庄子·大宗师》亦有曰“安时而处顺，哀乐不能入也”。张载对待人之生死的态度——“存，吾顺事；没，吾宁也”(《正蒙·乾称》)，正与道家超越生死的自然主义的人生态度相契合。看来，道家(教)以人与自然为整体连续性系统的理论意蕴也被张载灌注到了自己的宇宙观当中。

然而，张载的笔锋一转，在《西铭》中他又指出：

大君者，吾父母宗子；其大臣，宗子之家相也。尊高年，所以长其长；慈孤弱，所以幼其幼；圣，其合德；贤，其秀也。……于时保之，子之翼也；乐且不忧，纯乎孝者也。违曰悖德，害仁曰贼，济恶者不才，其践形，惟肖者也。(《正蒙·乾称》)

认为天地化生的秩序当中具有等级与尊卑(如“君”“相”“长”“幼”等)之差，仁义道德亦是其必有之义，从而使自然世界充满了仁义道德的人文价值内涵，彰显了儒家学说与道家(教)学说的根本不同。这一点在张载对“天序”“天秩”的理解上也可以得到证明。张载指出：

生有先后，所以为天序；小大高下相并而相形焉，是谓天秩。天之生物也有序，物之既形也有秩。知序然后经正，知秩然后礼行。(《正蒙·动物》)

天之生物便有尊卑大小之象，人顺之而已，此所以为礼也。学者有专以礼出于人，而不知礼本天之自然。(《经学理窟·礼乐》)

世间万物确实是自然宇宙运动变化的结果，但各不相同的世间万物的自然生成却具有时间先后、空间大小等的差别，由此形成的“天序”“天秩”成为人间伦理道德秩序的形而上依据。自然宇宙的生化过程中所形成的“天序”“天秩”，被张载赋予了儒家伦理道德的内涵。

道教(教)的天道观是自然本体论的天道观,其“道”的根本内涵是“自然”,缺乏儒家所倡导的仁义道德的价值内涵。张载在赞同和吸取道教(教)自然天道观的同时,又将仁义道德提升到本体高度,并赋予“太虚”“天”及宇宙化生法则之中,使宇宙的内在本性及其运动法则成为现实伦理规范和社会秩序的先天道德根据,从而划清了儒家与道家(教)的思想界限。可以看出,张载没有采纳道家(教)以自然立场规定人类与社会本质属性的思路,他依然是以人道立场去探求自然与社会的本质属性。具体说来就是,他虽然从“天”本体的高度论证人的本质和现实社会政治的属性,但在这之前,他首先确定了儒家的价值原则并将这一原则提升到自然天道的本原地位,从而改变了道家(教)以“自然”为根本内涵的天道观。

四、以道为性与合两之性

道家(教)以自然统摄人,认为不要把人类自身看得过于伟大,人的属性不过是自然宇宙本性的延伸而已,追求人的本质、人生真理,应该超越人类自身,从“道”中去探求,主张以自然天道的立场规定人的本质属性,从而赋予人性与天道为一的超越性内涵。

在老庄看来,仁义礼乐并不是社会人生的本质,而是人性迷失的重要原因。老子主张,仁义礼乐的出现不仅不是社会的进步,反而是社会的倒退,是导致社会混乱的重要原因,“失道而后德,失德而后仁,失仁而后义,失义而后礼。夫礼者,忠信之薄也,而乱之首也。”(《老子·三十八章》)因而他倡导“绝仁弃义”(《老子·十九章》),“智慧出,有大伪”(《老子·十八章》)。庄子也指出仁义与人性是不相容的,“自虞氏招仁义以挠天下也,天下莫不奔命于仁义”(《庄子·骈拇》),“请问仁义,人之性邪?……噫,夫子乱人之性也!”(《庄子·天道》)老庄认为,倘若放弃对仁义礼乐等伦理道德的追逐,百姓自然会过着和谐美满的生活,所谓“绝民(仁)弃义,民复孝慈”(《老子·十九章》),这也就是庄子所提出日用而不知的“至德之世”:“至德之世,不尚贤,不使能,上如标枝,民如野鹿。端正而不知以为义,相爱而不知以为仁,实而不知以为忠,当而不知以为信,蠢动而相使,不以为赐。”(《庄子·天地》)在他们看来,人性与社会的一切属性都应当以自然天道为根据,最终达到“与天为一”(《庄子·达生》)的超越境地。老子认为,刚刚出生的、尚未受到世俗熏染的婴儿就象征着自然纯朴的状态,因此主张人们应该“复归于婴儿”

(《老子·二十八章》)。庄子也认为,“谨守而勿失,是谓反其真”(《庄子·秋水》)。

以道家思想为根基而又博综诸家思想的道教,在南北朝以后已经形成了较为成熟的理论形态,它依然主张人性应当从自然天道那里寻找自己的确定性内容,但以此为基础,道教进一步提出了“禀赋”之说,并孕育出了人性二分的基本理论。唐代道教学者成玄英说,“道”不仅是“虚通之妙理”,而且是“众生之正性”,“一切众生,皆禀自然正性”[①],认为人性是来自于自然天道的一种禀赋,而“正性”就是本于自然天道的朴素自然。唐玄宗在注《老子》第十六章“致虚极”章进一步指出:

> 虚极者,妙本也。言人受生皆禀虚极妙本,及形有受纳,则妙本离散。今欲令虚极妙本必致于身,当须绝弃尘境染滞,守此雌静笃厚,则虚极之道自致于身也。[②]

“虚极妙本”指自然天道,是世界的本原,人性即禀受“虚极妙本”而生,“人受生皆禀虚极妙本,是为正性”;但当人的肉体形成之时,“则妙本离散”,人性当中也随之产生了与自然正性相反的“尘境染滞”;为了复归自然正性,“当须绝弃尘境染滞,守此雌静笃厚”。可见,禀赋说、二分说以及经由后天努力而复归先天本性的人性理论,在唐玄宗那里已具雏形。

后来,与张载基本同时的道教学者张伯端(983 或 984—1082)继而提出了“天地之性”与“气质之性”的说法。他说:

> 形而后有气质之性,善反之,则天地之性存焉。自为气质之性所蔽之后,如云掩月,气质之性虽定,先天之性则无有。然元性微,而质性彰,如人君之不明,而小人用事以蠹国也。且父母媾形,而气质具于我矣。将生之际,而元性始入,父母以情而育我体,故气质之性,每遇物而生情焉。今则徐徐划除,主于气质尽,而本元始见。本元见,而后可以用事。无他,百姓日用,乃气质之性胜本元之性。善反之,则本元之性胜气质之性。以气质之性而用之,则气亦后天之气也。以本元之性而用之,则气乃先天之气也。气质之性本微,自

---

① 《道德经义疏》卷 5,(唐)成玄英撰,蒙文通辑校,收录于《道书辑校十种》(第五册),成都:巴蜀书社,2001 年版。

② 《唐玄宗御制道德真经疏》卷 2《致虚极第十六章》,(唐)李隆基,《道藏》第 11 册。

生以来，日长日盛，则日用常行，无非气质。一旦反之矣，自今以往，先天之性纯熟，日用常行，无非本体矣。此得先天制后天，无为之用也。"①

张伯端的人性理论与张载的"合两之性"已基本相同。

道家(教)从天道高度规定人性的思路对张载人性论的创建有所影响，特别是其禀赋说、二分说以及经由后天努力而复归先天本性的人性理论，为张载创建"天地之性"与"气质之性"的"合两之性"学说产生了重要影响。张载认为，人最为本质的属性实际上就是"天性""天道""天理"在人身上的体现，它根源于宇宙论中的"太虚"("天")与"天道"。他指出：

> 天性在人，正犹水性之在冰。(《正蒙·诚明》)
>
> 天所性者通极于道，气之昏明不足以蔽之。(《正蒙·诚明》)
>
> 一物而两体者，其太极之谓欤！阴阳天道，象之成也；刚柔地道，法之效也；仁义人道，性之立也；三才两之，莫不有乾坤之道也。易一物而合三才，天地人一，阴阳其气，刚柔其形，仁义其性。(《横渠易说·说卦》《正蒙·大易》)

即是说，人性最为本质的内容来自于天地宇宙，天地宇宙的生成秩序衍生出的仁义价值就是人性的固有内涵，从而将人道提升到天道高度，赋予了现实的人性以非经验的、先天的超越性内涵。

那么，现实社会中为什么又有圣人、凡人乃至恶人的区别呢？张载进一步发挥了人性二分说和"禀赋"说予以解答。他认为，人禀受自"天性"的属性是"天地之性"，是至善的；但人"形而后有气质之性"(《正蒙·诚明》)，"气有刚柔、缓速、清浊之气也"(《经学理窟·学大原上》)，"大凡宽褊者是所禀之气也"(《张子语录·语录下》)。即是说，世界万物和人都是由气形成的，气有清浊昏明，尽管"天地之性"清洁无暇，但人的形体形成时所"禀"之气偏正不一，于是产生了有染有净的"气质之性"，由此解答了现实中人的善恶不同的问题。但是，此二性在人性中的地位有所不同，"天地之性"是人性之本，"气质之性"是人性之"末"，因而张载提出"性于人无不善，系其善反不善反而已"，也就是说，人的先天本性是以仁义道德为内涵的，是至善的，只要

① 《悟真篇正义》外篇《玉清内丹宝箓·神为主论》，《悟真篇三家注》，(宋)张伯端等撰，石明辑注，北京：华夏出版社，1989 年版。

人们不断摒除人性"气质之性"中的恶的因素,就可以复归到至善的先天本性。这也就是张载所提出的"不以小害大、末丧本"(《正蒙·诚明》)的命题。

侯外庐、邱汉生、张岂之主编的《宋明理学史》指出:张伯端的人性理论"与张载所言几乎相同,但他关于'天地之性'(或称'本元之性')与'气质之性'相互关系的论述,却不如张载讲得那么深入,很可能张载受了他的影响。"[①]总之,张载人性论的构建受到道家(教)人性论的重要启发,他不仅将现实的人性提升到天道高度以赋予其超越性内涵,而且其所谓的"禀赋"、二分及其反(返)归先天本性的思维,均是道家(教)已经阐发过的。不过,与老庄以"自然"为天道和人性的根本内涵不同,张载的天道和人性被灌注了儒家"仁义"道德的价值内涵。

五、返其真与穷天理

老庄认为,要返归人的先天之"真"性,达到与天为一的理想境界,必须体察并坚守人性的本原——自然天道,从而提出了守其朴素、寡欲去知的"心斋""坐忘"等修养论。老子说"见素抱朴,少私寡欲"(《老子·十九章》),认为人们要保持天道那样的纯朴状态,摆脱对五色、五音、五味、难得之物等的执着与追求,因为它们都会损害纯朴的人性(《老子·二十章》)。庄子也主张人应当"无欲",守其"朴素","同乎无欲,是谓素朴,素朴而民性得矣"(《庄子·马蹄》),而人的欲望会侵蚀和削损人的真性,使人意志错乱,心灵束缚,德性负累,唯有挣脱物欲,解性之累,破心之执,涤意之染,才可复归朴素,庄子进而提出了"无情"之说。"抱朴""无欲""无情"等是与老庄的"少私""无身""无己"相联系的,但这并非是老庄在否定自我价值,恰恰相反,他们只是在强调人们应当克服主观性的执着和妄念、泯灭物(客观)与我(主观)的对立,回归并坚守自然纯朴的状态,突出的是"与天为一"的理想境界。体悟到这一理想境界就是与"道"为一的"真人",从而拥有一种"无为"的人生观,即彻底泯除带有主观执着和目的的言行,"辅万物之自然"而不妄为,如此就能"无不为"。

庄子对如何达到"与天为一"的理想境界和与"道"为一的"真人"做了进

① 《宋明理学史》(上册),侯外庐、邱汉生、张岂之主编,北京:人民出版社,1984年版,第112页。

一步发挥。他说：

> 无听之以耳，而听之以心，无听之以心，而听之以气。听止于耳，心止于符。气也者，虚而待物者也。唯道集虚。虚者，心斋也。（《庄子·人间世》）
>
> 堕肢体，黜聪明，离形去知，同于大通，此谓坐忘。（《庄子·大宗师》）

庄子的“心斋”和“坐忘”是说，如果人们能够摒除人的生理感受，摆脱形体的劳逸苦乐，放弃心理的聪明智慧，不去思考现实世界的利害得失，泯灭对仁义、欲望、智慧的执着，超脱物我的对待和现实的依赖与限制，就会齐一万物，“复归”或“反”（返）回本有之“真”性，达到与自然天道相冥合的自由逍遥之境。显然，庄子把人后天经验的认知能力与人先天本性的认知能力区别开来，认为凭借经验性“耳目之知”的“以知知之”无法把握人性与天道的真正内涵，只有通过先验性的“道知”即“以无知知者”才可实现。正所谓：“尽其所受乎天，而无见得，亦虚而已！至人之用心若镜，不将不迎，应而不藏，故能胜物而不伤。”（《庄子·应帝王》）

老庄的修养论在道教那里得到了继承和进一步发挥。唐代道教学人成玄英指出：“不知性修真德而会于真常之道者，则起妄心，随境造业，动之死地，所作皆凶也”（成玄英：《道德经义疏》卷1）；“内无嗜欲之心，外无可染之境，既而恣目之所见，极耳之所闻，而恒处道场，不乖真境”（《道德经义疏》卷4）。即是说，人应当坚守天道所赋予的自然本性，破除心中的所有执着，使心处于空虚静寂的状态，此时的心便能与道互相冥合而融为一体，复归真性。唐玄宗也认为，人应当充分体察自然天道，发挥先天禀赋的自然正性，摆脱外界的拘制，除情去欲，复归并坚守清净自然的先天本性：“物归根则安静，人守静则致虚。木之禀生者根，归根故复命。人之禀生者妙本，令能守静致虚，可谓归复所禀之性命也。”（《唐玄宗御制道德真经疏》卷2《致虚极第十六章》）“观神实相本来清净，不染尘杂，除诸有见。有见既遣，知空亦空，顿舍二偏，迥契中道，可谓清净而契真矣”（《唐玄宗御制道德真经疏》卷7《善建章第五十四》）。当然，道教对老庄修养论所作的发挥吸收了不少佛教学说的内容，但不管如何，道教的修养论并没有背离老庄所提出的守其朴素、寡欲寂心的基本原理①。

张载的道德修养对道家(教)守其朴素、寡欲寂心的学说有所借鉴,不过,将仁义道德赋予天道和人性的张载,并未完全照搬道(家)教的修养论,而是将道家(教)对"道"和"真人"的体征方式,嫁接到了儒家对天道和人性固有的天理和仁义的体悟过程之中。为了"不以小害大、末丧本",张载借鉴了老庄所提倡的守其朴素的寡欲思想,提出了反对"穷人欲"、倡导"立天理"的道德修养论。

与道家(教)复归真性必须体察与坚守自然天道的固有内涵与法则相同,张载认为,人要复归先天的本然之善,也必须努力探赜索隐,穷尽天地宇宙的奥秘,达到与天合一的理想境地,这就是"穷理尽性"和"穷神知化"。

在张载的哲学里,"神"与"化"构成了宇宙观的基本内涵,聚集了宇宙的全部奥秘。"穷神知化"就是努力体察天地宇宙的本性与法则,达到天人合一的境界。穷尽了天理、神化,便进入了"诚"的圣人境界,"至诚,天性也……人能至诚,则性尽而神可穷矣"(《正蒙·乾称》)。

此外,张载还借鉴并改造了道家(教)将人的认知能力别分先天之知和后天经验之知的思想,提出了"见闻之知"和"德性之知",并吸纳了"心斋"等道家(教)式的先天的直觉体悟,对孟子的"尽心"说做了进一步发挥。张载认为,穷事物之理,第一步是由耳目等感官获得对世界的经验认识,张载称之为"见闻之知"。与庄子主张这种后天经验认知能力应当摒除不同,张载肯定了它在整个认识过程中起着基础性作用,是认识的"启之之要"(《正蒙·大心》),人的认识过程"须要他"(《张子语录·语录上》)。但张载强调,以耳目获得的"见闻之知",范围狭小,深度有限,只是最简单、最初级的认识,是一种比较狭隘的认识方法,因而不能穷尽"天理"。

所以张载又提出了超越耳目见闻的"德性之知"。"德性之知"是一种超越经验的先天的道德主体意识:"见闻之知,乃物交而知,非德性所知;德性所知,不萌于见闻"(《正蒙·大心》)。它来自于"天德","诚明所知,乃天德良知,非闻见小知而已"(《正蒙·诚明》)。因此要"见物""穷理"就不能简单地依赖于耳目等的见闻所得,而应当充分发挥先天的道德主体意识,张载称

① 参见《宋元时期的老学与理学》,刘固盛著,西安:陕西人民出版社,2002年版,第33—35页。

之为“尽心”“大心”。

张载提出的“心统性情”之说，其实也是通过“大心”即先天的主体意识的体悟直觉而达到对“天理”的神秘贯通。

值得注意的是，与道家（教）从“无欲”“朴素”“心斋”引导出“真人”的“无为”的人生观不同，张载的理想是要成为“君子”“圣人”，而“君子”“圣人”非常注重在天地宇宙中的积极能动价值。人与自然万物不同的重要特点就是人能“参赞”天地的化育过程，按照天地宇宙的法则进行积极有为的创造性活动，这是“君子”“圣人”不可推卸的重大历史使命。张载说：

“鼓万物而不与圣人同忧”者，此直谓天也。天则无心，神故可以不诎，圣人则岂忘思虑忧患？虽圣亦人耳，焉说遂欲如天之神，庸不害于其事？圣人苟不用思虑忧患以经世，则何用圣人？（《横渠易说·系辞上》）

是以君子将有为也，将有行也，问焉而以言，其受命也如响，无有远近幽深，遂知来物，非天下之至精，其孰能与于此！参伍以变，错综其数，通其变，遂成天地之文，极其数，遂定天下之象，非天下之至变，其孰能与于此。（《横渠易说·系辞上》）

这也是儒家与道家（教）道德修养境界论和目的论的根本差异。

综上所述，道家（教）是中国固有的思想，与儒学相比，它在探索天道内涵以及本原于此的人道的超越性内涵方面表现出了巨大的理论优势，与由印度传入的佛教一起成为威胁儒家正统地位与主流权威的“精微”之论。张载对此有着深刻的洞察和自觉。他“访诸释老”，大胆吸取道家（教）的天道与人道的理论资源，对道家（教）“虚能生气”“有生于无”的根本性理论做了深刻批判，将儒家的道德价值灌注于道家（教）的自然天道当中，提出了集自然本原和价值本原于一体的“太虚”本体理论，蕴含了仁义道德的“合两之性”的超越人性论和致力于成贤成圣、实现治国平天下的道德修养论，对于推动儒道融合和实现儒学新的理论突破做出了重大贡献。

第五章 政治思想

第一节 “渐复三代”

对于张载的哲学思想历来关注的较多,而他的政治思想尚未引起足够的重视。为数不多的有关张载政治思想的探讨,与张载的哲学诉求缺乏必要的贯通。然而,张载对历史发展和政治时局的思考很深入,他的政治思想具有强烈的针对性和时代性。

自先秦以来,古代学者特别是儒家学者,大都崇尚“三代”之治,矢志效法先王先圣“内圣外王”之道。《尚书》传说是中国最早的一部书,也是儒家最重要的经典之一。根据《尚书》的记录,尧舜禹都是杰出的“圣主”,他们道德高尚,道参天地,德治天下,利厚民生,开创文明。“三代”是儒家文明的源头,是后世应当效法的典范。汤、文、武、周公等杰出圣主继承发扬先王之道,以德配天,敬天保民,奠基礼乐文明,推行井田、封建、宗法等制度,开创了历代盛世。后来,《周礼》对周代的典章文明做了整理和记录。《周礼》共分为六部分,天官主管宫廷,地官主管民政,春官主管宗族,夏官主管军事,秋官主管刑罚,冬官主管营造,论及到政治和社会生活的各个方面,特别是对礼制(国家典章制度)的记录十分系统,深受后世儒者尊崇。孔子“祖述尧舜,宪章文武”(《礼记·中庸》),认为周代对圣王之道做了最好的继承和保存,因此说“郁郁乎文哉,吾从周”(《论语·八佾》),但他同时认为,最为典范的时代是尧舜禹时代,周代不过是对尧舜禹时代的效法而已。因此他说:“大哉,尧之为君也!巍巍乎!唯天为大,唯尧则之。荡荡乎!民无能名焉。巍巍乎!其有成功也,焕乎,其有文章!”(《论语·泰伯》)“尧曰:‘咨!尔舜!天之历数在尔躬。允执其中。四海困穷,天禄永终。’舜亦以命禹。”(《论语·尧曰》)孟子同样“言必称尧舜”(《孟子·滕文公上》),“非尧舜之道,不敢以陈于王前”(《孟子·公孙丑下》)。追慕和效法古代圣王,不断继承他们所开创的功德事业,从此成为儒家政治文化最为突出的特征。先秦儒家学者认为,先王先圣“修己以安百姓”,“为政以德,譬如北辰,居其所而众星拱之”,是将道德理想和政治理想合二为一的典范,只有这样的“仁人”“圣主”才能开创出天下太平的美好社会。思孟学派的著作《大学》提出的“三纲领”“八条目”,即“大学之道,在明明德,在亲民,在止于至善”和“格物、致知、诚意、正心、修身、齐家、治国、平天下”,就是先秦儒家学者对先王先圣之道的总结和提炼,也就是庄子所说的“内圣外王之道”(《庄子·天下篇》)。

张载有着强烈的忧世情怀和治世抱负。少年时他就喜欢谈论兵事,向往汉唐气势磅礴的武功伟业,希望能够凭借自己的军事才能博取功名。经范仲淹劝导后,张载先放下军事武功的追求,潜心研究儒家的仁义道德之学,把重点转入了对儒家仁义道德即“内圣”之学的探索。

经过多年的研究,张载发现,要真正实现“万世太平”的盛世理想,必须从“天地、礼乐、鬼神至大之事”(《经学理窟·义理》)入手。“至大之事”即是天地宇宙的内在品质以及本原于此的社会道德和政治秩序,也就是张载所艰苦探索的圣人之“奥”。他指出:“不闻性与天道,而能制礼作乐者,末矣”(《正蒙·神化》)。现实的伦理道德和社会政治秩序只有按照天地宇宙的本性与规则组织起来才能稳固而有效,而忠孝、仁义、礼乐等价值原则就是天地宇宙先天固有的根本内涵,所谓“天地以虚为德,至善者虚也”,“虚者,仁之原,忠恕者与仁俱生,礼义者仁之用”(《张子语录·语录中》),“天之生物便有尊卑大小之象,人顺之而已,此所以为礼也”(《经学理窟·礼乐》)。因而,效法天道的内在品质,以天地宇宙所固有的忠孝、仁义、礼乐等原则来组织社会、治理天下,构建起合理有效的伦理道德和社会秩序,才是儒家所追求的社会政治理想的本质内涵,才是“万世太平”的真正实现。

张载认为,这种社会政治理想就是由先王先圣开创的“道学”与“政术”合一的“内圣外王”之道。他指出,治世之道是先王先圣“思虑忧患以经世”的发明创造。虽然礼乐是天道固有之理“礼非出于人,或者专以礼出于人,而不知礼本天之自然”(张载:《礼记说》,引自卫湜:《礼记集说》卷58)。“先王之乐,必须律以考其声……律者自然之至,此等物虽出于自然,亦须人为之,但古人为之得其自然”(《经学理窟·礼乐》)。正所谓:“不知仲尼以前更有古可稽,虽文字不能传,然义理不灭。”(《经学理窟·义理》)但它的弘扬和光大却是圣人的发明,并由此确立了三代道学与政术合二为一的“内圣外至”之道。

因此,张载十分推崇“三代”,认为治理天下就应当“渐复三代”。他说:“今言治世,且指尧舜(禹)而言”(《横渠易说·系辞下》),并以圣王之道的继承者自居,认为“学者求圣人之学以备所行之事”(《横渠易说·系辞上》),“以圣人之规模为己任,久于其道,则须化而至圣人,理之必然”(《横渠易说·上经》)。当宋神宗召见询问治国理政之道时,他“皆以渐复三代为对”,指出“为政不法三代者,终苟于道也”(吕大临《横渠先生行状》,《宋史》卷427《张载传》)。在平时的言谈议论中,张载也对三代充满向往,“‘颜子问为邦’云云,三代之文章,颜渊固皆知之,故于其所知而去取之曰:行夏之时,乘殷之辂,服周之冕”(《张子语录·语录上》)。张载弟子吕大临也说:“先生(张载)慨然有意三代之治,望道而欲见。”(吕大临《横渠先生行状》)

遗憾的是,汉唐以来先王先圣的仁义德治被遗弃,“道学”与“政术”被分割为二,“帝王之道”湮没无闻。张载认为,汉唐虽然在事功上取得了丰功伟绩,但却进入了“知人而不知天”(《宋史》卷427《张载传》)的时代。他们只关注礼乐之道的外在形式(社会政治与人伦道德),忽略了圣王之道的本质所在(天地宇宙的内在品质),这是只重“用”而忽略“体”的做法,并不是治国平天下的根本途径,更不是儒家所追求的理想盛世。他评点历代帝王,说:“唐太宗虽英明,亦不可谓之仁主;孝文虽有仁心,然所施者浅近,但能省刑罚,薄税敛,不惨酷而已。”(《经学理窟·周礼》)他甚至对忽略天地内在品质的汉唐时代是否真正做到了“知人”也抱着怀疑乃至批评的态度,指出“自周衰礼坏,秦暴学灭,天下不知鬼神之诚,继孝之厚,致丧祭失节,报享失虔,狃尚浮屠可耻之为,杂信流俗无稽之论”(《文集佚存·始定时荐告庙文》)。

张载认为赵宋王朝未能摆脱政治危机的根本原因在于:依然没有使“道学”与“政术”不二的“内圣外王”之道得到重新发明和贯彻实行,没有建立起以“至大之事”为根本支撑的统治秩序。他说:

朝廷以道学、政术为二事,此正自古之可忧者。巽之谓孔孟可作,将推其所得而施诸天下邪?将以其所不为而强施之于天下欤?大都君相以父母天下为王道,不能推父母之心于百姓,谓之王道乎?所谓父母之心,非徒见于言,必须视四海之民如己之子。设使四海之内皆为己之子,则讲治之术,必不为秦汉之少恩,必不为五伯之假名。巽之为朝廷言,人不足与适,政不足与间,能使吾君爱天下之人如赤子,则治德必日新,人之进者必良士,帝王之道不必改途而成,

学与政不殊心而得矣。(《文集佚存·答范巽之书》)

为了实现"天下太平"的理想盛世,张载与范仲淹、王安石等一样,主张朝廷应当改革变法,并依据《周礼》提出了恢复井田、重建封建、推行宗法等具体的改革方案。他指出:

所传上世者未必有自,从来如此而已。安知其间固尝有礼文,一时磨灭尔,又安知上世无不如三代之文章者乎?然而如《周礼》则不过矣,可谓周尽。今言治世,且指尧舜而言,可得传者也。历代文章,自夫子而损益之,见其礼而知其政,闻其乐而知其德,不可加损矣。(《横渠易说·系辞下》)

也就是说,因文献记载的缺乏,上古历史已无法完全探明,但《周礼》对上古圣王之道做了完整的总结和概括,是"三代"之道的集中体现。张载深知要想在北宋推动以恢复井田、重建封建、推行宗法等为主要内容的改革是很困难的。张载曾两次被召入中央为官,但均因与朝廷官员的政治见解不同而退出朝堂,隐居田野。然而,张载一生始终没有放弃自己的理想追求。他在隐居横渠期间,始终致力于圣王之道的探求与发明,并将其付诸实践;亲自组织率领学生和关中士民试验井田、践行古礼,将他的社会政治改革方案验之一方。在此,张载颇具孔子"知其不可为而为之"的精神气魄。张载曾说:

十诗之作,信知不济事,然不敢决道不济事。若孔子于石门,是知其不可而为之,然且为之者何也?仁术也。如《周礼》救日之弓,救月之矢,岂不知无益于救?但不可坐视其薄蚀而不救,意不安也,救之不过失数矢而已。(《张子语录·语录上》)

他认为,"坐视其薄蚀而不救"不是真正的儒者,"仁术"是儒者所必为之事,所谓"不敢决道不济事",正是张载对实现"道学"与"政术"不二、"内圣外王"盛世理想的高度自觉和强烈愿望的集中表达。

张载之所以矢志不渝地坚持井田、封建、宗法的推行,除了对儒家古老传统的继承外,也与他对宇宙本性与法则所进行的哲理探索紧密相关。从中我们可以发现张载的改革思想与范仲淹、王安石变法的根本差异。范仲淹主持的"庆历新政"以整顿吏治为中心,王安石主持的"熙宁新法"以理财和强兵为重点,他们均注重具体的政策法令以求得北宋内外困局的快速解决。而张载提出的恢复井田、重建封建、推行宗法等方案,更加关注社会道德的重建和社会组织的根本性调整。张载的此种取向与他"至大之事"的哲理探求是一脉相承的。在他看来,要实现“万世太平”的盛世理想,不能局限于一时的权宜之计和利害得失,必须从大处着手,将天地宇宙所固有的忠孝、仁义、礼乐等原则推行于天下,着眼于社会伦理和社会秩序的根本调整和整体构建,构建“道统”和“政统”合一的理想模式。因此,张载认为改革不能一蹴而就,必须“渐变”,“不顿革之,欲民宜之也。大抵立法须是过人者乃能之,若常人安能立法!凡变须是通,通其变使民不倦,岂有圣人变法而不通也。”(《横渠易说·系辞下》)他还针对王安石变法说:“顾所忧谋之太迫,则心劳而不虚;质之太烦,则泥文而滋弊。此仆所以未置怀于学者也。”(《张子语录·语录中》)批评王安石变法的顿革主张及其只注重烦琐的细枝末节而不涉足“至大之事”的改革方案。他还针对王安石的“市易法”说:

> 一市之博,百步之地可容万人,四方必有屋,市官皆居之,所以平物价,收滞货,禁争讼,是决不可阙。故市易之政,非官专欲取利,亦所以为民。百货亦有全不售时,官则出钱以留之,亦有不可买时,官则出而卖之,官亦不失取利,民亦不失通其所滞而应其所急。故市易之政,止一市官之事耳,非王政之事也。(《经学理窟·周礼》)

在肯定“市易法”的积极有利的同时,尖锐地指出此乃“止一市官之事耳,非王政之事也”。

张载提出的具体改革方案也是他对历史发展和北宋时局进行深刻反思所得出的基本结论。在他看来,井田、封建、宗法的推行是拯救北宋内外困局、成就国家治平的根本之道。概言之,其一,赵宋王朝推行“不抑兼并”的土地政策,社会财富日渐失衡,“家不富,志不宁”(《横渠易说·上经》),“贫富不均,教养无法”(吕大临《横渠先生行状》),人们“莫不降志辱身,起皇皇而为利”,“为身谋而屈其道”(《文集佚存·策问》),导致家族涣散、道德沦丧和风俗陵夷。恢复井田就是要为家庭的稳固、道德的教化奠定经济基础,这是国家推行“仁政”的首要之务。其二,北宋矫枉过正式的加强皇权和中央集权,使军政效率日益低下,地方势力日趋衰弱,积贫积弱和内忧外患的弊病积重难返。重建封建的重点就是要调整中央和地方的关系,让皇帝和中央适当放权于臣子和地方,减少中央朝廷庞大的财政支出,巩固和加强日渐衰弱的地方力量以抵御外辱,从而实现国家之“安荣”(《经学理窟·周礼》)。其三,中国古代国家向来是放大了的家族统治,国家立基于家族的和谐与稳固之上。张载说:“家且不能保,又安能保国家!”(《经学理窟·宗法》)推行宗法的核心即在于以人伦培养社会的“忠义”观念，以宗法增强社会的凝聚力和向心力，使国家形成和谐稳固、坚不可摧的统一整体，形成强而有力、“修文德以远之”的国家形象，从而奠定“为万世开太平”的千古伟业。此外，张载还根据具体时势对“三代”之法进行了必要的变通与改造，而恢复井田、重建封建、推行宗法彼此之间也是紧密相连的。

第二节　恢复井田

恢复井田是张载社会政治改革关注的首要问题。张载认为，温饱是稳定人心、构建家庭伦理、推行社会教化和维护社会秩序所必需的经济基础。他发挥《易传》说：

> 言“风自火出家人”，家人之道必自烹饪始；风，风也，教也，盖言教家人之道必自此始也。（《横渠易说·上经》）
>
> 家道之始，始诸饮食烹饪，故曰“风自火出”。（《横渠易说·下经》）
>
> 家不富，志不宁。（《横渠易说·上经》）

即是说，一定的物质基础是保证家庭安居乐业的基本条件，“家不富”，人心就会不稳，“家”的伦理规范就建立不起来，由此社会教化也就无法推行，整个社会的秩序也就无从确立。①

这种思想延续了儒家先富而后教的治国理念。《尚书·洪范》提出了治国的“八政”，其中“食”就位居首位，“货”居其次。汉代学人郑玄在《尚书正义·洪范》中解释说：“此数本诸其职先后之宜也。”这与孔子的治国思想是一致的，《论语·子路》记载：

> 子适卫，冉有仆。子曰：“庶矣哉!”冉有曰：“既庶矣，又何加焉?”曰：“富之。”曰：“既富矣，又何加焉?”曰：“教之。”（《论语·子路》）

孟子也明确地把“王道”“仁政”与“制民之产”联系起来：

> 是故明君制民之产，必使仰足以事父母，俯足以畜妻子，乐岁终身饱，凶年免于死亡。然后驱而之善，故民之从之也轻。今也制民

① 参见《张载评传》，龚杰著，南京：南京大学出版社，2011年版，第175页。

之产，仰不足以事父母，俯不足以畜妻子，乐岁终身苦，凶年不免于死亡。此惟救死而恐不赡，奚暇治礼义哉？王欲行之，则反其本矣。五亩之宅，树之以桑，五十者可以衣帛矣；鸡豚狗彘之畜，无失其时，七十者可以食肉矣；百亩之田，勿夺其时，八口之家可以无饥矣；谨庠序之教，申之以孝悌之义，颁白者不负戴于道路矣。老者衣帛食肉，黎民不饥不寒，然而不王者，未之有也。(《孟子·梁惠王上》)

认为社会秩序的建立与维持，要建立在温饱的基础之上，只有使"黎民不饥不寒"，才能实现"王道"和"仁政"。孟子甚至还提出了"仁政必自经界始"(《孟子·滕文公上》)的问题，主张恢复周代的井田制度是实行"仁政"的首要任务。

张载继承了儒家的这一传统，认为"治天下不由井地，终无由得平，周道止是均平"(《经学理窟·周礼》)。他指出：

仁政必自经界始。贫富不均，教养无法，虽欲言治，皆苟而已。世之病难行者，未始不以亟夺富人之田为辞，然兹法之行，悦之者众，苟处之有术，期以数年，不刑一人而可复，所病者特上未之行尔。(吕大临《横渠先生行状》)

可以看出，张载对孔孟的主张深表赞同。他认为，实行仁政的首要任务是恢复井田，否则就会造成社会的贫富不均，道德教化无从展开，国家将无法治理而陷入混乱。张载认识到在当时恢复井田有着相当大的困难，但是他认为，"兹法之行，悦之者众"(吕大临《横渠先生行状》)，只要计划稳妥，假以数年，就可以在不损害个人利益的基础上实现它。

张载为什么始终坚持恢复井田的主张并认为它"悦之者众"呢？这是与北宋的社会政治危机直接相关的。赵宋王朝认为，"富室田连阡陌，为国守财尔"，实行"不抑兼并"的土地政策，致使土地兼并急剧发展，土地日益集中于官僚和大族手中，造成了"富者有弥望之田，贫者无卓锥之地"(《续资治通鉴长编》卷27《雍熙三年七月丙午》)的局面，广大农民日益丧失基本的生活保障。与唐朝相比，宋朝的自耕农大为减少，依托于大官僚、大地主的佃农数量大量增加。大官僚、大地主兼并了大量土地，却并不真正承担这些土地应缴纳的赋税，而是将赋税转嫁到逐渐丧失土地的贫苦农民身上，农民生活日益困苦，阶级矛盾不断激化。北宋初年，太宗朝爆发的王小波、李顺等农民起义，提出的口号就是"吾疾贫富不均，今为汝均之"，因而得到广大农民的响应。此后各地农民起义不断。虽然这些起义最后遭到镇压，但给予宋廷巨大震惊，也成为士大夫们的普遍忧虑。

恢复井田是依据《周礼》提出的应对北宋土地兼并及其所带来的社会政治危机的具体方案。[1] 北宋的诸多有识之士都认识到了北宋的土地兼并问题，并提出恢复井田的办法予以解决。如比张载稍早的北宋改革家李觏(1009—1059)对"贫民无立锥之地，而富者田连阡陌"做了深刻揭露，并提出恢复井田制的主张[2]：

> 言井田之善者，皆以均则无贫，各自足也……一手一足无不耕，一步一亩无不稼，谷出多而民用富，民用富而邦则丰者乎。[3]
>
> 食不足，心不常，虽有礼仪，民不可得而教也。尧舜复起，未如之何矣！平土之法，圣人先之。……古之行王政必自此始。(《李觏集》卷19《平土书序》)

李觏的这一主张在当时产生了较大的影响。苏洵、苏辙、王安石等人均有类似主张，张载同样如此。所谓"井田"就是按照土地国有的原则，把土地平均分配给农民耕种：

> 今以天下之土棋画分布，人受一方，养民之本也。后世不制其产，止使其力，又反以天子之贵专利，公自公，民自民，不相为计。(《经学理窟・周礼》)

不过，与李觏不同，张载明确反对"分种"和"租种"等北宋流行的租佃耕种形式。张载说："井田亦无他术，但先以天下之地棋布画定，使人受一方，则自是均……然不得如分种，如租种矣。"(《经学理窟・周礼》)租佃形式是建立在土地兼并所造成的土地占有严重不均的基础上的。此外，张载反对国家向农民直接征税的做法。李觏认为，《周礼》中的井田制没有提到"公"田，因而国家需要向农民直接征税(《李觏集》卷19《平土书》)。而张载主张，井田制度就是国家把土地划成许多井字形的方块，每一方块中有900亩耕地，中心的

---

① 参见《张载——十一世纪中国唯物主义思想家》，张岱年著，《张岱年全集》(第3卷)，石家庄：河北人民出版社，1956年版，第271页；《张载哲学思想》，姜国柱著，沈阳：辽宁人民出版社，1982年版，第153页。

② 参见《李觏集》卷16《富国策第二》，(宋)李觏撰，王国轩点校，北京：中华书局，1981年版。

③ 《直讲李先生文集》卷6《国用第四》，(宋)李觏撰，《四部丛刊初编》，上海：商务印书馆，1936年版。

100亩为“公”田，周围八个100亩分配给农民耕种，是为“私”田，每家农户除耕种自己所分得的100亩外，还要共同耕种100亩公田，私田的收入归各家所有，公田的收入上交国家，因而国家不需再向农民征收租税。因此，张载认为这种办法能够“悦之者众”，“使民悦从”。

为使恢复井田的措施能够“易行”，张载提出了“其多有田者，使不失其为富”的妥协方案。他的具体办法就是让大地主们做“田官”。张载曰：

前日大有田产之家……使之为田官以掌其民。(《经学理窟·周礼》)

其多有田者，使不失其为富。借如大臣有据土千顷者，不过封与五十里之国，则已过其所有；其他随土多少与一官，使有租税人不失故物。(《经学理窟·周礼》)

井田制实施以后，依据大地主之前所占有的土地多少，授予不同等级的“田官”及数量不等的土地，并使“掌其民”。然而张载又指出，“田官”只是一种过渡性的方案，“其始虽分公田与之，及一二十年，犹须别立法。始则因命为田官，自后则是择贤。”(《经学理窟·周礼》)可见，张载的井田制改革方案并非是脱离实际的“空想”“陈腐”，而是针对北宋的实际情况提出的治国方案，具有很强的针对性和时代性。

需要强调的是，张载恢复井田的具体方案是与他追求的以“仁政”为基础的“王道”理念相一致的。张载对缺乏“仁心”的汉唐统治者进行了批判，强调统治者要具有“仁心”，并任用精明强干的人，才能真正地将井田制推广开来，如此才能实现“仁政”“王道”。而井田制的恢复正可为实现仁义教化奠定经济基础。正所谓：“贫富不均，教养无法，虽欲言治，皆苟而已”(吕大临《横渠先生行状》)。张载还指出，汉唐之所以世风日下、道德败坏，就是因为井田制的废除：

问：世禄之荣，王者所以录有功，尊有德，爱之厚之，示恩遇之不穷也。为人后者，所宜乐职劝功以服勤事任，长廉远利以嗣述世风。而近世公卿子孙，方且下比布衣，工声病，售有司，为不得已为贫之仕，诚何心哉？

答：盖孤秦以战力窃攘，灭学法，坏田制，使儒者风义寖弊不传，而士流困穷，有至糟糈不厌。自非学至于不动心之固，不惑之明，莫不降志辱身，起皇皇而为利矣。求口实而朵其颐，为身谋而屈其道，习久风变,固不知求仕非义,而反羞循理为不能,不知荫袭为荣,而反以虚名为善继。今欲举三王教胄之法,使英才知劝而志行修,阜四方养士之财,使寒暖有归而衣食足,取充之计,讲擢之方,近于古而适于今,必有中制。众君子疆学待问,固将裨益盛明,助朝廷政治,著于篇,观厥谋之得失。(《文集佚存·策问》)

以前的世禄子弟尊德重礼,家风不断,为什么今天的公卿子孙与此截然不同呢?因为秦朝破坏了井田制,动摇了伦理道德的经济基础,因此当今士民为谋求生计而“莫不降志辱身”;现在之所以要恢复井田,就是要夯实社会经济,重振“三王教胄之法,使英才知劝而志行修”。可见,张载之所以恢复井田,实质上是为了推行仁义教化、重建以本原于天地宇宙的以儒家伦理道德为主导的社会政治秩序。

第三节 重建封建

中国古代学人所谓的“封建”是指秦以前天子分封诸侯的制度,它始于商,盛于周,又被称为分封制。敬天、孝祖、保民等“德”“孝”观念是其普遍价值原则。在封建制下,“礼乐征伐自天子出”,天子是最高统治者,天子把土地及人民分封给王室子弟或功臣,并让他们世袭罔替,但诸侯对天子必须自觉地担负服从、朝贡、纳税、拱卫等义务。至东周时,封建制的价值原则遭到破坏,“礼乐征伐自诸侯出”,开始了割据纷争的混乱时代。秦汉以后,郡县制代替了封建制,从此引起了关于封建制与郡县制孰优孰劣的长期争论。

唐代柳宗元曾撰《封建论》,从人类进化、国家起源与发展的立场,肯定商周时期实行封建制顺应了当时的社会发展形势,而秦废封建、置郡县,削弱地方势力、加强中央集权,则顺应了国家大统一的发展趋势,并从西汉初期恢复分封最终酿成吴楚七国之乱的教训出发,认为商周以后不可再行“封建”,主张“封建非圣人意也,势也”,从而得出汉以后再过一百代郡县制还是优于封建制的结论。那么,张载主张重建封建,是否不顾历史发展潮流而期望历史倒退呢?——不是的。重建封建是与恢复井田的主张相联系的,更是张载为解救北宋社会政治危机而提出的另一具体方案,并与其哲学主旨、“内圣外王”诉求一脉相通。

首先,重建封建是恢复井田、实行“仁政”的需要。

张载指出:“井田卒归于封建乃定”(《经学理窟·周礼》)。也就是说,井田制只有落实到封建制中才算是真正地实现,封建制是恢复井田的必然结果。如前文所述,张载提出了设置“田官”的办法,以避免在恢复井田时遭到大官僚和大地主的反对。其实,这里的“田官”正是“封五十里之国”的地方“诸侯”。在张载看来,这就是重建封建的开始。但是,以占有大量土地为原则而设置的“田官”仅是重建封建的权宜之计,等井田制实施一二十年之后,还要制定新的法度,以“择贤”的方式重新任命地方“诸侯”。这些地方“诸侯”拥有“采地”“圭田”,“皆以为永业,所谓世禄之家”(《经学理窟·周礼》),从而建立起真正的封建制度。因此张载说“井田卒归于封建乃定”。这也是张载依据北宋的特殊实际而提出的重建封建的变通之法。

封建制中的这些“世禄之家”并不是特权阶级。张载指出:“然古者世禄之家,必不如今日之官户也,必有法。盖舍役者惟老者,疾者,贫者,贤者,能者,服公事者,舍此,虽世禄之家,役必不免也明矣。”(《经学理窟·周礼》)张载对北宋大官僚和大地主占据大量土地却不承担相应赋役的弊端做了揭露和批评。他主张,在封建制度下,官宦大户必须遵守新的法度,承担相应的赋役。国家中可以免除赋役的只有两种人,一种是“老者,疾者,贫者”等弱势群体,一种是“贤者,能者,服公事者”等优秀人才及公务人员。这种对强势群体的限制和对弱势群体的关怀,是张载对北宋贫富不均、两极分化严重所做出的回应。在张载看来,推行变法,就是要因时制宜,为天下谋取福利。他说:“理势既变,不能与时顺通,非尽利之道”(《横渠易说·系辞上》)。那“利”是指什么呢?张载曰:“利于民则可谓利,利于身、利于国皆非利也。”(《张子语录·语录中》)即是说,唯有给民众带来益处的才是“利”,只给私人、国家带来益处的并不是“利”。可见,张载的变法主张是以强烈的民本思想为出发和归宿的,与他的“仁政”“王道”的理想追求是一致的。

其次,重建封建是解救北宋积贫积弱的具体方案,张载称其为“至安荣之道”。

唐代中后期,地方藩镇拥兵自重,形式上尊奉中央,但在军事、政治、经济等方面形成中央之外的独立单元。藩镇统帅往往是父死子继,或由部下拥立,中央只能事后追认,不能更改。藩镇与中央之间、藩镇与藩镇之间,存在着强烈的矛盾和对抗,皇帝权威和中央集权受到严重破坏,国家陷入了割据纷争、社会混乱的局面,最终成为李唐王朝灭亡的重要原因。柳宗元曾是唐顺宗年间“永贞革新”的核心人物,加强皇帝权威和中央集权是“永贞革新”的根本目的。柳宗元所撰《封建论》,也正是出于打击地方藩镇割据以强化皇帝权威和中央集权的苦衷,是唐代特殊政治情势的产物。

北宋的政治状况与唐代中后期根本不同,确切地说是恰恰相反。公元960年,赵匡胤在宋州(今河南商丘南)发动“陈桥兵变”,建立大宋王朝,不过是五代十国军人拥立新主的又一次重演,无非是继后蜀、南汉、南唐、吴越、北汉等割据势力之后出现的一个新政权而已。如何避免唐朝末年以来藩镇割据、武人跋扈、君弱将强等威胁皇权和中央集权的局面,是摆在赵宋王朝面前的首要课题。因此,赵宋王朝采取了一系列措施加强皇权和中央集权:在军事上解除武将实权,将领兵机构分为相互平行的“三衙”,设立有调兵权但无领兵权的枢密院(首席长官为文官),收编地方精锐之兵为禁军,并实行“更戍法”“强干弱枝”“守内虚外”策略;在政治上,以“同中书门下平章事”为宰相,另以枢密使、参知政事、三司使等分割宰相之权,设御史台和谏院并立“不杀言官”祖制,以为皇帝耳目;在地方上,以文官充任知州,并设通判与之相互牵制,设转运使,除“诸州度支经费”外,地方财政一律收归中央,另设提点刑狱司分割知州的司法之权;在文化上,实行“崇文抑武”基本国策,大力发展科举制度,广泛地吸收知识分子加入官僚队伍等。经过这些措施,赵宋王朝的皇权和中央集权得到前所未有的强化。

但是,权力过度集中于皇帝和中央,造成了一系列新的社会政治问题,即积贫积弱、内忧外患的国势。从内部看,北宋各种新机构、新官职严重重叠,开科取士、恩荫授官、政府养兵的规模急剧扩大,官僚和军队素质大大下降,行政效力和军队战斗力日见低下,国家财政支出日渐捉襟见肘,地方政权的军事、政治、经济实力逐渐丧失,为北宋社会政治危机埋下了重大隐患。从对外看,北宋内部的这种困局导致了国家对外的“弱势”。因士兵素质的下降和军队战斗力的减弱,赵宋王朝在与辽国、夏国等少数民族政权的军事斗争中吃了不少败仗。加上地方各种权力收归中央或分而治之所导致的地方实力的日渐削弱,面对辽、夏的军事进攻,北宋往往形成不了有效的抵抗力量,致使入侵的外敌长驱直入,甚至汴京也都遭到辽兵的直接威胁,辽、夏对北宋王朝的安危构成了严重挑战,北宋不得不签订向辽、夏纳岁币、献锦帛的和约。频仍的外患给北宋带来了巨大屈辱,对于士大夫而言是很难接受的。正如萧公权所言:“赵宋立国之初,既有契丹之患。不徒石晋所割让之燕云十六州始终不得收复，而辽国势日盛，澶州战后，屡增岁币，以求苟安。西夏坐大，亦属内侵。元昊请和缓例复遗岁币。以大事小，示弱于人。此诚奇耻大辱，而当时君臣然肯接受，殆亦深知兵弱财乏，故不得不姑忍之也。”[1]北宋的外患及其所带来的耻辱，不仅加深了北宋士大夫的忧患意识，而且也激化了士大夫心中的夷夏之防观念。

张载对北宋的这种社会政治危机深有洞察和反思，因其生活于关中，他对夏国的军事威胁和侵扰更有着切身的体会和感触。因此，张载立足于唐宋的不同历史状况，不同意柳宗元在《封建论》中所提出的观点，认为封建制可以重新“调整中央和地方的权益关系”[2]，是解救北宋权力过度集中所造成的弊端和实现国家治平的有效途径。张载指出：

> 所以必要封建者，天下之事，分得简则治之精，不简则不精，故圣人必以天下分之于人，则事无不治者。（《经学理窟·周礼》）

为什么重建封建很有必要呢？因为一切权力都集中于皇帝、一切事情都由中央管理，一定会带了很多弊端。最高统治者对天下之事不必事事躬亲，而应设立精简但又强而有力的职能部门，将政治事务和天下土地“分”给臣下管理，这样才能对内实现对社会百姓的有效管理，对外形成强而有力的抵御外敌入侵的地方力量，从而实现国家“事无不治”的安定和谐。这种与井田制相结合的封建制就是为解决北宋的社会政治弊病而提出的：

> 既使为采地，其所得亦什一之法。井取一夫之出也，然所食必不得尽，必有常限，其余必归诸天子，所谓贡也。诸侯卿大夫采地必有贡，贡者必于时享，天子皆庙受之，是“四海之内各以其职来祭”之义。其贡亦有常限，食采之余，致贡外必更有余，此所谓天子币余之赋也。以此观之，古者天子既不养兵，财无所用，必大殷富，以此知井田行，至安荣之道。后世乃不肯行，以为至难，复以天子之威而敛夺人财，汲汲终岁，亦且不足。（《经学理窟·周礼》）

因四海之内对中央的朝贡，地方事务得到诸侯处理，地方力量得到巩固，天下的安定和谐不必让天子“养兵”，“必大殷富”的中央也不必为财政拮据而忧虑。可见，张载重建封建的真正意图，在于对内实现社会的有效管理，对外形

---

① 《中国政治思想史》，萧公权著，台北：中国文化大学出版社，1982 年版，第 457 页。

② 《张载评传》，龚杰著，南京：南京大学出版社，2011 年版，第 184 页。

成抵御外敌的有效力量,以使国家走向殷实富强之路,这也就是张载所谓的"至安荣之道"。张载的这些论述其实对柳宗元的《封建论》做了回应,对封建"乃不肯行"的观点做了反驳。不难发现,张载的封建制并非是书斋中的臆想,而是张载反思汉唐历史之不同,针对北宋特殊时局而提出的政治改良方案。

最后,封建制的确立能使儒家的伦理道德成为社会普遍认同并自觉践行的价值观念,为朝廷稳固、天下和谐提供根基。

柳宗元之所以反对封建制,是因为分封容易造成地方政权的尾大不掉之势,如唐后期的地方藩镇与中央朝廷相抗礼。赵宋王朝之所以采取种种措施把权力过度集中于皇帝和中央,也是基于此一历史教训的。因此,张载所主张的封建制会给宋朝统治者带来很大忧虑。按照此种逻辑,在张载所主张的封建制下,天子"不养兵"会使北宋再次陷入唐末五代的割据纷争之中。但是,在张载看来,情况并不是这样——"不养兵"的天子不仅没有受到地方政权的武力胁迫,而且还能实现国家"事无不治"的安定和谐。这是为什么呢?张载有着自己的思考和解答。

张载的封建制与井田制紧密相连,在张载看来,这种社会是在解决温饱的基础上实现道德教化的理想社会,是儒家先富而后教治国理念的贯彻实践。他说:

> 井田而不封建,犹能养而不能教。封建而不井田,犹能教而不能养。封建井田而不肉刑,犹能教养而不能使。然此未可遽行之。(《经学理窟·月令统》)

张载认为,井田的恢复能"养"民,封建的重建能"教"民,不过封建制下的"教"需要"肉刑"的配合。所谓"肉刑",是指墨(脸上刺字)、劓(割鼻子)、剕(砍足)、宫(去男性生殖功能)等割裂或割除人的部分肉体的刑罚。这种刑罚极其严酷,相传开始于夏代,随着社会的发展,肉刑逐渐被取消了。张载之所以主张恢复"肉刑",并不是主张残暴,恰恰相反,张载认为以肉刑代替死刑,让被判死刑的人以免死为幸,更符合"仁术",可以使民众更加得到道德教化的熏陶。不过张载提醒肉刑必须慎重,不可仓促而行("未可遽行之"):

> 肉刑犹可用于死刑。今大辟之罪,且如伤旧主者死,军人犯逃走亦死,今且以此比刖足,彼亦自幸得免死,人观之更不敢犯。今之妄人往往轻视其死,使之刖足,亦必惧矣。此亦仁术。(《经学理

窟·周礼》)

从此处的"养"与"教"以及"仁术",又可见张载政治思想的"仁政""王道"诉求。

因此,在张载的封建制度里,天子是仁君,诸侯遵守礼仪,民众普遍受到良好的道德教化,这就是张载所说的"忠义既立,朝廷之本岂有不固"(《经学理窟·宗法》)之意。即是说,在封建制里,因为井田制和封建制的建立,社会教化的推行使儒家的伦理道德成为社会普遍认同并自觉践行的价值观念,这是朝廷得到稳固、天下能够和谐相处的根基。张载对"古者诸侯之建,继世以立,此象贤也"(《经学理窟·月令统》)的认同,亦是此意。这也正是张载批评柳宗元反对封建是"不知圣人之意"的深层含义,正所谓:"封建必有大功德者然后可以封建"(《经学理窟·周礼》)。因而在张载看来,东周和唐后期国家陷入混乱,是因为礼乐法度受到破坏和中央朝廷"不能治"的结果,并不在于地方政权有着坚实的力量。他说:

> 圣人立法,必计后世子孙,使周公当轴,虽揽天下之政,治之必精,后世安得如此!且为天下者,奚为纷纷必亲天下之事?今便封建,不肖者复逐之,有何害?岂有以天下之势不能正一百里之国,使诸侯得以交结以乱天下!自非朝廷大不能治,安得如此?而后世乃谓秦不封建为得策,此不知圣人之意也。(《经学理窟·周礼》)

张载认为,设立封建是"圣人之意",是"圣人"为后代子孙的安危所计;如果有个别不肖的诸侯,就把他驱逐出去;倘若真发生地方诸侯联合起来共同反抗中央政权的事情,那是因为中央不能以仁政服众的缘故,因此中央应负有更大的责任,而不能把责任归咎于地方诸侯。因此,张载所谓的封建制与他为天地和社会秩序立法的学理诉求是一脉相承的,是实现"道学"与"政术"不二、"内圣外王"盛世理想的重要举措。不过,在张载看来,道德教化的实现和中央权威的维护还需要宗法制的保障。

第四节 推行宗法

宗法制度和宗法思想有着古老的传统,它最初萌生于原始社会末期的家长制。商周之际国家形成之后,这种以血缘关系为纽带的宗法制和国家政权紧密结合在一起。侯外庐称之为中国文明起源不同于西方的"亚细亚"的

"维新路径":"'古典的古代'(古希腊罗马)是从家族到私产再到国家,国家代替了家族;'亚细亚的古代'(古代中国)是由家族到国家,国家混合在家族里面了,叫作'社稷'。因此,前者是新陈代谢,新的冲破了旧的,这是革命的路线;后者却是新陈纠葛,旧的拖住了新的,这是维新的路线。"[①]自此之后,这种以血缘关系为纽带的宗法制与国家政权糅合在一起,整个社会以"亲亲""尊尊"原则建立伦理纲常和社会秩序,嫡长子与其余的嫡子或庶子有着严格的区别,前者被称为"大宗",是先人遗产的合法继承者,后者被称为"小宗",是"大宗"的分支,因而中国古代的国家政权实质上就是扩大了的家族统治。在西周时代,宗法制与分封制交织在一起。周天子是天下的"宗主",他以"亲亲""尊尊"的原则,将天下的土地和人民分封给自己的子嗣、兄弟或者功臣,在地方建立诸侯国,地方诸侯视周天子为自己的"宗主",为其承担相应的义务,以此建立起国家的统治秩序。

张载极力主张推行宗法制度,并继承了商周以来的宗法思想。他说:"夫所谓宗者,以己之旁亲兄弟来宗己。所以得宗之名,是人来宗己,非己宗于人也。"(《经学理窟·宗法》)"以己之旁亲兄弟来宗己",是为一宗之"宗主",也就是"大宗",其他旁亲兄弟则为"小宗"。"宗主"的合法继承者是为"宗子","宗主"的其他嫡子或庶子是为"支子"。"宗主"去世后,"宗子"成为下一任"宗主",继承前一任"宗主"的遗产,特别是继承设立祖庙、主持祭礼的大权,张载说:

> 古所谓"支子不祭"也者,惟使宗子立庙主之而已。支子虽不得祭,至于斋戒致其诚意,则与祭者不异;与则以身执事,不可与则以物助之,但不别立庙。(《经学理窟·宗法》)

张载还把"宗主"视为树木的主干、河水的主流,其他旁亲兄弟被视为树木的旁支、河水的支流,即使是"旁支昌大",也不能喧宾夺主,必须为"宗主"服务、做"宗主"的陪衬:

> 譬之于木,其上下挺立者本也,若是旁枝大段茂盛,则本自是须低摧;又譬之于河,其正流者河身,若是泾流泛滥,则自然后河身转而随泾流也。宗之相承固理也,及旁支昌大,则须是却为宗主。(《经学理窟·宗法》)

---

① 《中国思想通史》(第1卷),侯外庐主编,北京:人民出版社,1957年版,第11页。

张载期望以此正家族之源流、别族人之主次,构建起稳固的宗法组织。如前文所述的重建封建会引起北宋统治者的担忧,但张载的“立宗子法”的方案又为维护“宗主”权威、巩固皇帝地位提供了重要保障。

然而,张载的宗法制度并非完全是对古老制度的继承,而是对此进行了大胆的革新。西周宗法制的要义是嫡长子继承制。张载并不反对嫡长子继承制,他说:“譬如一人数子,且以适长为大宗”。但张载也并不完全遵守之。张载提出,“至如人有数子,长者至微贱不立,其间一子仕宦,则更不问长少,须是士人承祭祀”(《经学理窟·宗法》)。就是说,如果嫡长子不够贤能,就可以剥夺他的继承权,以“不问长少”的原则选举有贤能者为“宗子”。这与张载的封建制以“贤”选择地方“诸侯”的原则是一致的。可见,与西周以血缘关系为基础的宗法制并不完全相同,张载所主张的宗法制在血缘基础上又突出了“择贤”的准则。如此一来,“宗主”不必是嫡长子,但一定是贤者能者;地方的“诸侯”不必是皇帝的“旁亲兄弟”,但一定是贤者能者。对古代宗法制度的革新说明张载推行宗法并不是一味地想“复古”。

在张载看来,恢复井田、重建封建、推行宗法三者紧密相关,井田制可以为构建家庭伦理、实现社会教化奠定经济基础,它只有落实到封建制中才能得到真正实现,封建制的施行又以社会普遍认同并自觉践行儒家价值观念为基础,而要实现社会的道德教化,必须“明谱系世族与立宗子法”——推行宗法就是实现社会道德教化最好的社会组织形式。张载指出:

> 管摄天下人心,收宗族,厚风俗,使人不忘本,须是明谱系世族与立宗子法。宗法不立,则人不知统系来处。古人亦鲜有不知来处者,宗子法废,后世尚谱牒,犹有遗风。谱牒又废,人家不知来处,无百年之家,骨肉无统,虽至亲,恩亦薄。(《经学理窟·宗法》)

《礼记·大传》曰:“人道亲亲也,亲亲故尊祖,尊祖故敬宗,敬宗故收族。”即是说,宗法制度可以维持宗家大族的世代相传,使民众“知来处”而“不忘本”,从家庭人伦上培养起民众的忠孝仁义观念,这样道德教化和敦本善俗的目的也就实现了。[①] 其实,“敬宗收族”,推行儒家的道德教化,也正是对佛教思想的批判和反对。佛教倡导削发出家、抛妻弃子,违背儒家基本的人伦规

---

① 《张载哲学思想》,姜国柱著,沈阳:辽宁人民出版社,1982 年版,第 164 页;《张载评传》,龚杰著,南京:南京大学出版社,2011 年版,第 186—187 页。

范。张载推行宗法，正是从人伦上培育儒家道德，达到收拾人心、确立儒家价值观念的主流地位以重建社会秩序的目的。

然而，推行宗法的深远意义不止于此。张载基于对历史发展的洞察和对北宋内忧外患时局的反思，认为推行宗法还是赵宋王朝治国安邦、摆脱内外交困危局的根本举措。西周时期，作为"宗主"的天子把一定的土地分封给"小宗"，"大宗"和"小宗"死后，原有一切均由各自的嫡长子继承，这样宗家大族可世世代代传承下去而不至于分散。到了封建制和郡县制并行的西汉时期，统治者为削弱地方诸侯力量，规定各地诸侯王应把财产按不同比例分给众子，以此不断削弱地方诸侯王的实力，但世家大族在汉代并没有受到破坏，自东汉至唐代中期以前，不同的大族在国家政治、经济、军事、文化诸领域世世代代占有巨大的权势。至唐宋之际，终于发生了重要转折，世家大族渐趋衰落，士民阶层日益兴起。钱穆曾指出："论中国古今社会之变，最要在宋代。宋以前，大体可称为古代中国，宋以后，乃为后代中国。秦前，乃封建贵族社会。东汉以下，士族门第兴起。魏晋南北朝定于隋唐，皆属门第社会，可称为是古代变相的贵族社会。宋以下，始是纯粹的平民社会。"①

因中国文明的"维新"路径，中国古代国家社会不仅以"家"为基本单位，而且国家实质上就是扩大了的家族统治。因此，张载认为北宋之所以形成内外交困的局面，就是因为自古以来的宗法制遭到了破坏，因而他非常强调宗法制的重要性，将其提升为安家保国的根本支撑，认为宗法制能培育出官员和百姓的"忠义"观念，凝聚家庭成员，组织社会力量，巩固社会秩序，从而实现天下的太平理想。张载指出：

> 宗子之法不立，则朝廷无世臣。且如公卿一日崛起于贫贱之中以至公相，宗法不立，既死遂族散，其家不传。宗法若立，则人人各知来处，朝廷大有所益。或问："朝廷何所益？"公卿各保其家，忠义岂有不立？忠义既立，朝廷之本岂有不固？今骤得富贵者，止能为三四十年之计，造宅一区及其所有，既死则众子分裂，未几荡尽，则家遂不存，如此则家且不能保，又安能保国家！（《经学理窟·宗法》）

① 《理学与艺术》，钱穆著，《宋史研究集》（第七辑），台北：台湾书局，1974 年版，第 2 页。

即是说，时至北宋，宗法制度已遭到破坏，宗族大家无法维系，社会财富流动性增大，忠孝仁义等伦理道德日渐沦丧，朝廷无法培养起贤能的“世臣”，家庭也失去稳固的基础，社会缺乏凝聚力和向心力，民众无法有效地组织起来，形成不了有效的力量以“保国家”，最终使国家的长治久安产生了动摇。可见，张载推行宗法是基于社会历史的不同发展、针对北宋内外交困的社会政治危机而提出的，其根本目的就是要将天下官员和民众以“忠义”的人文理念合理有效地组织起来，使社会和国家形成以“家”为基本单元、以“忠义”为核心理念的和谐稳固、坚不可摧的统一整体，对内实现仁义亲睦的和谐社会，对外形成强而有力、“修文德以远之”的国家形象，从而奠定“为万世开太平”的千古伟业。

值得注意的是，张载的宗法诉求其实是与他的哲学判断即对宇宙法则的哲学探索相互贯通的。在张载看来，社会秩序只有按照宇宙的秩序那样组织起来才算合理、才会有效，推行宗法制就是对“天人合一”理想境界或“内圣外王”盛世理想的真正实现。张载的哲学思想可谓是气本论，“湛一”之气“太虚”是天地宇宙的本原，也就是“天”，它凭借阴阳二气的交感变化化生宇宙万物，由气聚而成的万物均来自于天地宇宙，并禀受了天地宇宙的内在本性，人及其“天地之性”和“气质之性”亦是如此，万物消散之后又复归于“太虚”，因而人、万物与自然世界构成一个天人合一的统一整体，用庄子的话说就是“天地与我并生，而万物与我为一”，用张载的话说就是“视天下无一物非我”。然而，张载又指出，在宇宙化生万物的过程中蕴含着“天秩”“天序”等天然的尊卑等级秩序，也叫作“天理”。包括人在内的千差万别的宇宙万物实质上构成了一个有着尊卑秩序但又相互和谐的统一整体。至此，以宗法制度组织起来的国家统治秩序也就找到了先天的合理性。因此，张载指出：“天子建国，诸侯建宗，亦天理也。……宗之相承固理也。”（《经学理窟·宗法》）

这一思想意蕴在《西铭》中得到更为清晰的总结性表达[①]：

乾称父，坤称母；予兹藐焉，乃混然中处。故天地之塞，吾其体；天地之帅，吾其性。民，吾同胞；物，吾与也。

大君者，吾父母宗子；其大臣，宗子之家相也。尊高年，所以长

---

① 《张载——十一世纪中国唯物主义思想家》，张岱年著，《张岱年全集》（第3卷），石家庄：河北人民出版社，1996年版，第270页。

> 其长;慈孤弱,所以幼其幼;圣,其合德;贤,其秀也。凡天下疲癃残疾、惸独鳏寡,皆吾兄弟之颠连而无告者也。(《正蒙·乾称》)

《周易·说卦》曰:“乾,天也,故称乎父;坤,地也,故称乎母。”也就是说,宇宙是一个天、地、人、万物共处共成的大家庭,包括人在内的万物均来自于天地宇宙,天地是人、万物的共同父母,天下人民都是我的兄弟姐妹,世界万物都是我的同类,因此应当爱惜天下所有民众和事物。但是,宇宙大家庭同时又遵循着一定的尊卑等级秩序,君主是天地父母的嫡长子,是宇宙大家庭的“宗子”,大臣是为君主管理宇宙大家庭的“家相”,比自己年长或贤能的尊者应当受到普遍的尊重,比自己年幼或弱势的群体要受到普遍的关爱。如此一来,整个宇宙就是一个以君主为宗子的宗法大家庭;君主在这一大家庭中具有不可侵犯的权威和地位,同时要施仁政于天下,像爱惜自己的兄弟姐妹和子孙一样仁爱天下百姓;天下百姓应当像尊重自家的长者那样尊重君主的权威和地位,彼此之间则应当相互仁爱协助,从而使国家形成一个忠孝仁爱、安定有序、文明团结的统一整体。以宗法制度组织起来的国家,被张载披上了一层神圣的面纱。

张载的哲学探索为宗法制的推行确立了形而上的宇宙论根据,而推行宗法就是要使社会秩序与宇宙秩序相契合,将现实的社会政治提升到与宇宙精神相一致的“民胞物与”的理想境界。一言以蔽之,宗法的推行表达出了张载所坚持的社会政治秩序必须按照宇宙秩序组织起来的基本观点,是对“天人合一”理想境界或“内圣外王”盛世理想的落实与实现。

第六章　社会教化思想

第一节　礼乐传统

社会教化思想是张载思想体系的重要组成部分，与他的哲学思想和社会政治抱负密切相关。张载的社会教化思想虽然离不开对先秦以来儒家传统的继承，但同时又表现出鲜明的时代特征，对"性与天道"的探索为张载的社会教化思想提供了全新的哲学依据，而社会教化的推行又是张载实现政治理想的必需之途径，也是张载对唐末以来社会伦理与社会秩序"扫地而尽于是"的自觉回应。当前学术界虽对张载的教育思想已有不少研究①，但对张载的社会教化思想仍有探讨的必要。

张载认识到，儒家从来都是注重社会教化的，认为它是治国理政、实现天下治平的重要基础。不过，张载的社会教化思想并非是对儒家传统的简单继承。唐末以来，社会伦理道德和社会政治秩序遭到严重破坏，重建社会纲常和秩序成为北宋士大夫所面临的首要课题。身处新环境中的张载，在继承儒家教化传统的基础上，充分把握时代特征，以气本论的宇宙观为根基，给社会教化思想赋予了新的内涵。

一、对儒家仁义礼乐教化传统的自觉

以仁义礼乐为主要内容的社会教化是先秦以来儒家思想的重要传统，也是中华文明的主要特征。对于尧舜禹时代，《尚书》多有"克明俊德""德惟善政"的赞颂。即使是崇尚严刑峻法的韩非子，也不得不发出"上古竞于道德"

① 譬如《张载及其陕籍后学的教育思想》，郑涵慧，西安：《人文杂志》，1982 年第 4 期；《论张载的教育思想》，白洁，西安：《陕西师范大学学报》（哲学社会科学版），1984 年第 2 期；《张载的教育思想》，刘锡辰，洛阳：《河南大学学报》（哲学社会科学版），1986 年第 2 期；《张载的教育思想探微》，孔令华，西安：《理论导刊》，2007 年第 2 期；《张载礼学论纲》，林乐昌，北京：《哲学研究》，2007 年第 12 期；等等。

的感叹。礼乐最早存在于原始宗教的祭祀等重大活动中。殷周之际,礼乐及其人文内涵得到前所未有的凸显,社会思想观念发生重大变革。西周时期,"以德配天""敬德保民"已成为治国理政的普遍理念,特别是周公"制礼作乐",在总结已有文明基础上创建了以仁义道德为基本内涵的礼乐规范,这些规范成为国家政治和社会民众生活的方方面面的基本准则,奠定了中国古代政治的德治与教化原则,成为中国古代政治文明的象征。

此后,道德教化受到先秦儒家学者的进一步推崇。孔子认为,"道之以政,齐之以刑,民免而无耻;道之以德,齐之以礼,有耻且格。"(《论语·为政》)充分显示了孔子对道德教化的推崇。孟子也主张:"善政不如善教之得民也。善政,民畏之;善教,民爱之。善政得民财,善教得民心。"(《孟子·尽心上》)荀子从性恶的视角同样指出道德教化是先王的深思远虑,"是义天下之本也"。他说:"势位齐而欲恶同,物不能赡,则必争,争则必乱,乱则穷矣。先王恶其乱也,故制礼义以分之。使有贫富贵贱之等,足以相兼隔者,是义天下之本也。"(《荀子·王制》)

汉唐时代,儒家文化上升为国家的正统思想,道德教化也成为古代国家的统治意识形态。西汉董仲舒总结先秦历史经验最早明确提出"礼乐教化"概念,以此指称先王以"礼乐"行"仁义"之教的教化传统,并认为此乃国家长治久安的根本大计。他说:"道者,所繇适于治之路也,仁义礼乐皆其具也。故圣王已没,而子孙长久安宁数百岁,此皆礼乐教化之功也。王者未作乐之时,乃用先王之乐宜于世者,而以深入教化于民。"(《汉书·董仲舒传》)由西汉统治者制定的《盐铁论》,对先秦以来的道德教化原则做了法典性的阐述:"圣王之治世,不离仁义。……上自黄帝,下及三王,莫不明德教,谨庠序,崇仁义,立教化。此百世不易之道。"①

汉代之后,玄学、佛教和道教文化相继大为兴盛,儒家思想受到佛教、道教文化的严重冲击。但需要注意的是,从魏晋至隋唐乃至明清,中国古代国家的统治意识形态始终是儒家的价值观念。汉唐儒家传统道德的正统地位在受到严重挑战和威胁的同时,也是被众多儒家学者用来反对佛、道"异学"的有力武器。唐代韩愈就是其中的杰出代表。他倡导儒家的"道统",大声疾呼以道德教化社会民众的必要性和紧迫性。注重仁义礼乐的道德教化,成为

---

① 《盐铁论》卷23《遵道》,(汉)桓宽著,北京:商务印书馆,1934年版。

中华文化的主要传统和鲜明特色。张载对此深有认同和自觉。他说:“仲尼在洙、泗之间,修仁义,兴教化,历后千有余年用之不已。今倡此道不知如何……今则此道亦有与闻者,其已乎? 其有遇乎?”(《经学理窟·自道》)对社会教化的强调和推崇,就是张载对这一文化传统的自觉认同和继承发展。

二、对唐末以来社会秩序崩乱的忧虑

北宋建立以前,是长达200年的儒家伦理道德遭到破坏、社会秩序日趋混乱的时期。唐玄宗晚年,地方藩镇势力渐趋壮大,与中央朝廷分礼抗衡。“安史之乱”后,原来只设立于边地的节度使发展到了内地,全国形成了藩镇林立的局面,中央集权受到严重打击。唐懿宗咸通九年(868),庞勋领导的桂林戍卒造反,连破十余州,队伍发展到20万人,遭到镇压后其余部参加了后来的黄巢起义。僖宗乾符元年(874),王仙芝在长垣(今属河南)起兵,冤句(今山东曹县)人黄巢起兵响应,起义军先后转战于北到山东、南到广东、西到荆州、东到扬州的广大区域,后又占领洛阳,攻克长安,僖宗出逃。广明元年(880),黄巢于大明宫含元殿建元金统,国号大齐。李唐王朝不得不借助于地方藩镇甚至是少数民族的武装予以平叛,致使唐末藩镇更加猖獗,地方割据纷争愈演愈烈。

唐后期的危局最终演变成长达半个世纪的诸国分立、战乱纷争的五代十国。从907年到960年不足60年的时间内,先后出现了后梁、后唐、后晋、后汉、后周以及前蜀、后蜀、吴、南唐、吴越、闽、楚、南汉、南平、北汉等15个政权。在相互争权、兼并的纷乱中,五代十国的“皇帝”多由节度使夺位产生,这些节度使大都又是由前朝的禁军将帅升迁而来。正所谓“国擅于将,将擅于兵”。在各个政权分立、战乱纷争的五代十国,中央集权统治被破除殆尽,整个国家四分五裂,战乱频繁,社会秩序处于瘫痪状态。史书评论此时的社会状况曰:“礼乐崩坏,三纲五常之道废,而先王制度文章扫地而尽于是矣。”(《新五代史》卷17《晋家人传论》)即社会已经到了道德沦丧、风俗凌夷、纷争四起、儒家价值观念衰落乃至崩溃的危机状况。

赵宋王朝建立后,虽然从军事、政治、经济、文化等诸领域采取一系列措施,使皇权和中央集权得到前所未有的加强,为国家稳定和经济文化发展提供了制度上的保障,但社会政治秩序的重建亟须被普遍认同并自觉践行的儒家伦理道德的支撑。除北宋加强中央集权的措施重新使国家陷入积贫积弱、内忧外患的社会政治危局外，社会上广泛流行的佛教、道教等“异端”思想依然对儒家的正统地位和主流权威构成严重威胁，这就使北宋士大夫对以儒家道德观念为主导的社会秩序的重建产生了更加急迫的诉求。赵宋王朝之所以制定“崇文抑武”的国策，北宋初期士大夫之所以普遍重视和发明《春秋》《周礼》等儒经中的“尊王”“王道”思想，就是为了解决这一时代性课题。

生活在北宋中期的张载，强烈地感到唐末以来的乱世对社会道德、社会风俗造成的巨大流弊，为当时的礼仪法度特别是婚丧祭祀的仪式“一用流俗节序，燕亵不严”（吕大临《横渠先生行状》）深感不安。他将自己一生的思想精华集结成册而名之为“正蒙”（即订正愚昧之义），就是针对唐末以来日趋沦丧的社会道德与风俗而发，集中体现了张载推行社会教化、重建社会秩序以培养起人们对儒家道德规范的普遍认同和自觉践行的强烈愿望。

三、对社会教化哲学依据的发明

孔子曾提出“性相近，习相远”的命题，认为从先天本性的角度而言，每个人的本质大体是相同的，只是因为后天的熏习教化不同而有了差别，但孔子并没有从天道与人道的贯通角度对“性”及其与“习”的关系问题做出进一步的详细论证，因而他又主张“唯上智与下愚不移”，在理论上似乎产生了不协调。虽然张载社会教化思想的形成离不开儒家的古老传统及对时代问题的回应，但与儒家传统教化理论不同，张载结合自己的哲学探索，从宇宙观和人性论角度论证了社会教化活动的形上依据，提出了“变化气质”的基本理论，为儒家的社会教化思想确立了全新的哲学依据。

张载认为，宇宙由“气”构成，“气”则有三种不同的存在形态。一种是气的本然（或消散）状态——“太虚”，也就是“湛一”之气，它是宇宙物质与精神的终极本原，蕴涵着天地宇宙的本质属性，是至善的。一种是阴阳二气，阴阳二气的交感形成了宇宙的发展变化，然而阴阳二气具有攻取、刚柔、缓速、清浊等性质，有善有恶。第三种是气的聚合状态，也就是万事万物，它由天地宇宙化生，禀赋着太虚的至善和阴阳二气的或善或恶，最终消散而回归于太虚。人同世间万物一样，均来自于天地宇宙，一方面禀赋太虚的本质属性——至善的“天地之性”，因此从根本上说人性本善；一方面禀赋阴阳二气的属性——有善有恶的“气质之性”，因此产生了人性中的“恶”，现实中从而有了圣人、凡人和不肖之人的存在。张载说：“形而后有气质之性，善反之，则天地之性存焉。故气质之性,君子有弗性者焉”;“性于人无不善,系其善反不善反而已”(《正蒙·诚明》)。要获得原本至善的本性,必须通过后天的努力矫正气质之偏。这就是张载的“变化气质”之道。

那么,如何才能“变化气质”呢?张载提出:“学”以变化气质。这个“学”实质上就是接受儒家价值理念的熏陶,对儒家道德进行学习和实践。《礼记·学记》早就指出:“君子如欲化民成俗,其必由学乎!”十分强调“学”对于变化气质、移风易俗的重要性,但《礼记·学记》并未为“学”奠定形而上的哲学基础。张载认为,气质之善恶虽是人与生俱来所受的定分,但人的善恶所成却取决于人的后天努力——禀气之偏者,可以通过后天不断的“学”,逐渐摒除和矫正“气质之性”中的“恶”,从而最终返归到至善的本性。张载指出:

> 学者不论天资美恶。(《经学理窟·学大原下》)
>
> 苟志于学,则可以胜其气与习,此所以偏不害于明也。(《张子语录·语录下》)
>
> 人之气质美恶与贵贱夭寿之理,皆是所受定分。如气质恶者学即能移,今人之所以为气所使而不得为贤者,盖为不知学。(《经学理窟·气质》)

这就是张载的“学以变化气质”的基本理论。

从气本论的宇宙观出发,通过“合两之性”的人性论,张载论证了人人皆具本然之善、但又善恶不同的基本原理,得出了“变化气质”“学即能移”的结论,从而使人人皆可成圣成贤成为可能,为社会教化活动的可能性和必要性确立了先天的合理依据,对孔子所主张的“性相近,习相远”的思想做了重大理论突破,对“唯上智与下愚不移”的传统观点做了必要的修正,为理学的社会教化思想奠定了理论基础。

第二节 “敦 本”

在张载那里,社会教化的推行主要包含两个层次,一是“敦本”,二是“善俗”。“敦本”就是培养起人们对儒家伦理道德的内在自觉,通过“变化气质”之道把儒家伦理道德内化为人的内在德性,其目标就是要使人成为至善的君子或圣人。“善俗”就是使儒家的伦理道德为社会普遍认同与遵守,养成良好的社会风尚,从而构建起理想的社会秩序。就像“内圣”与“外王”一样,前者是后者的根基,后者是前者的社会效果。张载说:“化民易俗之道,非学则不能至此,此学之大成也。”(张载:《礼记说》,引自宋代卫湜《礼记集说·学记》)只有通过“学”,促成人对道德规范的自觉和气质的变化,才能实现“化民易俗”的效果。张载非常重视“敦本善俗”,他在任地方父母官时,秉持的就是“政事以敦本善俗为先”(吕大临《横渠先生行状》,《宋史》卷427《张载传》)的执政理念。

“敦本”即培养对儒家道德规范的内在自觉,变化个体的气质,将儒家道德观念和伦理规范内化于人的本性当中,使其“成人”“成圣”。张载指出:“为学大益,在自求变化气质,不尔皆为人之弊,卒无所发明,不得见圣人之奥。”(《经学理窟·义理》)“圣人之奥”乃天地宇宙的属性与法则以及本原于此的社会道德与政治秩序,而“圣人之奥”的获得必须建立在变化气质的“自觉”“自求”之上,即个体的文化自觉的根基之上。而变化自我气质的目的,就是要将儒家道德观念和伦理规范内化于人的本性当中,张载说:“学者当须立人之性。仁者人也,当辨其人之所谓人。学者学所以为人。”(《张子语录·语录中》)“立人之性”即确立人之为人的内在道德品质,也就是使人懂得成其为人的根据,这一根据就是儒家所倡导的仁义礼乐。倘若没有个人的自觉自知,社会教化也将成为无本之木、无源之水。

张载认为,道德自觉所要造就的理想是“学至圣人”。他说:“学必如圣人而后已,以为知人而不知天,求为贤人而不求为圣人,此秦汉以来学者大蔽也。”(《宋史》卷427《张载传》)即是说,圣人上与天合一,下与万物贯通,达到了“与天同德,不思不勉,从容中道”(《正蒙·三十篇》)的最高境界。“敦本”的最高目标就是要达到圣人的境界。正如张载所说:“进德修业,欲成性也,成性则从心皆天也,成性则谓之圣者,大人成性则圣,化则纯是天德也。”(《横渠易说·上经》)

在张载看来,“敦本”应当遵循若干基本原则。

其一,立志在先。在张载看来,“敦本”必须“志于道”,即以儒为师,树立对儒家道德的自觉意识和坚定志趣,“志于道,道者无穷,志之而已;据于德,据,守也,得寸守寸,得尺守尺”(《张子语录·语录中》)。他指出:“志于学者,却更不论气之美恶,只看志如何,匹夫不可夺志也,惟患学者不能坚勇。”(《张子语录·语录中》)即是说,变化气质能否取得成就,并不取决于人的天资如何,其关键在于是否对儒家道德确立起高度的主体自觉和顽强果敢的坚毅志趣。张载把它比作登山,他说:“今之为学,如登山麓,方其迤逦之时,莫不阔步大走,及到峭峻之处便止,须是要刚决果敢以进”(《经学理窟·学大原下》)。只有培养起对儒家道德的自觉,确立起坚定的志趣才能使变化气质终有所成,所谓“志大则才大,事业大”;“志久则气久,德性久”(《正蒙·至当》)。因此张载强调:“人若志趣不远,心不在焉,虽学无成。”(《经学理窟·义理》)

其二,虚心诚意。在变化气质、道德修养过程中,需克服自身的私心杂念和主观偏见,保持谦虚、真诚的态度,所谓:“虚心然后能尽心。虚则生仁,仁在理以成之。虚心则无外以为累。”(《张子语录·语录中》)张载认为,“意、必、固、我”是变化气质之大害,要想培养自己的德性,必须“四者尽去”。他说:“意、必、固、我,一物存焉,非诚也;四者尽去,则直养而无害矣。”(《正蒙·中正》)因此,张载反对自任自满、自以为是的骄浮之举,强调它们对于道德修养毫无益处:“人不知学,其任智,自以为人莫及,以理观之,共用智乃痴耳”(《经学理窟·义理》);“学者恶其自足,自足则不复进”(《经学理窟·气质》)。此外,还要虚心接受朋友们的意见,“须得朋友之助,日间朋友论着,则一日间意思差别,须日日如此讲论,久则自觉进也”(经学理窟·学大原下)。

其三,深求义理。变化气质还需要阅读儒家经典,探求经典中的“义理”之学。张载指出:“吾徒饱食终日,不图义理,则大非也。”(《经学理窟·义理》)要探明“义理”之学必须广泛研习儒家经典,“不读书则终看义理不见”(《经学理窟·义理》),“惟博学然后有可得……转诚转信,故只要是博学”(《经学理窟·气质》)。他强调,“圣人文章无定体,《诗》《书》《易》《礼》《春秋》,只随义理如此而言”(《经学理窟·诗书》)。不过,经典中的“圣人之奥”必须用心仔细体会才能有所得,“凡致思到说不得处,始复审思明辨,乃为善学也”(《拾遗·近思录拾遗》),而且要懂得“温故而知新”的道理,“温故知新,多识前言往行以蓄德,绎旧业而知新”(《正蒙·中正篇》)。值得注意的是,“专与圣人之言为学,闲书未用阅,阅闲书者盖不知学之不足”(《经学理窟·自道》),张载所说的“博学”是指广博地学习儒经、以圣王之道为榜样,他反对将精力过多地放在儒经之外的“闲书”上。

其四,笃行实践。张载指出:“事在行,不行则无诚,不诚则无物,故须行实事。”(《张子语录·语录中》)这是张载“学贵于用”为学特征的表现。在此指导下，张载反对理论空谈，十分重视社会政治实践对变化气质的增益作用。“不知疑者，只是不便实作，既实作则须有疑，必有不行处，是疑也”（《经学理窟·气质》）；“学行之乃见，至其疑处，始是实疑，于是有学在”（《经学理窟·学大原下》）。即是说，在实践活动中可以发现自己道德修养所存在的不足，在笃行践履、躬行实践中不断增进道德修养水平。张载把“洒扫应对”纳入道德教化的必要科目，其基本精神与此一致。在张载看来，笃行实践是对天地宇宙运行法则的效法，是人本原于“天道”的表现，他说“行之笃者，敦笃云乎哉！如天道不已而然，笃之至也”（《正蒙·中正》）。因此《宋史·张载传》说：“载（即张载）学古力行，为关中人士宗师。”

其五，勤勉不息。张载同样从天道生生不息的基本原理出发，认为学者应当具有勤奋自勉、奋斗不止的精神。他指出：“益物必诚，如天之生物，日进日息。自益必诚，如川之方至，日增日得……学之不勤，欲自益且益人，难矣哉！”（《正蒙·乾称》）“所谓勉勉者，谓继之者善也，成之者性也，继继不已，乃善而能至于成性也”。（《经学理窟·气质》）即是说，变化气质、道德修养不容懈怠，而应当时刻勉励自己，就像天道生生不息那样，日日有所收获、有所增益。张载告诫人们说：“勿使有俄顷闲度，逐日似此，三年庶几有进。”（《拾遗·近思录拾遗》）张载还说过这样的话：“言有教，动有法，昼有为，宵有得，息有养，瞬有存。”（《正蒙·有德》）即一言一行必须含有教化意义和遵行应有的规矩，白天应当致力于躬行，晚上应当静思自得，休息时则须加强修养，即使是瞬息之间也不能放松对自己的要求。

第三节　“善　俗”

“敦本”是“善俗”得以实施的根基，“善俗”是“敦本”外推所实现的社会效果，即通过“贤人”“圣人”的引导和感化，使儒家的伦理道德为社会民众自觉认同并普遍遵守，从而在良好的社会风俗中构建起和谐的社会秩序。先王“明庶物，察人伦，然后能精义致用，性其仁而行”，就将社会道德教化的推行作为治理天下的根本（《正蒙·作者》）。孔子也将“修仁义，兴教化”作为自己的重大历史责任，“在洙泗之间，修仁义，兴教化，历后千有余年用之不已”（《经学理窟·自道》）。在张载看来，倘若不推行道德教化，使百姓养成良好的道德风尚，国家治平的盛世理想也将无从实现，正所谓“贫富不均，教养无法，虽欲言治，皆苟而已”（吕大临《横渠先生行状》）。

张载做地方官时，“每月吉，具酒食召乡人高年会县庭，亲为劝酬，使人知养老事长之义，因问民疾苦，及告所以训诫子弟之意”（吕大临《横渠先生行状》，《宋史》卷427《张载传》），就是劝勉百姓自觉认同并共同践行儒家的道德观念，以养成良好的社会风俗。受张载的影响，张载弟子吕大钧等还制订了中国历史上第一个“乡约”——《吕氏乡约》，并推行于陕西关中地区，这是对张载重视社会道德教化、培养良好社会风俗思想的继承、发扬和落实。

那么，如何才能更好地实现“善俗”的社会效果呢？

其一，重在启发。张载指出，倘若对百姓生吞活剥地灌输教条，容易造成“教人而不受，则虽强告之无益，譬之以水投石，不纳也”（《经学理窟·学大原下》）。良好的道德教化应当启发民众的主体自觉，激发他们的内在需求，使他们知学、善学、乐学。张载说：“人未安之又进之，未喻之又告之，徒使人生此节目”（《张子语录·附·语录抄七则》）；“己所问学者，举一隅必数隅反”（《经学理窟·气质》）。其实，这也正是对孔子“不愤不启，不悱不发，举一隅不以三隅反，则不复也”（《论语·述而》）的继承和发挥。此种原则可以培养起民众的“乐学之心”，达到“知类通达，强立而不反”“虽离师辅而不反也”的“大成”境界（《礼记·学记》）。正如张载所指出的：“乐则生矣，学至于乐，则自不已，故进也。”（《经学理窟·学大原上》）

其二，因材施教。道德教化者要细心观察、深入了解百姓在才能、志趣和接受能力等各个方面的不同特点，依据他们的不同才智进行机动灵活地引导和施教，如此才能收到道德教化的良好效果。张载说：“能辨志、意之异，然后能教人”（《正蒙·有德》）；“教人者，必知至学之难易，知人之善恶……知至学之难易，知德也，知其美恶，知人也，知其人且知其德，故能教人使入德”（《正蒙·中正》）。倘若“不尽材……是施之妄也。教人至难，必尽人之材乃不误人”（《张子语录·附·语录抄七则》）。“因材施教”体现了孔子“有教无类”的思想。张载从宇宙观和人性论角度论证了“学即能移”的基本原理，认为气质之善恶虽是人与生俱来所受的定分，但每一个人通过后天努力皆可成贤成圣，这也就是张载所谓的“学者不论天资美恶”（《经学理窟·学大原下》）的基本观点。

其三，适时渐进。张载认为，“教人当以次，守得定，不妄施”（《横渠易说·上经》）。道德教化者应当善于把握时机，“有如时雨化之者，当其可，乘其间而施之,不待彼有求有为而后告之也”(《正蒙・中正篇》)。把握教化对象年有长幼、学有深浅的实际情况,遵循由少到多、由浅入深、由易到难的原则,依序渐进地展开道德教化活动。张载指出:“道义虽不可缓,又不欲急迫,在人固须求之有渐。”(《经学理窟・学大原下》)张载警告说:“今日勉强,有太甚则反有害,欲速则不达,亦须待岁月至始得。”(《张子语录・附・语录抄七则》)特别是对于初学之人而言,适时渐进原则显得更加重要,“今始学之人,未必能继,妄以大道教之,是诬也”(《正蒙・中正》)。

其四,以身为教。以身为教是指道德教化者要以身作则、率先垂范,使百姓在施教者的实际言行中接受熏陶教化。张载说:“君天下,必先正己”(《正蒙・乐器》);“人欲得正己而物正”(《经学理窟・学大原下》)。为改变时俗,张载就曾亲自践行并率家人弟子躬行古礼,关中士人“一变从古者甚众”(吕大临《横渠先生行状》)。张载弟子吕大临也说:“先生气质刚毅,德盛貌严,然与人居,久而日亲。其治家接物,大要正己以感人,人未之信,反躬自治,不以语人,虽有未喻,安行而无悔,故识与不识,闻风而畏。”(吕大临《横渠先生行状》)正说明了张载以身为教的风范。这是对孔子“其身正,不令而行;其身不正,虽令不从”思想的贯彻发挥,表现出张载身先士卒、躬行实践的儒者魅力。

其五,重视儿童的德育。张载认为道德教化应当从儿童做起。他说“故善养子者,当其婴孩,鞠之以得其养,令其气和,乃至长而性美,教之示以好恶有常”(《经学理窟・学大原下》)。古人就是这样教导自己的子弟的,“古之小儿,便能敬事长者,与之提携,则两手奉长者之手,问之,掩口而对。稍不敬事,便不忠信。故教小儿,且先安详恭敬”(《张子语录・附・语录抄七则》)。如果不及时对儿童进行早期教育,会给他们日后的道德修养造成很大的负面影响,“若洒扫应对,乃幼而孙弟之事,长后教之,人必倦弊”(《正蒙・中正篇》),“古人于孩提时已教之礼,今世学不讲,男女从幼便骄惰坏了,到长益凶狠,只为未尝为子弟之事,则于其亲已有物我,不肯屈下,病根常在”(《经学理窟・学大原上》)。张载甚至关注到“胎教”问题。他说:“习者,自胞胎中以至于婴孩时,皆是习也。”(《经学理窟・学大原下》)

在张载看来,君主、官僚队伍以及知识分子在“敦本善俗”过程中发挥着重要作用。他指出,君主之所以能够治理天下并不是因为他们占据天子的尊位,而是因为他们本身就是圣人贤主,秉承了天地宇宙所本有的“天德”,

"'飞龙在天,利见大人',乃大人造位天德,成性跻圣者尔,若夫受命首出,则所性不存焉,故不曰'位乎君位',而曰'位乎天德'"(《正蒙·大易》)。因此张载说"君天下必先正己"(《正蒙·乐器》),然后施行以仁义礼乐为根本、"道学"与"政术"合一的"内圣外王"之道,"爱天下之人如赤子,则治德必日新,人之进者必良士,帝王之道不必改途而成,学与政不殊心而得矣"(《文集佚存·答范巽之书》)。"天子使吏治其国,彼不得暴其民"(《经学理窟·月令统》),官僚队伍在行政管理过程中,也应当时刻以仁义礼乐对待百姓,"有司,政之纲纪也……为政不以德,人不附且劳"(《正蒙·有司》)。至于对"圣人之奥"深有探察的知识分子——"君子"在自己成贤成圣的同时,更应承担起"敦本善俗"的使命。张载指出:"君子之道,成身成性以为功者也"(《正蒙·中正》),其"功"即为"无物我之私""责己""责人""爱人""无欲而好仁,无畏而恶不仁"(《正蒙·中正》),也就是在"立己""达己"的同时要立志于"立人""达人",正所谓"君子以振民育德"(《横渠易说·上经》),"君子以居贤德善俗"(《横渠易说·下经》)。君主、官僚队伍以及知识分子在"敦本善俗"中的这种担当,正是《孟子·万章上》所说的"天之生此民也,使先知觉后知,使先觉觉后觉也"的道理。

值得注意的是,张载就将自己视为"先知""先觉"者,表现出肩负"敦本善俗"历史担当的强烈使命感。他说,"今欲功及天下,故必多栽培学者,则道可传矣"(《经学理窟·义理》),自觉地把劝导士人、教化天下作为一件"功及天下"的大事来做。张载把自己一生的研究所得集结为《正蒙》传于弟子,"正蒙"的"蒙"实际上并不仅仅局限于尚未启蒙的儿童,而是泛指尚未对儒家价值观形成自觉的"蒙昧""昏蒙"之人。"宋初三先生"之一的胡瑗说:"蒙即蒙昧之称也,凡义理有未通,性识有未明,皆谓之蒙。"[①]张载采用"正蒙"一词总结自己一生的研究所得,正表达了张载决心整顿世道人心、唤起天下民众认同并践行儒家道德原则的强烈自觉,是张载"为天地立心,为生民立命,为往圣继绝学,为万世开太平"之雄心壮志的集中反映。

张载弟子范育在《正蒙·序》对此也有显示:

> 使二氏者真得至道之要、不二之理,则吾何为纷纷然与之辩哉?其为辩者,正欲排邪说,归至理,使万世不惑而已。使彼二氏者,天

① 《周易口义》卷2《蒙卦》,(宋)胡瑗撰,长春:吉林出版集团,2005年版。

> 下信之，出于孔子之前，则六经之言有不道者乎？孟子常勤勤辟杨朱、墨翟矣，若浮屠、老子之言闻乎孟子之耳，焉有不辟之者乎？故予曰《正蒙》之言不得已而云也。(《正蒙·范育序》)

即是说，张载之所以对佛教和道家(教)的思想观念做了不遗余力的批判，之所以将其一生倾注于儒家经典中"圣人之奥"的探索和践行，就是要探明儒家的道德观念和伦理规范并将其推行于天下，使民众摆脱"异端"学说的干扰，达到"使万世不惑"的理想。在张载看来，这是重建以儒家核心价值理念为主导的社会政治秩序的必由之路，是对北宋时代主题的强烈回应。有学者指出："他们(张载及其弟子)都以正统的儒学家自诩，关学的儒家气息，在北宋诸子中是最鲜明的。关学学者在处事待人方面，处处表现出古代儒家的风度。张载的言谈举止，便给人一种醇儒的印象。"[①]这是很有道理的。

第四节　"以礼为教"

"礼"是儒家思想中的古老范畴，受到历代儒家学者的重视。基于自己的哲学探索和政治思考，张载认为，"礼"是宇宙法则和社会政治秩序的集中表征，实现社会教化的根本途径就是知礼、学礼、践礼。

一、"礼"：宇宙与社会政治秩序的集中表征

自先秦以来，"礼"即成为古代国家和社会生活的准则与依据。张载为"礼"确立了新的形而上依据，认为"礼"蕴含着"性与天道"的所有内容，"礼"成为宇宙法则、政治秩序、社会道德等的集中表征。此外，张载认为"礼"并非外在的虚文假饰，十分强调"礼"与人的内心和情感的一致性。[②]

其一，"礼"是社会政治秩序的准则。在中国古代，"礼"是国家典章制度和社会道德规范的总称，被古人视为社会秩序的准则与依据。周公"制礼作乐"，不但从政治制度上构建了宗法秩序，而且在社会行为规范方面也制定了严格的礼仪规范，从此"礼"成为国家和社会生活所遵循的基本准则。《礼

---

① 《张载评传》，龚杰著，南京：南京大学出版社，2011年版，第201页。

② 参见《张载礼学论纲》，林乐昌，北京：《哲学研究》，2007年第12期；《论张载礼学的社会教化功能与现实意义》，郝保权，西安：《西北大学学报》(哲学社会科学版)，2010年第3期等。

记·曲礼上》云:“礼者,所以定亲疏,决嫌疑,别同异,明是非也。”《孝经》曰:“安上治民,莫善于礼。”周礼的内容十分丰富,有所谓“经礼三百,曲礼三千”之称。张载对“礼”十分推崇。他说:“欲养民当自井田始,治民则教化刑罚俱不出于礼外”(《经学理窟·礼乐》),“礼教备,养道足,而后刑可行,政可明,明而不疑”(《横渠易说·系辞下》),认为“礼”可以“嘉天下之会”(《正蒙·大易》),即实现天下太平的和谐社会。

其二,张载从自己的宇宙观出发,为“礼”确立了形而上依据,认为“礼”本原于“太虚”,是宇宙秩序的体现,与“理”或“天理”等同。在张载的哲学思想中,“太虚”是合宇宙物质与精神为一体的终极本原。张载指出:“大虚(太虚)即礼之大一(太一)也。大者,大之一也,极之谓也。礼非出于人,虽无人,礼固自然而有,何假于人?今天之生万物,其尊卑小大,自有礼之象,人顺之而已,此所以为礼。或者专以礼出于人,而不知礼本天之自然。”(张载:《礼记说》,引自(宋)卫湜:《礼记集说·学记》)在此,张载并不是完全否认“礼”由圣人制作的儒家传统观点,而是在《礼记》所言礼即“理”、礼“达于天道”的基础上,依据自己的宇宙观对“礼”的产生和根据做了进一步澄清,认为“礼”并非由人为臆造而生,“礼即天地之德”(《经学理窟·礼乐》),它以“太虚”为根本依据,来源于天地宇宙本身的生成运行秩序,在人类产生以前,“礼”就已经蕴含在天地宇宙的内在本质之中。在此,张载从宇宙本体和生成角度为现实社会的“礼”确立了形而上依据。

张载认为,本原于“太虚”的“礼”即是“理”或“天理”。张载指出:“生有先后,所以为天序;小大高下相并而相形焉,是谓天秩。天之生物也有序,物之既形也有秩,知序然后经正,知秩然后礼行。”(《正蒙·动物》)“天秩”“天序”被张载归纳为“理”,“礼”是圣人洞察天地宇宙的自身秩序后制定出的亘古不变的法则,“时措之宜便是礼,礼即时措时中见之事业者,礼亦有不须变者,如天叙天秩,如何可变”(《经学理窟·礼乐》)。因此“礼”具有与“理”相等同的基本内涵。正所谓:“盖礼者,理也。须是学穷理,礼则所以行其义,知理则能制礼,然则礼出于理之后。”(《张子语录·语录下》)所以,张载说:“除了礼,天下更无道矣。”(《经学理窟·礼乐》)

其三,“礼”与人的内心及其情感相一致。面对春秋时期的“礼乐崩坏”,孔子试图给礼乐注入新的内涵,主张钟鼓玉帛这些表面的东西虽然重要,但礼的精神内容——“仁”更加本质。《礼记》也曾强调礼顺乎人性的原则。张载对此做了进一步阐发。他指出:“礼非止著见于外,亦有无体之礼。盖礼之原在心。”(《经学理窟·礼乐》)也就是说,“礼”是根植于人的内心的,并非是完全外在的虚文假饰。它是人的内心情感的真实反映。张载说“诚意而不以礼则无征,盖诚非礼无以见也”(《经学理窟·义理》);“人情所安,即礼也”(《礼记说》,引自(宋)卫湜《礼记集说·学记》)。因此,张载在讲“礼”时,非常注重人的内心情感,认为“礼”只有和诚挚之心合一时才能获得自身的真正意义。他说“敬,礼之舆也,不敬则礼不行”(《正蒙·至当》);“此心苟息,则礼不备,文不当,故成就其身者须在礼,而成就礼则须至诚也”(《经学理窟·气质》)。

二、“以礼为教”的社会教化途径

基于“礼”是宇宙法则与社会政治秩序集中表征的观点,张载指出,“欲养民当自井田始,治民则教化刑罚俱不出于礼外”(《经学理窟·礼乐》),实现社会教化的根本途径就是“以礼为教”,也就是使人们自觉地学礼、知礼并依礼而行,使人们的思想意识和言行举止均符合礼的要求,从而养成良好的社会风俗和建立起理想的社会政治秩序。

张载认为,推行社会教化的最好的方式就是“礼”。所谓“进人之速无如礼”(《经学理窟·礼乐》),“礼”可以培养人的内在德性,使人们“守礼”而“不畔(叛)道”,确立人们对以儒家价值原则为主导的社会秩序的自觉认同和践行,从根本上遏制像唐末以来道德沦丧、风俗凌夷、纷争四起的社会政治状况。他说:

知礼以成性,性乃存,然后道义从此出。(《横渠易说·系辞上》)

礼所以持性,盖本出于性,持性,反本也。凡未成性,须礼以持之,能守礼已不畔道矣。(《经学理窟·礼乐》)

盖礼者,培养人德性,又使人有常业,守得定,又可学便可行,又可集得义,养浩然之气。(《经学理窟·学大原上》)

为什么呢?张载认为,学礼、知礼并依礼而行可以变化人的“气质”,纠正人所禀受的气质之偏，从而使人返归本然至善之性，坚守仁义道德而不叛离。[①]他说：

> 变化气质——孟子曰："居移气，养移体"，况居天下之广居者乎！居仁由义，自然心和而体正。更要约时，但拂去旧日所为，使动作皆中礼，则气质自然全好。（《经学理窟·气质》）

所以使学者先学礼者，只为学礼则便除去了世俗一副当世习熟缠绕。譬之延蔓之物，解缠绕即上去，上去即是理明矣，又何求！苟能除去了一副当世习，便自然脱洒也(《张子语录·语录下》)。

张载也将此称为"合内外之道"，"修持之道，既须虚心，又须得礼，内外发明，此合内外之道也"(《经学理窟·气质》)。即使是具有高度道德自觉的圣人君子，也必须学礼、知礼并依礼而行，如此才能一贯道义于天下，正所谓："圣人亦必知礼成性，然后道义从此出"(《横渠易说·系辞上》)；"正然后贯天下之道，此君子之所以大居正也"(《正蒙·中正》)。

面对唐末以来礼仪法度受到破坏所造成的北宋时人"一用流俗节序，燕亵不严"(吕大临《横渠先生行状》)的局面，张载不仅对古礼做了研究，而且还力倡践行，不管是为官在任，还是隐居著述讲学，他均主张要将"礼"落实于具体的实践当中，在社会和政治事务中不断践行"礼"，以此培养人们对以儒家价值原则为主导的社会风俗和秩序的自觉认同与践行。与张载大约同时的司马光就曾指出："窃惟子厚(即张载)平生用心，欲率今世之人，复三代之礼者也，汉魏以下盖不足法。"(《张载集·附录·司马光论谥书》)与张载同时但稍晚的程颐则说："子厚(张载)以礼教学者，最善，使学者先有所据守。"(《河南程氏遗书》卷2上《二先生语二上》)《明儒学案·师说·吕泾野》称张载"以躬行礼教为本"[②]。元、明、清的学者最终将张载的社会教化思想归纳为"以礼为教"四字。张载推行礼法以教化风俗的努力贯穿于张载的一生，其中最值得注意的有以下几个方面：

其一，张载在做地方官时，就非常重视推行礼教，教化风俗。史载，他在做云岩(今陕西宜川)县令时，"每以月吉，具酒食，召乡人高年会于县庭，亲

① 参见《论张载的"知礼成性"说》，邵显侠，北京：《哲学研究》，1989年第4期；《张载礼学论纲》，林乐昌，北京：《哲学研究》，2007年第12期；《论张载礼学的社会教化功能与现实意义》，郝保权，西安：《西北大学学报》(哲学社会科学版)，2010年第3期等。

② 《明儒学案》，(清)黄宗羲撰，北京：中华书局，2008年版。

为劝酬,使人知养老事长之义”(吕大临《横渠先生行状》)。这就是古代嘉礼中的“乡饮酒礼”,其仪式严格区分尊卑长幼,升降拜答俱有规定。《礼记·射义》曰:“乡饮酒之礼者,所以明长幼之序也。”因张载关心民命,注重教化,政绩突出,常被邀请到京兆(今陕西西安)的最高学府“郡学”讲学。讲学时,张载也“多教人以德”,“少置意科举,相从于尧舜之域”,深受时人欢迎,因而“多有从之者”(吕大临《横渠先生行状》)。

其二,第一次辞官归隐后,张载在关中继续推行礼法教育,亲自践履并率领家人、弟子践行古礼,最终使“关中风俗一变而至于古”。吕大临《横渠先生行状》称:“学者有问,(张载)多告以知礼成性,变化气质之道,学必如圣人而后已。”也就是说,张载在隐居期间,将推行礼教和道德教化作为讲学的重要内容,使人们通过礼的学习变化气质,以养成良好的道德修养。他自己的言行也严格遵循礼仪法度,“治家接物,大要正己以感人,人未之信,反躬自治”,张载这种身先士卒的风范产生了极强的感染力和影响力,“故识与不识,闻风而畏,非其义也,不敢以一毫及之”。张载要求家人、弟子也要践履古礼,“其家童子,必使洒扫应对,给侍长者,女子之未嫁者,必使亲祭祀,纳酒浆,皆所以养孙弟,就成德”(吕大临《横渠先生行状》)。他指出:

> 然立则道义从何而生?洒扫应对是诚心所为,亦是义理所当为也。(《经学理窟·学大原下》)
>
> 世儒之学,正惟洒扫应对便是,从基本一节节实行去,然后制度文章从此而出。(《经学理窟·学大原下》)

在张载看来,只有把儒家的礼仪道德切身地运用于具体社会实践,才能使士民子弟真正感悟到圣人所立之义,否则不能培养起人们遵守礼仪的内在德性,他说:“为子弟则不能安洒扫应对,在朋友则不能下朋友,有官长不能下官长,为宰相不能下天下之贤,甚则至于徇私意,义理都丧……盖不行则成何德行哉!”(《经学理窟·学大原下》)张载还亲自重建民间的丧祭之礼。“近世丧祭无法,丧惟致隆三年,自期以下,未始有衰麻之变。祭先之礼,一用流俗,节序燕亵不严”,为了扭转民间流俗,张载在“遭期功之丧”之时,“始治丧服,轻重如礼,家祭始行四时之荐,曲尽诚洁”。起初张载的这种行为遭到了人们的嘲笑,但后来人们“信而从之”,于是关中风俗“一变从古者甚众”。(吕大临《横渠先生行状》)经过张载的亲自倡导和建设,关中在推行礼教和移风易俗方面取得了显著的成效。《宋元学案》则称“关中风俗一变而至于古”(《宋

元学案》卷17《横渠学案上》)。张载自己也说:“关中学者,用礼渐成俗。”(《张子语录·后录上》)

此外,张载还将依据《周礼》提出的恢复井田的改革方案付诸实验。在张载看来,作为经济基础,井田制关系到家庭、社会的稳固和道德的教化,是推行仁政、实现国家治平的首要之务。他还带领学生在横渠买田一方,按照古代的井田模式,把田地划为公田、私田数井,分与当地农民耕种,并疏通东、西二渠,将井田制度“验之一方”,在此基础上“分宅里,立敛法,广储蓄,兴学校,成礼俗,救菑恤患,敦本抑末”,希望“推先王之遗法,明当今之可行”。(吕大临《横渠先生行状》)但未及实验成功,张载就去世了。

其三,在第二次入朝为官时,张载仍以推行礼教为己任。他不仅力主朝廷事务要遵循礼仪制度,而且主张朝廷应当在全国推行古代的“冠婚丧祭之礼”,希望通过国家之力扭转社会礼法“流俗节序”的混乱局面。不过,张载的这一主张并未得到朝官的支持,但张载对于施行古礼的执着“众莫能夺”。“郊庙”之礼是古代规格最高的礼仪之一,指天子祭祀天地和祖宗的大礼。当时,张载注意到朝廷的“郊庙之礼”并不严谨,因而“亟欲正之”,但依然未能得到众官的理解和支持。因自己的抱负无法得到施展,加上自己的病情加重,张载愤然辞官离朝(吕大临《横渠先生行状》)。由此亦可见张载对礼之践行的重视程度。

其四,张载弟子吕氏兄弟在张载为学宗旨的感召下,“率乡人”编写乡约乡仪并付诸实践,致力于道德规范和社会风俗的整顿建设,对张载重视社会教化、致力于“敦本善俗”的思想做了进一步发扬和落实。其中,《吕氏乡约》是我国历史上第一个成文的较为完整的乡约民规,目的是教化乡党邻里,使乡民敦厚为善、遵循儒家仁义,从而形成一个具有自觉知礼习义、周济合作的良好风俗的团体。《吕氏乡约》内容包括乡约和乡仪,共分“德业相劝”“过失相规”“礼俗相交”“患难相恤”四部分。所谓“德业相劝”,就是要求乡党邻里在修身、立业、齐家、交游等方面从善而行,相互勉励、相互监督,实际上就是《大学》“修身、齐家、治国、平天下”在社会基层的具体落实。这是《吕氏乡约》的总纲。“过失相规”规定了包括“犯义”“犯约”“不修”三个方面的15条过失及其惩戒办法。“礼俗相交”规定了各种社会往来的礼节、礼仪。“患难相恤”规定了乡党邻里在遇到水火、盗贼、疾病、死丧、孤弱、诬枉和贫乏等患难情况时应相互扶持周济的义务。此外,吕大钧还借鉴《周礼》,针对乡党邻里的日常行为生活制定了《乡仪》，包括“宾仪”“吉仪”“嘉仪”“凶仪”四个方面的23条内容，具体到乡党生活和社会风俗的方方面面。

吕氏的乡约乡规使张载推行礼教、教化风俗的思想更加系统和具体。吕氏兄弟在关中带头施行，使张载的理想抱负在某种程度上得到了践行和实现，“自是关中风俗为之一变”。张载感叹曰：“秦俗之化和叔（即吕大钧）有力”，“勇为不可及”。小程也曾评价吕大钧说，“任道担当，其风力甚劲”。（《关学编》卷1《与叔吕先生》）后来朱熹对《吕氏乡约》也深为嘉许，竭力予以表彰。

第七章　与周敦颐、二程、王安石思想的比较

第一节　张载与周敦颐

一、周敦颐及濂学

周敦颐(1017—1073),字茂叔,原名惇实,避宋英宗旧讳改,道州营道(今湖南道县)人,谥元,又称元公。周敦颐比张载年长三岁,早去世四年,是与张载同时期的士大夫。周敦颐以荫做官,长期任职于地方,曾历任县主簿、县令、州判官、州通判、知州军等。晚年任职于江州(今江西九江),爱庐山之胜,并在庐山建造书堂,堂前有条溪水,发源于莲花峰下,洁清绀寒,遂寓名以"濂溪",学堂名之曰濂溪学堂,周敦颐因此也被称为濂溪先生。主要著作有《太极图・易说》(又称《太极图说》)和《易通》等,中华书局出版有《周敦颐集》。

周敦颐学说与张载学说哪一个创立在先?从两人与二程的关系来看,周敦颐的理论探索或许早于张载。据程颐为其兄程颢所作的《行状》所说:"先生为学,自十五六时,闻汝南周茂叔论道,遂厌科举之业,慨然有求道之志。"《河南程氏粹言》卷1云:"子谓门弟子曰,昔吾受《易》于周子,使吾求仲尼、颜子之所乐。要哉此言!二三子志之。"即是说,二程早年曾从周敦颐学《易》求"道"。而《宋史・张载传》则记载,张载与二程在洛阳论学时,"比见二程深明《易》道,吾所弗及"。张载在开封讲学是宋仁宗嘉祐二年(1057)。即是说,在嘉祐初年,张载认为自己对《易》的研究尚不及程氏。由此看来,周敦颐的学术探索要比张载早一些。不过,《宋史》中的记载是否可靠,一直引起学术界的不同看法。此外,杨柱才的《道学宗主:周敦颐哲学思想研究》推测说:"二书(即《太极图说》和《通书》)的写成时间以嘉祐(1056—1063)初

至治平(1064—1067)末此一时期的可能性为大。”[①]张岱年指出:“张载在开封讲《易》时(1057),可能已经开始写《易说》了。”[②]这些推断有可能并不完全准确。事实上,周敦颐学说与张载学说的先后尚是当前学术界无法直接说明的问题。周敦颐学说与张载学说到底哪一个创立在先,尚需学术界进一步探索。

周敦颐的学说在整个北宋并未受到学人的普遍重视。南宋初年,胡宏加以尊崇,将周敦颐比堪孔孟。后来朱熹、张栻又予以大加赞誉。朱熹在《伊洛渊源录》中首列周敦颐,并称之为“先觉”,张栻称之为“道学宗主”。自此之后,古代学者接受了这样的观点,周敦颐也就被视为理学的开山祖师,位列“北宋五子”之首。其后,学者进一步将周敦颐的学说称为濂学,成为与关学、洛学、闽学并列的宋代四大理学派别之一。南宋宁宗时,赐谥元,理宗时从祀孔子庙,周敦颐在理学史上的开创地位得到官方认可。元人修《宋史》,在《道学传》中也明确肯定了周敦颐上接孔孟、下开“道学”的儒家道统地位。《宋元学案》同样指出:

> 孔孟而后,汉儒止有经传之学,性道微言之绝无矣。元公崛起,二程嗣之,又复横渠诸大儒辈出,圣学大昌。……若论阐发心性义理之精微,端数元公之破暗也。(《宋元学案》卷11《濂溪学案上》)

当前学术界对周敦颐的评价基本继承了古人的观点,认为周敦颐在依据儒经的基础上,博综诸家思想,创立了一个包含宇宙论、人性论、道德修养论等内容的天人合一思想体系,在理学史上具有开创性地位。

二、由《太极图说》所见张、周之异同

周敦颐以天人之学为核心构建出了独具特色的理学思想体系。他的宇宙论在《太极图说》中获得了详细阐发。《太极图》可能传自唐末五代的道士,《太极图说》是道教《太极图》与儒家《周易》的结合,是以《周易》来说明

---

① 《道学宗主:周敦颐哲学思想研究》,杨柱才著,北京:人民出版社,2004年版,第183页。

② 《关于张载的思想和著作》,张岱年,《张载集》,北京:中华书局,1978年版,第15页。

《太极图》意蕴的一篇文献。[①] 因此,周敦颐的宇宙论同时也吸取了儒家以外特别是道家与道教的思想资源。《太极图说》云:

无极而太极。太极动而生阳,动极而静,静而生阴。静极复动。一动一静,互为其根;分阴分阳,两仪立焉。阳变阴合,而生水、火、木、金、土。五气顺布,四时行焉。五行,一阴阳也;阴阳,一太极也;太极,本无极也。五行之生也,各一其性。无极之真,二五之精,妙合而凝。"乾道成男,坤道成女",二气交感,化生万物。万物生生,而变化无穷焉。

惟人也,得其秀而最灵。形既生矣,神发知矣,五性感动,而善恶分,万事出矣。圣人定之以中正仁义,圣人之道,仁义中正而已矣。而主静,无欲故静。立人极焉。故"圣人与天地合其德,日月合其明,四时合其序,鬼神合其吉凶"。君子修之吉,小人悖之凶。故曰:"立天之道,曰阴与阳;立地之道,曰柔与刚;立人之道,曰仁与义。"又曰:"原始反终,故知死生之说。"

大哉易也,斯其至矣![②]

其图为:

① 《宋明理学史》(上册),侯外庐、邱汉生、张岂之主编,北京:人民出版社,1984 年版,第 52—60 页。

② 《周敦颐集》卷 1《太极图说》,(宋)周敦颐撰,陈克明点校,北京:中华书局,1990 年版。

最上面的“○”，即所谓“无极而太极”，是动而生阳、静而生阴的本体。它无形无象而又实在，无极表示本体的无限、无形、无象，太极表示本体实实在在而并非空无所有，二者是统一的整体，非太极之外别有无极。朱熹曾把周敦颐的太极等同于“理”，这或许并不完全符合周敦颐的本意。

与张载以《易》为思想根基、吸取道家（教）思想创建哲学体系一样，周敦颐也博综《易》和道家（教）思想构建了自己的宇宙观。儒家经典中只有太极而没有“无极”，“无极”之语，出于道家。《老子・二十八章》曰：“复归于无极”。《庄子・在宥》篇云：“游无极之野。”后来佛教也多用“无极”一词。僧肇《肇论・通古十七篇》曰：“妙契之致，本乎冥一；物我元会，归于无极。”华严初祖法顺在《华严经法界观》中也说到“无极之真”①。“太极”则是来自于《周易》中的范畴，《易・系辞》曰：“易有太极。”周敦颐所谓“太极动而生阳……静而生阴”，“阴阳，一太极也”，实际上表明了阴阳两仪是由太极的动与静产生的，而太极即是未分阴阳的混沌之元气，是实实在在的，并非空无所有。通过“无”与“有”两方面规定本体的属性，同道家以“有”与“无”来规定“道”的思路是一致的。由阴阳两仪的不同属性及其交感变化，便有了水、木、金、火、土五行。世界万物即由五行伴随着阴（女）阳（男）二气的交感变化而化生。在世界万物当中，只有人“得其秀而最灵”。“秀”即是宇宙运行变化的神化属性，“灵”则代表了“中正仁义，圣人之道”的“人极”。周敦颐想以此证明，人类所具有的“灵秀”全来自于“无极而太极”之体，宇宙本性是人之本质的根本依据。

与张载“自得义理”的气象相同，《太极图说》将儒家伦理与宇宙理论结合起来，以儒家经典《周易》思想为基础，充分利用汉唐学者太极阴阳的宇宙生化论思想材料，并积极吸收其他诸家特别是道家（教）的思想资源，建立了将无极太极的天道论与中正仁义、立人极的人道论相统一起来的思想体系，也就是“天人合一”的思想体系。周敦颐的宇宙论与张载的宇宙论具有很大的相似性：周敦颐所用的“无极”和张载所用的“太虚”，虽然名称不同，但都是创用了佛、道特别是道家（教）的范畴作为自己的本体论内容；作为本体范畴的“无极而太极”和“太虚”也均被视为未分阴阳的混沌元气；阴阳观念也都是构成宇宙生成论的基本范畴；蕴含儒家价值原则的人之本质均以宇宙本

---

① 《华严法界观门》，（唐）法顺撰，《大正藏》第45册。

体为自己的根据和来源。此外,周敦颐所提出的“主静”“无欲”等道德修养方法,同样表现出了道家(教)色彩,与张载的道德修养论并不冲突。不过,周敦颐的宇宙生化理论除比张载的更加复杂外,与张载以“气”批判道家(教)的“无”不同,周敦颐过多地是直接借用了道家(教)的思想,其思想中的道家色彩比较浓烈。

值得注意的是,在周敦颐看来,儒家中正仁义的价值原则以“无极而太极”为根本依据和来源,但儒家的这一价值原则并未被周敦颐明确地赋予到这一本体当中,未被明确地提升为价值本体的高度,周敦颐所谓的“无极而太极”的本体不免有流于道家的自然本体之嫌。由此,具有道家色彩的“无极而太极”如何成为儒家价值原则的根据和来源,尚未得到周敦颐明确而充分的论证。《太极图说》所阐发的宇宙论存在着重大理论不足。周敦颐似乎自觉地意识到了这种理论缺陷,因而又作《通书》,将先秦儒学所推崇的“诚”提升到本体地位,以此对他的“天人合一”思想加以本体论上的弥补和充实。在此种意义上,周敦颐才能称得上是名副其实的理学家。

三、由《通书》所见张、周之异同

《通书》原名《易通》,是关于《易》学的通论性的著作,但与《太极图说》不同,《通书》又吸收了“四书”的道德修身、礼乐刑政等内容。南宋学人祁宽为《通书》作跋时就指出:“此书字不满三千,道德、性命、礼乐、刑政,悉举其要。”(《周敦颐集》附录二《通书后跋》)可以说,《太极图说》重视“天道”特别是自然天道的演进,而《通论》则偏重“人道”并将“人道”内涵提升到“天道”本体的理论阐发。因此朱熹曾言:“周子留下《太极图》,若无《通书》,却教人如何晓得。故《太极图》得《通书》而始明。”(《朱子语类》卷94《周子之书》)也就是说,《太极图说》所讲的偏于自然的宇宙原理,最终要在《通书》的道德、性命、礼乐中方能得到更加清楚地理解,“天道”和“人道”的合一才能获得确定的意义和内容,才能真正得到落实。

《通书》中最重的范畴是“诚”。《中庸》《孟子》特别突出了“诚”这一范畴,并将“诚”视为天道和圣人的体现。与张载相同,周敦颐将“诚”与《周易》的基本原理结合起来,在《通书》中开篇就提纲挈领地提出:

诚者,圣人之本。“大哉乾元,万物资始”,诚之源也。“乾道变化,各正性命”,诚斯立焉。纯粹至善者也。故曰:“一阴一阳之谓

道，继之者善也，成之者性也。”元、亨，诚之通；利、贞，诚之复。大哉易也，性命之源乎！（《周敦颐集》卷2《通书》）

很显然，“诚”具有天道的依据，它来源于“乾元”，是乾道、宇宙本性的反映。在此，周敦颐力图将“诚”纳入到“一阴一阳之谓道”的《周易》原理当中，提升到宇宙本原的高度，如此一来，儒家的价值原则也就具有了宇宙论的意义。同时，周敦颐还详细阐发了“诚”作为圣人之本、道德之本的特性。他说：

圣，诚而已矣。诚，五常之本，百行之源也。静无而动有，至正而明达也。五常百行，非诚，非也，邪暗，塞也。（《周敦颐集》卷2《通书》）

“五常”即仁、义、礼、智、信五种道德规范，“百行”指孝、悌、忠、信等具体道德行为，代指儒家的一切伦理道德，它们均来自于“诚”，因此“诚”也就成为人内在的纯粹至善的本性。通过对“诚”的双重内涵的规定，即“诚”一方面上达天道，一方面下贯人道的理论构建，周敦颐弥补了《太极图说》所阐发的宇宙论的理论缺陷。但值得注意的是，与张载直接将儒家价值原则灌注于“太虚”本体、使“太虚”统一自然本体与价值本体不同，周敦颐作为价值本体的“诚”与偏于自然的“无极而太极”本体似乎别为二物。

周敦颐还以“万”“一”的关系，为解决人人所本有的德性本原与宇宙本性的关系提供了思路，与张载的《西铭》一样，周敦颐提出了“理一分殊”的理论雏形。他指出：

二气五行，化生万物。五殊二实，二本则一。是万为一，一实万分。万一各正，小大有定。（《周敦颐集》卷2《通书》）

朱熹解释说：“是合万物而言之，为一太极而已也。自其本而之末，则一理之实，而万物分之以为体。故万物之中，各有一太极，而小大之物，莫不各有一定之分也。”（《周敦颐集》卷2《通书·理性命第二十二》）这就是宋明理学体系中著名的“理一分殊”思想。二程认为，张载的《西铭》同样也具有此种思想。很显然，周敦颐的《通书》和张载的《西铭》为宋明理学中的“理一分殊”思想的形成奠定了基础。

《通书》还论述了人性问题，但它的人性论与张载的人性论相比显得有些粗疏。周敦颐认为，“性者，刚柔善恶中而已矣”（《周敦颐集》卷2《通书》），认为人性是有差别的，并将人性分为刚善、刚恶、柔善、柔恶、中等五种类型，以论证现实中人性的多样性。他说：

刚善,为义,为直,为断,为严毅,为干固;恶,为猛,为隘,为强梁。柔善,为慈,为顺,为巽;恶,为懦弱,为无断,为邪佞。惟中也者,和也,中节也,天下之达道也,圣人之事也。(《周敦颐集》卷2《通书》)

可见,周敦颐的"诚"和"性"是有区别的:"诚"是纯粹至善的,"性"则是善恶不一的;"诚"是统一的,"性"则是多样化的;"诚"是一种潜在的本性,"性"则是一种现实的存在。这两个范畴所起的作用似乎相当于张载所谓的"天地之性"和"气质之性"的关系,既强调统一的善性,又注意其现实差别性的人性概念,为理学家明确提出新的人性论提供了思路。但是,周敦颐的人性论远不能和张载的人性论相提并论,张载的"合两之性"的人性论,不仅以"天人合一"的立场从理论上解决了人性的善恶问题,而且明确而直接地开创了理学人性学说的基本体系;而周敦颐的人性论却表现出汉唐以来三品人性论的影子,而且并未能从天人合一的立场予以充分论证。

与张载相似,《通书》还提出了以"诚"为基点的道德修养思想。《通书》将《周易》《中庸》的思想结合起来,确立了以"诚"为中心的主静去欲的修养学说。《周敦颐集·通书》指出:

君子干干,不息于诚,然必惩忿窒欲,迁善改过而后至。

"圣可学乎"?曰:"可。"曰:"有要乎?"曰:"有。""请闻焉。"曰:"一为要。一者无欲也,无欲则静虚、动直,静虚则明,明则通;动直则公,公则溥。明通公溥,庶矣乎!"(《周敦颐集》卷2《通书》)

"诚"和一切情欲、恶念是相对的,人们要达到"诚"的圣人境界,就必须要作"惩忿窒欲""迁善改过"等修养功夫,其中最重要的就是主静无欲。所谓"一",就是要排除私欲杂念,保持精神的静虚。这种修养方法不免具有浓厚的道家(教)和佛教色彩。很显然,与张载"天理"与"人欲"之辨、"穷理尽性""诚明"及"穷神知化"的理论相比,周敦颐的道德修养论还有待丰富和发展。

由上可见,周敦颐也超越了汉唐的传注训诂之学,以儒家经典为根本依托,吸取诸家特别是道家(教)思想资源,致力于构建儒家"天人合一"的"精微"之论。南宋学人张栻评价周敦颐的学术说:

惟先生之崛起于千载之后,独得微旨于残简之中,推本太极,以及乎阴阳五行之流布,人物之所以生化,于是知人之为至灵,而性之为至善。万理有其宗，万物循其则，举而措之，则可见先王之所以为治者，皆非私知之所出。孔孟之意，于是复明。[①]

周敦颐“独得微旨”的学术创作与张载“游心经籍义理之间”的气魄是一样的。而周敦颐思想渊源除道家（教）外，同样也以《易》为哲学创造的根本依据，并将《易》的基本原理与《中庸》《孟子》特别是其中的“诚”结合起来。有学者指出：“（周敦颐的）《通书》阐释、发挥《周易》的义理则主要是以《中庸》为根柢的。”[②]这与张载重视《易》和《中庸》的经学思想很类似。不过，张载的经学基础似乎比周敦颐的更为博大，他在重视《易》和《中庸》外，对“六经”和“四书”均予以特别重视，其思想的创新也是在将二者贯通起来的基础上得以完成的。

此外，周敦颐并非仅是注重理论上的创建而忽视对现实政治的关注。事实上，周敦颐对北宋的社会政治时局也非常关心，对改革变法也抱有很大兴趣并寄予厚望。王安石变法初行，周敦颐也受到重用，不断得到擢升。熙宁元年（1068）授广南东路转运判官；熙宁三年（1070）迁虞部郎中，提点本路刑狱。熙宁六年（1073）病逝之前，他在给蒲宗孟的信中感叹说：

上方兴起数百年，无有难能之事，将图太平，天下微才小智，苟有所长者，莫不皆获自尽。吾独不能补助万分一，又不得窃须臾之生，以见尧舜礼节之盛。今死矣，命也。（《周敦颐集》附录一《周敦颐墓碣铭》）

对自己不能参与变法、在社会政治上有所施展深以为疚。从“见尧舜礼节之盛”一语我们也可以看出，周敦颐也十分向往三代、先王之治。

总之，周敦颐被尊为“北宋五子”之一，是合乎情理的。因为周敦颐确实创立了一个包含宇宙论、人性论、道德修养论等内容的天人合一思想体系。但是，周敦颐的宇宙论尚有进一步完善之处，其人性论也尚未与宇宙论完全连接，道德修养论也有待进一步丰富和充实。从天人合一这一思想旨趣来看，周敦颐于理学虽有开创之功，但其理论系统性不及张载学说的缜密和完整。

---

① 《南轩集》卷10《南康军新立濂溪祠记》，《张栻全集》，（宋）张栻著，长春：长春出版社，1999 年版。

② 《中国经学思想史》（第 3 卷，上册），姜广辉主编，北京：中国社会科学出版社，2010 年版，第 424 页。

第二节　张载与二程

一、二程、洛学及其与张载关学的关系

程颢(1032—1085),字伯淳,学者称明道先生,洛阳(今河南洛阳)人。仁宗嘉祐二年(1057)进士,先后任京兆府鄠县(今陕西户县)主簿、江宁府上元县(今江苏南京江宁区)主簿,泽州晋城(今山西晋城)县令。神宗初年,吕公著推荐他到朝廷任太子中允、监察御史里行,每次进见神宗均劝之以"尧舜之事"、君道当以"至诚仁爱"为本,神宗虽未采纳,但仍以礼待之。后因反对王安石变法,被贬回洛阳。当时旧党人物司马光、富弼、吕公著等也退居洛阳,程颢与他们交往甚密,互相标榜,形成了一支重要的在野政治舆论力量。神宗死后,高太皇太后听政,司马光、吕公著等被起用,他们贬黜新党,废除王安石变法,甚至撤除王安石的新学制。程颢也被调入朝廷,授京正寺丞,但未及上任即病逝于家中,时年 54 岁。

程颐(1033—1107),字正叔,学者称伊川先生。在太学时,以《颜子所好何学论》而知名,未中进士。其父程珦屡次得"任子恩",但程颐均把机会让给同族,无心仕途,一心向学。直到哲宗即位,旧党执政后他才接受司马光、吕公著等的推荐,授汝州团练推官,充西京国子监教授。哲宗元祐元年(1086),官拜秘书省校书郎,授崇政殿说书,成为哲宗(时年十岁)的老师之一。他利用经筵向皇帝讲授"圣贤之道",并褒贬时政,无所避讳,引起朝中一些大臣的不满。后程颐深感朝廷为官之难,遂力请辞官归田。元祐八年(1093),哲宗亲政,决心继承神宗变法事业,遂贬黜旧党,程颐也被视为"奸党",放归田里。后被贬为涪州编管,其间写成《伊川易传》(又称《周易程氏传》)。徽宗即位,才归洛阳,并恢复权判西京国子监职。在洛阳期间,从程颐而学者日众。后徽宗复行新法,程颐又被列为"元祐奸党",甚至被以"惑乱众听"之罪名"尽逐学徒"。后程颐迁往洛阳龙门南之伊皋书院,继续讲学,直至去世。

程颢和程颐被学者称为"二程"。张载是程颢、程颐的表叔,比程颢大 12 岁,早去世 8 年;比程颐大 13 岁,早去世 30 年。此外,张载与大程同为嘉祐二年(1057)进士,属于"同年"。因程颢、程颐长期讲学于洛阳,从学弟子颇

多，包括三吕、苏昞等原来的关学学者，二程及弟子们共同开创了北宋理学的洛学学派。朱熹将二程弟子所记二程语录加以综合、整理，编定为《河南程氏遗书》《河南程氏外书》等。明清学人辑录二程著作成《二程全书》。今有中华书局出版的《二程集》。但大程与小程的学术倾向也有所不同，这方面已有不少古今学者做过考察①，本书不展开详细论述。

正如在张载的生平中所介绍的，张载与二程的学术交往有四次。第一次发生在宋仁宗嘉祐初年（1056 年至 1057 年），讨论的主题是如何解释《周易》。第二次发生在嘉祐年间（1056—1063），讨论的主题是儒学境界。张载认为这个境界主要表现在能准确把握事物尺度、找到处理问题最恰当的方式，从而实现心灵自由。而程颢认为这个境界主要表现为心有主宰，即心能定，与外物保持接触但又不被外物所累。第三次发生在王安石变法初期，讨论的主题是太虚即气。张载通过长期的易学研究，提出太虚即气的命题，想从根本上确立儒学的理论依据；而程颐并未理解其良苦用心。第四次发生在熙宁十年（1077），讨论的主题是对《易传·说卦》“穷理尽性以至于命”的理解等。张载强调为学工夫的阶段性，既注重外在的穷理，又重视内在的尽性；二程则认为，不需要那么多的曲折。从他们的四次交流来看，是张载将其最有心得体会的观点就正于同好，但没有达到很好的预期效果。虽然在哲学思想方面，二程与张载存在某些差异，但二程对张载及其关学的深厚博大的气象，流露出深深的敬佩之意。

北宋时曾有学人认为张载之学源自于二程的洛学。先师从张载、后学于二程的吕大临在《横渠先生行状》中写道：张载在洛阳与二程共论“道学之要，先生涣然自信曰：‘吾道自足，何事旁求！’乃尽弃其学而学焉。”即在与二程论学之后，张载放弃了自己的学说而从学于二程。二程弟子杨时也曾说：“横渠之学，其源出自程氏，而关中诸生尊其书，欲自为一家。”（《伊洛渊源录》卷 6《司马光论谥书》小注，又见《近思录》卷 14《圣贤》）朱熹也附和这种

---

① 关于二程学术之间的差异，从二程门人到黄宗羲等古代学人已有所论述。至近现代，冯友兰的《中国哲学史》（下册）（华东师范大学出版社 2000 年版）、牟宗三的《心体与性体》（上海古籍出版社 1999 年版）、庞万里的《二程哲学体系》（北京航空航天大学出版社 1992 年版）等著作以及张岱年的《先秦儒学与宋明理学》（《中州学刊》1983 年第 4 期）、张恒寿的《也谈二程思想的异同》（《中州学刊》1988 年第 5 期）、卢连章的《程颢程颐哲学思想异同论》（《中州学刊》1982 年第 1 期）等论文，已多有研究。

说法，他说："横渠之学，实亦自成一家，但其源则自二先生发之耳。"(《伊洛渊源录》卷6《司马光论谥书》小注) 自南宋以来，古代学人深受此种观点的影响，以至于在"北宋五子"中将张载列于二程之后。

但是，二程并不赞成这个说法。程颐指出：

> 表叔(指张载)平生议论，谓颐兄弟有同处则可，若谓学于颐兄弟，则无是事。倾年属与叔(即吕大临)删去，不谓尚存斯，言几于无忌惮。①

二程认为，可以说张载与其论过学、与其学说有相似之处，但是倘若说张载从学于二程，则是没有道理和依据的，并嘱咐吕大临把这种"无忌惮"之话删去。后来吕大临把它改成"乃尽弃异学，淳如也"。张载逝世时，程颢也曾作《哭张子厚先生》，对与张载结伴郊游、探讨道学而"共修"的情谊做了缅怀，其诗曰：

> 叹息斯文约共修，如何夫子便长休？山东无复苍生望，西土谁共后学求。千古声名联棣萼，二年零落去山丘。寝门恸哭知何限，岂独交亲念旧游！(《河南程氏文集》卷3《铭诗·哭张子厚先生》)

看来，张载与二程确实多有学术上的探讨和交流，但说张载之学源自二程之学是不符合历史事实的。张载之学源自洛学，应当是二程后学(包括朱熹)对二程的溢美之辞。

二、经学思想的比较

洛学是二程在博综佛、道等诸家思想的基础上，以儒家经典为根本依托创建起来的天人合一思想体系。"道之大原在于经。"(《河南程氏文集》卷2《南庙试九叙惟歌论》) 二程认为，"经所以载道也"，即是说儒家经典是圣人载道之书，要求得圣人之道，必须凭借儒家经典，所谓"由经以求道"是也(《河南程氏文集》卷12《遗文·与方元寀手贴》)。《二程全书·经说》的目录是：第一《易说·系辞》，第二《书解》，第三《诗解》，第四《春秋解》，第五《礼记》(明道先生改正《大学》，伊川先生改正《大学》)，第六《论语解》，第七《孟子解》，第八《中庸解》。如此的排列反映出二程为学的基本次第及《易》

---

① 《河南程氏外书》卷11《时氏本拾遗》，《二程集》，(宋)程颢、程颐撰，王孝鱼点校，北京：中华书局，1981年版。

在其思想体系中的地位。

《伊川易传》是二程学说最重要的代表作，是二程平生用力最多的著作。“先生平生用意，惟在《易传》。求先生之学，观此足矣”。（《河南程氏遗书》附录《伊川先生年谱》）因此，学术界一般认为，二程学说最重要的内容就是其“易学”。侯外庐、邱汉生、张岂之主编的《宋明理学史》对此做了详细地考证和论述。[①] 这种以儒家传统经典特别是《周易》为基本文本来构建思想体系的做法，与张载是一致的。

张载在构建天人合一思想体系时，既重视儒家传统经典，又推崇并借用《论语》《孟子》《大学》《中庸》等“四书”。二程同样如此，但比张载更进一步，他们把《论语》《孟子》《大学》《中庸》提高到和儒家传统六经或五经并列的地位，甚至认为，从为学次第上来看，“四书”比“六经”或“五经”更加重要。在二程那里，“四书”取得了相对于“六经”或“五经”的优先地位。[②] 二程认为，儒家传统经典固然重要，但是它们内容浩繁、意义深刻，并不适合初学者直接研读。二程说：“六经浩渺，乍来难尽晓”（《河南程氏遗书》卷22上《伊川先生语八上》），“诸经之奥，多所难明”（《河南程氏文集》卷8《杂著·为家君作试汉州学策问三首》），“五经之言，涵蓄浑然”（《河南程氏粹言》卷1《论书篇》）。因此，要想探求传统儒经中的圣人奥义，必须先要对圣人之“义理”有充分的把握和领会：

> 古之学者，皆有传授。如圣人作经，本欲明道。今人若不先明义理，不可治经，盖不得传授之意云尔。（《河南程氏遗书》卷2上《二先生语二上》）
>
> 古之学者，先由经以识义理。盖始学时，尽是传授。后之学者，却先识义理，方始看得经。（《河南程氏遗书》卷15《伊川先生语一》）

而圣人之“义理”的把握和领会首先就要通过“四书”。二程指出：“于《语》《孟》二书，知其要约所在，则可以观五经矣。”（《河南程氏粹言》卷1《论书篇》）“先识得个义理，方可看《春秋》。《春秋》以何为准？无如《中庸》”。

---

① 《宋明理学史》（上册），侯外庐、邱汉生、张岂之主编，北京：人民出版社，1984年版，第132—138页。

② 参见《中国经学思想史》（第3卷，上册），姜广辉主编，北京：中国社会科学出版社，2010年版，第498—499页。

(《二程集·河南程氏遗书》卷15《伊川先生语一》)甚至认为,懂得了"四书"中的"义理","六经"或"五经"自然也就通明乃至不用读了。"学者当以《论》《孟》为本。《论语》《孟子》既治,则六经可不治而明矣"。(《河南程氏遗书》卷25《伊川先生语十一》)

《宋史·程颐传》曰:程颐为学"以《大学》《论》《孟》《中庸》为标指,而达于六经"。(《宋史》卷427《程颐传》)即是说,程颐是以"四书"的"义理"来疏解六经的。这也就是后来朱熹所谓"四子(即四书),六经之阶梯"(《朱子语类》卷105《朱子二》)之意。在张载既崇"六经"或"五经"又重"四书"的基础上,二程进一步使"四书"获得了相对于"六经"或"五经"的优先地位,在中国经学思想发展史上具有重要意义。后来朱熹直接将《论语》《孟子》《大学》《中庸》并称为"四书",作《四书章句集注》,"四书"遂风行天下,成为中国经学思想发展史上的重大变故。从此之后,"四书"与"六经"或"五经"一样,上升为中国古代社会的根本经典。从"六经"或"五经"向"四书"的过渡,适应了"儒学理论中心向心性之学转移"的时代思潮。[①]

为了重新构建儒学的理论系统,二程也反对汉唐儒者传注训诂之学,倡导探求儒经蕴含的义理。二程认为,汉唐儒者繁琐的学术方法,并不能把握儒家经典的要领,从而导致了圣人之道的千载不传:

> 汉之经术安用?只是以章句训诂为事。且如解"尧典"二字,至三万余言,是不知要也。(《河南程氏遗书》卷18《伊川先生语四》)
>
> 周公没,圣人之道不行;孟轲死,圣人之学不传。道不行,百世无善治;学不传,千载无真儒。无善治,士犹得以明夫善治之道,以淑诸人,以传诸后;无真儒,则贸贸焉莫知所之,人欲肆而天理灭矣。先生生于千四百年之后,得不传之学于遗经……使圣人之道焕然复明于世。(《宋史》卷427《程颐传》)

二程主张,要想探求经典所蕴含的圣人奥义,就应当从整体上对经典进行把握,而不能拘泥于字句和典章等细枝末节。他们指出"学贵于通,执一而不通,将不胜其疑矣"(《河南程氏粹言》卷1《论学篇》);"善学者,要不为文字所梏"(《河南程氏外书》卷6《罗氏本拾遗》)。在此基础上,二程也提出了

---

① 《中国经学思想史》(第三卷,上册),姜广辉主编,北京:中国社会科学出版社,2010年版,第483—490页。

“自得”的学术方法。“学者必潜心积虑，涵养而自得之”；“义有至精，理有至奥，能自得之，可谓善学矣”（《河南程氏粹言》卷1《论学篇》）。二程甚至认为：“文义虽解错，而道理可通行者不害也。”（《河南程氏外书》卷6《罗氏本拾遗》）这使二程对经典的阐释难免出现主观随意甚至是穿凿附会的问题。朱熹曾说：“伊川解经，是据他一时所见道理恁地说，未必便是圣经本旨。”（《朱子语类》卷105《朱子二》）也就是说，二程过多地表现出以“理”通“经”的学术倾向，与张载由“经”求“理”的学风不同。

同张载一样，二程早年也出入佛、道诸家。程颐谓其兄程颢自小“泛滥于诸家，出入老、释者几十年，返求诸六经而后得之”（《河南程氏文集》卷11《明道先生行状》）。程颐从小也常和禅僧交谈：“先生少时，多与禅客语，欲观其所学浅深，后来便不问。”（《河南程氏遗书》卷3《二先生语三》）这种学术经历可谓与张载基本一致。不过，与张载不同，除主要批评佛教抛家舍子违背儒家伦理日用外，二程很少对佛教的核心命题展开针锋相对的理论较量，反而对佛教的“精微”之论采取了比较赞许的态度。“异教之书，虽小道必有可观者焉”（《河南程氏遗书》卷2上《二先生语二上》），“佛、庄之说，大抵略见道体，乍见不似圣人惯见，故其说走作”（《河南程氏遗书》卷15《伊川先生语一》）。尽管二程一直强调佛、道等思想并不如儒学，但也不得不承认佛、道等儒学之外的诸家思想是有可取之处的。事实上，二程思想也确实显现出佛、道思想的渊源。比如：

> 问：“某尝读《华严经》，第一真空绝相观，第二事理无碍观，第三事事无碍观，譬如镜灯之类，包含万象，无有穷尽，此理如何？”曰：“只为释氏要周遮，一言以蔽之，不过曰万理归于一理也。”又问：“未知所以破它处。”曰：“亦未得道他不是。”（《河南程氏遗书》卷18《伊川先生语四》）

“万理归于一理”也就是理学的核心命题——“理一分殊”。然而，这一道理早在唐代的华严宗那里就已经得到详尽的阐发了，即使是二程也不得不感叹道“未得道他不是”。再如：

> 学者先务，固在心志。有谓欲屏去闻见知思，则是绝圣弃智。有欲屏去思虑，患其纷乱，则是须坐禅入定。如明鉴在此，万物毕照，是鉴之常，难为使之不照。人心不能不交感万物，亦难为使之不思虑。若欲免此，惟是心有主……存此涵养，久之自然天理明。

（《河南程氏遗书》卷15《伊川先生语一》）

“绝圣去智”“坐禅入定”显然是道家（教）和佛教的基本修养方法，但也被二程纳入自己的道德修养论当中。

三、宇宙论的比较

张载认为，宇宙的一切万有都是由“气”的不同状态所产生、所构成的。二程同样认为，世界万物都是由“气”的运动变化所形成的。“万物之始，皆气化；既形，然后以形相禅，有形化；形化长，则气化渐消”。（《河南程氏遗书》卷5《二先生语五》）也就是说，在世界具体事物形成之前，是“气化”；形成具体形态之后，便为“形化”。但不管是“气化”还是“形化”，皆是“气”的运动变化所成就的。天地间的任何事物均由“气”转化而成，是二程认识和把握世界得出的基本结论。他们指出“日月星辰，皆气也”，“天气下降至于地中，生育万物者，乃天之气也”。（《河南程氏粹言》卷2《天地篇》）即使是雷、电、霜、露等自然现象，也均是由“气”的运动变化所生。所谓“雷自有火，如钻木取火，如使木中有火，岂不烧了木？盖是动极则阳生，自然之理”。（《河南程氏遗书》卷18《伊川先生语四》）

但是，二程认为张载的本体理论存在缺陷，并不十分圆满。他们通过对客观生化之道的进一步抽象，区分了“气”和“理”的高下，主张“天理”才是宇宙最高的本体。程颢说：“万物皆只是一个理”（《河南程氏遗书》卷2上《二先生语上》）。此“理”独立于万物，但又产生并支配着万物，而万物则无不体现着此“理”：“所以谓万物一体者，皆有此理，只为从那里来。生生之谓易，生则一时生，皆完此理。”（《河南程氏遗书》卷2上《二先生语上》）二程指出：“理者，实也，本也”（《河南程氏遗书》卷11《明道先生语一》）。“实理者，实见得是，实见得非。凡实理，得之于心自别”。（《河南程氏遗书》卷15《伊川先生语一》）。即是说，此“理”是实实在在的存在，并非佛、道诸家所谓的“空”“无”。二程曰：

> 释氏言成住坏空，便是不知道。只有成坏，无住空。且如草木初生既成，生尽便枯坏也。他以谓如木之生，生长既足却自住，然后却渐渐毁坏。天下之物，无有住者。婴儿一生，长一日便是减一日，何尝得住？然而气体日渐长大，长的自长，减的自减，自不相干也。（《河南程氏遗书》卷18《伊川先生语四》）

“理”或“天理”一词，源自于《礼记》及《孟子》。此外，《韩非子·解老》也说：“万物各异理，万物各异理而道尽。”此“理”即是万物法则的意思。《荀子·乐论》亦云：“礼也者，理之不可易者也。”这个“理”就有人文法则的含义。南北朝以来，心性论学说在佛教中逐渐兴盛起来，在关于佛性的争论当中，就有以“理”为佛性的说法。至唐代，华严宗曾将“理”上升为宇宙本原的地位，并通过“理”与“事”的角度，详细地论述了世界本原和具体现象的复杂关系问题。二程曾将其归纳为“万理归于一理”的道理，认为“未得道他不是”。北宋时期，许多学者如欧阳修、周敦颐、邵雍、张载等也曾讲到过“理”，并赋予了“理”以自然法则、人文法则等含义。尽管二程认为张载的《西铭》已经“明理一分殊”，然而，从儒学思想发展史来看，只有二程才将“理”作为一个最高的、终极意义的范畴来构建自己的理学思想体系。程颢的“天理”本体论虽有学术渊源，但程颢所言“吾学虽有所授受，天理二字，却是自家体贴出来”(《河南程氏外书》卷12《传闻杂记》)，是有道理的。

将“天理”提升为宇宙的最高本体，是二程学说与张载学说的根本不同。张载认为，气的虚静状态——“湛一”之气“太虚”是宇宙的最高本体。二程认为，从“气”的原始状态去描述并规定本体有理论上的缺陷。

其一，二程认为，不论如何描述气的原始状态，它总是脱离不了“形”“器”的局限：

形而上者谓之道，形而下者谓之器。若如或者以清虚一大为天道，则乃以器言而非道也。(《河南程氏遗书》卷11《明道先生语一》)

有形总是气，无形只是道。(《河南程氏遗书》卷6《二先生语六》)

作为宇宙本体，不应该有所方所、有所形域，而气始终都表现为形体、方域。

其二，如果只承认气的清虚状态是本体状态，则本体不能解释气的浑浊状态：

立清虚一大为万物之源，恐未安，须兼清浊虚实乃可言神。道体物不遗，不应有所方所。(《河南程氏遗书》卷2上《二先生语二上》)

张子曰：“太虚至清，清则无碍，无碍故神。反清则浊，浊则有碍，碍则形窒矣。”子曰：“神气相极，周而无余，谓气外有神，神外有

> 气,是两之也。清者为神,浊者何独非神乎?”(《河南程氏粹言》卷2《心性篇》)

二程认为,若认“清虚一大”为气的本体状态,而认“浑浊”为气的异化状态,则本体难以包容周遍。总之,不能从气中“拣个好的物事”来概定本体。

其三,二程认为,“气”并非如张载所说那样是万物的最终归宿,事实上,万物各有万物之始终:

> 凡物之散,其气遂尽,无复归本原之理。天地间如洪炉,虽生物销烁亦尽,况既散之气,岂有复在?天地造化又焉用此既散之气?其造化者,自是生气。至如海水潮,日出则水涸,是潮退也,其涸者固已无也,月出则潮水生也,非却是将已涸之水为潮,此是气之终始。开阖便是易,“一阖一辟谓之变”。(《河南程氏遗书》卷15《伊川先生语一》)

张载认为清虚之气是万物本体,一个重要理论根据就是万物产生于气,复归于气。而二程认为,气有自生的作用,日新月异,新生之气并非原有之气的再生,消散之气随即消失而并不再重归于气。总之,将“气”作为宇宙本体,有理论上的局限。

其四,二程认为,“所以阴阳者”才是道才是理。张载论“气”,主要是从气之“神化”属性丰富了气的宇宙本原内涵,他表面上说气,实际上重点在于描述“湛一”之气的属性,但二程又认为先秦孔孟多说“理”“义”,而很少说“神”:

> 仲尼与《论语》中未尝说“神”字,只于《易》中,不得已言数处而已。(《河南程氏遗书》卷15《伊川先生语一》)

二程认为,固然气之阴阳不是道,“所以阴阳者”也并不是神,而是道是理:

> 离了阴阳更无道,所以阴阳者是道也。阴阳,气也。气是形而下者,道是形而上者,形而上者则是密也。(《河南程氏遗书》卷15《伊川先生语一》)

最后,二程认为,凡从阴阳气化描述天人关系者,大都有分辨天人,由天而人的局限,在他们看来:

> 道一也,岂人道自是人道,天道自是天道?……天地人只一道也。才通其一,则余皆通。(《河南程氏遗书》卷18《伊川先生语四》)

天人本无二，不必言合。（《河南程氏遗书》卷6《二先生语六》）

所谓合，是以人合天，而二程认为天人一道，本体与现象的关系是逻辑并行的关系，即所谓“理一分殊”的关系，而非纵贯的生成关系。

二程特别调强，理与气或道与器是宇宙本身所展现出来的“体”与“用”，它们既有“显”与“微”“形而上”与“形而下”的区别，又是相互统一、不可分割的整体：

道之外无物，物之外无道，是天地之间无适而非道也……无所为而非道，此道所以不可须臾离也。（《河南程氏遗书》卷4《二先生语六》）

至微者，理也；至著者，象也。体用一源，显微无间。①

至显者莫如事，至微者莫如理，而事理一致，显微一源，古之君子所谓善学者，以其能通于此而已。（《二程集·河南程氏遗书》卷25《伊川先生语十一》）

他们认为，一切有形有象的事物均可为人所感知，故而是“显”；而无形无象的理、道不能被人所感知，故而是“微”，但两者是一体、一源而无间的统一整体。

事实上，二程对张载的思想是有所误读的。张载指出：

“形而上者”是无形体者，故形而上者谓之道也；“形而下者”是有形体者，故形而下者谓之器。无形迹者即道也，如大德敦化是也；有形迹者即器也，见于事实即礼义是也。……凡不形以上者，皆谓之道，惟是有无相接与形不形处知之为难。（《横渠易说·系辞上》）

所谓气也者，非待其郁蒸凝聚，接于目而后知之；苟健顺、动止、浩然、湛然之得言，皆可名之象尔。然则象若非气，指何为象？时若非象，指何为时？世人取释氏销碍入空，学者舍恶趋善以为化，直可为始学遣累者薄乎云尔，岂天道神化所同语也哉！……若以耳目所及求理，则安得尽！如言寂然湛然亦须有此象。有气方有象，虽未形，不害象在其中。（《横渠易说·系辞下》《正蒙·神化》）

---

① 《周易程氏传·易传序》，《二程集》，（宋）程颢、程颐撰，王孝鱼点校，北京：中华书局，1981年版。

即是说，非“耳目所及”的“无形体者”即是“道”，它包括“湛一”之气和阴阳二气的交感变化及其蕴含的“理”，而此“道”此“理”也均有其自身的“象”。在张载看来，“象”不见得就必须是“耳目所及”的“有形体者”，只要能用语言加以描述或能用思维加以抽象的存在者均具有自身的“象”，否则它就成为空无所有、并不存在的东西，也就违背了“气”本论的宗旨。正所谓“苟健顺、动止、浩然、湛然之得言，皆可名之象尔”（《正蒙·神化》）。“如言寂然湛然亦须有此象。有气方有象，虽未形，不害象在其中”。（《横渠易说·系辞下》）在张载看来，“湛一”之气和阴阳二气的交感变化及其所蕴含的“理”（“神”“化”），并非是“形而下者”，恰恰相反，它们均是非“耳目所及”的“形而上者”，尽管如此，它们依然具有能用语言加以描述或能用思维加以抽象的“象”。再者，二程认为张载“以清虚一大为天道”，同样是对张载思想的误读，未注意到张载别分“天德”与“天道”及其“体”“用”的关系，因此也就无法理解张载思想中的虚气关系，误将张载的思想置于“形而下”之列，不能正确把握张载思想的整体意蕴。

一言以蔽之，在张载那里，“气”被别分为“形而上者”和“形而下者”两部分，这也正符合张载所谓的“幽”“明”之分。但是，二程却主张，凡是“气”均是“形而下者”，并不存在什么本质差别。二程的观点后来被朱熹所接受。很显然，对于如何区分“形而上者”和“形而下者”，张载和二程的看法很不相同，这是产生两种不同宇宙本体论的重要原因。这恰恰印证了张载的先见之明：“惟是有无相接与形不形处知之为难，须知气从此首，盖为气能一有无”（《横渠易说·系辞上》）。因为后来程朱理学占据了中国古代社会思想的主流，一般学人就接受了程朱所主张的“气”是“形而下者”的观点，张载别分“气”为“形而上者”和“形而下者”的观点也就往往受到了学人的忽视。

四、人性论、认识论和道德修养论的比较

二程的人性论也是“合两之性”的人性论，此“两”是指“天命之性”和“气质之性”。二程的此种人性论是在张载“天地之性”与“气质之性”的理论基础上形成的。[①] 张载认为，“天地之性”是至善的太虚本体所赋予的，因此也

① 《宋明理学史》（上册），侯外庐、邱汉生、张岂之主编，北京：人民出版社，1984 年版，第 168 页。

是至善的。二程继承《中庸》思想，把张载的“天地之性”改为“天命之性”，认为它是天理在人性中的体现，是性的本然状态，也是至善的。二程说：

上天之载，无声无臭之可闻，其体则谓之易，其理则谓之道，其命在人则谓之性。(《河南程氏粹言》卷二《心性篇》)

性即理也，所谓理，性是也。天下之理，原其所自，未有不善。喜怒哀乐未发，何尝不善？发而中节，则无往而不善。(《河南程氏遗书》卷八《二先生语八》)

此“性”包含仁、义、礼、智、信等五种因素，其中仁是五者的总纲：“仁、义、礼、智、信五者，性也。仁者，全体；四者，四支。”(《河南程氏遗书》卷 2 上《二先生语上》)

关于“气质之性”，张载认为它是由气化所形成的，蕴含了阴阳二气的清浊、攻取、缓急之性，因而有善有恶。二程则常以“生之谓性”名之。这是对告子人性说的继承。二程说：

生之谓性，性即气，气即性，生之谓也。人生气禀，理有善恶，然不是性中元有此两物相对而生也。有自幼而善，有自幼而恶，是气禀有然也。(《河南程氏遗书》卷 1《二先生语一》)

二程借用张载所谓的“气禀”理论解释了人性中“恶”的起源。在二程这里，所谓“气禀”就是人、物在气化成形过程中对“天理”的禀受程度。“性无不善，而有不善者，才也”。(《河南程氏遗书》卷 18《伊川先生语四》)即是说，人的天然本性是至善的，不善的因素来源于构成人或物的材料，即是“气”。“气”有清浊、攻取、缓急等性，所以当“理”在由“气”所构成的人体或物体中着落安顿时，就不可避免地受到“气”的影响和熏染，从而产生“恶”的因素。“气禀”有偏正的不同，从而使人与物区别开来：“人与物，但气有偏正耳。独阴不成，独阳不生。得阴阳之偏者为鸟兽草木夷狄，受正者人也。”(《河南程氏遗书》卷 1《二先生语一》)每个人“气禀”的程度也不同，“禀其清者为贤，禀其浊者为愚”(《河南程氏遗书》卷 18《伊川先生语四》)。不难发现，二程对于人性为何是善的、为何会产生恶的因素等一系列问题的解答，是对张载的人性论的承袭和发挥。

在此基础上，二程对孟子与告子谈论人性的对话做了创造性地解释。《孟子·告子上》记载，孟子与告子是这样讨论人性的：

告子曰：“生之谓性”。

孟子曰："生之谓性也，犹白之谓白欤？"

曰："然。"

"白羽之白也，犹白雪之白；白雪之白，犹白玉之白欤？"

曰："然。"

"然而犬之性，犹牛之性，牛之性，犹人之性欤？"(《孟子·告子上》)

告子主张"生之谓性"，即人天生所具有的品性即人之性。而孟子反对这一说法。认为如果人天生所具有的本能即人的品性，那么人与动物就没有区别。二程则指出：

孟子言性，当随文看。不以告子"生之谓性"为不然者，此亦性也。彼命受生之后谓之性尔，故不同。继之以"犬之性犹牛之性，牛之性犹人之性欤？"然不害为一。若乃孟子之言善者，乃极本穷源之性。(《河南程氏遗书》卷1《二先生语一》)

他们认为，告子说"生之谓性"这样的命题本身并无错误，如果是从人性与天理之同立论，此命题颇含合理成分。告子的"生之谓性"与孟子的"五常之性"均指性，但是孟子所讲的性是"极本穷源"的结果，故而是更为深刻、内在的人性，而"生之谓性"则是指人的外在的气质而言，但它也是人性。很显然，二程认为，孟子所谓的性是指"天命之性"，告子所言之性是"气质之性"，从而合理地论证了人性善恶的来源等问题。

在张载倡导"立天理"、反对"穷人欲"的基础上，二程进一步提出了穷理灭欲的观点。二程认为，人性中的善是"天理"的本质特征，恶则表现为人的不合节度的欲望、情感，二程称之为"人欲"或"私欲"。"人欲"是与"天理"相对的，"天理"盛则"人欲"灭，"人欲"盛则"天理"衰。二程指出：

甚矣，欲之害人也。人之为不善，欲诱之也。诱之而弗知，则至于天理灭而不知反也。故目则欲色，耳则欲声，以至鼻则欲香，口则欲味，体则欲安，此皆有以使之也。(《河南程氏遗书》卷25《伊川先生语十一》)

人性私欲，故危殆。道心天理，故精微。灭私欲则天理明矣。(《河南程氏遗书》卷24《伊川先生语十》)

二程所要灭的"人欲"或"私欲"主要是指不合节度的欲望或情感。在二程看来，"人欲"或"私欲"与"公""仁"相反："理者，天下之至公"(《周易程氏传》

卷3《周易下经上·益卦》),“公只是仁之理,不可将公便唤做仁”(《河南程氏遗书》卷15《伊川先生语一》);也就是不符合“礼”的“一己之私”:“克己复礼如何是仁?曰非礼处便是私意,既是私意,如何得仁?凡人须是克尽己私之后,只有礼始是仁。”(《河南程氏遗书》卷23《伊川先生语九》)在此基础上,二程提出了“礼”就是“理”的思想,认为礼就是天理的外化形式,天理就是礼的本质内容:

视听言动,非礼不为,即是礼。礼即是理也。不是天理,便是私欲……无人欲,即皆天理。(《河南程氏遗书》卷15《伊川先生语一》)

礼者,理也,文也。理者,实也,本也。文者,华也,末也。(《河南程氏遗书》卷11《明道先生语一》)

二程还论述了主体如何体证本体的问题,这就涉及了二程的认识论和道德修养论。事实上,宋明理学的认识论其实很难与道德修养论截然分开。张载曾提出“穷理”的认识和修养方法,认为要“穷理”则须“尽物”,即接触事物、研究事物的法则,以万事万物为媒介逐渐达到对“天理”的体认。二程同样提出了通过体察万事万物而达到对“天理”的体认的认识和修养方法,不过二程称之为“格物致知”。“格物致知”一词源自《大学》。二程说:“格,至也,言穷至物理也。”(《河南程氏遗书》卷22上《伊川先生语八上》)即是说,“格物致知”就是直接接触、参与、体察直至穷尽蕴含于事物中的“理”。二程认为,“天理”落实于万事万物当中,任何一事一物均体现着天理,因此“格物”也就是“穷理”之意:

格犹穷也,物犹理也,若曰穷其理云尔。穷理然后足以致知,不穷则不能致也。(《河南程氏粹言》卷1《论学篇》)

具体方式是:

或读书讲明义理,或论古今人物,别其是非,或应事接物而处其当。(《河南程氏遗书》卷18《伊川先生语四》)

不难发现,二程所谓穷尽“物理”侧重的也并不是事物的自然规律,而主要是指现实社会的道德秩序,是要人们体认体现于事物中的“天理”,遵守社会的伦理规范。

然而,万事万物无穷无尽,如何“格”得完呢?张载为了解决这一问题,提出了“见闻之知”和“德性之知”以及“尽心”“大心”等理论问题,着意突出了超越感性的先天存在的道德主体意识在认识和修养过程中的作用。二程指出,“格物穷理”并非是一件一件地去格,而是要“闻一知十”,体会到“万理皆是一理”的道理,这也就需要超越感性的先天存在的道德主体意识。二程指出:“致知在格物,非由外铄我也,我固有之也。”(《河南程氏遗书》卷25《伊川先生语十一》)即是说,“天理”原本就在人们的自身当中,也就是人的先天存在的道德主体意识。因而二程与张载一样,也细分“诚”与“明”“见闻之知”与“德性之知”两类概念,他们说“自其外者学之,而得于内者,谓之明。自其内者得之,而兼于外者,谓之诚。诚与明,一也”;“闻见之知,非德性之知,物交物则知之,非内也。今之所谓博物多能者是也。德性之知,不假见闻”。(《河南程氏遗书》卷25《伊川先生语十一》)也就是说,人可以依据自身的“天德”直接透悟天理,而不必完全假借耳目等对物理之体察。

张载认为,要“穷理”则须“尽物”,“尽物”与“穷理”是两个不同的阶段。二程则是主张“格物”与“穷理”是一体的,甚至认为“物我一理”,认为“穷理”与人的“正心诚意”也是合二为一的,并非两条截然不同的路径[①]:

> 问:观物察己,还因见物反求诸身否?曰:不必如此说。物我一理,才明彼即晓此,合内外之道也。……又问:致知先求之四端如何?曰:求之性情固是切于身,然一草一木皆有理,须是察。(《河南程氏遗书》卷18《伊川先生语四》)

归根结底,万物之理与内在于心的天理是一致的。二程曾以此为根据,对张载“穷理尽性以至于命”的解释有所批评。据张载门人苏昞记载,二程与张载在洛阳曾就此命题有过讨论:

> 二程解“穷理尽性以至于命”:“只穷理便是至于命”。子厚谓:“亦是失于太快,此义尽有次序。须是穷理,便能尽得己之性,则推类又尽人之性;既尽得人之性,须是并万物之性一齐尽得,如此然后至于天道也。其间煞有事,岂有当下理会了?学者须是穷理为先,如此则方有学。今言知命与至于命,尽有近远,岂可以知便谓之至也?”(《河南程氏遗书》卷10《洛阳议论》)

张载认为,“穷理”“尽性”“至于命”是一个循序渐进的过程,先要穷理,然后

---

① 《宋明理学史》(上册),侯外庐、邱汉生、张岂之主编,北京:人民出版社,1984年版,第125页。

尽人尽物，乃能知性再知天。而二程认为：

> 穷理尽性以至于命，三事一时并了，元无次序，不可将穷理作知之事。若实穷得理，即性命亦可了。（《河南程氏遗书》卷2上《二先生语二上》）

由于二程认为“物理”与“人性”是二而一的关系，则“穷物理”即是“尽人性”，何来先后的次第？而且他们还认为：

> 理则须穷，性则须尽，命则不可言穷与尽，只是至于命也。横渠昔尝譬命是源，穷理与尽性如穿渠引源。然则渠与源是两物，后来此议必改来。（《河南程氏遗书》卷2上《二先生语二上》）

如果认为穷理与尽性有先后次第关系，则天理不在穷理与尽性的过程中，而在于穷理与尽性的结果之中，很显然不是对性、理关系的正确理解。

五、社会政治思想的比较

生活在北宋中叶的二程，同样反对空谈义理的做法，主张“穷经以致用”（《河南程氏遗书》卷4《二先生语四》）。“读书将以穷理，将以致用，今或滞心于章句之末，则无所用也。此学者之大患”。（《河南程氏粹言》卷2《论学篇》）他们对北宋内忧外患的困局也有着深刻的认识，指出：“坐食之卒，计踰百万，既无以供费，将重敛于民，而民已散矣。强敌乘隙于外，奸雄生心于内，则土崩瓦解之势，深可虑也。”（《河南程氏文集》卷5《上书·上仁宗皇帝书》）

二程也崇尚“三代之治”，倡导改革变法。他们劝说皇帝效法三代、先王之治，认为“为治而不法三代，苟道也”（《河南程氏粹言》卷4《论政篇》），“必期致世如三代之隆而后已也”（《河南程氏文集》卷1《论君道》），“治天下之道，莫非五帝、三王、周公、孔子治天下之道也”（《河南程氏文集》卷5《上书·上仁宗皇帝书》）。也向往井田、宗法等制度，倡导改革变法，认为随着社会情况的变化而进行适当变易正是“三代”之法的应有内涵，“损益文质，随时之宜，三王之法也”（《河南程氏粹言》卷7《圣贤篇》），“二帝三王不无随时因革，踵事增损之制”（《河南程氏文集》卷1《论十事劄子》）；并说：“天下之事无一定之理，不进则退，不退则进，时极道穷，理当必变，惟圣人为能通其变于未穷，使之不至于极，尧舜时也。”（《河南程氏粹言》卷5《论事篇》）“救天下深沉固结之弊，为生民长治久安之计，勿以变旧为难”（《河南程氏文集》卷5

《为家君应诏上英宗皇帝书》)。同张载一样,二程并不赞成顿革,他们主张渐变,"学者所见所期,不可不远且大也。及夫施于用,则必有其渐"(《河南程氏粹言》卷5《论事篇》)。

不过,二程与张载也存在着较大的不同。张载关注边患、研究并参与军事活动,不仅以社会教化为实现理想社会的重要途径,而且在探索天地之"奥"的基础上,针对北宋时代危局提出了细致的政治设计方案,强调经济、社会、政治等制度层面上的变革损益,并不畏艰难而极力践行之,希望借此奠定"万世太平"的千古伟业,表现出强烈的经世致用、躬行实践的学术风骨。二程虽对北宋统治危机深有感触,但他们主要着眼于道德教化的角度,将时局弊病归因于"朝廷尊德乐道之风未孚,而笃诚忠厚之教尚郁","学校之不修,师儒之不尊,无以风劝养励之",认为君志未立、仁政不施乃天下未治的根本原因[①]。对如何解决现实危机的具体而微的政治改革方案,二程缺乏足够的关心,更不用说对于具体政治改革方案的实际践履乃至对边患军事领域的广泛参与。因而,二程思考和把握现实的视角与张载存在很大差异。

这是因为二程对"圣王之道"根本内涵的理解与张载有一些区别。张载将"学政不二"视为"圣王之道"的根本理念。而在二程看来,"圣王之道"的根本内涵是"仁"。二程认为,实现天下太平的根本之道在于君主对仁心的坚守以及仁政和教化的推行。程颐在《上仁宗皇帝书》中说:"窃惟王道之本,仁也。臣观陛下之仁,尧舜之仁也。然而天下未治者,诚由有仁心而无仁政尔。"(《河南程氏文集》卷5《上仁宗皇帝书》)此后,二程由强调君主必须"正志先立",明确提出"格君心之非"是治道之"本"。程颐《为家君应诏上英宗皇帝书》进一步提出了治道之"本用"的区别:

> 今言当世之务者,必曰所先者:宽赋役也,劝农桑也,实仓廪也,备灾害也,修武备也,明教化也。此诚要务,然犹未知其本也。臣以为所尤先者三焉,请为陛下陈之。一曰立志,二曰责任,三曰求贤。……三者本也,制于事者用也。有其本,不患无其用。三者之中,复以立志为本,君志立而天下治矣。所谓立志者,至诚一心,以道自任,以圣人之训为可必信,先王之治为可必行,不狃滞于近规,不迁

---

① 参见《北宋新学与理学》,肖永明著,西安:陕西人民出版社,2001年版,第133—134页。

> 惑于众口，必期致天下如三代之世，此之谓也。（《河南程氏文集》卷5《为家君应诏上英宗皇帝书》）

在“王道之本，仁也”观念下，二程认为治理国家的种种具体方案措施远不如君主立志于“仁义”之“本”来得重要。在君主立“本”之后，二程主张还需选拔贤才，推行仁义礼乐的社会教化，引导社会民众立其“本”，以移风易俗为根本要务：

> 治天下以正风俗、得贤才为本。宋兴百年，而教化未大醇，人情未尽美，士人微谦退之节，乡闾无廉耻之行，刑虽繁而奸不止，官虽冗而材不足者，此盖学校不修，师儒不尊，无以风劝养励之使然耳。（《河南程氏文集》卷1《请修学校尊师儒取士札子》）

因而，二程在《论十事札子》中虽然提出了经筵、官制、均田、学校、役制等改革措施，但依然以仁义教化为其根本和着力点。可见，二程所谓读书“以致用”的“用”主要是指仁义教化的确立与推行。正如程颢进见神宗时常说的那样：“君道以至诚仁爱为本，未尝一言及功利。”（《河南程氏粹言》卷2《君臣篇》）

不过，在社会教化的推行方面，同张载一样，二程也十分注重“礼”的作用。“克己复礼”就是二程十分重视的道德修养方法。二程经常与人讨论“克己复礼”。其弟子韩持国问：“道上更有甚克，莫错否？”（《河南程氏遗书》卷1《二先生语一》），程颐回答他说，克己并非克制内心本有的道、天理，而是克去一己之私欲，并通过自觉践行礼仪规范而达到对内心之道、天理的体证。即是说，“礼”是主观自我与客观天理实现沟通的中间媒介。二程还指出，礼乐教化可以使社会变得和谐有序：“‘安上治民莫善于礼，移风易俗莫善于乐’。此固是礼乐之大用也，然推本而言，礼只是一个序，乐只是一个和。只此两字，含畜多少义理。”（《河南程氏遗书》卷18《伊川先生四》）二程甚至强调：“天下无一物无礼乐，且置两只椅子，才不正便是无序，无序便乖，乖便不和。”（《河南程氏遗书》卷18《伊川先生四》）即是说，天下万事万物，包括每一个人，都在社会的等级结构中占有自己的适当位置，每一个人也都必须恪守自己的责任，遵循社会的礼仪规范，从而形成一个有等级的和谐社会。

但对关学奉行“以躬行礼教为本”的宗旨，二程也有不同认识：

> 子（二程）谓子厚曰：“洛之俗难化于秦之俗。”子厚曰：“秦之士俗尤厚，亦和叔（吕大钧）启之有力焉。今而用礼渐成风化矣。”子（二程）曰：“由其气质之劲，勇于行也。”子厚曰：“亦自吾（家）规矩

不迫也。”(《河南程氏粹言》卷4《论政篇》)

洛学虽然同关学一样重礼,二程和张载同样研习诸礼文本,把礼看作为人之规范,立身之所守。但与关洛不同的是,关学以礼为教,躬行之,践履之,使礼通过诸如“乡约”“乡仪”一类可以具体操作实行的规范,而成为经世化俗之方和变化气质之道;洛学则更加侧重以礼为敬,认为“敬即便是礼,无己可克”,“敬以直内,便是浩然之气”。

第三节 张载与王安石

一、王安石及荆公新学

王安石(1021—1086),字介甫,抚州临川(今江西抚州市临川区)人,谥文,封荆国公,世人又称王荆公。北宋杰出的政治家、文学家、思想家,唐宋八大家之一。比张载小一岁,晚九年去世,历宋仁宗、英宗、神宗等朝,生活年代与张载同时。

王安石出身仕宦之家,但祖上并非望族,其父王益,进士出身,一生长期在外府州县任职。王安石19岁丧父,家人众多,生活十分艰难。少年时主要接受儒家教育,但“自百家诸子之书,至于《难经》《素问》《本草》诸小说,无所不读,农夫女工,无所不问”(《临川集》卷73《书·答曾子固书》),养成了博览群书的习惯。仁宗庆历二年(1042)中进士(比张载早15年),后历任扬州(今江苏扬州)签判、鄞县(今浙江宁波一带)知县、舒州(今安徽安庆市辖区)通判、提点江东刑狱等职。其间,王安石研读经书,著书立说,获得广泛声誉,号称“通儒”。仁宗嘉祐五年(1060),王安石从提点江东刑狱奉诏归朝,呈奉《上仁宗皇帝言事书》,倡导变法,未被采纳。嘉祐八年(1063),母亲去世,王安石回江宁(今江苏南京)居丧,并潜心读书、讲学,许多学者前来从学,除其子王雱外,有陆佃、蔡卞、龚原等,这些学者后来成为“荆公新学”学派的重要人物。

英宗治平四年(1067),神宗即位。熙宁二年(1069),神宗召王安石“越次入对”。次年,王安石任参知政事,再次年,为“同中书门下平章事”,位同宰相。王安石执政后,开始了被后世称为“熙宁变法”或“熙宁新政”的变法运动。变法期间,王安石曾向张载征询对于变法的意见,并邀请张载参与他主持的变法活动，但张载对变法有着自己的看法，并未同意。后来王安石变法遭到众多朝臣的激烈反对，迫于反对派的压力，熙宁七年(1074)，王安石辞去官职，出任江宁知府。一年后，神宗再次起用他，旋又罢相，出任江南签判，次年隐退江宁，过着闲居生活。神宗元丰八年(1085)，年仅10岁的哲宗即位，由太皇太后高氏临朝听政，启用反对变法的司马光为相，废除了大多数新法，打击"熙宁变法"人士，王安石也于翌年四月去世，"熙宁变法"最终遭到了失败。但是，我们不能否认"熙宁变法"对改变北宋中期"积贫积弱""内忧外患"困局所起到的重要作用。

王安石执政期间，为适应变法及统一思想的需要，对科举制度进行了改革，用经义和论策取士，废除了以诗赋和记诵传注的考试方式，并设立经义局，招纳一批学人重新训释《诗》《书》《周官(礼)》，编撰《三经新义》颁行太学，使之成为科举取士的参考教材。《三经新义》是"荆公新学"的代表作，其中《周官新义》由王安石亲自训释，为的是从《周礼》中寻找变法的理论依据，《尚书新义》在王安石的指导下由其儿子王雱撰写，《诗经新义》则在王安石指导下集多人才学并经王安石多次修改而成，均体现着王安石的思想。

《三经新义》成为科举考试的必读之书，意味着"荆公新学"获得了"官学"的地位。实际上，"荆公新学"确实成为对北宋中后期思想界最有影响的学术派别，所谓"王氏之学，独行于世者六十年，科举之士熟于此乃合程度"①。因王安石的政治地位及其学术成就，王安石逐渐吸引了一大批学人投入其门下，形成了北宋中期重要的官方"显学"——"荆公新学"。而大约同时期兴起的濂学、关学、洛学，则是民间流行的"私学"。即使是废除诸多新法、打击变法人士的司马光等人，也并未能对"荆公新学"在北宋思想界的重要影响构成致命威胁。直至南宋时期，王安石多被统治者们追究为导致北宋灭亡的"罪魁"，"荆公新学"逐渐失去了其在思想领域的正统地位，而理学则直到南宋灭亡之前才被正式确立为正统思想。因王安石新学的"官学"地位，其对扭转北宋学术风尚、引领理学风气起到了比同时期的濂学、关学、洛学等更为关键的作用，但在思想体系的构建上也因其草创地位而不可避免地存在理论的缺陷。王安石逝世之后，因政治和学术派系斗争(当然也不能忽视王安石新学自身的理论缺陷)，曾经影响了北宋学术60年的"荆公新学"，未引

---

① 《直斋书录解题》卷2《书类》，(宋)陈振孙撰，上海：上海古籍出版社，1965年版。

起后代学人的足够重视，王安石也未能位列所谓北宋"五子"之中，未被称为理学家，《宋元学案》将王安石新学作为一种"杂学"列于书后。

王安石新学的著述颇多，但大部分已亡佚。王安石的著述以儒学为主，兼及佛、道等诸家，非常丰富。除《三经新义》《字说》外，其他还有《易解》《洪范传》《论语解》《孟子解》《礼记要义》《孝经义》《老子注》《楞严经疏解》《淮南杂说》《临川先生文集》等。其中，除《洪范传》《老子注》和《临川先生文集》外，皆佚。"荆公新学"其他学人的著作大多也已亡佚，现存的有：王雱的《老子注》《庄子注》，蔡卞的《毛诗名物解》，陆佃的《尔雅新义》《埤雅》《陶山集》，龚原的《易传》，陈祥道的《论语解》《礼书》，耿南仲的《周易新讲义》，郑宗颜的《考工记注》，王昭禹的《周礼详解》，林之奇的《尚书全解》《拙斋文集》等。

二、经学思想与学说渊源的比较

与张载相同，王安石也将儒家经典视为"圣人之奥"的载体。但他们所重视的儒经却有很大差异。

王安石认为，先王和圣人之道就寄托在儒家经典当中，只是由于历史原因，圣王之道长期被遮蔽而不显于世。王安石说：

> 窃以经术造士，实始盛王之时；伪说诬民，是为衰世之俗。……然孔氏以羁臣而兴未丧之文，孟子以游士而承既没之圣。异端虽作，精义尚存。逮更煨烬之灾，遂失源流之正，章句之文胜质，传注之博溺心。此淫辞诐行之所由昌，而妙道至言之所为隐。（《临川集》卷57《表·除左仆射谢表》）

正是汉唐诸儒的传注训诂之学使学人沉溺于繁琐粗浅、细枝末节的注疏考证，从而忽略和遮蔽了儒经的圣人之"奥义"，使儒家道统隐而不传，导致儒学衰微。王安石创建自己的学说也是以儒家经典为基本文本的。不过，王安石说："某于《易》，尝学之矣，而未之有得。……不敢断其义之是非，则何能推其义以信之天下？"（《临川集》卷75《书·答史讽书》）执政后对《易解》则以"少作未善"为由，"不专以取士"[1]。此与张载推崇《易》并以此为学说之根基与主旨的做法恰好相反。王安石也不重视《春秋》，并将其划出科举考试的科

[1] 《郡斋读书志》卷1，（宋）晁公武撰，《万有文库》，上海：商务印书馆，1937年版。

目。《续资治通鉴长编》卷 247 载：王安石“以《春秋》自鲁史亡，其义不可考，故未置学官”；同书卷 220 又载：熙宁四年（1071），王安石改革科举，“进士罢诗赋、贴经、墨义，各占治《诗》《书》《易》《周礼》《礼记》一经，兼以《论语》《孟子》”。看来，对于《论语》《孟子》，王安石还是比较重视的，不过他更加推崇《孟子》，当欧阳修赞赏王安石的文章并认为王安石日后可与韩愈比肩时，王安石却说：“他日若能窥孟子，终身何敢望韩公”（《临川集》卷二十二《律诗·奉酬永叔见赠》）。这与既重“六经”又重“四书”特别是《易》《中庸》《周礼》等的张载很不相同。

王安石与张载均吸取了佛、道等思想，但与张载以道统立场批判佛、道及诸子百家不同，王安石对佛、道的态度更加宽容，明言儒家与佛、道及诸子百家可以相互沟通、相互补充。王安石指出：

> 前书疑子固于读经有所不暇，故语及之。连得书，疑某所谓经者佛经也，而教之以佛经之乱俗。某但言读经，则何以别于中国圣人之经？子固读吾书每如此，亦某所以疑子固于读经有所不暇也。然世之不见全经久矣，读经而已。则不足以知经。故某自百家诸子之书，至于《难经》《素问》《本草》诸小说，无所不读。农夫女工，无所不问。然后于经为能知其大体而无疑。盖后世学者，与先王之时异矣，不如是，不足以尽圣人故也。扬雄虽为不好非圣人之书，然于墨、晏、邹、庄、申、韩亦何所不读。彼致其知而后读，以有所去取，故异学不能乱也。惟其不能乱，故能有所去取者，所以明吾道而已。子固视吾所知，为尚可以异学乱之者乎？非知我也。方今乱俗不在于佛，乃在于学士大夫沉没利欲，以言相尚，不知自治而已。（《临川集》卷 73《书·答曾子固书》）

即是说，“先王”时代以后，儒家经典有所残缺散佚，世人“不见全经久矣”，如果儒者一味抱残守缺，自我封闭于儒家门墙之内而排斥其他诸家之说，就不能真正地理解、阐明圣人之道，只有在坚守儒家经典的同时博取、融会诸家之所长，才能重新构建起儒家自己的理论学说。可见，王安石同样也是要接续、重构儒家道统的。不过，与张载激烈批判佛、道等“异学”不同，他在百家面前明确承认儒学有其缺陷的同时，也正面阐明墨、晏、邹、庄、申、韩等诸子百家均有其合理性和优越性，指出导致社会风俗日益混乱的原因不是外来的佛教。《续资治通鉴长编》卷 233 还记载，熙宁五年（1072），王安石对神宗说：

“臣观佛书,乃与经合,盖理如此,则虽相去远,其合犹符节也。”

面对佛、道等“精微”之论的挑战,王安石与张载均努力探索汉唐传注训诂之学以外的学术方法,在怀疑部分儒经的同时,开始探求儒经所蕴含的圣人之“奥义”。

王安石并未完全抛弃汉唐传注训诂之学。北宋儒者陈师锡曾说:王安石“解经奥义,皆原于郑康成、孔颖达,旁取释氏,表而出之”[①]。南宋陆游也评论说:“‘荆公有《诗正义》(即唐代孔颖达的《诗经正义》)一部,朝夕不离手,字大半不可辨。’世谓荆公忽先儒之说,盖不然也。”[②]但王安石没有被汉唐传注训诂之学所限制,他真正关注的是儒经中的圣人之“奥义”。换言之,王安石正是在消化、吸收汉唐传注训诂之学及博取诸家之所长的基础上,通过探求儒经“奥义”来构建儒家思想体系的。[③]

王安石批评不求经中“义理”的“守经者”,“守经者曰传写可为也,诵习可勤也,于义理何取哉?”(《临川集》卷69《论议·取材》)立志于“穷理”“尽性”之务:“通天下之志在穷理,同天下之德在尽性”(《临川集》卷65《论议·洪范传》),并作诗曰:“墙面岂能知奥义,延陵听赏自为聪。”(《临川集》卷18《律诗·次韵吴冲卿召赴资政殿听读诗义感事》)主张“先王之道德出于性命之理,而性命之理出于人心。《诗》《书》能循而达之”。(《临川集》卷82《记·虔州学记》)在王安石看来,学者的任务就是要通过训释儒经而领会、发明先王的“道德”与“性命”之理。这里王安石确有张载那样的注重“自得”的风气。以《三经新义》为代表作的“荆公新学”之所以被称为“新”,就是针对不同于汉唐传注训诂之学而言。“新学”学者蔡卞曾指出:“新学”使天下士子“始原道德之意,窥性命之端”[④]。

王安石新学以其“官学”优势对唐宋学风的转变发挥了重要作用。

> 上谕执政曰:“今岁南省所取多知名举人,士皆趋义理之学,极为美事。”王安石曰:“民未知义,则未可用,况士大夫乎!”上曰:“举

---

① 《宋文鉴》卷120《与陈莹中书》,(宋)吕祖谦编,见文渊阁本《四库全书》。

② 《老学庵笔记》卷1,(宋)陆游撰,北京:中华书局,1979年版。

③ 参见《中国经学思想史》(第3卷,上册),姜广辉主编,北京:中国社会科学出版社,2010年版,第240—241页。

④ 《郡斋读书志》卷12《杂家类·王氏杂说》,(宋)晁公武撰,孙猛校证,上海古籍出版社,1990年版。

人对策，多欲朝廷早修经义，使义理归一。”（《续资治通鉴长编》卷243《熙宁六年三月庚戌》）

可见，取得官学地位的“荆公新学”对当时学术之风的影响之大、之深。这种影响是张载等其他思想家所不能具备的。前辈学人之于王安石“新学”对扭转北宋学风的关键性作用已有不少评论。与王安石政见有着分歧的张载曾说：“世学不明千五百年，大丞相（指王安石）言之于书，吾辈治之于己，圣人之言庶可期乎？”（《张子语录·语录中》）对王安石复兴儒学、探求圣人之道的作用和地位做了积极的评价。南宋学人王应麟说：“自汉儒至于庆历间，谈经者守训故而不凿。《七经小传》出，而稍尚新奇矣。至《三经新义》行，视汉儒之学若土埂。”（王应麟：《困学纪闻》卷8）《七经小传》是北宋初期刘敞（1019—1068）所著。“七经”是指《尚书》《毛诗》《周礼》《仪礼》《礼记》《公羊传》和《论语》。刘敞不拘泥于汉唐注疏，以自己的认识和体会对经书加以重新解说，其中不乏独到之见和新奇之说，对扭转北宋学风起了重要作用。王应麟认为，《七经小传》推动了北宋学术风尚的转变，而王安石的“新学”使北宋探求儒经中圣人之“奥义”的学风真正形成。梁启超也认为王安石的学术方法“实为吾中国经学辟一新蹊径”①。侯外庐等评价王安石“新学”时同样说道：“训释经义，主要在阐明义理，反对章句传注的烦琐学风，这一点，实开宋儒义理之学的先河。”“道德性命之学，为宋道学家所侈谈者，在安石的学术思想里，开别树一帜的‘先河’，也是事实”②。邓广铭也指出：“在北宋一代，对于儒家学说中有关道德性命的义蕴的阐释和发挥，前乎王安石者实无人能与之相比”，王安石“应为北宋儒家学者中高居首位的人物。”③

三、宇宙论的比较

为了应对佛、道等“精微”之论，为儒家价值体系确立宇宙论根据，实现“天”与“人”的贯通，王安石对儒家的形而上学进行了自觉地探索和构建。王安石直接借用道家的“道”本原说展开自己的本体论。他说：

---

① 《王安石传》，梁启超著，天津：百花文艺出版社，2005年版，第166页。

② 《中国思想通史》（第4卷，上册），侯外庐主编，北京：人民出版社，1959年版，第440、423页。

③ 《王安石在北宋儒家学派中的地位》，邓广铭，北京：《北京大学学报》（哲学社会科学版），1991年第2期。

夫道者,自本自根,无所因而自然也。[①]

道无体也,无方也,以冲和之气鼓动于天地之间,而生养万物。(《王安石老子注辑本·天地不仁章第五》)

吾不知"道"是谁所生之子,象帝之先。象者,有形之先出;帝者,生物之祖也。故《系辞》曰:"见乃谓之象","帝出乎震"。其道乃在天地之先。(《王安石老子注辑本·道冲章第四》)

可见,"道"是宇宙的本原,它无形无象,自本自根,超越时空,是天地万物得以生成的根据。这个"道"有时也被王安石称为"太极"或"天"。王安石说:"夫太极者,五行之所由生,而五行非太极也。"(《临川集》卷68《论议·原性》)"道者,天也,万物之所自生,故为天下母"(《王安石老子注辑本·天下有始章第五十二》)。"道""太极""天"三者在王安石的宇宙论中居于同样的地位,是王氏新学宇宙论的最高范畴。[②]

为了阐明"道"本体的具体含义,王安石也引入"气"范畴,将自己的宇宙观导入了"气本论"。他说:

道有体有用。体者,元气之不同;用者,冲气运行于天地之间。(《王安石老子注辑本·道冲章第四》)

冲气为元气之所生,既至虚而一,则或如不盈。(《王安石老子注辑本·道冲章第四》)

生物者,气也。(《临川集》卷65《论议·洪范传》)

万物同一气。(《临川集》卷8《古诗·今日非昨日》)

王安石认为,作为本体的"道"其实也就是"气",其自身中有"体"有"用","体"就是未分阴阳的"至虚而一"元气,"用"就是元气所分之阴阳二气的交合变化,从而形成世界万物,因此作为本体的"道"及其所化生的世界万物构成了一个统一于"气"的有机整体。从根本上看,王安石的宇宙论也是一种"气本论"。

不过,王安石的宇宙生化模式要比张载的复杂得多。在道家"道生一,一生二,二生三,三生万物,万物负阴而抱阳,冲气以为和"的宇宙生成模式基础

---

① 《王安石老子注辑本·有物混成章第二十五》,(宋)王安石撰,容肇祖辑,北京:中华书局,1979年版。

② 参见《王安石新学哲学的创立》,张立文,南昌:《南昌大学学报》(人文社会科学版),2012年第1期。

上，王安石又吸取《周易·系辞》中所谓“天数五，地数五，五位相得而各有合”等思想材料，并沿着汉唐儒者博综五行理论构建宇宙生成论的路子，构建出了一个由“道”（“气”）本体到世界万物的宇宙生成论模式：

> 自天一至于天五，五行之生数也。以奇生者成而耦，以耦生者成而奇，其成之者皆五。五者，天数之中也，盖中者所以成物也。道立于两，成于三，变于五，而天地之数具。（《临川集》卷65《论议·洪范传》）

所谓“两”即阴与阳，“道”（“气”）是未分阴阳之“天一”，“三”是阴阳二气之交合，这三者的相互作用、运转流行，出现了“阴极”“阴中”“中气”“阳中”“阳极”等五种不同的状态，从而形成了所谓的“五”，即水、木、金、火、土之五行：

> 北方阴极而生寒，寒生水，南方阳极而生热，热生火，故水润而火炎，水下而火上。东方阳动以散而生风，风生木。木者，阳中也，故能变，能变，故曲直。西方阴止以收而生燥，燥生金。金者，阴中也，故能化，能化，故从革。中央阴阳交而生湿，湿生土。土者，阴阳冲气之所生也。（《临川集》卷65《论议·洪范传》）

阴阳不同属性的交感变化产生了性质各不相同的“五行”，“五行，天所以命万物者也”（《临川集》卷六十五《论议·洪范传》），万物就是由这五种不同的元素直接构成的。至此，王安石通过阴阳、冲气、五行等中间环节，构建起了由“道”（“气”）本体到世界万物的宇宙演化模式。

不难发现，与张载的宇宙观相比，王安石的宇宙论表现出了浓厚的杂糅性质，但他们都吸取了道家（教）的思想资源，都引入“气”来规定宇宙本体，并从“体用”思维的角度将宇宙观别分为“体”（未分阴阳的气）和“用”（阴阳二气的交感）两部分，形成了气本论性质的宇宙观。然而，二者之间有着很大的不同。张载虽然也将“气”判为“体”（即“湛一”之气的“太虚”）和“用”（即阴阳二气的“气化）”，但进一步将“太虚”提升为宇宙的本体地位，将“气化”归入宇宙生成论的范围，认为作为本体的“太虚”超越并且蕴含了“气化”之用。而王安石则将“气”之“体”（即未分阴阳的元气）和“用”（即阴阳二气的交合）全部归入了作为宇宙本体的“道”的本身当中，使宇宙本体论与生成论融为一坛、相互叠加。

此外，与张载从“太虚即气”的理论出发，驳斥道家“有无”之论、阐发“幽明”之理不同，王安石继承了道家以“有”“无”两方面来规定“道”的基本内涵的做法，并以体用思维加以概括，认为“无”是“有”之“体”，“有”是“无”之“用”，从而承认了道家所谓的“有无”之论。王安石指出：

有无之体用，皆出于道。（《王安石老子注辑本·三十辐章第十一》）

有无者，若东西之相反而不可以相无。故非有则无以见无，而无无则无以出有。（《王安石老子注辑本·道可道章第一》）

其书曰：“三十辐共一毂，当其无，有车之用。”夫毂辐之用，固在于车之无用，然工之琢削未尝及于无者，盖无出于自然之力，可以无与也。今之治车者，知治其毂辐而未尝及于无也，然而车以成者，盖毂辐具，则无必为用矣。如其知无为用，而不治毂辐，则为车之术固已疏矣。今知无之为车用，无之为天下用，然不知所以为用也。故无之所以为车用者，以有毂辐也；无之所以为天下用者，以有礼、乐、刑、政也。如其废毂辐于车，废礼、乐、刑、政于天下，而坐求其无之为用也，则亦近于愚矣。（《临川集》卷68《论议·老子》）

其中，王安石还认为现实社会中的“礼、乐、刑、政”即是“无”之“用”。王安石的宇宙论表现出浓厚的道家色彩。

但是，王安石对道家的“道”论也做出了自己的改造，即虽然承认天道是自然的，但却又主张人的积极性和能动性①，这种鲜明的儒家价值取向与张载的气象是相同的。王安石说：

道有本有末。本者，万物之所以生也；末者，万物之所以成也。本者出之自然，故不假乎人之力，而万物以生也；末者涉乎形器，故待人力而后万物以成也。夫其不假人之力而万物以生，则是圣人可以无言也、无为也；至乎有待于人力而万物以成，则是圣人之所以不能无言也、无为也。故昔圣人之在上，而以万物为己任者，必制四术焉。四术者，礼、乐、刑、政是也，所以成万物者也。故圣人唯务修其成万物者，不言其生万物者，盖生者尸之于自然，非人力之所得与矣。老子者独不然，以为涉乎形器者，皆不足言也、不足为也，故诋

① 参见《王安石的哲学思想》，漆侠，石家庄：《河北大学学报》（哲学社会科学版），1978年第3期。

去礼、乐、刑、政，而唯道之称焉。是不察于理而务高之过矣。夫道之自然者，又何预乎？唯其涉乎形器，是以必待于人之言也、人之为也。(《临川集》卷68《论议·老子》)

作为"本"的"天"，完全是自然、无为的，并具有化生万物的功能。显然，王安石在宇宙本体论上继承了道家的自然天道观。效法"天"、作为"末"的"人"，则是自觉的、积极有为的，现实世界是具有自觉能动性的人所参与的世界，而且是经过人类加以改造过的社会，"礼、乐、刑、政"就是人类社会的特有产物。因此王安石说，世界万事万物虽"不假人之力而万物以生"，但确实是要"待人力而后万物以成"。礼乐文明虽有其宇宙论的根据，但却是先王、圣人依据天地宇宙的本然之性而定出来的。此种注重人事、强调人的积极有为的取向，显然是与道家相悖的。可见，王安石虽借用了道家思想与范畴，但又将儒家思想注入其中。

为现实的价值体系和社会秩序确立形而上根据，构建"天人合一"理论是北宋儒者的根本诉求。王安石对"天人合一"理论也做出了探索和论证。他指出：

亦乌知礼之意哉？夫礼始于天而成于人，知天而不知人则野，知人而不知天则伪。圣人恶其野而疾其伪，以是礼兴焉。(《临川集》卷66《论议·礼论》)

万物待是而后存者，天也；莫不由是而之焉者，道也；道之在我者，德也；以德爱者，仁也；爱而宜者，义也。仁有先后，义有上下，谓之分；先不擅后，下不侵上，谓之守。(《临川集》卷67《论议·九变而赏罚可言》)

即是说，儒家的仁义、礼乐、尊卑等现实伦理秩序均来自于"天""道"，并非后天的人意妄为的结果。王安石还指出："一柔一刚，一晦一明，故有正有邪，有美有恶，有丑有好，有凶有吉，性命之理、道德之意皆在是矣。"(《临川集》卷65《论议·洪范传》)即所谓"性命""道德"等儒家价值理念源于自然宇宙的运转流行。因此王安石认为，人事必须效法天道，"顺天而效之"；即使是"人道之极"的"王者"也必须效法天道，所谓"天者，固人君之所当法象也"(《临川集》卷65《论议·洪范传》)。

王安石的"道"本体来自于道家的"道"。道家的"道"是以自然为根本内涵的，对于"道"本体的儒家价值本原内涵，王安石并没有做出明确地论证。

因而，自然无为之“天”与积极有为之“人”如何契合，“天”“道”作为价值体系和社会秩序本原的先天根据何在等重大问题，王安石并未予以明确的交代。这是王安石“天人合一”论所存在的重大理论缺陷。

而对“知人而不知天”有着强烈自觉意识的张载，虽然也吸取了道家的自然天道观，从具有“自然”属性的“天”（“太虚”）的高度论证现实的人道，但在这之前，张载首先确定了儒家的仁义价值原则，并明确地将儒家仁义等价值原则赋予了“天”（“太虚”）本体，从而使自然本体与价值本体在“天”（“太虚”）上获得了最高的统一，然后再从“天”贯通到“人”，从而真正地构建起了一个“天人合一”的儒家宇宙论体系。因而，张载能够在“太虚”“气化”的基础上抽象出统一于“气”的“德”“道”等范畴，认为作为太虚之属性的“德”是“体”，作为气化之属性的“道”是“用”，不仅使气本论学说的内涵更加丰富，而且以此彰显了儒学与将“道”视为比“德”更加本质的道家的根本性差异。这是具有杂糅性质并表现出强烈道家色彩的王安石的宇宙观与张载思想最根本的不同，展现出了王安石“新学”在宇宙论上的重大不足。王安石之所以不被古人称为理学家，看来并不完全是政治党争和学派之争所导致的。

四、人性论与修养论的比较

王安石的本体论主要是一种自然本体论，其仁义价值内涵的缺乏使王安石的“天人合一”理论出现了重大缺陷。因此，王安石并未像张载那样，完全从宇宙论的立场寻找人性论的形而上依据，提出被程朱理学家所继承和发挥的“合两之性”的人性论，而主要是从人的自然的现实性角度去阐发和规定人性的具体内容，提出了性善、性有善有恶、性不可以善恶言等前后不同的人性学说①。

王安石沿着孔子、子思、孟子等早期儒学的思想路径，通过对《论语》《中庸》《孟子》的阐释和发挥，表达了性善论观点。他指出：

> 古之善言性者，莫如仲尼。仲尼，圣之粹者也。仲尼而下，莫如子思。子思，学仲尼者也。其次莫如孟轲。孟轲，学子思者也。仲尼之言，载于《论语》。子思、孟轲之说，盖于《中庸》，而明于七篇。

---

① 参见《北宋新学与理学人性论建构的不同路径及特点》，肖永明，长沙：《求索》，2004 年第 2 期。

> 然而世之学者，见一圣二贤性善之说，终不能一而信之者，何也？岂非惑于《语》所谓“上智下愚”之说与？噫，以一圣二贤之心而求之，则性归于善而已矣。（《临川集》卷100《议论·性论》）

王安石认为，之所以有人不相信先儒的性善论观点，是因为他们不懂得“性”与“才”的区别，在他看来，“性”就是人本具之仁、义、礼、智、信等道德属性，“才”是导致人性差别的因素。但是，“性者，生之质也，五常是也。虽上智与下愚，均有之矣。盖上智得之之全，而下愚得之之微也。”（《临川集》卷100《议论·性论》）即是说，“性”乃人“生”而有之，即自然而有的，“上智”和“下愚”都是由“生之质”而来。

很显然，王安石对人性之所以存在差别的论证不如张载等理学家那样细致，但似乎已有张载所谓的人性生而有之及其“气禀”之说的初步萌芽。贺麟在《王安石的哲学思想》一文中说：“后来在《文集拾遗》中，我们发现他的另一篇《性论》，便纯粹发挥孟子性善之说，无丝毫违异。其醇正无疵，不亚于程朱”，并认为，王安石的人性论“最后不能不归到孟子的性善说。”①不过，这种观点遭到学者的质疑，当代学者多认为，性善说应当是王安石的早期人性论。②

王安石还提出了性可善可恶的观点。他从体用的立场论证了“性”“情”合一的观点，他在《性情》中说，“性者情之本，情者性之用，故吾曰性情一也”，但是“彼徒有见于情之发于外者为外物之所累，而遂入于恶也，因曰情恶也”。（《临川集》卷67《议论·性情》）因为“性”是“情”之“体”，“情”是由“性”发出的，既然“情”是“恶”的，那么也只能承认“性”也是可以为恶的，所谓“道有君子有小人，德有吉有凶，则命有逆有顺，性有善有恶，固其理也”。（《临川集》卷100《书·答王深甫书》）

尽管王安石的人性论缺乏“变化气质”的哲学基础，但与张载一样，他也突出了后天的学习对人性养成的重要性。王安石说：“孔子曰：‘性相近也，习相远也’。此言相近之性以习而相远，则习不可以不慎，非谓天下之性皆相近

---

① 《王安石的哲学思想》，贺麟，《文化与人生》，北京：商务印书馆，2005年版，第297页。

② 参见《北宋新学与理学人性论建构的不同路径及特点》，肖永明，长沙：《求索》，2004年第2期；《荆公新学研究》，刘成国著，上海：上海古籍出版社出版，2006年版，第136—137页；《王安石人性论之演进》，毕明良，长沙：《船山学刊》，2011年第3期等。

而已也。”(《临川集》卷100《书·答王深甫书》)不过,钱穆认为,王安石的性情论借用了佛教《大乘起信论》中的“一心开二门”的思路。[①] 蒋义斌认为,王安石的性可以为恶说可能受到了佛教天台宗“性恶”思想影响。[②]

另外,王安石还曾主张性不可以善恶言的理论。他在《原性》篇中指出:“夫太极生五行,然后利害生焉,而太极不可以利害言也。性生乎情,有情然后善恶形焉,而性不可以善恶言也。”即是说,尽管善恶之“情”由“性”而成,但宇宙本体“太极”(或“道”“天”)并无价值属性,因此由太极化生的人性同样也不具有善恶等价值判断。尽管人或有“恻隐之心”,或有“怨毒忿戾之心”,但这均是“情”而不是“性”。王安石说:“诸子之所言,皆吾所谓情也、习也,非性也。”(《临川集》卷68《论议·原性》)其实,王安石的性不可以善恶言的论断,是接受了佛教思想的结果。王安石在《答蒋颖叔书》中说:

> 所谓性者,若四大是也;所谓无性者,若如来藏是也。虽无性而非断绝,故曰一性所谓无性。曰一性所谓无性,则其实非有非无,此可以意通,难以言了也。惟无性,故能变;若有性,则火不可以为水,水不可以为地,地不可以为风矣。(《王安石集》卷78《书·答蒋颖叔书》)

此处的“性”之“四大”是佛教所谓的地、水、火、风四种构成世间万物的最基本的元素,所谓“一性”之“无性”是佛教中的“如来藏”,具有“非有非无”“非善非恶”的“空”的性质,正因为“性”的这种“无性”内涵,才保证了性的“能变”性质,即通过“习”形成或善或恶的“情”。

概而言之,王安石和张载在构建人性论时,均以先秦的儒家经典为基本的文本依托,并都受到了佛教思想的影响,而且王安石的人性论有时也表现出了与张载人性论相同的旨趣。但值得注意的是,虽然王安石曾试图创建现实伦理秩序的宇宙论依据,并指出:“天之生斯人也,使贤者治不贤”(《临川集》卷70《论议·推命对》),“人所以继天道而成性者也”(《临川集》卷65《论议·洪范传》),致力于从“天人合一”的立场论证人类及人性的起源和根据问题,但因仁义价值属性在本体中的缺乏,王安石的人性论学说无法从“天

---

① 《王荆公的哲学思想》,钱穆,收入《中国学术思想史论丛》(第5册),台北:联经出版事业公司,1998年版。

② 《宋代儒释调和论及排佛论之演进——王安石之融通儒释及程朱学派之排佛反王》,蒋义斌著,台北:商务印书馆,1988年版,第45页。

人合一”的立场寻找到人性的确定性内容，而过多地是从人的自然的现实性角度去阐发和规定人性的具体内容，最终导致了他的人性学说的摇摆不定，思想内部前后发生矛盾。而张载的“合两之性”的人性学说不仅坚持了孟子的性善说，而且恰当地从宇宙论的立场解释了人性的根据特别是人性中恶的来源，真正地开创了理学“天人合一”的人性论学说。不难发现，尽管王安石的“新学”重视人性论的建构，并在北宋儒学学风向“性命之理，道德之意”探讨的转折过程中起到了关键性作用，但他并未能圆满完成北宋儒学重构“性与天道”理论的时代课题。

因王安石在宇宙论和人性论上所存在的缺陷，王安石也无法真正地建立起比较系统的、能够沟通宇宙论和人性论的道德修养论。与人性的探索思路一致，王安石主要从人的自然的现实性角度提出了自己的道德修养论。在《洪范传》中，王安石从“貌、言、视、听、思”等“五事”渐进顺序，论证了“修身”“成圣”的道德修养问题。他说：

> 五事以思为主，而貌最其所后也，而其次之如此，何也？此言修身之序也。恭其貌，顺其言，然后可以学而至于哲。既哲矣，然后能听而成其谋。能谋矣，然后可以思而至于圣。思者，事之所成终而所成始也，思所以作圣也。既圣矣，则虽无思也、无为也，寂然不动，感而遂通天下之故可也。（《临川集》卷65《论议·洪范传》）

又如在《礼乐论》中，王安石借助孟子的“志一则动气，气一则动志”的命题和道家、道教的“养生”“保形”等用语，提出了养生、保形、育气、宁心、致诚、尽性的道德修养方式和修养次序：

> 圣人，尽性以至诚者也。神生于性，性生于诚，诚生于心，心生于气，气生于形。形者有生之本，故养生在于保形。充形在于育气，育气在于宁心，宁心在于致诚，养诚在于尽性，不尽性不足以养生。能尽性者，至诚者也，能至诚者，宁心者也，能宁心者，养气者也，能养气者，保形者也，能保形者，养生者也，不养生不足以尽性也。生与性之相因循，志之与气相为表里也。生浑则蔽性，性浑则蔽生，犹志一则动气，气一则动志也。（《临川集》卷66《论·礼乐论》）

很显然，这种道德修养论与王安石主要从人的自然的现实性阐发和规定人性的思路是一致的。

但值得注意的是，同张载一样，王安石也非常注重礼乐教化、节制欲望对

道德修养的作用,认为道德修养必须与礼乐结合,控制人的情欲。他说:

> 先王知其然,是故体天下之性而为之礼,和天下之性而为之乐。礼者,天下之中经;乐者,天下之中和;礼乐者,先王所以养人之神,正人气而归正性也。(《临川集》卷66《论·礼乐论》)

即是说,先王之所以在“体天下之性”“和天下之性”的基础上制作出“礼”“乐”,就是要通过“礼”“乐”“养人之神”、使人“归正性”,从而实现陶冶人的性情、提高人的德性的教化目的。王安石认识到“有感于外而后出乎中者”的“情”,容易超过一定的现实伦理尺度而“为外物之所累,而遂入于恶也”,所以强调:

> 去情却欲以尽天下之性,修神致明以趋圣人之域。(《临川集》卷66《论·礼乐论》)

> 圣人内求,世人外求。内求乐者得其性,外求乐者得其欲。欲易发而性难知,此情性之所以正反也。衣食所以养人之形气,礼乐所以养人之性也。礼反其所自始,乐反其所自生,吾于礼乐见圣人所贵其生者至矣。(《临川集》卷66《论·礼乐论》)

即反对人们对外物的过度执着和欲望,倡导人们回归人的内心或天然本性,而体现宇宙自然本性的“礼”“乐”,可以“养人之性”,使人“反其所自始”,“反其所自生”,从而达到“圣人之域”。其中通过礼乐教化、节制欲望使人返归先天本性的思路,又与张载的修养论有相通之处。

五、社会政治思想的比较

王安石与张载都充满了忧患意识和经世情怀,表现出了浓厚的“学贵于用”的特色。王安石曾对宋神宗说:“经术者,所以经世务也。果不足以经世务,则经术何所赖焉?”[①]充分说明了王安石“新学”经世致用的学术取向。他在《上仁宗皇帝万言书》中,针砭当时儒者章句讲说之风脱离现实:

> 学者亦漠然自以礼乐刑政为有司之事,而非己所当知也。学者之所教,讲说章句而已。讲说章句,固非古者教人之道也。近岁乃始教之以课试之文章。夫课试之文章,非博诵强学、穷日之力则不

① 《续资治通鉴长编纪事本末》卷59《王安石事迹》,(宋)杨仲良撰,北京:北京图书馆出版社,2003年版。

> 能及。其能工也，大则不足以用天下国家，小则不足以为天下国家之用。故虽白首于庠序，穷日之力，以帅上之教，及使之从政，则茫然不知其方者，皆是也。(《临川集》卷39《书疏·上仁宗皇帝言事书》)

以诗赋或记诵为主的科举方式导致国家管理人才严重缺乏，这与王安石对于经学应当培养治国平天下的人才的观点很不相符。

面对北宋积贫积弱、内忧外患的国势，王安石和张载都积极寻找解决国家统治危机的方案对策，倡导改革变法。他们均认为，要实现理想盛世就应当效法先王先圣，表现出了对三代的崇尚与向往。在《上仁宗皇帝言事书》中，王安石力劝仁宗"趋先王之意"，效法"先王之政""先王之法""先王之事"等，可谓是"言必称先王"。王安石还说："伏惟陛下天纵上智卓然之材，全有百年无事万里之中国，欲创业垂统，追尧舜三代，在明道制众运之而已。"(《临川集》卷42《札子·进邺侯遗事札子》)先王先圣观念成为王安石和张载对自己理想抱负的标志性表述方式。王安石之所以要亲自训释《周礼》，就是要充分发掘《周礼》所蕴含的圣人之道并将其付诸实践。

不过，在理解和效法"先王之法"方面，王安石与张载存在巨大差异。张载认为，合理有效的社会政治秩序的构建必须以天地宇宙所固有的内在仁义品质为根据，而"渐复三代"的具体改革方案，则应以较好地保存了"三代之文章"的《周礼》所提及的恢复井田、重建封建、推行宗法为根本。此即张载所谓的"学政不二"。在王安石看来，"法先王"则不必拘泥于先王之"设施"，其实质不过是对先王礼乐刑政俱存的治国方略的效法而已。他指出：

> 夫二帝三王，相去盖千有余载，一治一乱，其盛衰之时具矣。其所遭之变、所遇之势，亦各不同，其施设之方亦皆殊。而其为天下国家之意，本末先后，未尝不同也。(《临川集》卷39《书疏·上仁宗皇帝言事书》)

王安石认为，先王之世距离当下实在太过久远，现在的时局已与先王时代存在着很大不同，所以当下不必完全拘泥于先王之"施设"，"法先王"只要"法其意而已"，此"意"即先王治理国家的"本末先后"。那么，先王之"意"的"本末先后"是什么呢？王安石指出：

> 或曰教化，或曰政教，或曰刑政，何也？教化，本也；刑政，末也。至于王道衰，则其本先亡矣。故不足于教化而后言政教，不足于政

> 教而后言刑政。①

他认为,礼乐教化是先王之“道”的“本”,行政法度是先王之“道”的“末”,效法先王之“意”,实质上就是效法先王礼乐刑政俱存的治国方略。

在此,虽然可以看到,王安石与张载一样十分注重社会教化,但同时不难发现:从张载“学政不二”的观点来看,王安石所谓的“先王之道”实际上是指作为治国之“设施”的礼乐刑政,缺少天地宇宙内在品质的“本”,存在张载所谓的“知人而不知天”的流弊;而从王安石法先王之“意”的观点来看,张载“渐复三代”的具体方案则未免对先王之“设施”过于拘泥。

之所以存在如此差异,其实与他们各自的为学宗旨紧密相关。张载以“性与天道”为主题构建起了完整的“天人合一”的思想体系,致力于“道学”与“政术”不二、“内圣外王”理想的实现。在王安石领导下颁行于太学的《三经新义》,虽然突破了汉唐传注的局限,倡导阐发儒家经典的新义,但《三经新义》过多地偏重于典章、礼仪与政治之义,其主要目的是为变法和国家培养急需的经世致用的人才,“性与天道”的思想内容并不突出。王安石的选才标准也说明了这一点:

> 所谓文吏者,不徒苟尚文辞而已,必也通古今,习礼法,天文人事,政教更张,然后施之职事,则以详平政体,有大议论,使以古今参之是也。所谓诸生者,不独取训习句读而已,必也习典礼,明制度,臣主威仪,时政沿袭,然后施之职事,则以缘饰治道,有大议论,则以经术断之是也。(《临川集》卷69《论议·取材》)

所谓“文辞”是指盛唐以来的诗词歌赋,而所谓“天文人事”,是指天文知识和社会政治之事,并非是指“性与天道”。因此有学者称,尽管王安石也注重“性命”之理的探索,但他的为学次第与理学强调由体见用不同,“强调为学从《诗》《书》《周礼》入手而趋于圣人之道,有下学上达、由用见体的倾向”②。

因此,对于如何推行变法,王安石与张载有着不同的看法。张载始终坚持“渐变”的改革原则,更加强调依据天地宇宙内在品质进行社会秩序的根本性调整,其恢复井田、重建封建、推行宗法就是为实现这一理想而采取的先王之“设施”。其间,张载强调改革必须注重“仁政”“民本”,正所谓“于民则可

---

① 《诗义钩沉》卷1《国风·周南关雎义第一》,(宋)王安石撰,邱汉生辑校,北京:中华书局,1982年版。

② 《北宋新学与理学》,肖永明著,西安:陕西人民出版社,2001年版,第120页。

谓利，利于身利于国皆非利也”（《张子语录·语录中》）；“不顿革之，欲民宜之也。大抵立法须是过人者乃能之，若常人安能立法！凡变须是通，通其变使民不倦，岂有圣人变法而不通也”（《横渠易说·系辞下》）。而王安石则更加注重北宋所面临的政治危局以及能使其得到尽快解决的治国之“设施”，因而主张“顿革”。他在给神宗的《上时政疏》中说：“有为之时，莫急于今日，过今日，则臣恐亦有无所及之悔矣”（《临川集》卷39《书疏·上时政疏》）。其间，其修学校、兴新学、变科举的文教举措，并不是以探求“性与天道”之理为根本，更多的是为解救国家危局选拔有用的人才；其理财之法、水利之法，抑或是军事方面的保甲法和将兵法等，所涉及的也多是具体的政策法令，同样是直接针对北宋“内忧外患”困局而实行的“时务”，为的是力求使北宋的内外困局得到尽快地解决，实现国家的富强。王安石与神宗的一段对话道出了王安石变法方案的真实背景：

> 上患陕西财用不足。安石曰：“今所以未举事者，凡以财不足，故臣以理财为方今先急，未暇理财而先举事，则事难济。臣固尝论：天下事如弈棋，以下子先后当否为胜负。”（《续资治通鉴长编》卷222《熙宁四年二月庚午》）

因而，张载对王安石变法做出了这样的批评：“顾所忧谋之太迫，则心劳而不虚；质之太烦，则泥文而滋弊。此仆所以未置怀于学者也。”（《张子语录·语录中》）对王安石变法的顿革主张及其只注重繁琐的细枝末节而不涉足“王道”之“本”的改革方案做了批评，并批评王安石的市易法：“止一市官之事耳，非王政之事也。”（《经学理窟·周礼》）所以，当王安石邀请张载参与他所主持的变法时，张载说：“朝廷将大有为，天下之士愿与下风，若与人为善，则孰敢不尽！如教玉人追逐，则人亦故有不能。”（吕大临《横渠先生行状》）即是说，当前实行变法的朝廷将有大的作为，这是天下士大夫所共同期望的，如果能够在变法中尊重并广泛听取不同的意见，恰当处理人与人之间的关系，诸位官员都会支持；如果使大家急躁改革、竞于追逐、疲于奔命，就会引起众人的反对。面对着严重的统治危机，或许正是因为王安石变法具有更多的功利色彩及其“顿革”主张，宋神宗重用了王安石，使其位同宰相，在全国掀起声势浩大的变法运动。王安石变法经常受到重义轻利的传统儒家学者的批评，看来是有一定根据的。

不过，与王安石变法相比，尽管张载的变法主张也具有强烈的针对性和时代性，但他所倡导的“井田”“封建”“宗法”等确实是比较忠实于千年前的先王之“设施”。而王安石虽然也向往“三代”之治，并以《周礼》为变法的主要依据，但他的具体改革措施并未固守于先王的古老制度，而是为快速地解救当时内外困局的“新政”。正如王安石所说：“法其意，则吾所改易更革，不至乎倾骇天下之耳目，嚣天下之口。”（《临川集》卷39《书疏·上仁宗皇帝言事书》）即是说，之所以效法先王之“意”，并非是要真正地去效法先王时代的“法度”“设施”，不过是为改革变法确立合法依据，堵塞众人的反对之口罢了。比如，当有人以《孟子》“何必曰利”之语反对王安石变法时，王安石以“一部《周礼》，理财居其半”，“举先王之政，以兴利除弊……为天下理财”（《临川集》卷73《书·答曾公立书》《书·答司马谏议书》）予以回应，就反映了王安石与张载等其他儒者研究儒经、治国理政的不同视角。

第八章　奠基关学

第一节　“关学”释义

“关学”与“关中”紧密相连。

“关中”在不同时期有不同的地理范围。司马迁在《史记·货殖列传》说:“关中自汧、雍以东至河、华。”[①]“汧”即汧水,发源于今陕西陇县;“雍”即雍山,在今陕西凤翔县;“河”即黄河,“华”即华山。这是说,关中是指今天宝鸡到潼关平原地带东西向广大的区域。不过,《史记》中的“关中”有时还包括上郡(今陕西榆林)、北地(今陕甘宁一带)及天水、陇西、汉中乃至巴蜀地区。[②] 唐代曾在“关中”设立“关内道”作为全国的一个行政区,其地理范围包括东至今潼关,西至今陕西陇县、甘肃陇东,南至今陕南,北至今内蒙古的广大区域。[③]

古代学人还多以诸“关”为界而说“关中”。南朝刘宋裴骃《史记集解》引晋宋之际徐广之说,以函谷关、大散关、武关、萧关之间的区域为关中。清代顾祖禹的《读史方舆纪要》引西晋潘岳《关中记》之说,以函谷关和陇关之间的区域为关中;又引《三辅旧事》之说,认为关中指函谷关和散关之间的区域[④]。宋元之际的胡三省在注宋代司马光《资治通鉴·汉纪》中云:以西之陇关、东之函谷关、南之武关、北之临晋关、西南之散关之间的区域为关中。其中函谷关本在今河南灵宝市,汉武帝时改置在今河南新安县,被称为新关,东

① 《史记》卷129《货殖列传》,(汉)司马迁撰,北京:中华书局,1982年版。

② 《秦汉区域地理学的“大关中“概念》,王子今,西安:《人文杂志》,2003年第1期。

③ 《中国历史地图集》第5册《隋·唐·五代十国时期》,谭其骧主编,北京:中国地图出版社,1982年版,第40—41页。

④ 《三辅旧事》的作者学术界尚不确定,其成书年代也有争议。陈晓捷认为其成书年代是在唐初。参见魏全瑞主编《长安史迹丛刊》之《三辅旧事》,(清)张澍辑,陈晓捷注,西安:三秦出版社,2006年版。

汉末年，函谷关又改置在今陕西潼关。[①] 古人对诸关的说法并不一致，但整体而言，关中东有函谷关或潼关，西有散关或陇关，南有武关，北有萧关或临晋关。《旧唐书·李密传》《新唐书·李密传》载，"关中四塞，天府之国"；"关中，四塞之地"。[②] "四塞"虽无定说，但大体即指以上诸关塞。

综合以上诸说，"关中"有狭义和广义之分。狭义的"关中"是指诸"关"之内的地理区域。广义的"关中"除以上区域外，还包括今陕北地区、陕南地区、陇西地区甚至巴蜀地区。关学所言之关中一般是指东至函谷关（河南灵宝）或潼关（今陕西潼关），西至散关（今陕西宝鸡市渭滨区）和陇关（今陕西陇县），南至武关（今陕西丹凤），北至萧关（今宁夏固原）的地理区域。

如果仅就其字面意义而言，关学应该是指关中的学术。但是，这一名词自出现以后就有了特定的含义，首先是指由张载所开创的关中新儒学。北宋时期周敦颐、张载、邵雍、二程（程颢、程颐）分别吸收佛教、道家（教）等理论营养对儒学进行创造性诠释，形成了各具特色的学术形态，后世有所谓周敦颐的"濂学"，张载的"关学"，二程的"洛学"。张载因其家居并讲学于关中，故以关学名其学说。南宋吕本中最先提出关学这个概念。

神宗熙宁三年（1070），张载辞官归乡，此后的七八年间在关中潜心著述讲学，不少学者就在这时从学于张载。当初，张载的学说并不为人关注，从学者寥寥无几。出身于关中望族的吕大钧，与张载为同年进士，又是张载好友，十分推崇张载的学说与为人，不顾与张载的同年之谊而执弟子礼，这一举动在当时引起了很大反响，一时从张载而学的人骤然增多。关学由此形成，并与二程的洛学一同成为北宋时期理学最有影响的儒家学派。

张载之学没有明确的师承，基本是靠自己的体悟。吕本中提出关学这个概念时，认为关学在张载之前有申颜开其绪。他说："关学未兴，申颜先生盖亦安定（胡瑗）、泰山（孙复）之俦，未几而张氏兄弟（张载、张戬）大之。"（《宋元学案·士刘诸儒学案》）这也影响到黄宗羲，《宋元学案》卷6《士刘诸儒学案》说："关中之申（颜）、侯（可）二子，实开横渠之先。"并在申颜、侯可传前标

① 参见《古代的关中》，史念海，《河山集》，北京：生活·读书·新知三联书店，1963年版，第26页；《关中的军事地理》，史念海，《河山集》（第4集），西安：陕西师范大学出版，1991年版，第145—146页。

② 《旧唐书》卷53《李密传》，（后晋）刘昫等撰，北京：中华书局，1975年版；《新唐书》卷84《李密传》，（宋）欧阳修等撰，北京：中华书局，1975年版。

明“关学之先”。其实侯可、申颜并不能作为关学的开创者。侯可(？—1079),字无可,原籍太原,后迁居华阴(今陕西华阴),曾任泾阳县(今陕西泾阳)知县等职。他博学多识,对《礼》《乐》《易》以及象数、天文、地理、阴阳、气运、医学等均有研究,在陕西讲学近20年,“自陕而西,多宗其学”,其姐嫁程珦,乃二程之母,其孙侯仲良是二程弟子。申颜是侯可的好友,也是有名的儒家学者。他“非法不言,非礼不履,关中之人,无老幼见之,坐者比起”(《宋元学案》卷6《士刘诸儒学案》)。申颜、侯可均重“礼”,反对佛教,学术主旨虽然与张载略同,但他们二人并未形成自己的理学体系,且目前并无张载向他们问学的记载,看不出他们对张载和关学有多少影响。

由于张载年轻时曾经诣见范仲淹,并受到范仲淹的指点,《宋元学案》还将张载视为“高平(即范仲淹)门人”。这也不符合事实。范仲淹对张载确有启发之功,但张载的思想或为学路径并非来自于范仲淹。谒见范仲淹后,张载回到横渠,虽然读了《中庸》,但并没有读懂,说明此时的张载并没有悟出儒学的真谛。在“累年究极”佛、道二家学说后,似有所悟的张载才“反而求之六经”(吕大临《横渠先生行状》),且在“俯而读,仰而思”之后,才逐渐形成自己的思想体系。可见张载没有直接的师承,其思想是“自得”之学。朱熹曾经评价说:“横渠之学是苦心得之,乃是‘致曲’,与伊川异”,“横渠之学,实亦自成一家”。(《宋元学案》卷18《横渠学案上》,《伊洛渊源录》卷6《司马光论谥书》小注)

据《宋元学案》之《横渠学案》《范吕诸儒学案》以及《关学编》《关学宗传》等记载,张载的弟子有吕大忠、吕大钧、吕大临、苏昞、范育、李复、游师雄、种师道、张舜民、潘拯、田腴、邵清、薛昌朝等13人。据李复《潏水集》,张载弟子还有刘公彦。其中范育历任泾阳(陕西泾阳)令、崇文校书、监察御史里行、太常少卿、光禄卿、枢密都承旨、给事中、户部侍郎、龙图阁直学士等。他“笃信师说而善发其蕴”(《关学编》卷1《巽之范先生》)。张载对他颇为称许。苏昞也深得张载器重。张载逝世前,将自己一生言论精要集成《正蒙》一书,交付苏昞。苏昞仿效《论语》《孟子》体例编订为十七篇,每一篇取第一句前两字为篇名,即现在之《正蒙》。吕大临深谙“六经”,尤精于《礼》,著有《易章句》《书传》《诗传》《礼记解》《论语解》《孟子解》《大学解》《中庸解》《老子注》《西铭解》《考古图》《玉溪集》《玉溪别集》等,他曾与张载讨论“天道性命之微”,张载对其十分赏识,并将自己的侄女嫁给了他,张载之弟张戬感叹道

“吾得颜回为婿矣!”(《关学编》卷1《与叔吕先生》)。张载卒后,他又问学于二程,与二程讨论“中”“性”“道”“心”的关系,二程称其“深潜缜密”,成为“程门四先生”之一。吕大钧始终秉持关学学贵于用、躬行践礼的学风。《关学编·与叔吕先生》中说:“其文章,不作于无用,能守其师说而践履之。尤喜讲明井田、兵制,谓治道必自此始”,他与吕氏兄弟“率乡人”作乡约乡规并付诸实践,丰富和发展了张载“以礼为教”的社会教化思想。游师雄精通兵法,长期在西北边陲任职,在军事方面颇有建树。曾经应哲宗询问,将庆历以来边帅策略好坏、朝臣参谋得失及当今御敌要务,共计60条,编为《绍圣安边策》进上。种师道军事才干出众,在抗击西夏入侵过程中建功颇多。宣和八年(1126),又成为宋徽宗、宋钦宗朝依赖的抗金主要将领。李复长期供职于军旅之中,对西北的军事形势比较熟悉。哲宗绍圣三年(1096)至徽宗元符二年(1099)成功策划了青唐、邈川保卫战。南宋高宗建炎二年(1128),以年老之躯,奉命镇守秦州,抗金殉职。除军事外,他对于音律、盐法、水利、历法、地理、术数等多有研究,尤其精于历法和易学。南宋人钱端礼曾评价李复说:“居官行己,咸取于‘六经’,而尤邃于《易》。”[①]此外还撰有《夔州药记》,对医学亦有独得之见。可见,张载的思想得到弟子们的继承和发展。《宋元学案》称:“关学之盛,不下洛学。”(《宋元学案》卷首《序录》)

然而,在张载弟子之后一段时期内,张载之学未见有人自觉以传承者自居。学术注重师承传授,从这方面讲,关学并不像洛学那样有一个延续很长的传授序列,一直传到南宋理学大师朱熹。故《宋元学案》感叹,张子之学“再传何其寥寥”(《宋元学案》卷首《序录》)。

关于张载学术再传之后就没有连绵不断的传承,明清之际的学人曾经有所评论。王夫之认为:

> 学之兴于宋也,周子得二程子而道著。程子之道广,而一时之英才辐辏于其门;张子教学于关中,其门人未有殆庶者。而当时钜公耆儒如富、文、司马诸公,张子皆以素位隐居而未由相为羽翼,是以其道之行,曾不得与邵康节之数学相与颉颃,而世之信从者寡,故道之诚然者不著。(《张子正蒙注·序论》)

意思是说,洛学弟子众多,很多人都表现突出,而张载的弟子中没有孔门颜回

① 《潏水集》卷16《书〈潏水集〉后》,(宋)李复撰,见文渊阁本《四库全书》。

那样闻一知十能够全面继承和发展其学说的中坚，张载自己因党派之争辞官归乡之后，“以素位隐居”，不像其他儒者那样广泛结交达官贵人而“相为羽翼”，故从其学说者不多。全祖望也认为，政治因素对张载学术传播有较大影响，他还指出，随着北宋政权的灭亡和金人入主中原及北方经济文化遭到重大破坏等，“儒术并为之中绝”，关中没有继承和发展张载思想的条件；此外还有典籍的破坏、朱子《伊洛渊源录》“略于关学”、张载弟子投靠洛学等，都是导致关学传承一度中断的原因。

除了以上因素，我们也不能忽视理学自身发展的逻辑因素。周敦颐、张载、二程时，理学尚属草创，他们为这种“新儒学”所做的奠基性工作，尚处探索阶段。张载以其渊博的学识，创造性地开启了以《周易》为根本依据，贯通《论语》《孟子》《中庸》《大学》，以《礼》为归依的宏大理论框架。虽然其理论还有待发展完善，但他依天道论人事、学政不二的思想实属儒学思想的嫡传。可惜的是，理学的主流并没有完全按照张载的思想脉络发展，而是如同牟宗三所论述的那样，走了一条“别子为宗”、以程朱为正道的发展路径。尽管张载的不少理论命题如“天地之性”与“气质之性”“民胞物与”等完全被理学所吸收，但自理学集大成者朱熹著《伊洛渊源录》之后，张载在理学中的地位就遭到贬低。甚至二程直接反对的张载曾经受教于他们的说法，还是被程朱理学的继承者不断提起。

但是，“关学”一词并没有消失，随着学术本身的发展演进，其含义已经由张载所开创的新儒学而拓展为在关中传播和发展的新儒学。明朝中后期，著名学者冯从吾广泛搜求，汇集关中儒家学者的学行著成《关学编》。此书“不载独行，不载文辞，不载气节，不载隐逸，而独载理学诸先生，炳炳尔尔也；不论升沉，不计崇卑，而学洙泗、祖羲文者，无不载焉”[①]。冯从吾的《关学编》将宋、金、元、明时期以及孔子四弟子列入“关学”序列之中。可见，冯从吾所谓“关学”即指关中理学，其实际开创人为张载，其后一直延续到明代。之所以收录孔门四弟子是为了表明关中儒学“学洙泗、祖羲文”，是对先王先圣之学的继承和发展。

其实，北宋末年，金兵南下，陕西成为战乱之地，不久关中即为金人所占

① 张舜典：《〈关学编〉后序》，收入《关学编》，（明）冯从吾撰，陈俊民、徐兴海点校，北京：中华书局，1987 年版。

领。关中处于战事前沿,没有一个安定的环境,很不利于学术的生存和发展。金代很长一段时间,学者不知理学为何物,直到金末元初杨奂、杨天德时,理学才又在关中扎根。杨奂生于金元之际,曾由耶律楚才荐为河南路征收课税所长,兼廉访使。他与许衡、姚枢等人关系密切,元好问为杨奂挚友,往来酬唱甚多。赵复、郝经等人都对他十分推崇,元好问为其撰神道碑称为"关西夫子",著有《概言》二十五篇,专门讨论心性之学,是关中理学的重要传承者。杨天德登兴定二年(1218)进士第,金朝末年,流寓河南、山东之间达十年之久,后归长安。他晚年读到《大学解》及伊洛诸书,大为折服。其子杨恭懿究心于程朱之学,终成元代关中大儒。元代关中还有以萧维斗、同恕为首的奉元之学。萧维斗著作有《三礼说》《小学标题驳论》《九州志》及《勤斋文集》等行世。为学"一以洙泗为本,濂、洛、考亭为据,为一代醇儒"(《四库全书总目》卷167,《集部・别集类二〇〇》)。同恕与萧维斗友善,常相过往,学者称为"萧同"。同恕的著作流传到现在的尚有《榘庵集》。

明清不少学者认为,元代"秦人新脱于兵,欲学无师",只有姚枢、赵复、许衡、刘因等人来陕后才使理学北传入关,尤其是许衡来陕,"郡县皆建学"①,才使秦中理学兴盛起来。上面的叙述并不全面。关中学术在金元时期得以维持流传固然有许衡等人的功劳,但关中学者自身的努力功不可没。金元之际,杨奂、杨天德等人研习讲论理学,他们是理学在关中再次生根的开拓者。但值得指出的是,这些人传授的大多是程朱之学,未见有专门探究横渠者。

明代关中儒学也多不是祖述张载之学。明代关中儒学主要是薛瑄开创的河东学派的传衍,即由薛敬之、吕柟传播的"关中之学",由王恕、王承裕父子开启而得名的三原学派,马理、韩邦奇、杨爵、王之士等人为这一学派思想的发展与传播做出了重要贡献。这些学派主要发挥了程朱理学。此外还有南大吉传播的王阳明心学。明代中后期,关中又涌现出冯从吾、张舜典等大儒。特别是冯从吾,他"统程、朱、陆、王而一之",开启关学之新风。又有周至李二曲,尤"以坚苦卓绝之身,肩程、朱、陆、王之统",他与眉县李柏、富平李因笃,并称"关中三李",其学亦与关学学脉相承。至清末,关学传承仍不绝如缕,如朝邑(今陕西大荔东朝邑镇)李元春"以贤圣自期,尊崇正学",其弟子

① 《宋史纪事本末》卷101《北方诸儒之传》,(明)陈邦瞻等撰,北京:中华书局,1977年版。

三原贺瑞麟“亲业其门”。继有沣西柏景伟、三原刘古愚“闻风而起”，承传关学，不遗余力。至清末民初，蓝田牛兆濂等“恪守西麓之传，皆关学之晨星硕果然。”柏景伟、刘古愚、牛兆濂一面恪守关中理学宗旨与宗风，同时又能顺应时代潮流，为关学注入鲜活的生命力。

明清时期的著名儒者刘宗周、黄宗羲、全祖望等亦将张载以后的关中儒学称为“关学”，在《明儒学案》《宋元学案》中一直这样称谓。可见，关学为张载之后的关中新儒学已是古代学人的约定俗成。冯从吾之后，王心敬、李元春、贺瑞麟继承冯从吾的余业，累次对《关学编》加以补缀。这一工作从清初一直延续到清末，搜集了明清之际的著名儒家学者，冯从吾本人亦被编入其中。陕西著名维新人士刘古愚及其好友柏景伟又重刻《关学编》。近代学人梁启超先生亦称明清之际的儒学大家李颙为“关学后镇”。将张载之后的关中儒学称为“关学”是明代直至近代学人的基本共识。

综上所述，对“关学”的理解看来应该包括以下几个基本要素：

第一，关学是宋代以来形成发展的儒学新形态的一个重要组成部分，其基本属性归属于理学。理学作为一种新的儒学形态，它具有以下一般特征：依托儒家经典，注重以“性与天道”为主题的学理探索，对宇宙本体论和心性道德学说表现出浓厚兴趣；在推崇先王的同时，也特别推崇孔孟，重视“四书”的程度甚至超过了“六经”；具有强烈的儒家道统观念，但在批判佛道思想的同时，又吸取它们的思想资源；强调人的内在德性修养，并期望以此重建社会秩序等。张载不但开创了关学，而且也是理学思潮的重要奠基者，他所构建的理论体系和创建的许多命题，成为理学嗣传的基本内核和核心话题。因此，尽管张载此后的关中儒家学者并非直接祖述张载，但由于张载提出的基本范畴和核心命题已经内化到理学思潮及其理论体系，他们在关中传播和发展理学，无疑也是对张载思想的继承和发展。

第二，关学又是带有关中地域色彩的新儒学，它是对理学思潮这一时代主题的独特反映。对于同样的时代主题，不同的地域，不同的学术群体会有自己的不同表达，关学即是关中儒者对理学思潮的独特表达。关中的儒家学者对于理学思潮始终有着自己的独立思考。它在张载身上表现为经过“俯而读，仰而思”“未始须臾息”几十年苦心思索的“自得”之学。在张载弟子身上表现为对张载思想的多样性发展可能的可贵探索。在金元时期表现为杨奂、杨恭懿、萧维斗、同恕对程朱理学的独立思考。在明代表现为对河东学派的传衍、对三原学派的发展和对阳明心学的传播。在明代中后期表现为冯从吾、张舜典等“统程、朱、陆、王而一之”。在明清之际表现为“关中三李”的艰苦卓绝。在清末表现为李元春、贺瑞麟的空谷遗响和柏景伟、刘古愚的“闻风而起”。

第三,关学还是有鲜明学术特性的新儒学。在这一学派创立之初,张载就奠定了它的基本特征,既有深邃的理论,又特别重视实用。张载非常强调通过自己的思考而“自出义理”。他说:“学不能自信而明者,患在不自勉尔。当守道不回,如川之流,源泉混混,不舍昼夜,无复回却,则自信自明,自得之也。”(《横渠易说·系辞上》)“学贵心悟,守旧无功”。(《经学理窟·义理》)注重在宇宙观、人性论、道德修养论等方面进行独立的理论构建。但独立的理论构建切不可离开躬自实践,口能言之,身必行之。历代学者都十分关注关学学风笃实、注重践履的基本特征。黄宗羲指出:“关学世有渊源,皆以躬行礼教为本。”(《明儒学案·师说》)躬行礼教,学风朴质是关学的显著特征。张载的弟子“蓝田三吕”“务为实践之学,取古礼,绎成义,陈其数,而力行之”(《宋元学案·吕范诸儒学案》)。明代吕柟亦“一准之以礼”(《关学编》卷4《泾野吕先生》)。即使清代的关学学者王心敬、李元春、贺瑞麟等人,依然守礼不辍。由于讲求言行相应,关学学者大都注意砥砺操行,敦厚士风,具有不阿权贵、不苟于世的特点。张载两次被荐入京,但当发现政治理想难以实现时,毅然辞官,回归乡里。明代杨爵、吕柟、冯从吾等均敢于仗义执言,即使触犯龙颜,被判入狱,依旧不改初衷,体现了大义凛然的独立人格和卓异的精神风貌。清代关学大儒李二曲,在皇权面前铮铮铁骨,志操高洁。这些关学学者“穷则独善其身,达则兼善天下”,体现出“富贵不能淫,贫贱不能移,威武不能屈”的“大丈夫”气节。

第二节　张载弟子的学行与思想

自南宋以来,理学家多以濂、洛、关、闽等标宗立派,同时也出现了载述各家学术源流的史籍,但关于关学的记载相对很少,朱熹所撰的《伊洛渊源录》亦“略于关学”。五六百年之后的明清时期,《关学编》《宋元学案》等对张载及其后学做了专门整理,但此时可以考见的张载弟子已为数不多,黄宗羲和全祖望等在撰定《宋元学案》时广搜古代典籍,“为关学补亡”,但仍不得不发出关学“再传何其寥寥”的感叹。其后又有清末民国初的张骥于民国十年(1921)撰成的《关学宗传》,辑宋代张载至清末刘古愚等关中儒家学者。在可考见的张载的10余位弟子中,不少人的生平与思想已无法详述,以下主要介绍三吕、范育、苏昞、游师雄、种师道、李复等八人的学行和思想。由此我们可以看到张载思想的多元内涵得到弟子们的继承和发展。

一、吕大忠的学行与思想

吕氏是关中蓝田的名门大族。其先祖原为汲郡(今河南新乡)人,吕大忠祖父吕通官至太常博士,卒后葬于蓝田(今陕西蓝田),其家遂侨居蓝田。父吕蕡,比部郎中,赠左谏议大夫,卒后亦葬蓝田。吕蕡共有六子:吕大忠、吕大防、吕大钧、吕大受、吕大临、吕大观。其中五人进士及第,吕大忠、吕大防、吕大钧、吕大临或以功名事业而显赫,或以道德文章而闻名,被称为“蓝田四吕”或“蓝田四贤”,均入《宋史》列传。吕大忠、吕大钧、吕大临均曾师从张载,又有“蓝田三吕”之说。吕大受和吕大观的事迹不详。

吕大忠(约1020—1100),字晋伯(或作进伯),仁宗皇祐五年(1053)进士及第,为华阴(今陕西华阴)尉、晋城(今山西晋城)令。熙宁四年(1071)五月,改提举义勇为签书定国军(治所在同州,即今陕西大荔)判官。是年十二月,改陕西转运司勾当公事,其间创建了西安碑林。后历任枢密院检详文字、河北转运判官、淮西提点刑狱、工部郎中、陕西转运使、知陕州(今河南陕县)、直龙图阁、知秦州(今甘肃天水)、同州等,官至宝文阁直学士。

吕大忠不仅自己修身好学,而且积极影响周边的人。知秦州时,州判马涓是状元,常常恃才傲物。吕大忠见状说,状元是在科举考试中取得的名号,不是在官任上因政绩突出而获得的,现在既然已经为官从政,科举考试已经没有用了,但是修身为己之学则不可不勉。马涓听后深为折服,遂拜他为师。当时,二程弟子谢良佐在秦州任学官,吕大忠曾与马涓前去拜会并认真听谢良佐讲解《论语》,未有丝毫懈怠轻慢。因为,他认为,“圣人之言在焉,吾不敢不肃”。值得一提的是,吕大忠与张载年纪相仿,且比张载早中进士,但却能虚心师从张载,表现出难能可贵的精神品质。

吕大忠积极践行张载所倡导的经世致用的为学宗旨。他长期居官,参与了北宋诸多政治与军事活动,特别熟悉边事,对北宋的政治军事形势深有体会。他反对朝廷对少数民族政权的轻易求安、屈从,以及向少数民族政权割地赔款的执政思想，同时也不赞同在边事问题上轻举妄动、挑起边衅的做法，并针对冗兵冗费的问题提出，“养兵猥众，国用日屈，汉之屯田，唐之府兵，善法也。弓箭手近于屯田，义勇近于府兵，择用一焉，兵屯可省矣”(《宋史》卷340《吕大忠传》)。主张国家不能养兵太多，可以效仿汉唐屯田、府兵之法，招募弓箭手和义勇军，这样不但可以提高军队战斗力、增强边防实力，而且可以减轻国家财政压力。

张载说他“笃实而有光辉”。张载卒后，从二程学，程颐评价他说：“老而好学，理会直是到底。”(《宋元学案》卷19《范吕诸儒学案》)《关学编》卷1《进伯吕先生》曰：“先生(吕大忠)为人质直，不妄语，动有法度。”著有《辋川集》《奏议》《前汉论》等，均佚。

二、吕大钧的学行与思想

吕大钧(约1031—1080)，字和叔，世称京兆先生。仁宗嘉祐二年(1057)与张载同中进士，先后任秦州右司理参军、监延州(今陕西延安)折博务、光禄寺丞、耀州三原(今陕西三原)知县、绵州巴西(今四川绵阳东)知县、宣抚司书写机宜文字、福州侯官(今福建福州和闽侯一带)知县等。后居家潜心著述讲学，朝廷多次征召，固辞不赴。晚年任王宫教授、凤翔府宣义郎、鄜延路(治所在今陕西延安)转运司从事，卒于官任。

吕大钧少时“赡学洽闻，无所不该”，认为“始学必先行其所知而已，若夫道德性命之际，惟躬行久则至焉”。后不顾与张载同年进士之谊而向张载执弟子礼，对当时学者影响巨大，此后从学张载者日多。张载谓之曰：“学不造约，虽老而艰于进德。”“君勉之，当自悟”。听罢，吕大钧“涣然冰释”，深有所悟，于是“潜心玩理”，对儒家学说深有研究。(《关学编》卷1《与叔吕先生》)其墓志铭曰：

> 君性纯厚易直，强明正亮，所行不二于心，所知不二于行。其学以孔子下学上达之心立其志，以孟子集义之功养其德，以颜子克己复礼之用厉其行，其要归之诚明不息，不为众人沮之而疑，小辩夺之而屈，势利劫之而回，知力穷之而止。(《关学编》卷1《与叔吕先生》)

尽管吕大钧“初学横渠张子，又卒业于二程子”，但他始终秉持关学学贵于用、躬行践礼的学风。《关学编·与叔吕先生》中说：“其文章，不作于无用，能守其师说而践履之。尤喜讲明井田、兵制,谓治道必自此始”,并将其绘制成籍,准备付诸实践。《宋元学案》卷19《范吕诸儒学案》中说:吕大钧“务为实践之学,取古礼绎其义,陈其数,而力行之”。吕大钧日常行事确实如此,他“日用躬行,必取先王法度以为宗范。居父丧,衰麻、敛、奠、比、虞、祔,一襄之于礼。已又推之于冠婚、饮酒、相见、庆吊之事,皆不混习俗”。吕大钧的做法甚至影响到他的妻子。他去世后,妻子种氏治其丧,一依乃夫所订之礼制,“诸委巷浮屠事一屏不用”(《关学编》卷1《与叔吕先生》)。

吕大钧遵从张载的为学宗旨,以礼为教,与吕氏兄弟“率乡人”作乡约乡规并付诸实践,将关学的礼教思想更加系统化和具体化,丰富和发展了张载“以礼为教”的社会教化思想,“自是关中风俗为之一变”。张载感叹曰“秦俗之化,和叔(即吕大钧)有力”,“勇为不可及”。小程也曾评价吕大钧“任道担当,其风力甚劲”(《关学编》卷1《与叔吕先生》)。《宋史·吕大钧传》云:“大钧从张载学,能守其师说而践履之。”

吕大钧曾作《天下一家赋》《中国为一人赋》,发挥张载的“民胞物与”思想。此外,还著有《蓝田吕氏祭说》《诚德集》等,均佚。

三、吕大临的学行与思想

吕大临(1040—1093),字与叔,人称芸阁先生、蓝田先生、吕蓝田。嘉祐六年(1061)登进士科,但无意于仕途,进士及第后20年才任于邠州(今陕西彬县)观察推官,后历任凤翔府尹属佐、太学博士、秘书省正字、左宣德郎、宗正寺主簿等。在太学时,曾为太学生讲授《中庸》。

吕大临虽然在“蓝田四吕”中年纪最幼、享年最短,但其学问最渊博,著述最多,学术成就最突出。他自小就受到家父及诸位兄长的劝教,儒学基础十分扎实。一生勤奋向学,除担任几个闲职外,大部分时间主要从事著书讲学。他曾作《克己铭》,以颜回为学习楷模,并作诗曰:“学如元凯方成癖,文似相如始类俳。独立孔门无一事,只输颜子得心斋。”他深谙“六经”,尤其精通《礼》,著有《易章句》《书传》《诗传》《礼记解》《论语解》《孟子解》《大学解》《中庸解》《老子注》《西铭解》《考古图》《玉溪集》《玉溪别集》等,大部分已经散佚。他在东游期间,集录二程言论而成的《东见录》,为后世学者研究洛学提供了珍贵资料。

吕大临对儒学有自己的思考。当其兄长吕大忠、吕大钧不顾自己的年龄和资历师从张载后，吕大临并没有随兄长同时从学张载，而是经过了一段思考和观察之后，才服膺于张载的思想和为人。师从张载后，曾与张载讨论“天道性命之微”，张载对其十分赏识，赞其“资美”，并将自己的侄女嫁给了他，张载之弟张戬感叹道：“吾得颜回为婿矣！”（《关学编》卷1《与叔吕先生》）张载卒后，吕大临问学于二程，二程称其“深潜缜密”，成为“程门四先生”之一。朱熹认为，“与叔高于诸公”，“大段有筋骨”。

虽然吕大临受到二程理本思想的影响，对张载思想有所反思，但他并未盲从于二程学说，以至于二程也不得不说，“与叔守横渠说甚固，每横渠无说处皆相从，有说了更不肯回”（《关学编》卷1《与叔吕先生》）。正是这种具有独立精神的理论探索，促使吕大临以坚守并反思张载思想的方式，对二程学术思想的形成和发展起到了不可忽视的推动作用。吕大临一方面坚守张载学术思想，另外一方面又促推二程理学思想的丰富和发展，在理学发展史上具有独特的地位。

事实上，张载关学和二程洛学有气本与理本的不同，它暴露出《易》学与“四书”学相结合的理论难题。南北朝隋唐以来，佛、道教日益兴盛，它们对于宇宙本质、心性内涵及修养功夫的“精微”之论远超汉唐儒学，儒学的正统地位受到严重威胁。与传统的“六经”相比，儒家“四书”在天道性命的资料方面更具优势，因此有人指出“‘四书’学的兴起，标志着中国经学由汉学向宋学的转变”[①]。然而，“六经”之学向“四书”之学的转变不可能一蹴而就，需要经过漫长的理论探索过程。而在汉唐传统的儒家“六经”中，最富有理论深度的是被视为“六经”之首的《周易》。当宋代儒者有意识地尝试构建自己的“精微”之论以超越佛道二教时，《周易》就成为他们首选的思想资源。据《宋史·艺文志》记载，宋儒的经学著作达到1304部之多，其中尤以《春秋》学和《易》学著作为多，分别为240部和213部。张载与二程作为理学的开拓者，无不对《周易》予以高度重视，即使是最终完成由“六经”学向“四书”学过渡的理学集大成者朱熹，亦对《周易》重视有加。可见《周易》在宋代儒者构建新的理论体系中不可或缺的重要地位。但如何合理地将《易》的气学理论与“四书”中的仁义德性结合起来，确实存在一定的理论困难。

---

① 《经学理学化及其意义》，蔡方鹿，收录于《经学与中国哲学》，上海：华东师范大学出版社，2009年版。

张载和二程是理学的开拓者和奠基者，然而，他们的理论展开存在着很大差异，并面临着各自不同的理论困难。张载以气本为基点对宇宙来源与内涵、万物生灭与属性进行探讨，但在论述心性关系时，确有一些理论的盲点。二程虽然更为直接地将形上道德主题——“天理”作为自己理论体系的内核，使伦理道德得到较好的先天论证，但又遇到如何处理“气”及其与“理”的关系问题。在他们的理学体系中，“理”与“气”、“气”与“性”彼此之间始终存在着某些张力。

吕大临似乎认识到，形上道德主题需要在张载气本思想中得到进一步的明晰，其思想明显地表现出二程理本论的思想倾向。他说：“实有是理，乃有是物。”（《礼记解·中庸第三十一》）“天地万物，形气虽殊，同生乎一理，观于所感，则未尝不一也”。（《易章句·咸》）即是说，天下万物虽然在形状、禀气上存在差异，但“同生乎一理”，“理”被赋予了宇宙万物的本原属性。他在《中庸解》中还说：“实有是理，故实有是物；实有是物，故实有是用；实有是用，固实有是心；实有是心，故实有是事。”在吕大临那里，“理”是宇宙万物生灭变化的依据，理起始于事物之先。可见他对程门之学所有吸收，他被视为程门高弟，不是偶然的。

但是，吕大临并非尽弃张载之学而一依于程子，他赞同张载的气本理论。在《中庸解》中，吕大临说：“凡厥有生，均气同体”。在《易章句·系辞上》中，吕大临更为明确地指出：“大气本一，所以为阴阳者，阖辟而已。开阖二机，无时止息，则阴阳二气，安得而离？阳极则阴生，阴胜则阳复，消长凌夺，无俄顷之间，此天道所以运行而不息。入于地道则为刚柔，入于人道则为仁义，才虽三而道则一，体虽两而用则一。”“气”本“一”而开“阴”“阳”之“二”，阴阳“消长”而万物化生。很显然，这是张载的气本论思想。于此可以看出，吕大临对张载气本论的本质精神确实是有洞见的。

那么，在张载与二程那里似乎存在理论冲突的“理”与“气”，在吕大临那里是如何得以协调的呢？吕大临指出：“理之所不得以者，是为化，气机开阖是已。”（《礼记解·中庸第三十一》）万物由阴阳气化流行产生，而阴阳气化流行则是“理”所固有的必然的趋势和属性，“理”与“气”共同构成宇宙万物生灭变化的原则和过程。在《易章句·系辞下》中，他又说：“故天下通一气，万物通一理，出于天道之自然，人谋不与焉。”即是说，宇宙万物都是由“理”和“气”构成的，由“气”而言万物乃一体，而“理”通贯于万物，这是“天道”的自然属性和固有内涵。不难发现,在吕大临看来,在论及天下万物之时,“理”“气”不强可分,二者相互成立,并最终统一于“天道”。经常与二程论学的吕大临,其对张载气学思想的坚守及其“理气”不强可分的观点,恐怕对二程不得不重视并提升“气”在其理本思想中的地位不无作用。

值得注意的是,吕大临还以大本之“中”来概括和把握“天道”内涵,并从天道性命相贯通的角度诠释大本之“中”,对人性问题做了形上论证。这是吕大临对思孟学派的继承和发展。他认为“中者,道之所由出也”,“所谓道也,性也,中也,和也,名虽不同,混之则一欤”(《河南程氏粹言》卷1《论道篇》)。在此,吕大临展现出了对形上道体的强烈的探索精神。吕大临还以大本之“中”对仁义德性做了先天论证,试图构建天人合一的理论框架。他说:“天之道,虚而诚。”(《孟子解·告子章句上》)“盖中者,天道也、天德也,降而在人,人禀而受之,是之为性”。(《礼记解·中庸第三十一》)因而,“仁义道德,皆其性之所固有”(《礼记解·曲礼上第一》)这是对孟子性善思想和《中庸》“天命之谓性”的新诠释。

在吕大临的思想框架中,“理”与“气”不是相互矛盾的。以“天道”特别是以“中”统摄“理”与“气”、贯通“天”与“人”,是吕大临对张载气本思想和二程理本思想进行理论调和的尝试。如果说作为理学集大成者的朱熹吸收了张载和二程的思想,对二者的“理”“气”“性”进行了系统的融合和创造,那么大约在一个世纪以前,吕大临已经对这一重大理论问题做出了探索。

对于“中”与“性”“道”“心”的关系问题,吕大临与二程展开过深入地探讨。在讨论过程中,吕大临对自己的看法有所改进,而在与吕大临的反复探讨中,程颐也发现了自己理论的不足,接受了吕大临的观点。二人可谓是相互批判,相互学习,互相进步,展现出不同理学理论在相互对决的同时所产生的促进、交融演进趋势,其间还彰显出心本论在理学系统中的发展可能。吕大临将“中”视为超越本体,将大本之“中”视为“道”“性”或“性命之理”。程颐认为“中”只是“状性之体段”,即对事物状态的一种描述或概括,且“在天曰命,在人曰性,循性曰道;性也,命也,道也,各有所当”,不可混为一谈。随着对“中”的讨论的不断深入,“心”的问题亦被论及。吕大临将“中”视为“本心”“赤子之心”,主张“反求吾心”,致力于内在心性的体认。因此他对程颐视“心”为“已发”的观点做了批评:“然则未发之前,谓之无心可乎?窃谓未发之前,心体昭昭具在,已发乃心之用也。”(《论中书》)即是说,如果“已发”

谓之“心”，那么在未发之前有没有“心”呢？事实上，在“未发”之前，“心体”已然存在，“已发”不过是“心之用”而已。吕大临对于“心”的此种论证显然已具有心本论的思想倾向。对于吕大临的批评，程颐不得不说：“凡言心者，指已发而言，此固未当。心一也，有指体而言（原注：寂然不动是也），有指用而言（原注：感而遂通天下之故也）。”（《论中书》）即承认自己的看法“未当”，并修正自己的观点，承认“心”有体有用，心之体“寂然不动”，心之用“感而遂通天下之故”。可见，吕大临的“心”的观点不仅弥补了程颐的理论不足，而且使理学展现出心本论的发展可能。

与张载一样，吕大临同样表现出强烈的道统自觉。他说：“道有兴有废，文有得有丧，道出乎天，非圣人不兴，无圣人则废而已。故孔子以道之废兴付诸命，以文之得丧任诸己。及秦灭学焚书，礼坏乐崩，数千年莫之能复，殆天之丧斯文也，然道未尝丧，苟有作者，斯文其复兴乎?”（《易章句・子罕第九》）因此，他对佛教采取排斥的态度。当他听说朝廷重臣富弼去官归家研读佛教，就给富弼写了一封信，批评他说：“今大道未明，人趋异学，不入于庄，则入于释，疑圣人未尽善，轻礼义为不足学，人伦不明，万物憔悴，此老成大人恻隐存心之时。以道自任，振其坏俗，在公之力，宜无难矣。”（《关学编》卷1《与叔吕先生》）不过，吕大临对诸子百家学说表现出一定的同情和理解，他说：“诸子百家，异端殊技，其设心非不欲义理之当然，卒不可以入尧舜之道者，所知有过不及之害也”。尽管吕大临站在儒家道统立场对诸子百家做了批评，但他还是承认了诸子百家寻求“义理之当然”的良苦用心。

吕大临对北宋的政治提出了自己的建议，企图革除北宋冗官冗员的弊政，选拔和任用有真才实学之人。他对比了古今对待人才的情况，说：“古之长育人才者，以士众多为乐；今之主选举者，以多为患。古之以礼聘士，常恐士之不至。今以法待士，常恐士之竞进。”从而提出：“立士规以养德厉行，更学制以量才进艺，定试法以区别能否，修辞法以兴能备用，严举法以核实得人，制考法以责任考功。”（《关学编》卷1《与叔吕先生》）。这是对张载关注现实、经世致用学风的继承。

此外，吕大临还是我国历史上杰出的金石学家，撰有《考古图》《考古图释文》，为后世金石学、器物学与文字学奠定了基础，深远地影响了中国考古学和古文字学，因而有人称其为中国的“考古鼻祖”。《考古图》共10卷，是我国最早的、系统的古器图录，主要收录了商周时代的青铜器及其铭文。青铜器是研究商周历史文明的重要资料。汉代以后,时有出土的青铜器一般被统治者视为祥瑞之物,亦被达官贵人用来装饰门面。北宋以来,学人们开始将青铜器及其铭文作为一门学问进行研究,吕大临就是其中的杰出代表。此书是宋代兴起的金石学的重要成果,对于现在的古器物学亦有重要参考价值,收录了宫廷及民间收藏的器物238件(有青铜器、玉器、石器等),体例严谨,图文并茂,对器物的形状、重量、出土地点、流传与收藏情况等均记载翔实,为后世金石学研究树立了榜样。《考古图释文》是对青铜器铭文的考释,吕大临运用《广韵》四部的方法,对其中85件器物的铭文进行编排与考释,新义颇多,纠正了对一些古文字的形、音、义的认识,具有重要参考价值,受到历代学者的重视。

四、范育的学行与思想

范育,生卒年不详,字巽之,邠州三水(今陕西旬邑)人。举进士,初为泾阳(陕西泾阳)令,“以养亲谒归,从张横渠学”(《宋元学案》卷19《范吕诸儒学案》),后历任崇文校书、监察御史里行、太常少卿、光禄卿、枢密都承旨、给事中、户部侍郎、龙图阁直学士等。并曾向神宗建议“用《大学》‘诚意’‘正心’以治天下国家”(《关学编》卷1《巽之范先生》),并向朝廷推荐张载。

张载对范育教诲颇多,范育也“笃信师说而善发其蕴”(《关学编》卷1《巽之范先生》)。张载对他颇为称许:“今之学者大率为应举坏之,入仕则事官业,无暇及此(即‘道’)。由此观之,则吕、范过人远矣。”(《张子语录·语录下》)

哲宗元祐二年(1087),苏昞请范育为《正蒙》作序。他在《正蒙序》中认为,张载在“辟异端”基础上写成的此书,“有六经之所未载,圣人之所不言”,对张载给予了极高的赞誉:“子张子独以命世之宏才,旷古之绝识,参之以博闻强记之学,质之以稽天穷地之思,与尧舜孔孟合德乎数千载之间。”(《正蒙·范育序》)

范育任职期间久居西北边陲,对边境军务多有建言。元祐初年(1086),任职于熙州(今甘肃临洮)知州时,西夏进攻北宋西北边境,宋朝守将打算放弃质孤堡及胜如堡,退守兰州,范育力争,说:“熙河以兰州为要塞,此两堡者兰州之蔽也。弃之则兰州危,兰州危则熙河有腰膂之忧矣。”又请求在李诺平、汝遮川修筑城池以加强边防,说:“此为赵充国(汉将)屯田古榆塞之地也”。但未被采纳。南宋高宗绍兴二年(1132),宋高宗“采其抗论弃地及进筑之策，赠宝文阁学士”（《宋史·范育传》）。

五、苏昞的学行与思想

苏昞，生年不详，约卒于徽宗崇宁年间（1102—1106）或稍后，字季明，武功（今陕西武功）人。哲宗元祐（1086—1093）末年，经吕大忠推荐，由布衣出任太常博士。

他与游师雄“学于横渠最久”，也深得张载器重，并受张载之命从学于二程。神宗熙宁九年（1076），张载路过洛阳，并与二程论学，苏昞记录了他们的辩学内容，题名《洛阳议论》，收入《二程集》。张载逝世前，将自己一生言论精要集成《正蒙》一书，交付苏昞。苏昞仿效《论语》《孟子》体例编订为 17 篇，每一篇取第一句前两字为篇名，即现在之《正蒙》。

从学二程之后，苏昞依然继承关学的经世致用学风，对洛学偏于思辨的风格有所不满，曾以“治经为传道居业之实，居常讲习只是空言无益”（《宋元学案》卷 19《范吕诸儒学案》）质问二程。

六、游师雄的学行与思想

游师雄（1037—1097），字景叔，武功（今陕西武功）人。治平元年（1064）中进士（清雍正《陕西通志》卷 30 载治平二年中进士）。

游师雄年轻时师从张载，精通兵法，长期在西北边陲任职，在军事方面颇有建树。中进士后，授仪州（今山西左权）司户参军。北宋名臣范仲淹、韩琦、蔡挺等对其十分赏识。熙宁四年（1071），改任德顺军（治所在今宁夏隆德）判官，参与西北边事的重要决策，在军事斗争中展现出非凡的军事才能，建树颇多。元祐元年（1086），改宣德郎，除宗正寺主簿，当时西夏来袭，朝廷大臣讨论是否要放弃边地四寨，游师雄极力主张坚守，但意见未被采纳，其后西夏步步紧逼，边境不宁。

元祐二年（1087），游师雄改任军器监丞，其时西夏准备袭击熙河路（治所在熙州，今甘肃临洮），守将刘舜卿采纳游师雄的御敌策略，获得大捷，先后杀敌近四千，俘获敌帅九人。捷报传来，举国欢庆，后迁陕西转运判官。元祐五年（1090），任提点秦凤路（治所在秦州，今甘肃天水）刑狱。元祐六年（1091），西夏侵袭泾原，复入熙河，杀掠甚众，游师雄上疏建议在西北重要之地修筑寨堡等战略据点，以加强防卫，但未被采纳。其间上奏《役法廿条》，朝廷多行其说。后任祠庙部员外郎、工部员外郎、集贤校理、权陕西转运副使。元祐九年(1094),迁朝奉郎,加云骑尉。是年,游师雄因病请辞,哲宗召见他,赞扬他的功绩,授其为卫尉少卿。其间因哲宗数次询问边防利弊之事,游师雄遂将庆历以来边帅策略好坏、朝臣参谋得失及当今御敌要务,共计60条,编为《绍圣安边策》进上。

绍圣三年(1096),迁直龙图阁,权知秦州,兼权发遣秦凤路经略安抚使,兼马步军都总管,加飞骑尉。尚未到任,西夏又准备侵袭西北,宋廷遂诏命游师雄摄帅熙河路。当时,西北众将屯兵于边境,严加防范,很长时间敌我双方对峙不下。游师雄到任后,下令解除戒严,罢兵休整,西夏也并没有进犯,游师雄受到众人赞佩。宋朝收复洮州(今甘肃临潭)之后,于阗、大食、拂林、邈黎等国均都派使者进贡,朝廷则限其每两年进贡一次,游师雄认为这不是招抚良法,为彰显国家气度,建议应随时接纳其进贡。是年五月,朝廷派遣使者与西北将帅共同商议对制西夏的策略,使者急于讨击,而游师雄主张筑城守御,渐循渐进,但游师雄常常受到使者的胁迫,于是上书奏明情形并请求辞退。其后,游师雄调为陕州知府。此后,朝廷使者逐渐体会到急于进攻西夏的难处,最终采取了游师雄早已提出的筑城守御的策略。

游师雄在担任地方官时十分关注民生,推扬风俗教化。在担任陕西转运判官时,将庠序之教放在首位,并教民开渠引河,陕州(今河南陕县)以西的数万顷耕田深受其惠。当时,熙河之地不种粟,粟由其他地方运来,价格昂贵,而且牛马之畜缺乏食用草料。于是,游师雄教民以耕种之法,没过几年当地民众粮食充盈,并规定当地民众植树种草,其后公私材用,皆足取焉。在担任提点秦凤路刑狱时,认为当地"土民"将死去的亲人遗弃在田野的做法于风教有伤,朝廷应当下令禁止,同时应由官府出资埋葬那些经济特别困难的死者。在担任祠庙部员外郎时,提出许多州县的祠堂破败,祭祀礼仪不严,朝廷应加以整治。在担任陕西转运副使时,为"休民力",向朝廷提出减少内地百姓对西北边境"支移"负担的具体措施。

此外,游师雄还对历史文化遗产的保护工作十分重视。元祐四年(1089)在陕任职期间,游师雄主持重刻了《昭陵六骏碑》(六骏碑原立在太宗庙旧址南门外,1974年移至昭陵博物馆内)。《昭陵六骏碑》对游师雄塑像、刻碑的目的、意图做了说明,而且记录了六骏的名称、毛色特点,参加的战役和太宗的"六骏赞",成为后人研究"昭陵六骏"的珍贵资料。20世纪初,"昭陵六骏”石雕遭到破坏，残损不全。唯有游师雄的《昭陵六骏碑》保存了这批重要资料。今天传世的六骏图形，特别是鞍鞯的细部及被射中的箭，都是以此碑为蓝本的。在发现乾陵藩臣像的名字变得模糊不清后，游师雄摹刻四碑，每碑16人，立于乾陵石人像前。《长安志》根据游师雄的碑录研究得出可辨者39尊。遗憾的是，现在乾陵藩臣像大都已经损毁，现能辨清的仅有6尊，而游师雄所摹刻的四块碑也已不知去向。

七、种师道的学行与思想

种师道(1051—1126)，字彝叔，其祖原居河南，后徙家长安。原名建中，因为避讳宋徽宗建中靖国年号，改名为师极，后被徽宗御赐名为师道。早年师从张载，军事才干出众，长期担任边防将领，建功颇多，是北宋著名将领。

种师道因门荫得以补三班奉职。历任成州(今甘肃成县)推官、宁州(今云南华宁)推官、镇洮军(今甘肃临洮)推官、右宣义郎等。后任泾原路(治所在今宁夏泾源)经略司，在抵御西夏的过程中颇有功绩，迁朝散郎、原州(治所在今宁夏固原)通判。哲宗特予召见，受朝奉大夫、提举秦凤路(治所在今甘肃天水)常平。因议论役法与蔡京政见不合，改任庄宅使，知德顺军(治所在今宁夏隆德)。后有人告他“诋毁先烈”，遂被罢官并被列入“党籍”。十年后才以武功大夫、忠州(今重庆忠县)刺史、泾原都钤辖身份知怀德军。政和元年(1111)，西夏要求重新划分边界，西夏使者焦彦坚提出索回“故地”要求，种师道说:“如果说故地，当以汉唐为正，那你们的疆土就没有多少了吧。”焦彦坚无言以对。因善守边关，时人称赞他说:“自公守境，国人受不扰之赐。”后徽宗数次诏入朝堂奏对，种师道上陈边境防御策略，并指出童贯在西北军事决策的利弊。徽宗赞许他的意见，提拔其为秦凤路提举弓箭手。童贯不悦，改为提举崇福宫。

政和四年(1114)，除泾原路兵马都钤辖，知西安州(治所在今宁夏海原西)。种师道在边境之地修筑寨堡，加强边防，颇有成效，深受皇帝称许，后累迁龙神卫四厢都指挥使、洺州(治所在今河北永年境内)防御使、泾原路安抚使，知渭州(治所在今甘肃平凉)。政和八年(1118)，他统率诸道宋军修筑席苇平城，还没有竣工，西夏来袭。种师道排兵布阵，表面上要和敌军决战，暗地里派偏将曲径出横岭，并扬言是援军赶来。西夏军因应对不及而溃败，宋军俘获骆驼、牛马数以万计，并完成筑城任务。其后，朝廷令种师道统率陕西、河东七路之兵攻打臧底城,限定十天必须攻克。但西夏守备坚固,一时难以攻克,宋军倦怠。当时有个列校坐在胡床上偷懒,种师道立即将其斩首示众,众人震动,宋军士气大涨,到了第八天就攻下了臧底城。宋徽宗欣喜不已,升种师道为侍卫亲军马军副都指挥使、应道军承宣使。

宣和(1119—1125)初年,种师道随从童贯担任都统制,敌军闻种师道之名,弃城而逃,种师道拜为保静军(今宁夏灵武西北)节度使。后以病请求休养,徽宗念其军事才能而不允。宣和六年(1124),童贯联金伐辽,让种师道掩护诸将出击。种师道并不赞同联金伐辽的策略,不同意此次军事行动。童贯不听。其后宋军果然受到重创,幸亏种师道事先令每人持一巨棍自防,宋军才不至于大败。辽国派使者责问童贯为何背信弃义进攻辽国,童贯无言以对。种师道又劝说童贯应该答应辽使退兵,童贯又不听,并秘密弹劾种师道助贼为谋,时居宰相之位的王黼听后十分愤怒,责令种师道以右卫将军身份致仕(即退休),而用刘延庆代替他,其后刘延庆屡遭战败。宣和七年(1125),宋徽宗又起用种师道为宪州(今山西娄烦附近)刺史、环州(今甘肃环县)知州,不久又任保静军节度使,后又致仕。

宣和八年(1126),金人违背与宋朝的盟约,大军长驱南下逼近汴京。宋徽宗急召种师道进京,加封他检校少保、静难军(治所在今陕西彬县)节度使、京畿河北制置使,有权自行征兵征粮。种师道率领一支步兵奇袭金军,金军畏惧,有所退避。当时,种师道年岁已高,天下称之为"老种"。新继位的宋钦宗对种师道十分赞赏,恩宠有加,拜他为检校少傅、同知枢密院、京畿两河宣抚使,诸道兵马全由他统率,以姚平仲为都统制。但钦宗告知种师道已与金国讲和,种师道无奈,劝说钦宗可拖延向金人交纳赔款,等金人懈怠思归时,将金人歼灭于渡黄河之途。但种师道的建议未被采纳。

当时姚平仲为抢夺军功,上报说宋朝将士皆摩拳擦掌欲与金人决战,而种师道却不予准许。主战派领袖李纲遂劝说钦宗下诏出战。种师道则主张待集结更多兵力、做好更多准备再考虑出击。然而,宋廷还是贸然出战,结果溃败。于是主和派李邦彦重新得势,罢免李纲,主张割地赔款,引起士子百姓的反对,李纲得以复职。金军担心孤军深入过久恐于己不利,在得到宋朝正式割地承诺并获得肃王做人质后,退兵而去。种师道再次劝宋钦宗乘金兵渡黄河时予以袭击,宋钦宗仍不从。种师道感叹说:"他日必为国患。"宋钦宗随即将种师道罢为中太一宫使。

其后，金兵又围攻太原，宋钦宗见和约不可靠，又倾向主战。有人建议不宜解除种师道兵权，钦宗遂又加封种师道检校少师，进封太尉，换节镇洮军，担任河北、河东宣抚使，屯兵滑州（今河南滑县），但并没有给种师道派遣军队。种师道请求集中关、河兵力在沧州、卫州、孟州、滑州修筑防线，以防金兵再至，有人认为此乃示弱于敌，未被采纳，种师道也被召回。后来太原战事屡屡失利，于是朝廷又派种师道前往。种师道根据前线形势判断金兵一定会大举南下，于是请求皇帝临幸长安躲避敌锋。大臣认为种师道怯敌，种师道又被召回。太原随后沦陷，金兵分两路大举南下，宋钦宗决心议和，李纲被贬出京城。种师道悲愤交加，返京后病逝，其时为靖康元年（1126）十月。宋钦宗亲临祭奠恸哭，追赠开府仪同三司。十一月，金兵兵临汴京城下，次年攻陷汴京，钦宗、徽宗被劫入金营。

宋高宗建炎（1127—1130）中，种师道被加赠少保，谥忠宪。

八、李复的学行与思想

李复（1052—1128），字履中，长安（今陕西西安）人，世称"潏水先生"。《宋史》未为他立传，冯从吾等编辑的《关学编》也未予收录，黄宗羲、全祖望的《宋元学案》卷19《范吕诸儒学案》和楼钥的《攻媿集》卷52《静斋迂论序》等对李复的生平事迹做了记载。据史籍记载，他进士出身，历任中大夫、集贤殿修撰、熙河漕使、秦州（治所在今甘肃天水）知府等。他虽然是吕氏兄弟、范育等人的后辈，但仍直接从学于张载。他喜言兵事，长期供职于军旅之中，乃宋廷西北边防之能将。哲宗绍圣三年（1096）至徽宗元符二年（1099）成功策划了青唐、邈川等西北保卫战。南宋高宗建炎二年（1128），以年老之躯，奉命镇守秦州，抗金殉职。

李复著有《潏水集》四十卷。宋乾道年间（1165—1173），曾在饶郡（今江西鄱阳）刊刻行世，后散佚无存。《四库全书》编辑者从《永乐大典》中辑出若干，编辑为十六卷，这就是流传至今的本子。第一卷是奏疏，第二卷为表，第三、四、五卷为书牍，第六卷为记，第七、八卷分别为赋、序跋、铭文、杂著，第九至十六卷为诗文。从遗文来看，李复涉猎广泛，"于书无所不读"（《宋元学案》卷19《范吕诸儒学案》）。除军事外，他对于音律、盐法、水利、历法、地理、术数等多有研究，尤其精于历法和易学。南宋人钱端礼曾评价李复说："居官行己，咸取于'六经'，而尤邃于《易》。"（《潏水集》卷16《书〈潏水集〉后》）此外还撰有《夔州药记》，对医学亦有独得之见。

与张载相似，他非常赞同"自得"的学术方法，他说："心之所自得，虽因闻见，若脱然自悟闻见，乃筌蹄也"（《潏水集》卷3《回卢教授书》）。并给予《周易》以充分的重视，对于自然之理也很感兴趣，《潏水集》这方面的内容占有很大的比重，许多人向他请教关于天文历法的问题，时人尊之为"通儒"。

李复思想的一个突出特点就是，注重在形而上层面对元气、自然进行研究。在本体论方面，李复倾向于气本论，能在尊重自然之理的情势下进行宇宙论的探讨。他说：

> 太极未判，两仪未生，虽未形，易之象而易之妙，固已存于其中矣。元气即分，象数既形，夫物芸芸而生。（《潏水集》卷8《易说送尹师闵》）

他认为，易之太极判为两仪，是混沌未形之元气分为阴阳二气，之后按照一定规则（即易象的法则）形成芸芸众物。显然，李复把太极等同于元气，元气未形之时已具"易之象""易之妙"，是说元气、太极的运动符合易的法则。不难发现，李复的此种思想实质上与张载的"太虚即气"之论很相类似，均是一种气本论，甚至可以说，张载将"太虚"视为未分阴阳的"湛一"之气的观点，在李复这里有了更为直接、明了的表述。当然，这里也不免有了"法则在先"的嫌疑，但这种法则依然是侧重于自然本身之法则，是贯彻于元气、太极之本体的法则，并不像二程、吕大临那样贯之以纯粹高悬的"理"。这就在理论上为研究自然科学留下了空间，继承、发扬了张载重视自然科学研究的学术特点。

李复从研究历法的实践中认识到，宇宙处于不停息的运动之中，"天行不息，日月运转不已，皆动物也"（《潏水集》卷5《又答赵子强书》）。进而对动与静的关系做了深刻的说明："动静之理，一体而未尝离，静自有动，虽动而静在其中矣。"（《潏水集》卷6《静斋记》）且举李复对日食、月食成因的议论，说明他对自然科学的研究：

> 日月之行各有度数，所行之道其自由可推。然月者阳体内藏、众阴外附者也，其象坎卦，坎卦阳在中而阴在外，是为水也。水乃受光，非发光者。水之有光，待日与火照之方出，月之有光待日照之方出，《礼》所谓"溯于日者"是也。半照为弦，全照为望，望为日光所照反夺日光者。当日之冲有大如日者，历家谓之"暗虚"。"暗虚"为月则月光比灭，故为月食。张衡亦曰，当日之冲，光常不合，是为

暗虚，在星则星微，遇月则月食。若日夺月光，遇望必食，然亦有不食者，由其所行之道异也。所行之道若交则犯，故日月相食也。交在朔前则日食，在望则月食。大率一百七十三日有余而道始一交，非交不相侵犯，故朔望不常食也。道不交正，故有斜食、半食、上食、下食。虽然，此其大略也，其余不能逃其数矣。（《潏水集》卷5《答曹钺秀才书》）

这基本上是关于日食、月食的一种科学假说。李复指出：日食、月食是由两种因素构成的，一种是某种天体（暗虚）的遮蔽，一种是日月的运行轨道，在不同的地点形成斜食、半食、上食、下食等。这基本上与现代关于日食、月食的思想是一致的。由于古人尚不知道太阳、地球、月亮之间的轨道运行关系，故想象出一个“暗虚”来代替遮挡太阳光的地球、月亮。对于月亮的发光原因，也做了比较科学地解释：月球并不发光，靠反射太阳光而发亮，犹如水不发光而可反光一样。由上可见，气本论与理本论相比，更容易导向对于自然科学的研究，更有助于推动古代科学的发展。

李复遗集中关于科学及各门具体技术的讨论很多，而且达到相当的深度，但正面论述心性之说的文字并不多见，这大概是在历久传抄中散佚了。作为宋代理学人物，李复不可能不对心性说做出探究。《四库全书总目》说他“论易象、算术、五行、律吕之学无不剖析精微，具有本末，尤非空谈者所可及”，“在宋儒中可谓有体有用者矣”。（《四库全书总目》卷155《集部八·别集类八》）

从下面的两首五言诗中可以窥见其道德修养思想的一些观点：

其一

一气偶聚散，灵府合虚明。
至人遗世氛，妙静无将迎。
索珠迷罔象，鼓琴有亏成。
渺渺千海波，今朝浮沤轻。

其二

杯水入沧溟，浩浩通无际。
原心方寸间，混合周天地。
后稷勤稼穑，颜渊甘箪食。

行己在一时，流芳传播世。

至道不远人，安行近且易。

第一首侧重于就心性层面讨论修养的方法，从中我们可以看到李复崇尚一种自然灵动的洒落襟怀，“无将迎”意为不必执着，顺从符合天理的一点虚明，不要有意为之。如昭氏鼓琴，不动一弦则万声俱在，一动手指反而损失了自然界的天籁之音。后一首从日常具体的践履角度出发，指出自身虽微不足道，但像沧溟中的杯水一样，原是与无穷的天地血脉相通的，只要从微末的身边之事做起，便会成圣成贤。后稷、颜渊也是以有限之生命，在具体的力行之中流芳百世的。勤稼穑、居陋巷这是最平常之事，但却能通于大道，为成圣之阶。可见，李复在理学修养方面能够做到“极高明而道中庸”，追求一种自然洒脱的精神境界，又不忽略身边的具体小事，清儒谓之“有体有末”，盖非虚言。这种精神境界颇有张载所谓之摒除意必固我之“虚心”的状态。而事实上，李复确实也是如此主张的。他说：“予尝思人之心，虚一而静者，微妙独立。不与物俱，或失其本心，则物必引之矣。”（《潏水集》卷6《上党七祖院吴生画记》）

综上所述，张载的思想得到弟子们的继承和发展，其弟子既有范育、苏昞、李复这样对其思想的坚守者，也有吕大临这样在关学和洛学之间进行反思的探索者，还有游师雄、种师道、李复这样很有作为的军事将领，他们的学行与思想呈现出关学的盛大气象。

第三节　关学的传承发展与学术特色

一、金元：关学的恢复期

北宋末年，关中为金人占领。宋金之间在大散关（今陕西宝鸡西南）及淮河一线相对峙，关中处于战争前线，缺乏儒学发展的条件。直到金末元初，理学才又在关中扎根。

金元时期关学主要有杨奂之学，杨天德、杨恭懿父子开创的“高陵之学”，萧维斗、同恕开创的“奉元之学”。

杨奂（1186—1255），字涣然，又名知章，乾州奉天（今陕西乾县）人。正大元年（1224），朝廷欲革除弊政，诏各地进言，杨奂时年39岁，草成万言书，直陈时弊,言人所不敢言,后为亲友所阻,书不得上,即有归隐山林之志,教授乡里。曾在户县郊外终南山下建紫阳阁。金正大八年(1231),至汴梁,著《天兴近鉴》,1234 年完成。元太宗(窝阔台)时,诏宣德(今河北宣化)课税使刘用之试诸道进士,杨奂在东平应试,中赋论第一。刘用之带杨奂北上拜见耶律楚才,晤谈之后,耶律楚才对杨奂十分赏识,力荐为河南路征收课税所长,官兼廉访使。宪宗元年(1251)辞官入秦。后又入秦王忽必烈幕,不久辞归。杨奂一生著述颇丰。他 60 岁时,门人员择将其文稿编为《杨紫阳文集》八十卷。杨奂 69 岁时,作《臂僮记》,谓自己著作有《还山前集》八十一卷,《后集》二十卷,《近鉴》三十卷,《韩子》十卷,《概言》二十五篇,《砚纂》八卷,《北见记》三卷,《正统书》六十卷。据元好问《神道碑》云,有《还山集》一百二十卷,《概言》十卷,《天兴近鉴》三十卷,《正统书》六十卷等,其中《概言》十卷,专论性与天道问题。《正统书》是对历代的关于政权是否合理合法的观念的反思和评论。据其序文来看,杨奂的《正统书》结合历史事实,总结出政权兴替的八种形式,因而称为“正统八例”。杨奂去世 50 年后,刊刻有 60 卷本《还山集》。明代嘉靖年间南阳太守宋廷佐辑其佚编名曰《还山遗稿》。包括诗一卷、文一卷、《杨文宪公考岁略》一卷、附录一卷。吉林文史出版社 2010 年出版有魏崇武、褚玉晶校点《杨奂集》。

杨天德,字君美,高陵人,登金兴定二年(1218)进士。晚年时读到《大学解》及伊洛诸书,归依先儒性命之学,认为“少时精力夺于课试,殊不知有此,今而后知吾道之传为有在也”。去世时对亲友说:“吾晚年幸闻道,死无恨矣!”卒年 79 岁。许衡对他很是赞称,认为他“日临桑榆,学喜有得,其知益精,其行益力。吾道之公,异端之私,了然胸中,洞析毫厘”(《关学编》卷 2《君美杨先生》)。其子杨恭懿(1225—1294),字元甫,号潜斋,少年时随父逃难于宋鲁之间,24 岁时才开始接触理学,认为这是入德之门,进道之途,遂究心于程朱之学。杨恭懿与许衡关系密切,许衡为京兆提学时,经常与杨恭懿切磋学问,对杨氏之学甚为叹服。许衡到京师作中书左丞时力荐杨氏。朝廷累次下诏,杨皆不赴。至元十一年(1274),太子命中书省以汉代聘商山四皓之礼再次延聘,他不得已应诏入京,建议朝廷废除诗文取士,以孔孟之学为科举标准,不久便辞官归里,以后朝廷又多次征召,皆以疾辞,至元三十年(1293)卒,时年七十。皇庆年间(1312—1313),赠荣禄大夫、太子少保、弘农郡公,谥文康。萧维斗评之曰:“朱文公集周、程夫子之大成,其学盛于江左。北方之士闻而知者，固有其人，求能究圣贤精微之蕴、笃志于学、真知实践、主乎敬义、表里一致，以躬行心得之余私淑诸人、继前修而开后觉，粹然一出乎正者，惟司徒暨公。”（《关学编》卷2《元甫杨先生》）其中的“司徒”指许衡，“公”即杨恭懿。

萧𣂏（1241—1318），字维斗，号勤斋，奉元人。早年力学不倦，隐居终南山，遍览百家之书，“天文、地理、律历、算数，靡不研究”（《关学编》卷2《维斗萧先生》），声名闻于秦中。忽必烈为秦王时，召为陕西儒学提举、辞不赴。后来朝廷又以集贤殿直学士、国子司业、集贤殿侍读学士征辟，皆不应。武宗时，不得已应征，拜太子右谕德。入京后书《酒诰》入呈，对于京师尚酒表示不满，不久辞官归里。其著作据《关学编》有《三礼说》《小学标题驳论》《九州志》及《勤斋文集》行世。后来这些著作大都散佚，《四库全书》收有《勤斋集》八卷，有文四十二篇、诗二百六十一首、词四首。为学“一以洙泗为本，濂洛、考亭为据，为一代醇儒”（《四库全书总目》卷167《集部・别集类二〇〇》）。

同恕（1253—1331），字宽甫，号榘庵，奉元（今陕西西安市雁塔区[①]）人。少年时以《书经》魁乡校，至元间朝廷累次征召，辞不赴。1319年拜奉议大夫、太子左赞善，不久又辞官回里。他曾经在乡里主持“鲁斋书院”，前后来学者数千人。他曾经两次主持陕西乡试，是一个直接投身于官方教育事业的学者。其著作流传下来的有《榘庵集》。2003年，山西古籍出版社出版有李梦生依据文渊阁本四库全书校刊的《榘庵集》。

由于以上诸人的提倡，在关中一度中绝的理学又重新扎下根来。与同时代的其他理学家一样，元代关中学者的理论创新不多，但他们对礼学都比较重视。杨奂特别关心礼学，他曾经亲自考查汴京旧址，以期从中得到有关礼仪制度，《文集》中尚保存有《汴故宫记》，以及与姚枢讨论礼学的书信。杨恭懿丧事一尊《朱文公家礼》，“三辅士大夫知由礼制自致其亲者，皆本之先生”（《关学编》卷2《元甫杨先生》）。萧维斗亦精于三礼。他们不仅对礼学进行研究，而且都注重于将之贯彻于实践之中。元代关中儒者大都很重气节，杨恭懿、同恕等多次辞官不就，即使迫不得已任职也很快辞归故里，萧维斗在这方面更为突出。此外，这些人大都兴趣广泛，对于各种具体的学问技术多有

① 嘉庆本《咸宁县志》卷14云同恕墓在三兆村。2009年在西安市雁塔区三兆村东发现同恕墓。

研究，如萧维斗对于天文、地理、律历、算数等很有造诣，杨奂对于经济很见特长，在事功方面颇有建树。重礼学、有气节、广技艺，这些都说明了元代关中儒者保持了张载以来以躬行“礼教为本”，关注现实、注重实践的风骨。

二、明代：关学的拓展期

有明一代，关学主要有三大学脉，一为王恕、王承裕父子开启，马理、韩邦奇、杨爵、王之士等人发展与传播的三原学派；二为薛敬之所传薛瑄的朱学，为吕柟所弘扬；三是南大吉所传的阳明之学。此外，还有冯从吾、王徵等。

三原学派是明代颇具关中地方色彩的儒学，因其开启者王恕、王承裕父子为三原（今陕西三原）人，其后学多为三原一带人而得名。

王恕（1416—1508），字宗贯，号介庵，又号石渠，三原人。英宗正统十三年（1448）进士，由庶吉士授大理左评事，后历任左寺副、扬州知府、江西右布政使、右副都御史、左副都御史、南京刑部右侍郎、总督河道、南京户部左侍郎、右都御史、云南巡抚、南京刑部左侍郎、吏部尚书加太子太保，赠特进左柱国太师，谥端毅。著有《玩易意见》《石渠意见》《王端毅奏议》《王端毅文集》等。

王承裕（1465—1538），字天宇，号平川山人，王恕之子。7 岁能诗，弘治六年（1493）进士。其父致仕后，即告归奉养。后起用为兵科给事中、吏掌科、太仆寺卿等，官至南京户部尚书，赠太子少保，谥康僖。著有《太极动静图说》。

马理（1474—1555），字伯循，号溪田，三原人，谥忠勤。师从王恕。正德甲戌年（1514）进士，先后任吏部稽勋主事、稽勋员外郎、南京通政司右通政、稽考功郎中光禄卿等，官至南京光禄寺卿。名震都下，为三原学派重要人物。1556 年，卒于关中地震。著有《四书注疏》《周易赞义》《尚书疏义》《诗经删义》《周礼注解》《春秋修义》《陕西通志》等。

韩邦奇（1479—1555），字汝节，号苑洛，朝邑（今陕西大荔）人。正德三年（1508）进士。先后担任吏部考功司主事、平阳（今浙江平阳及苍南一带）通判、浙江按察佥事。正德十一年（1516），为朝廷上疏《苏民困以保安地方事》，被诬下狱。后任山西左参政、四川提学副使、南京太仆寺丞，终以南京兵部尚书致仕。亦卒于 1556 年关中地震。著有《禹贡详略》《启蒙意见》《律吕直解》《洪范图解》《正蒙拾遗》《易占经纬》《卦爻三变》《易林推用》《苑洛志乐》《苑洛集》等。其《正蒙拾遗》是对张载《正蒙》进行择要诠释的重要著作。

杨爵(1493—1549),字伯珍,一字伯修,号斛山,富平人,谥忠介。嘉靖八年(1529)进士,授行人,擢御史。嘉靖二十年(1541),上疏下狱,二十四年(1545)放释,至家才十天,又被逮捕,三年后始归故里。著有《杨忠介集》《周易辨录》等。

王之士(1527—1590),字欲立,号秦关,蓝田人。屡试不第,遂潜心理学。万历七年(1579)赴京讲学,轰动一时。后又应邀去南方讲学。南京国子祭酒赵用推荐而授国子监博士,著述颇丰。

三原学派对理学的基本命题和核心范畴做了哲理探讨,但并非恪守某一学派,而是会通各家思想,对理学的内核命题和理论弊端做出了自己的反思与抉择,体现出勇于探索、多途发展的特点。三原学者继承了理学的基本理论和核心范畴,秉承了朱熹"性即理"的说法,认为"盖性乃天之所命,人之所受。其理甚微,非尽心而穷究之,岂易知哉!既知其性,则知天理之流行,而付于物者,亦不外是矣"。(《明儒学案·三原学案》)即天人共有一理,人禀受天命之后而有人性,此"性"由"道"来,因而是纯而不杂的。尽管他们没有形成一种全新的理学思想体系,但也显现出理学发展的时代特色。从二程起,《大学》《中庸》《论语》《孟子》等"四书"被提到与经书同等重要的位置,以"四书"为求学的方法,才能了解"六经"的内容。王恕却对朱熹的《四书集注》提出了许多怀疑与批评。比如王恕认为,性乃天之所命,是为纯善的,而"已然之迹"已经有善有恶,不能称为性。性之理"甚微",故当"尽心而穷究之","尽心"为"知性"的途径,因此朱熹《四书集注》所谓"知性乃能尽心"为"不无颠倒";"尽心穷究"之后,知性便能知天理,由此也就不再需要朱熹的"格物致知"了。此种思想为的是避免程朱的客观之"理"所存在的支离、僵化的弊端,与三原学派主张的"知"要在实际行动中得以贯彻、"知与行"要统一的思想相一致,并展现出与陆王心本论的相似趋向。而在程朱理本论和陆王心本论风行正酣之际,韩邦奇却对张载的气学理论大为推崇,赞同"天地万物,本同一气"的观点,对《周易》《中庸》等做了重新诠释,重申了张载思想中的"太虚""太和""太极"与"道""性""气"的基本内涵,肯定了张载"太虚即气"之说对于批驳佛道空无理论的重大贡献,并指出"自孔子而下,知'道'

者，惟横渠一人"[①]。总之，三原诸子思想不尽相同，各具特色，"论道体乃独取横渠"韩邦奇，马理推扬"主敬穷理之传"，杨爵主"天人一理"，强调"中和"，王之士则南下问学于许孚远，后又推崇湛若水之学。

三原诸子多为入世学者，他们不仅强调认识上的正确性，修养方法上的可行性，更重要的是在实际行动中付诸实施，无论在事功还是个人道德践履方面，都颇有建树，气节凛然。他们中有的对历史、音律、数学等诸领域颇为精通。王恕一生历仕40余年，官至吏部尚书，始终秉持经世致用思想，关注民生，救助灾荒，整治河道，直谏皇帝，革除弊政，参与平定荆襄流民起义，巡抚云南时有效粉碎安南进攻内地的计谋，等等，建树甚多，与马文升、刘大夏合称"弘治三君子"，辅佐孝宗朱祐樘实现"弘治中兴"。王承裕深受其父影响，刚正不阿，无畏权贵，曾因言事忤逆刘瑾而遭贬罚。明世宗曾手书"清平正直"褒奖之。他躬行礼教，率领当地士民践履冠婚丧祭之礼，三原士风民俗为之一变。王氏父子还十分重视教授学子，在三原创建弘道书院，从学者如云，对关中士子影响深远。马理进退举止极力仿效古代圣贤，常以曾子"三省"、颜回的"四勿"律己。为官时，多次直面劝谏皇帝，屡遭廷杖处罚并因此入狱，但他始终以天下为己任，从不顾个人安危，最终以谏南巡遭廷杖告归。杨爵面对皇帝日夕建斋醮、经年不朝的情形，上疏直谏，被诏入狱拷讯，历五年得释。抵家才十日，又被系狱，又三年始还。王之士崇尚俭朴，约己厚人，移风易俗，教化乡里，倡导订立《乡约十二条》，率族人为士子楷模，一时有"蓝田四吕复出"之誉，慕名前来问学者甚众。韩邦奇曾作诗嘲讽宦官强征茶鱼等物，被诬奏怨谤而遭贬黜。他学问广博，经、史、子及天文、地理、乐律、术数、兵法，无不通究。在担任山西巡抚时，出疆入塞，勘察敌情，修筑城堡，奋力备战，为明代边防做出贡献颇多。他的《律吕新书直解》展现出高深的音律造诣。《关学编》赞评韩邦奇"文理兼备，学问精到，明于数学，胸次洒落，大类邵尧夫，而论道体乃独取张横渠"。从中不难发现三原诸子身上所展现出的经世致用、尊礼重教、身体力行以及性刚正、崇气节、重操守的特点。

薛瑄（1389—1464），字德温，号敬轩，山西省河津县人。明代早期著名的理学大师，河东学派的创始人。《明儒学案》为之立《河东学案》。薛瑄以程

---

① 《正蒙拾遗·太和篇第一》，（明）韩邦奇撰，清嘉庆七年刻本。

朱理学为宗，曾言："自考亭以还，斯道已大明，无烦著作，直须躬行耳。"[1]薛瑄还非常推崇周敦颐和张载。《明儒学案》称其所著《读书录》大概为《太极图说》《西铭》《正蒙》之义疏。河东学派在山西、陕西、河南、甘肃等地传播甚广。《河东学案》载薛瑄后学 14 人，其中陕西就有张鼎、张杰、薛敬之、李锦、吕柟、吕潜、张节、李挺、郭郛共九人，可见其在陕西影响之大。

薛敬之（1435—1508），字显思，号思庵，渭南（今陕西渭南）人，成化三年（1467）以积廪充贡入太学，太学生惊为"关西复生横渠者"。一度与江门心学创始人陈献章并称，闻名京师。后因父母俱丧，奔丧回家。成化二十二年（1486），薛敬之被破格以岁贡的身份出任山西应州（今山西应县）知州，弘治九年（1496）升任金华府（今浙江金华）同知。两年后，致仕归家。著作有《思庵野录》，收入《关中丛书》，民国二十五年（1936）陕西通志馆排印。此外，还有《道学基统》《洙泗言学录》《尔雅便音》《田畴百咏集》《归来稿》等。《思庵野录》即他在阅读前人著述时的心得体会，其中论述理、气、心等范畴及它们的相互关系，虽然没有形成精密、完备的体系，但也有不少独到的见解。他对张载的理论有所继承，认为张载以"气"作为宇宙的本原，"万物循是出入，皆不得已而然者，张子说得天地之根底尽"。又继承了程朱"理一分殊"的说法，认为从源头处说，"理为天地万物之宰制，四时五行十二月乃其运行，三纲五常十二章乃其品节，五音六律十二管乃其和合"。理与气不可分割，"理无气何所附，气无理何所依。独理不成，独气不就。然理与气二之则不是"。有气的地方就有理，有理的地方就有气。张载将性分为天地之性和气质之性，薛敬之也认为性有本然之性和气质之性，主张"张子谓天地之性，即程子所谓人生而静以上之说，本然之理言也"。气质之性，是人形化后所具有的性，有善有不善。道德修养的工夫就从变化气质上着手。"心一旦虚灵，则有神，能明"，就能"乘气以管摄万物，而自为气之主"。薛敬之还继承了关中理学笃实尚行的特色，提出读书知言以力行为最重要，倡导先行后言。

吕柟（1479—1542），字仲木，高陵（今陕西高陵）人，因世代居住于泾水之北，自号泾野，时人尊之为泾野先生。先后受学于关中高傍、孙昂、薛敬之等人。正德三年（1508），参加廷试，策对仁孝，被赐状元及第，授翰林院修撰。时值宦官刘谨当权，吕柟不屑与之交往，拒绝其贺礼。正德五年（1510），又因

---

① 《明史》卷 282《薛瑄传》，（清）张廷玉等撰，北京：中华书局，1974 年版。

上疏得罪了刘谨，为躲避迫害，称病归里。正德九年（1514），重被举荐入朝。他应诏陈言，直指弊端，发别人不敢发之言，可惜疏入不报，再次引退。居家期间，吕柟服父丧，孝行感泣时人，又在河东书院讲学，有《云槐精舍语》和《东林书屋语》等讲学语录。嘉靖元年（1522），被重新起用，复翰林院旧职，纂修武庙实录，并经筵进讲。嘉靖三年（1524），因议兴大礼，上疏获罪，下诏狱，后贬谪为解州（今山西解县）判官，建解梁书院，讲学语录有《端溪问答》《解梁书院语》。嘉靖六年（1527），升南京吏部考功司郎中，后屡迁至南京尚宝司卿、南京太常寺少卿。其间曾于柳湾精舍、鹫峰寺、太常南所多处讲学，并与湛若水、邹守益等人切磋，有《柳湾精舍语》《鹫峰东所语》《太常南所语》。嘉靖十四年（1535），调北京任国子监祭酒，《太学语》为其讲学语录。嘉靖十五年（1536），吕柟又升为南京礼部右侍郎，有《春官外署语》《礼部北所语》。嘉靖十八年（1539），致仕回家。归而讲学于北泉精舍，直到因病去世。

吕柟著述颇多，主要有：《泾野先生五经说》，包括《周易说翼》三卷，《尚书说要》五卷，《毛诗说序》六卷，《春秋说志》五卷，《礼问》三卷。现通行的有《惜阴轩丛书》续编本《五经说》，计二十一卷，由陕西正学书院刊行的《泾野经说》翻刻而来，为问答体著作。《四书因问》六卷，是吕柟在各地讲学时有关“四书”的语录，收入《四库全书》，雍正《陕西通志经籍》著录。《宋四子抄释》，有《周子抄释》《张子抄释》《二程子抄释》《朱子抄释》四种二十一卷，收入《四库全书》，有明代嘉靖年间汪克俭等的刻本，《惜阴轩丛书》也有收录。此书是从周、张、二程、朱熹的著作中摘抄而成的精选本，并有简短的注释。《泾野子内篇》依其讲学先后的顺序编排，全面反映了吕柟的理学思想，从中可以分析其思想发展的历程，共二十七卷，收入《四库全书》，现有中华书局点校本。此外，《四库全书存目》收《泾野集》三十六卷，为明嘉靖年间刻本。另有雍正《陕西通志》著录《泾野文集》三十八卷。此后道光十二年杨浚编《续刻吕泾野先生文集》八卷。《别集》为吕柟诗集之名，为吕柟手订，有清道光二十三年（1832）李锡龄惜阴轩校刻本，共十三卷。

明代中后期，人多归王阳明或陈献章的心学。吕柟对理学的最大贡献是将理学从“性与天道”的玄妙、高远的讨论中拉回到人间。他一反前人从宇宙论开始谈天道、再谈人事的思想逻辑，直奔主题，将人事完全突出出来，认为“除了人事，焉有道理”，通人事则通天地之理。吕柟不同意王阳明“心即理”

的观点，认为“理”是客观的，需要从外界获得，即使是内心有良知，此良知也需要用良能在人事中去发明、体认，而不是“从心到心”的主观修炼过程。有人提出“修己以敬”可包括“格物致知”“诚心正意”的工夫，只要内心存有“诚”“敬”，使可致知，致知也就能行，“知便是行”，遭到吕柟的批评，“不理会而知者，即所谓明心见性也，非禅而何！”①而“禅只是周身一用，不能运用天下，学他无益”（《泾野子内篇》卷7）。又举伊川乘舟的故事进行说明：“伊川舟将覆，无怖也。人或问之，曰：‘心存诚敬尔。’同舟一人曰：‘不若诚敬都忘却好。’先生曰：‘此意见皆高，然不如指挥擢人、柁人，使顺风也。’”（《泾野子内篇》卷7）吕柟认为舟将覆靠心存诚敬是不行的，要“指挥擢人、柁人”。吕柟看到王阳明“以知为行”的片面处，认为“知焉，在行前乎！”（《泾野子内篇》卷13）“知得便行为是，谓知便是行，却不是。故知者行之始，行者知之随”。（《泾野子内篇》卷15）认为格物致知的“格”不是王阳明所训的“正”。“格”为“穷格”。“格物之义，自伏羲以来未之有改也，仰观天文，俯察地理，远求诸物，近取诸身。其观察求取，即是穷格之义”。（《泾野子内篇》卷19）为了彻底说明行的重要，吕柟还对张载的“闻见之知”与“德性之知”的关系进行了反思。张载认为，德性之知与闻见之知的性质不一样。“见闻之知，乃物交而知，非德性所知；德性所知，不萌于闻见”。（《正蒙·大心》）吕柟认为，道德修养离不开实践，穷理尽性都离不开人事。由此，“殊不知德性与闻见相通，元无许多第等也”。即使圣人在体认天理时，也是“诸窍皆通”（《泾野子内篇》卷4），没有摒弃闻见的。“德性之知，亦或假见闻，但不恃焉耳。舜、孔亦思见闻”（《二程子抄释》卷6）。德性之知离不开闻见之知，又是在闻见之知上的提炼与升华，“心尽亦由多见多闻中来，但不溺于见闻则知矣”（《张子抄释》卷1）。冯从吾在《关学编·泾野吕先生传》里，总结吕柟的为人如下：“重躬行，不事口耳。平居端严悋毅，接人则和易可亲，至义理所执，则铿然兢烈，置死生利害弗顾也。”很切合吕柟的学行特点。

南大吉（1487—1541），字元善，号瑞泉，渭南人。少年即志于圣人之道。正德六年（1511）进士，先后任户部主事、员外郎、郎中、浙江绍兴府知府等。在绍兴知府任上时，锄奸兴利，不避嫌怨，并修学校、兴教化，政绩卓著。因得罪权贵而归乡。南大吉与王阳明有过一段特殊交往，并深受王阳明心学影

① 《泾野子内篇》卷11，（明）吕柟撰，赵瑞民点校，北京：中华书局，1992年版。

响，对王阳明的《传习录》推崇有加，不顾当时朝廷对王学的打压，刊刻《传习录》。归乡后在关中传播王学，并作诗曰："归来三秦地，坠绪何茫茫？前访周公迹，后窃横渠芳"，立志追慕往圣，继承关学传统，复兴儒家圣人之道为己任。著有《瑞泉南伯子集》，有明嘉靖四十四年刻本。

南大吉认为程朱客观的理本体系支离破碎，远不如王阳明的心学简易直接、畅快淋漓，对王阳明的"良知，心之本体"理论深有体悟。他在《传习录序》中指出："勿以《录》求《录》也，而以我求《录》也，则吾心之本体自见，而凡斯《录》之言，皆其心之所固有，而无复可疑者矣。"(《传习录序》)南大吉还常常"以慎独改过为致知工夫"。他与王阳明有过关于"为政多过"与"良知"的精彩对话：

> 郡守南大吉以座主称门生，然性豪旷不拘小节，先生与论学有悟，乃告先生曰："大吉临政多过，先生何无一言？"先生曰："何过？"大吉历数其事。先生曰："吾言之矣。"大吉曰："何？"曰："吾不言，何以知之？"曰："良知。"先生曰："良知非我常言而何？"大吉笑谢而去。居数日，复自数过加密，且曰："与其过后悔改，曷若预言不犯为佳也。"先生曰："人言不如自悔之真。"大吉笑谢而去。居数日，复自数过益密，且曰："身过可勉，心过奈何？"先生曰："昔镜未开，可得藏垢；今镜明矣，一尘之落，自难住脚。此正入圣之机也，勉之！"(《王阳明集补编》卷4《年谱三》)

这说明，南大吉对人人本具的"良知"，并以"自悔之真"为"入圣之机"的王学心本修养功夫确实深有体验。因而，冯从吾将南大吉之学总结为"以致良知为宗旨"，黄宗羲《明儒学案》将他列入"北方王门学案"。那么，修养的理想境界怎样呢？南大吉主张，"道也者，人物之所由以生者也"(《传习录序》)，人得其秀而最灵，倘若人的性以及情皆能守"中和"之道，包括人在内的宇宙万物即可"相忘于道化之中"，如此就能实现"心"与"道"合一、"视天地万物，无一而非我"的天人合一境界。因而，南大吉在受到朝廷贬官的巨大打击后，竟"略无一字及于得丧荣辱之间"。王阳明曾说："关中自古多豪杰……然自横渠之后，此学不讲，或亦与四方无异矣。自此关中之士有所振发兴起，进其文艺于道德之归，变其气节为圣贤之学，将必自吾元善昆季始也。"(《王阳明全集》卷6《答南元善》)南大吉成为将王学传入关中的第一人。[1]

明代末年,关中还出现了冯从吾这样杰出的儒者。冯从吾(1557—1627),字仲好,号少墟,西安府长安人。弱冠荫父之恩被选入太学,万历十六年(1588)中乡试举人,次年(1589)登进士科,观政于礼部,后选为翰林院庶吉士,不久改授为御史。万历二十年(1592),因神宗耽于酒色,冯从吾"斋心草疏",其中有"困曲蘖而欢饮长夜,娱窈窕而宴眠终日"[2]等语,警告神宗勿以天变为不足畏,勿以人言为不足恤,勿以目前晏安为可恃,勿以将来危乱为可忽。神宗大怒,欲廷杖冯从吾,幸逢仁圣太后寿辰,加以内阁辅臣赵志皋力救乃免。冯从吾告归关中,不久又复其原职,但寻又削籍,归关中,与故友讲学于宝庆寺。其后被起用为河南道巡盐长芦,寻还朝廷,旋被削籍归里,仍讲学于宝庆寺,并于万历三十七年(1609)于宝庆寺东边创建关中书院。1620年,光宗朱常洛即位,冯从吾被诏起为尚宝卿,进位太仆少卿,因兄丧未及赴任,后改任大理寺少卿。熹宗朱由校即位,始应诏入仕。天启二年(1622),擢拔为左佥都御史,过两月,更进为左副都御史。其时外患日甚,而内忧亦起,明宫廷三大案又接连发生。冯从吾看到士大夫空怀顾虑之心,将帅全不知死节之事,乃与同官数人立首善书院于京师,倡明正学。天启三年(1623)秋,吏部缺右侍郎之职,廷推冯从吾,天启四年(1624),升为右副都御史掌理南都察院,又以疾固辞不就,寻改为工部尚书,因魏忠贤阉党专政,未能成行。天启五年(1625)秋,为魏忠贤党羽所诋,被削籍还乡,他所创建的关中书院亦被摧毁。冯从吾不胜愤悒,天启七年(1627)得疾而卒。1628年崇祯皇帝继位,下诏复冯从吾原官,赠太子太保,谥名为恭定,修复关中书院,以祀从吾。除《关学编》外,著有《少墟集》二十二卷,又有《元儒考略》《冯子节要》及《古文辑选》等。

明朝末年,程朱理学与陆王心学并行于世。冯从吾吸取前人的成果,加以自己的体悟与创新,建立了以心学为根基的思想体系。后人评之曰:"先生之学,始终以性善为头脑,尽性为工夫,天地万物一体为度量,出处进退,一介不苟为风操,其于异端是非之界,则辩之不遗余力。"(《关学续编》卷1《少墟

---

① 参见:《南大吉与王阳明——兼谈阳明心学对关学的影响》,刘学智,北京:《中国哲学史》,2010年第3期。

② 《关学续编》卷1《少墟冯先生》,(清)王心敬撰,陈俊民、徐兴海点校,北京:中华书局,1987年版。

冯先生》)他认为有善无恶乃心的本体。天地之心与人之本心实乃一心,皆"有善无恶"。"喜怒哀乐之未发谓之中,是指天命之性而言也"。[①] 此即性之善。如果心循义理而动,"我喜而人皆以为可喜,我怒而皆以为可怒,我哀乐而人皆以为可哀乐,便是中节"。(《少墟集》卷1)此心如果为私欲所制,则为气质之性。他说:"率性是本体,尽性是功夫,率性众人与圣人同,尽性圣人与众人异。"(《少墟集》卷15)"吾辈果能笃信此赤子之心,我与圣人同焉,信此良知,我与圣人同,则识得本体自然可做工夫,做得工夫自然可复本体"。(《少墟集》卷4)冯从吾认为儒佛有巨大不同。佛氏倡言"无善之善",实根源于"生之为性",认为无善之善如太虚,不如吾儒之所谓有善无恶,因为儒家太虚本体是有不是无。他说:"儒佛之辩,以为佛氏所见之性,在知觉运动之灵明处,是气质之性,吾儒之所谓性在知觉运动灵明中之恰好处,方是义理之性。"(《明儒学案》卷41《甘泉学案五》)。他还认为古礼不可徒然去复,三代之井田、封建亦不可盲然去求,重要的在于开启人们的为善之心,"何必曰利,正是孟子救正人心,扶持世道处"(《少墟集》卷1)。他作《善利图说》,以期能做"鸡鸣即孳孳为善者",而不做"鸡鸣则孳孳为利者也"。

冯从吾对关学的历史传统有高度的自觉,认为关中自古即称理学之邦,特别是张载"与周程朱子主盟斯道",为关中先觉。为砥砺士风,敦化乡俗,乃取诸君子行实,著《关学编》,使"关学源流初终条贯秩然"(《关学编·序》)。《关学编》将关中理学的发生发展分为三个阶段:先是周朝的秦子、燕子、石作子、壤驷子四先生,四子皆孔门弟子,唐玄宗时受封伯爵,从祀孔子,至宋真宗时,又分别封以列侯之爵,至明朝称封"子"爵。四子概只简略提过,作为明代关中理学的远古源头。第二阶段是以张载为首、蓝田三吕为附庸的关中理学的真正兴起。张载之学"以《易》为宗,以《中庸》为体,以《礼》为的,以孔、孟为法,穷神化,一天人,立大本,斥异学"(《关学编》卷1《横渠张先生》),张载实一代之大儒,不仅对关中理学,对于整个宋明理学,都有开创性的贡献。其门人蓝田三吕,先事张载,后侍二程,一心于学问之道,而无门户之嫌,且有创新之见。第三阶段为元明时期之关学。冯从吾认为吕柟是这一时期最突出的代表。吕柟无门户之见,使关中理学不再局限于陕西一带,而是与各地之学互相交流,于关学发展极为重要。

---

① 《少墟集》卷1,(明)冯从吾撰,见文渊阁本《四库全书》。

《关学编》不仅对关学的历史进行研究，更重要的是提出了甄别关学人物的标准。第一，《关学编》以张载为实际创始人，而诸人物为学大多“以洙泗为本，濂洛考亭为据”[①]，或“以宗程朱以为阶梯，祖孔颜以为标准”（《关学编》卷3《平川王先生》）。但他也收录了在“心学”上有所发明的人物，如南大吉，可见他认为关学的基本属性是理学。第二，关注世道人心，重视礼学。张载慨然有三代之志，认为“仁政必自经界始”，且上书曰：“为治不法三代者，终苟道也。”（《关学编》卷1《横渠张先生》）张载重视礼教，在他的倡导下，“关中风俗为之大变”。（《关学编》卷1《横渠张先生》）又如吕大钧“潜心玩理，……日用躬行必取先王法度”（《关学编》卷1《与叔吕先生》），对井田之制情有独钟。蓝田三吕致力于本地风俗之化，颇见效用。又如韩从善深究礼学，段容思一遵古礼。这种崇尚三代之治的情怀、重视礼教的传统，在冯从吾的记叙下，在关学中一直源源不断流传下来。第三，有节操与品德。张载“虽贫犹济门人”，熙宁时，在朝廷与王安石不合，对王安石说：“若与人为善，则孰敢不尽，如教玉人追琢，则人亦故有不能”（《关学编》卷1《横渠张先生》），可见其铮铮铁骨。又如富平杨爵“做第一等事，做第一等人”（《关学编》卷4《斛山杨先生》），“险夷如一，初终不二”。冯从吾认为，关学有先立其大者的气象。冯从吾还认识到书院与关学的关系，他认为关学学术的建立与发展与书院的建立有关系。

明代末年，关中还出现了王徵这样有鲜明个性的儒者。他与徐光启、李之藻及宋应星诸人同时，同样大规模译介西方工程技术，并首次与西方传教士一起探索汉字拼音化，研究中西文字特点。王徵（1571—1644），字良甫，号葵心，又号了一道人、了一子、支离叟，入天主教后取教名为斐理伯（philippe），明隆庆五年（1571）生于陕西泾阳县鲁桥镇。万历二十二年（1594）中举，天启二年（1622）中进士，这时王徵已经52岁，同年六月任直隶广平府推官。天启四年（1624）以继母去世回籍守孝，天启六年（1626）服阕为扬州府推官，两年后又因父殁去官。崇祯四年（1631）由登莱巡抚孙元化荐任山东按察司佥事监辽海军务。孙元化是徐光启的学生，他之所以举荐王徵是由于王徵通西洋火器，练达军务。年底孔有德拥兵叛乱，第二年正月，叛军攻入登州（今山东蓬莱）城，孙元化、王徵俱被俘，后又放归。孙元化被明廷处死，王徵

---

① 《元儒考略》卷2，（明）冯从吾撰，见文渊阁本《四库全书》。

戴罪归里。崇祯十七年(1644)李自成入西安,王徵不愿与之合作,绝食而死,时年七十四岁。

王徵主要著作有:《两理略》《远西奇器图说》《诸器图说》《额辣济亚牖造诸器图说》,以及参与译著的《西儒耳目资》等。据陈垣研究,还有《学庸解》《百子解》《天问辞》《了心丹》《痴想语》《任真语》《耆镜》《士约》《兵约》《乡兵约》《兵誓》《屯兵末议》《甲戌记事》《草野杞谈》《感时俚言》《特命录》《忠统录》《路公绘心录》《元真人传》《张真惠公年谱》《崇正述略》《事天实学》《真福直指》《历代发蒙辨道说》《畏天爱人论》《忧旱祷天歌》《西书释译》《西洋音诀》《山居题咏》《景天阁对联》《吁泰三因》《吁泰衷言》《尺牍》《奏议》等。此外又有《经集全书》二十七卷,“其卷数与《新约圣经》同,疑征晚年家居所译《新约》也。”①王徵生前刊刻的有《西儒耳目资》《远西奇器图说录最》《新制诸器图说》《两理略》等。《远西奇器图说录最》《新制诸器图说》两部是扬州府学训导武位中于崇祯元年(1628)刊刻的,他将此二书合在一起刊行,这是最早的版本。此外尚有嘉庆二十一年(1816)、道光十年(1830)刻本、守山阁丛书本、《丛书集成》本、日本名古屋蓬左文库手抄本、清华大学藏本六种版本。《两理略》最早刻本是崇祯十年(1637)的武昌刻本,此外还有嘉庆二十一年刻本。《额辣济亚牖造诸器图说》手稿本现存甘肃天水图书馆;《畏天爱人极论》未刻,1937 年向达与王重民在巴黎图书馆看到抄本,曾抄录一册。《杜奥定先生东来渡海苦迹》是向达于 1938 年在巴黎国家图书馆抄录回来的。王徵七世孙王介曾在嘉庆年间参与刊刻了王徵的全集,名曰《明关学名儒王端节公全集》。1925 年柏坤主持编修泾阳文献丛书,其中收有《王端节公遗集》四卷。1949 年后由于推广普通话运动,又重新刊刻了王徵的《西儒耳目资》。宋伯胤先生广泛搜集王徵遗著,编辑了《明泾阳王徵先生年谱》,1990 年在陕西师范大学出版社出版。该书由三部分组成,第一部分为《年谱》,第二部分为王徵具有代表性的译著节选,第三部分搜集了从明代直到当代研究王徵的典型文章。

王徵一生致力于机械工程学的研究。天启二年(1622)他在拟上疏朝廷的文章中写道,他能够制造活动兵轮,上面满是刀枪转动用以麻痹敌人,还有

① 《泾阳王徵传》,陈垣著,《陈垣学术论文集》(第 1 集),北京:中华书局,1980 年版。

不用人而万弩齐发的弩机,不用火而万炮齐发的火机,建议朝廷用这些器机加强辽东防务。在司理广平(今河北广平)期间适值漳河涨水,肥乡(今河北肥乡)决堤,他用自制的鹤饮、龙尾、恒升、活杓等器械疏引江水,以便围堵堤坝,还为滏阳河设立了一个"活闸",使死涩难启的河闸大为改善,原来用20余人方能启动,改制后一个人即可应用自如。他曾经筹划了根治广平境内滏阳河、漳河、卫河流域水患的办法,但不久因丁母忧去官未及施行。这既是他工程技术知识的具体运用,又是其儒家思想抱负的某种程度上的实践。他曾说,"大学之道原是在明明德,在亲民,在止于至善",而不是"明明得,在侵民,在止于至瞻"①,可见儒家思想是他处世为官的立身之则。

王徵与西方传教士庞迪我(Diego de Pantoja,1571—1618)、龙华民(Nicolas Longobardi,1559—1654)、邓玉函(Joannes Terrentius,1576—1630)、汤若望(Johann AdamSchall VenBell,1591—1666)都有交流。他曾看到意大利传教士艾儒略(Julius Aleni)与杨廷筠合译的《职方外纪》,深为其中所记载的奇妙技术所吸引,并向邓玉函等人询问此事,邓玉函即详细为其解释、讲论。王徵根据邓氏的解说,择其中与民生日用最为急需、最为切实,其做法又最简便,最精妙的编为一册,名之曰《远西奇器图说录最》。该书大致分为三部分,第一部分是原理介绍,讲解力学原理,并叙述了重心、地心引力、物体本重、点线面形、三角形、四边形、圆、椭圆、多棱形、体积、容积、水平面等。第二部分叙述各种机械的构造及应用。第三部分为各种机械的实际应用。还附有诸种器物的图解。据刘仙洲研究,王徵所翻译的大都是16、17世纪的机械,伽利略所发明的杠杆、滑车、螺旋及其用法都见于该书,比例规亦是伽利略的发明,这说明王徵介绍的各种器械"都是比较先进的,且程度并不低下"②。但该书由于成书较为仓促,加之历代刊刻者对于这种技术并不了解,书中有一些不科学的地方,目录与实际内容也有舛误。除此之外,王徵关于机械工程方面的著述还有《诸器图说》《额辣济亚牖造诸器图说》《远西奇器图说录最》,前部书不是纯粹的译述,是王徵将西方技术与中国古代科技加以融合之后的研究成果。《诸器图说》成书于司理扬州期间,《额辣济亚牖造诸器图

---

① 《两理略》卷1,《王徵遗著》,(明)王徵撰,李之勤点校,西安:陕西人民出版社,1987年版。

② 《王徵与我国第一部机械工程学》,刘仙洲,引自宋伯胤《明泾阳王徵先生年谱》,西安:陕西师范大学出版社,1990年版。

说》成书于王徵晚年即崇祯十三年(1640)。"额辣济亚"据考证是拉丁文"Gratla"的音译,意为"圣宠"。虽然王徵所介绍和研制的各种器械还有不完善的地方,但他在中国机械工程学史上确有筚路蓝缕之功,他所定的点、线、面、杠杆、斜坡、滑车等译名一直沿用至今,只有少数如"斜坡""藤线"被改为"斜面""螺旋线",刘仙洲谓王徵写出了中国第一部机械工程学著作。

王徵另外一个贡献就是在中国首次探讨用拉丁字母为汉字注音,并与西方学者合作著成《西儒耳目资》一书。顾名思义,《西儒耳目资》就是为西方知识分子学习汉语提供的参考工具,由音查字义可以弥补耳朵听音不见字的不足,谓之"耳资";由字查音可以弥补眼睛见字不识音的缺陷,是谓"目资"。该书既可查音,又能见义,是一种沟通不同语言的工具。书的主体部分是西方传教士多年摸索的结果,并非出于一人之手。金尼阁在序言中说:"述而不作,敝会利西泰(即利玛窦)、郭仰凤、庞顺阳实始之,愚窃比于我老朋而已。"天启五年(1625),西班牙传教士金尼阁(NicolaTrigult,1577—1628)应徐光启的学生韩云的邀请往山西绛州讨论学术,其间谈到中西文字的沟通问题,金尼阁说有《耳目资》即可弄懂汉字音义。韩云即要求金尼阁传授这种方法,经过多次讨论记录成稿。后来金尼阁在河南新安又碰到了吕豫石,吕氏又对部分地方做了订正。此时王徵正在家乡居母丧,他邀请金尼阁到三原,留居近半载,据惠泽林(H · Verhaeren)考证,金尼阁此去三原是为王徵家人举行洗礼。王徵见到书稿后极为赞赏,他与金氏不分昼夜地对原稿进行讨论,又写成《问答》一百二十九条,王徵独立写成《释疑》五十一条以及《三韵兑考》。该书最后由王徵出面邀请告老还乡的原吏部尚书张问达出资刊刻行世。由王徵参与补充的部分是以中国人为对象,并针对中国的音韵文字来解释的,对汉语语音和音节结构做了详细的分析,对汉语音韵系统也做了阐述。《三韵兑考》即将《洪武正韵》《沈韵》《等韵》三部韵书与金氏的50韵摄每韵五声之系统加以对照。通过对照可以看到传统韵书的缺点和不足。这样《西儒耳目资》就不再仅是西方传教士的一部为汉字注音释义的工具书,而是中西学者共同参与的一部研究语言文字的学术著作,当然其中大部分是西方学者创造出来的。《西儒耳目资》是我国语言文字史上第一部用拉丁字母为汉字注音的专著,对汉字的结构特点进行了分析,而且其结构合理,方法科学,具有很高的使用价值。[①] 王徵在语言文字上的贡献为当时所仅见。200 多年后，中国学界才又重新探索汉字的语音、语法，于是才有所谓《马氏文通》等著作出现。

王徵是一个怀抱儒家理想的知识分子，服膺于《大学》的三纲领，他还自著有《学庸解》，最后殉明而亡，可以说终其一身王徵还是遵循儒学的行为理念的。但是他又是一个虔诚的天主教徒："……崇一天主在万物之上，朝夕起居，若时时临汝而处事之不少怠。……甚且一家非之弗顾，一国非之弗顾，天下非之弗顾。"[②]王徵崇信天主教的原因有两方面。首先他为西方教传士所带来的科学知识及其宗教精神所折服，由看到西方文化"器"的先进，进而崇信相关的理论，这在《畏天爱人极论》中表达得很清楚。其次，王徵认为西方天主教精神与儒学精神大致一致。他说："夫西儒所传天主之教，理超义实，大旨总是一仁。仁之用有二：一爱一天主万物之上。一爱人如己。"（《仁约会引》）仁亦是儒家宗旨，而且"天主""上帝"之类的字眼在儒家典籍《尚书》中触目皆是，从字面解释，也不是没有儒家根据的。早期天主教之所以用"上帝"来翻译他们的至上神就是考虑到便于儒家知识分子的接受。这是一种"格义"，一种文化要求另一种文化接受似乎免不了要经过这一关，佛教如此，天主教耶教亦然。王徵也就是在这种"格义"的层次上信仰"天主"的。

从关学的角度来看，王徵对科学技术的探研与张载苦究天地之理，探索兵农礼乐的致思风格是一致的。张载以来，关中隐然有一种重视科技的精神，张载、李复、王徵是其中的代表，而其他诸儒也在研究礼制的过程中参与

① 杜松寿曾对该书做过专门研究，他指出这个方案有许多优点和贡献。(1)它照顾了汉语自身的特点和中国音韵学固有的成就，以声母、韵母来区分汉语音节；(2)拼读准确快捷，不同于传统的"反复切摩以成音"的繁难办法；(3)对汉语音节做了音素分析，用音素化方式写出字音，揭示了字音结构的秘密，为我国的音韵学、文字学提供了科学的方法和研究工具，也为表示汉语语音或汉语拼音文字找出了最少的字母单位；(4)用符号加在韵母上边，为现在的注音字母和汉语拼音开了先例；(5)建立了一套拼音制的术语，该术语体系中西结合，照顾了科学性和汉语特点，对现代的术语体系起到了启发和促进作用；(6)记载了明末中原音韵的语音系统、音值和字音。《西儒耳目资》"绝不是简单地供西方人士学习汉语汉字的工具书，而是我国语音文字学的一个组成部分。而从其对中西语言文字的比较研究来说，它又具有普遍语言文字学的意义，即国际文化的意义"。参见《罗马化汉语拼音的历史渊源》，杜松寿，西安：《陕西师范大学学报》（哲学社会科学版），1979 年第 4 期。

② 《畏天爱人极论》，（明）王徵撰，毛瑞方增注，新北：梅檖出版社，2014 年版。

了对技术的研究。至于其后的杨双山、刘古愚则更是显例。

三、明清：关学的反思期

明崇祯十年(1637)，农民军领袖李自成经过十多年的战斗，推翻了明朝政府。接着清军入关，又从农民军手中夺取了北京，建立了清王朝，并很快镇压了各地抗清斗争，统一了全国。朝代更替引起当时的知识分子的思索。在这一历史经验的反思和总结思潮中，大多数知识分子将关注的焦点集中在程朱理学和陆王心学。如王夫之指出，无论程朱理学还是陆王心学，对于明朝政府的土崩瓦解都负有责任，他摈弃陆王，修正程朱，试图回归张载之学，重新确立理学的精神。顾炎武认为明末理学如同魏晋清谈，魏晋空谈老庄导致中原失陷，明代空谈孔孟导致了政权易鼎，他主张更加注重对经学的研究，更加注重对实际事务的研究，恢复儒学的本来面目，并提出经学即理学的命题。

以李颙、李因笃、李柏为代表的关中儒家学者，准确地把握到理学思潮反思的时代脉搏，对于理学的发展形成了自己的判断。李颙(1627—1705)，字中孚，号二曲，陕西周至人。家世寒微，17岁时读冯从吾的《少墟集》，“恍然悟圣学渊源。乃一意究心经史，求其要领”，著《帝学宏纲》《经筵僭拟》《经世蠡测》《时务急着》等书稿。顺治十四年(1657)，李颙病中静坐，对于理学家“默坐澄心”之说有了新的感悟，开始倾向于体认心性之学，把前此所著稿悉数焚毁。顺治十六年(1659)，临安(今浙江杭州)骆钟麟任周至县令，闻名拜谒，深服其说，事以师礼。康熙二年(1663)，顾炎武慕名来访。康熙九年(1670)李颙赴襄阳为战死的父亲招魂，并应已调任常州知府的骆钟麟之邀，南下常州讲学，次年(1671)四月回到周至。三年之后，主讲关中书院，汇集冯从吾著作为《少墟全集》，积极阐扬学术，使自冯从吾后久已绝响的讲学之风再次兴起。康熙十二年(1673)，康熙两次降旨令其入京，均以疾力辞。康熙十七年(1678)，又被催入京，李颙以绝食相抗才免。李颙认为是自己的名声所累，因此辞去关中书院教席，于康熙十八年(1679)隐居周至，荆扉反锁，独坐修身。康熙四十二年(1703)，康熙西行，欲见李颙，李颙命子持《四书反身录》《二曲集》见示康熙，终不一诣。与河北孙奇逢、东南黄宗羲并称为“海内三大儒”。

李颙著作有《二曲集》《四书反身录》两种，其在世时即已刊刻，《二曲集》大都为门人记录其言行的汇编。康熙三十年(1691)，司寇郑重及其门人陕西学政高嵩侣始捐俸刊刻，于康熙三十二年(1693)秋完工，这就是《二曲集》的初刻本。康熙四十四年(1705)周至县程正堂重刊此本时加上了门人编辑的《历年纪略》《潜确录》及李颙自己编辑的《司牧宝鉴》和《垩室录感》。《四书反身录》是李颙隐居垩室期间答四方学者之问的记录，由王心敬笔录成书，李颙自己亦对此有所裁定。当时陕西学政许孙荃于康熙二十六年(1687)首次刊刻，此后有多种版本流传于世。光绪三年(1877)，石泉彭懋谦首次将《二曲集》与《四书反身录》合集刊行，题曰《关中李二曲先生全集》，全书共计46卷。陈俊民以程正堂所刊之《二曲集》原刻本及石泉彭懋谦合集本中的《四书反身录》为底本，参校其他各种版本予以整理点校，并辑录有关序文、传志以及吴怀清《关中三李年谱》中的《二曲先生年谱》，仍以《二曲集》为名，于1996年由中华书局出版。

李颙对当时的程、朱、陆王之辩的基本态度是："学术之有程朱、有陆王，犹车之有左轮，有右轮，缺一不可，尊一辟一，皆偏也。"①他进一步指出程朱陆王的共同之点，说：

> 自孔子以博文约礼之训上接虞廷，精一之传，千载而下，渊源相承，确守弗变，惟朱子为得其宗。生平自励励人，一以居敬穷理为主。穷理即孔门之博文，居敬即孔门之约礼，内外本末，一齐俱到，此正学也。然今人亦知辟象山，尊朱子，及考其所谓尊，不过训诂而已矣。其于朱子内外本末之兼诣，主敬禔躬之实修，吾不知其何如也。况下学循序之功，象山若疏于朱，而其为学先立乎其大，峻义利之防，亦自有不可得而掩者。(《二曲集》卷15《富平答问》)

在李颙看来，程朱陆王都有合理的地方，学者不必纠缠于谁是谁非。正确的态度应该是避免程朱陆王的流弊，将学问与身行、道德修养与事业成就统一起来。

李颙把儒学归结为明体适用之学，认为真正领悟了儒学精神实质的人既有高尚的道德修养，又能发为事功，惠济苍生。"明体适用"一语最早见于《周至答问》之中，为顺治十三年(1656)李颙30岁时的思想：

> 问："何为明体适用？"曰："穷理致知，反之于内，则识心悟性，实修实证；达之于外，则开物成务，康济群生，夫是之谓'明体适用'。

---

① 《二曲集》卷42《四书反身录·孟子》，(清)李颙撰，北京：中华书局，1996年版。

明体适用，乃人生性分之所不容已，学焉而昧乎此，即失其所以为人矣！明体而不适用，便是腐儒；适用而不本明体，便是霸儒；既不明体，又不适用，徒灭裂于口耳记诵之末，便是异端”。

所谓“明体”就是指理学家所谓的心性修养，“适用”就是在此修养基础之上进行治国平天下的社会实践，做出一番有益于国家百姓的事业来。李颙认为这是一个完善的人所应依循的立身准则，二者不能偏向任何一方。

此后多年，李颙一直以“明体适用”来醒世人、教弟子。康熙八年（1669），他为门人张珥开列的书目即是以“明体适用”为总纲。在“明体类”书目中，他将《象山集》《阳明集》《龙溪集》《近溪集》《慈湖集》《白沙集》列为“明体中之明体”，将《二程全书》《朱子语类大全》《朱子文集大全》《吴康斋集》《薛敬轩读书录》《胡敬斋集》《困知记》《吕泾野语录》《冯少墟集》，列为“明体中之功夫”。显然是以心学为主，程朱一派只取其循序渐进的功夫，便于初学，至于最终归趣还在陆王。“适用”类书目包括：《大学衍义》《衍义补》《文献通考》《吕氏实政录》《衡门芹》《经世石画》《经世挈要》《武备志》《经世八编》《资治通鉴纲目大全》《大明会典》《历代名臣奏议》《律令》《农政全书》《水利全书》《泰西水法》《地理险要》。在《四书反身录》中，他指出：“如《衍义》《衍义补》《文献通考》《经济类书》《吕氏实政录》及会典律令，凡经世大猷、时务要着，一一深究细考，酌古准今，务尽机宜，可措诸行，庶有体有用，天德王道一以贯之矣，夫是之谓‘大学’，夫是之谓‘格物’。”（《二曲集》卷29《四书反身录》）

李颙认为，“明体”与“适用”逻辑上有主次之分。“明体”更加关键。“明德是体，明明德即是明体”（《二曲集》卷29《四书反身录》），明德与良知，“一而二，二而一也”，明德也就是王阳明的良知，可见在本体论这一点上二曲属于王学一系：

识得良知便是“性”，依良知而行，不昧良知，便是“率性”，便是“道”。良知之在人，未尝须臾离，则知道原未尝须臾离，形虽有不睹不闻之时，而良知未尝因不睹不闻而少离。所以“戒慎恐惧”者，不使良知因不睹不闻而少昧也。迹虽有隐有微，而良知昭昭于心目之间，见莫见于此，显莫显于此，自省自惕，自葆其知，斯不愧夫知。（《二曲集》卷29《四书反身录》）

良知即是“性”，就是理学家所谓的本体，所谓“戒慎恐惧”的修养功夫便是护持发明此良知,这与王阳明的"致良知"之学相同。为了使"明体"更有针对性,他还提出"悔过自新"说。在《二曲集》中专有《悔过自新》一篇,认为人性本自完洁,但由于物欲遮蔽而不莹,此即为过,所谓"悔过自新"就是要复其原物之心。他特别强调"悔过"必须在"起心动念处潜体密验。苟有一念未纯于理,即是过,即当悔去之;苟有一息稍涉于懈,即非新,即当振而起之。"(《二曲集》卷1《悔过自新说》)李颙特别强调"慎独",在别人未见之时尤其要注意悔过自新。他提出了一套具体的操作方法,总起来看以斋戒、静坐为主。

对于明亡及社会动乱原因的总结与认识,李颙与黄宗羲、顾炎武、王夫之有很大的差别。他少年之时读到周钟(字介生,崇祯十六年进士,官庶吉士)的著作,对周钟十分敬佩。李自成进北京后,周钟归顺农民军,李颙认为耻莫大焉。李颙认为,世道的治乱由正人之盛衰始,正人盛则世治,反之则陷于混乱,而正人之所以为正人是因为其心正,"天下治乱,由于人心之邪正"(《二曲集》卷12《匡时要务·序》),李颙将救世的希望冀于匡正人心之上。匡正人心的方法就是要讲明学术,"世道隆污,由正人盛衰;而正人盛衰由于学术晦明。故学术明则正人盛,正人盛则世道隆,此明学术所以为匡时救世第一务也"。(《二曲集》卷20《传》)这是李颙为学的出发点,也是他保持一生的坚定信念,他判别学术高下的最高标准就是是否有益于人心世道。而正人心的首要学术便是理学,不是理学导致亡国,谈理学与亡国没有必然联系,原因在于人们并没有确实按理学的要求去做,如果着实如此,便不会产生悲剧性的后果。出于这种认识,他自己第一个带头实践理学。用一种近乎自虐式的方法来践履自己的学术,以期达到"明学术、醒人心"的效果。在明末一片声讨理学、尤其是声讨王学的声浪之中,他不为所动,坚决认为理学不可反,"窃惟世道之所以常治而不乱者,惟恃有此理学"。李颙号召士人"深心世道、志切拯救","力扶义命,力振廉耻"(《二曲集》卷10《南行述》),有逆天下潮流而动的学术勇气:

一友谓世路崎岖,日趋日下,奈何?曰:世路固日趋下,而自己脚跟则不可不坚定,中立不倚,毫无变塞,方为强哉能矫。否则人趋亦趋,随欲浮沉,见纷华靡丽而悦,遇声色货利而移,如是则虽日日讲道德,谈性命,不过口头圣贤,纸上道学,其可耻为何如邪!(《二曲集》卷10《南行述》)

他还大力提倡书院讲学，他曾在江南讲学三个月，后又主讲关中书院，提出书院教学的根本目标是培养学术与道德合而为一的儒者。他不遗余力地表彰关中学者，张载之后的儒学先哲如宋元间蓝田四吕，武功苏季明，三水范巽之，高陵杨君美、杨元甫，乾州杨焕然，华阴侯师圣，奉元萧维斗、同宽甫、韩从善，蒲城侯伯仁，泾阳程悦古，明代如兰州段容思，凤翔张立夫，秦州周小泉，咸宁张大器、李介庵，渭南薛思庵、南瑞泉，高陵吕泾野，三原王平川、马溪田，朝邑韩苑洛，富平杨斛山，泾阳吕槐轩、郭蒙泉，蓝田王秦关，岐阳张虞以及晚明冯从吾、辛复元等，李颙都提出要修复他们的墓碑，并在书院中加以配祀。经过李颙的提倡，关中学风产生了较大的变化。

李因笃（1631—1692），字天生，更字孔德，又字子德，号曰中南山人。祖籍山西洪桐，金元之际避乱来关中，遂为富平人。生于明崇祯四年（1631），康熙三十一年冬（1692）病逝。17 岁时，遍游长安，仿杜少陵而作《秋兴》八首。顺治十六年（1659）受聘至固原陈上年家为塾师，不久，陈上年擢拔为雁门署，李因笃遂至雁门，居雁门数年，“益发愤读六经及濂洛关闽诸大儒书”。康熙二年（1663），在代州与顾炎武、傅山、屈大均、朱彝尊往来。康熙六年（1667）九月，陈上年因裁缺离开雁门，李因笃归家。第二年，因笃入京，不久即返里，在归途中得知顾炎武为人所诬，系狱山东，因笃遂至济南代白其冤。康熙十一年（1672）春，入楚为高钦如幕僚，不久辞返故里。康熙十七年（1678），诏举博学鸿儒，李因笃因母命偕茹紫庭北上。康熙十八年（1679）春，应试博学鸿儒，名列一等第七，与陈维崧、朱彝尊等并列，受命纂修《明史》。夏五月，诏授检讨一职。因笃上《乞归养书》，康熙感其词切，遂开殊例放还。康熙二十三年（1684）春，主讲关中书院。康熙二十四年（1685），茹紫庭迎之于朝阳书院。康熙三十一年冬（1692）病逝。著作有《古今韵考》《汉诗音注》《仪小经》以及《受祺堂文集》《受祺堂诗集》等。

身处明清易鼎之世的李因笃，与当时大多数思想家一样，对明朝的灭亡原因进行了反思。他认为，明朝灭亡最根本的原因就是：经学研究中的主观学风造成了士人对经世致用的忽视。华阴王弘撰曾作《正学隅见》，李因笃为之作序，云：

> 宋之盛世，程朱大儒，相继作传注，盖由是内圣外王，合而为一。然视汉唐之补残治坠，肆力于大经大法之间者，已稍有间。是时金溪二陆，亦有志圣学，而性之所近，倡为空虚妙悟之旨，后进乐其简

易，从之甚众。征考亭即夫子博文约礼之训，几何不遽湮也。[1]

李因笃认为，程朱理学使儒学之内圣与外王合为一体，在儒学历史上是有发展的功绩的，但由于他们过多地关注内在精神品格的养成，相对汉唐儒者来说，对国计民生的根本大法的注意已经很不够。而陆九渊的心学以及明代王阳明的心学，推行尊德性，忽视道问学，忽视对国计民用的研究，只能导致世风虚浮。

李因笃对维系国家命脉的政治、经济、军事、文化内容均有研究，他很少去空谈天道性命之理，而是直接面对现实问题，谋求社会现实问题的解决办法。在《受祺堂文集》中，他涉及的论题有“漕运”“郊祀”“圣学”“荒政”“治河”“史法”“天文”“历法”“盐政”“钱法”“乐律”“屯田”“用人”等，其中任何一个论题，他都是例举问题的核心所在，条列历史上的解决方式，然后加以斟酌，提出合乎时宜的见解。顾炎武曾说，如果一篇文章对国计民生没有好处，他一切不为。从李因笃的文集中，同样可以感受到《日知录》那种对于社会现实问题的强烈关切，他的文集表现出他开阔的学术眼光，在“关中三李”中显示出了他独特的风格。

李因笃与顾炎武一样，在音韵学的研究中取得了十分突出的成就，他同顾炎武一样重视音韵，试图开创一种研究经学的求实学风。李因笃与顾炎武都认为：“读九经自考文始，考文自知音始，以至诸子百家之书，亦莫不然。”[2]顾炎武《音学五书》传行于世，李因笃大为赞赏。顾炎武也有知音难遇之叹，曾说：“故吾之书……非托之足下，其谁传之？”（《亭林文集》卷4《答李子德书》）由于《音学五书》部头太大，李因笃另编简本，企望与顾书互相发明，此即《古今韵考》。他认为若通唐韵宋韵，就可明汉魏六朝之韵，进可明《诗》《骚》之韵。李因笃认为，当时的学者大多不知古韵，至宋吴老才《韵补》出现，方起辨疑之风。后至陈季立《毛诗古音考》《宋古音义》问世，音韵学说方始畅。在李因笃看来，音韵的发展大体分两个阶段，第一阶段即上古音韵，即是《诗经》《楚辞》为主体的音韵；第二个即是汉魏六朝唐人通用古韵即中古音韵。而概观整个古代音韵，李因笃认为“古韵最宽，而后人乱之，律韵最严，

---

① 《受祺堂文集》卷3《正学隅见序》，（清）李因笃撰，清光绪十年刊本。

② 《亭林文集》卷4《答李子德书》，《顾亭林诗文集》，（清）顾炎武撰，华忱之点校，北京：中华书局，1959年版。

而又泛滥不可救，其病均也”[①]。如果不了解音韵的变化，要了解古书的真义是十分困难的。顾炎武致李因笃书信中，谈及唐玄宗改《书》之误。开元十三年(725)，玄宗认为《尚书》“无偏无颇，遵王之义”句中，“颇”与“义”不押韵，所以经考证，认为应将“颇”改为“陂”。顾炎武认为，唐玄宗之误，“盖不知古人读‘义’为‘我’，而‘颇’之未尝误也”(《亭林文集》卷4《答李子德书》)。由此可见音韵学对于古代文献问题阐释的重要性。

李因笃的文章亦独步当时。时人评其为文学之宗旨，曰：

> 其发为文章也，原本六艺，运以韩、柳、欧、曾之神气，而浑浑灏瀚，则于秦汉为近；作为诗歌也，祖述风骚，挹乎汉魏六朝之精英，而纵横排宕，则于少陵尤深。迨乎晚年，于诗嗜陶，于文喜苏，其由美大而几神化之候乎？”[②]

明清之际，李因笃是少数能与东南学术趋势相吻合的关中儒者。他与顾炎武声气相应，二人都以博学于文、行己有耻为准则，希望通过理性的考证，重新认识儒学的真精神，改良浮虚的学风，通过对社会现实问题的关注，构建起学术研究与社会的紧密联系。

李柏(1630—1700)，字雪木，号太白山人，陕西眉县人。出生于明崇祯三年(1630)，祖籍汉中褒城，七世祖迁眉县曾家寨后，遂成为眉县人。崇祯十一年(1638)，李柏父去世，母亲王孺人即为其寻请教师，进入小学，“即往往吐语惊人”。崇祯十七年(1644)，明朝灭亡，李柏尝步观九原，顾墟墓，慨然有叹曰：“学者当为身后计……当别有正学。”[③]“遂尽焚帖括，日诵古书”[④]，不肯研习八股，连宵不归，出亡于外。后被兄长寻回，塾师闻之大怒，李柏虽然再三受打，不改初衷，答以“愿学古人”。顺治十年(1653)，李柏24岁，田心耕督学陕西，招李柏应试，以母命就试，补博士弟子员。太白山是终南山第一高峰。李柏一年一游。或有问之，“一游可谓足矣，何必岁岁而登，登则必至巅

---

① 《古今韵考》卷4《题唐韵选》，(清)李因笃撰，北京：中华书局，1985年影印版。

② 《李文孝先生行状》，(清)朱树滋撰，见《关中三李年谱》，(清)吴怀清撰，陈俊民点校，西安：陕西师范大学出版社，1992年版。

③ 《槲叶集·叙》，(清)萧柳庵撰，参见《槲叶集》，(清)李柏撰，清康熙三十四年刻本。

④ 《清史稿》卷480《儒林传》，赵尔巽等撰，北京：中华书局，1977年版。

也?”李柏曰:“登山之巅,为之尘眼空,对山之池,为之尘虑净。”[1]其母逝世,他守庐墓三年,其间于太白山麓率家人力耕。康熙四年(1665),举家人移居终南。一度为周至赵氏塾师,后归于眉县故里。康熙十五年(1676)十月,“避兵移家入太白山”(《关中三李年谱》)。康熙十六年(1677),李柏已48岁,时清廷延举贡生于太学,有人劝其行,李柏谢不就。李柏虽居太白山,但与名士多有往来。他或访李颙于贞贤里,或晤李因笃于岐山,与方外之人憨休禅师也过往甚密。康熙二十九年(1690),李柏61岁,好友茹紫庭将任职衡州,邀其共游南岳,李柏不顾高龄,“挟一驺奴,箧书”,过汉阳、江夏,泛舟洞庭,夜渡潇湘,哀屈原于湘郢,哭贾谊于长沙。南游归家,因岁荒携家眷至汉南洋县(今陕西洋县)。康熙三十四年(1695),自洋县携家北返,寓居于樊川(今西安市南)。其后因耀州刺史李穆庵延请,李柏乃教其子于州东之孙真人洞。康熙三十八年(1699),李柏一日因醉堕床致病,返眉县故里,康熙二十九年(1700)卒,时年71岁。其后葬于故园曾家寨南。康熙五十七年(1718),奏祀乡贤。长子崧请王心敬立墓碣以志之。后来,三原贺瑞麟携邑人王步瀛等为李柏建祠于曾家寨,且设祭田,以慕其风。

李柏生前有《槲叶集》问世,其自题云“山中乏纸,采幽严之肥绿,沥心血之余沥,积久盈筐,遂为集”(王心敬《雪木李先生墓碣》)。其文章率出于胸臆,自成一家之体,不袭前人,又生平最羡陶渊明,故“赋高岸旷达之姿,生平信心径情,不投时好”(王心敬《雪木李先生墓碣》)。常言于人曰“我学八家,我居何等!”(萧柳庵《槲叶集·叙》)他的诗集是他性情的高度浓缩。

李柏认为,儒学起源于虞舜夏禹时期的帝王之学,要害是十六字心诀(《槲叶集》卷3《语录》)。后世千言万言之经说,亦只不过是对“古圣传心诀”的诠释。人心就像太阳,实实在在地存在着,只不过常人不注意体察罢了。若从本心体认,则可见心光芒朗如明月,可照遍天下万物。世俗之人,多以圣贤难为,其实不然,人若对自己有深切的把握,就能知圣知天。他认为“敬”是圣学之要领,帝王圣贤,其道皆由此出。而要达到此主敬之境,绝非易事。“敬”在日常生活中的表现即“淡”的境界。“盖神淡则无往不淡也,万物一淡景也,万世一淡时也,天下一淡局也。”(《槲叶集》卷2《仲贞张公淡园

---

① 《太白山人雪木李先生墓碣》,(清)王心敬撰,参见《槲叶集》,(清)李柏撰,清康熙三十四年刻本。

跋》)。李柏的理想境界是"穷则独善其身,达则兼济天下"。

李柏平生诗文最多,对于诗的创作,诗的意致,李柏都有其独创的见解。他认为诗歌是性情的流露。作诗之人先自有气节操守,方可作得好诗。《诗》三百篇,见鸟吟鸟,见兽吟兽,见草木吟草木,见孝子吟孝子,皆是无心而成,悉出于天机自然,即"率性而成,意不在诗也",故学诗当学三百篇,唐人之诗不应学,盖唐人为诗"断须镂肝,雕之琢之,斧之凿之,干禄也"。(《槲叶集》卷2《襄平张少文诗集序》)

李柏是明清之际关中儒者中的狂者,他的真性情预示着关学富有进一步开拓的活力。

明清之际关中另一独特儒者还有王弘撰。王弘撰(1622—1702),字文修,又字无异,号太华山史,又署鹿马山人。鹿马山为崇祯皇帝葬地,王弘撰借以自号。晚号山翁,又曰丽农老人,天山丈人,名其居曰砥斋,又曰待庵。1622年生于陕西华阴。父亲王之良(字虞卿,又字邻华)曾游于冯从吾门下,天启五年(1625)中进士,官至虔州南赣(治所在今江西赣州)巡抚,兵部右侍郎。弘撰13岁即研读《左传》《国语》《史记》,手抄笔录,勤奋不辍。17岁时随父赴虔州任,父亲特延师教其读《左氏春秋》。21岁时曾打算作一部《法戒录》,借鉴司马光《资治通鉴》的做法,将可资参考者列出,各种反例、教训注于后,以供对比,期望达到"不言尧舜而求尧舜之实"①的目的。崇祯十六年(1643)年,其父离世。同年,李自成率部转战关中,明政权陷入风雨飘摇之中。次年李自成登基,崇祯帝自缢,清军入关,明清鼎革等重大问题出现在年轻的王弘撰面前。他与母亲逃难于"穹岩邃谷之中,以延旦夕"(《砥斋集》卷1《贺田雪崖进士序》)。顺治七年(1650),他结束了离乱生活,开始游历于吴越之间,与东南逸士遗民诗酒唱酬,过着名士放浪形骸的生活,后来又回到关中。康熙八年(1669),其三哥去世,以前由于自己有狎邪之行,三兄曾多次劝诫,并杖责从弘撰游玩的仆人以表对其弟的警示。想起过去的一切,他深有悔悟,决定告别过去的生活。之后在关中与李因笃、李二曲以及顾炎武等人相处论学。康熙十七年(1678),由甘肃提督张勇之子张云翼荐,朝廷诏王弘撰为博学宏儒,第二年便以老病辞官回籍。康熙四十年(1701)卒于华阴,时年81岁。

---

① 《砥斋集》卷1《法戒录序》,(清)王弘撰,《续修四库全书》第1404册。

从王弘撰的一生来看,他首先是个博物君子,然后是一个理学学者。他喜好游历,足迹遍及大江南北,广交文人雅士,50 岁以前兴趣侧重于诗文书画,精于鉴赏,富于收藏,在这方面顾炎武受其启迪较多。顾炎武的《金石文字记》中不时插入"吾友王山史曰"。王弘撰不仅擅长鉴赏金石书画,他本人的书法亦很有造诣,他与文徵明的后代文南云及当时的画家群"金陵八家"都有很深交谊。在他的文集中还有许多关于鉴定欣赏的文字,他曾指出宋《天下名山图》不少为宋代画院中名家临摹汉晋诸家之赝品,还曾于残楮粪土之中找出文徵明的残画一轴。认为书法的风格与人品、人的性格不无关系。对颜真卿、米芾皆有评说:"颜字楷法方整,正如魏人分法。所患寡情。盖书家固以险绝为功,海岳(米芾)独窥得此。然以为近俗则非,若行草直逼晋人,如《祭侄文》《争坐帖》,已入右军之室,唐宋诸家皆瞠乎后矣。"(《砥斋集》卷 8《答康孟谋》)

王弘撰对于理学也有一定的研究,并形成了自己独特的看法。他的理学代表作是《正学隅见述》,成书于康熙十五年(1676)。书成之后他与频阳(今陕西富平)县令郭传芳(字九芝)及李二曲往来讨论有关理学问题,他对理学的基本看法就表现在这些讨论之中,尤其是与李二曲的讨论。王弘撰在《砥斋集》中记录了这次论学,名之曰《频阳札记》。与郭传芳主要讨论自然之物与人伦之理(庶物与人伦)及知与行的问题。郭传芳认为人伦即是庶物之则,并引经文"舜明于庶物,察于人伦"为证,否定自然之理与伦理的区别;在知行问题上主张"知行原不相离,亦断无行在知内之理",反对将"知"与"行"做过细分别。可见郭传芳基本上属于阳明一系,宗心学。王弘撰认为,人伦与庶物固然在最高层次上同为一理,但在具体问题上庶物与人伦还是各有其自身的规则,不可混为一谈。至于知行问题,他称赞朱子知有先后的主张,知在行之前。与李二曲的讨论主要在"格物致知",由此而涉及修养方法、修养次第问题。李二曲认为所谓"格物"之"物"即《大学》"物有本末"之"物",所谓"物有本末"即指"正心、诚意、修身、齐家、治国、平天下",主要指人格修养及人的发展次第,侧重主观方面。据此二曲认为,"真能为格物之学者,其用工之序,先之以主静,令胸中空空洞洞,了无一尘。物欲即格,而后渐及于物理",认为伦理修养为先,以此为主脑来研究自然、社会之物,方是为学之正途,否则心逐外物,茫无头绪,于身心修养终无所主,而且外物纷纭,非区区一生所能尽格,不免陷入玩物丧志之邪路。王弘撰常常引用经典来回答二曲的问题。他指出，二曲仅将“格物”之“物”释为“物欲”于经文不合。《易》所谓“知周万物”“远取诸物”，孟子“明庶物”“备万物”，都指外在自然之物，即使《大学》“物有本末”之“物”字，亦有“外在之物”的含义，不能以偏概全。面对王弘撰的批评，李二曲承认须对外物有渊博的知识，如此方能经纶万物。但并不同意博文而约礼，穷理而主静的为学次第，指出“博学于文”“穷理”须要有“约于礼”“主敬”，也就是伦理修养在逻辑上具有优先地位。王弘撰仍然引用经典立论。《论语》中颜渊说，“夫子循循然善诱人，博我以文，约我以礼”，正可作为先博文而后约礼的证明。他也承认“博文”与“约礼”应同时并进，但有深浅先后之别，顺序正与二曲相反。他引用朱子的著作指出，“以格物致知为穷理，诚意正心为主敬”，这正是为学的正确途径，穷理为先为本，主敬为后为末。至于李二曲逐物、玩物的担心可用孟子“当务之为急”的方法来解决。王李之间的交锋实际上是“王学”与“朱学”的争辩，体现了他们学术风格的不同。王弘撰在《正学隅见述序》中说：“盖尝有见于格物致知之训，朱子为正；无极太极之辨，陆子为长。贤者之异，无害其为同也。”朱陆两派各有所长，分歧并不妨碍其共同的目标和效果。这里似有调停两派之意。但在实际问题上，尤其是在修养方法与次第的问题上却朱自朱、陆自陆，持之甚固。

王弘撰在孝亲与妇女守节问题上亦有独得之见。他对于“封肱”“刻木”“埋儿”等现象进行了批评。《山志》卷2《书刘孝子册后》说，结庐于亲墓之侧而守之，这是古礼，而封肱则非古之礼，并不合孝道。[①] 即从孝道之观点而言，身体是父母赐予的，本不敢毁伤，以利刃割臂是毁双亲所遗之体，惊世骇俗，实在大违人情孝道。至于郭巨因为怕儿子分享供给母亲的美食而竟将其活埋，无异于悍恶无赖的举动。丁兰的母亲死了，为了表示孝行，刻了一个木制母像供奉起来。有人侮其母像，丁兰即将其杀害。这是杀人枉法，应受到法律制裁，并非孝子之举。(《山志》卷2《郭巨・丁兰》条)封肱、刻木、埋儿这些都是为封建社会所历久称道的，“刻木、埋儿”被列入《二十四孝》中。王弘撰对之进行了批评，指出这是违反人之本性的行为。在《待庵日札》中有《论女节》一文，其中记述了一个妇女死节的故事。某女未嫁而婿死，有人聘问欲娶，父母同意，媒妁亦具，但是夜半此女竟然自缢，幸家人救护及时方保

① 《山志》，(清)王弘撰撰，何本方点校，北京：中华书局，1999年版。

性命[1]。针对此事他评论道：

> 女可谓义矣，然而非礼也。……夫礼者，所以体顺人性而为之节文，非强也。今女之行如此，于礼则越，于情则拂，必非其父母之心所安也；若安之，则不慈。父母即安之，又必非其舅姑之心所安也；若安之，则不仁。

这位“烈女”的行为虽是出于自愿，但并不合于人性。他认为父母、公婆都应该承认未嫁丧夫之女有再嫁的权利，否则即为不仁。也就是说妇女再嫁应该得到社会的普遍承认。这是对宋代以来走向歧路的节烈观的一种较为深刻的批判，体现了王弘撰思想中的人道主义因素。

李因笃、李柏、王弘撰与李二曲是同时代的人，他们的思想比李二曲显得更有生气，但他们在关中的影响却不如李二曲。清初以后，陕西著名学者多为李二曲的弟子，知名者有户县王心敬，大荔张珥、李士瑸，宝鸡李修，邠州王吉相，蒲城宁维垣，雒南杨尧阶、杨舜阶等。由于这些人的努力，清代关学基本沿着李二曲的道路发展。

四、清代中晚期：关学的总结和转型

清代中叶，关学进入总结和转型时期。其中最有代表性的是李元春、贺瑞麟师徒和刘古愚。他们有的成为关学后劲，而有的已经开启了关学新的一页。

李元春（1769—1854），陕西朝邑（今属陕西大荔）人，字仲仁，又字又育，号时斋。幼时家贫，父以诸生游贾楚中，李元春母子相依为命。一日，李元春路过里塾听闻读书之声，回来后告诉其母想要读书，母亲听了很高兴，送其入学。然犹半日读书，半日负薪。李元春自入学后，日夜勤苦，于书无所不读，而其学则归于程朱，以诚敬为本而笃于躬行。又以父母望之切，不废举业，嘉庆三年（1798）中举，任大理寺评事。其后九上春官不第，遂绝意仕进，归家教授，曾先后主讲于潼川华原等书院。李元春虽居家不仕，然颇留心世务，其邑中如换仓、坐运诸事日久生弊，民所不堪，屡上书官府要求予以变革。又尝率所居十六村联为一社，议立社约，举行保甲，以抵御盗贼。道光二十六年（1846），关中亢旱，李元春捐谷赈济村民，又著救荒策数万言，上书官府，大致

---

[1] 《待庵日札》，（清）王弘撰撰，《续修四库全书》第1404册。

为村各护村，社各护社，族各护族，邑人赖以存活者甚众。朝邑县南乡濒渭诸村，常以滩地构讼，李元春为清经界，立簿存县，以息争讼。又为邑立文会，以维持风教。晚年又筑桐阁学舍，居家授徒。其教生徒虽不废举业，但以圣贤之学为依归，故门下多士，造就颇众，学者称桐阁先生。咸丰四年(1854)卒，六年(1856)，陕西巡抚吴振棫奏请入祀乡贤祠。光绪元年(1875)，陕甘学政吴大澂奏请宣付国史馆，列入《儒林传》。

李元春著作丰富，据吴大澂所奏，计有《四书简题课解》《诸经绪说》《经传摭余》《春秋三传注疏说》《诸史闲论》《诸子杂断》《诸集拣批》《群书摘旨》《读书搜纂》《图书拣要》《拾雅》《数记典故》《左氏兵法》《纲目大战录》《百里治略》《循吏传》《朝邑县志》《潼川书院志》《华原书院志》《刍荛私语》《四礼辨俗》《丧礼补议》《劝乡时家》《教家约言》《闲居镜语》《授徒闲笔》《益闻散录》《桐窗呓语》《病床日札》《学荟性理论》《余生录》《夕照编》《余晖录》《花笔草》《聿既稿》《检身册》《慰懊小简》《文集》《诗集》《制义》共数百卷。又编有《关中两朝诗文钞》《西河古文》《西河诗录》《制义通选》等多种书。此外，李元春还为朝邑刘氏主编过《青照堂丛书》，共收书 89 种，232 卷。

李元春思想上恪守朱子学，曾明言“予学宗朱子”①，当学生请其为鄠县(今陕西户县)王心敬《四书心解》作序时，他表示为难，说：“予之学，朱子之学也。先生学，二曲者也。二曲讲象山心学、阳明良知。”(《桐阁文钞》卷 4《四书心解序》)理学和心学在明代中期以后势成水火，李元春虽然也认为二派之争不无所偏，但仍然坚定地站在朱学的立场上批评心学。即使像李二曲这样的关中大儒，李元春也因其讲象山心学、阳明良知而颇有微词。其弟子贺瑞麟亦称其自少讲学即主程朱，于心学良知之说辟之甚力。②

对于当时已经形成潮流的考据之学，李元春也有自己的认识，他说：朱子并不是不讲考据，只不过朱子是为了阐发儒家经典之微言大义而进行考据，是以义理为本，而以考据为末。今人则是为了考据而考据，重考据而遗义理，其结果只能是舍本求末，使儒家经典义理支离破碎。

作为关学学者，李元春对张载极为推崇，认为张载是儒者之中的豪杰，其

---

① 《桐阁文钞》卷 4《重刻戴大昌〈驳四书改错〉序》，(清)李元春撰，清光绪十年朝邑同义文会刻本。

② 《清麓文集》卷 23《李桐阁先生墓表》，(清)贺瑞麟撰，清光绪二十五年传经堂刻本。

《性理十三论》一共论述了太极本无极论、主静立人极论、诚诵诚复论、几善恶论、太虚即气论、乾父坤母论、为天地立心论、性合内外论、名实一无论、性即理论、学始不欺暗室论、知行先后轻重论、动止语默皆行论等13个命题。这些命题有程朱常讲的，也有来自张载的，但凡朱张不同的地方，他往往以朱释张，加以调和。①

李元春坚持“性即理”之说，他说：“在天曰理，天予人曰命，人受之曰性，性之动为情。性，体也，情，用也，皆统于心者也。”（《桐阁文钞》卷1《释性》）人生之初也是先有理而后有气，先有理故理先入而为主。他批评王学，但对于王学所常讲的良知，他并不反对，他不满于王学也主要不在本体论，而在工夫论上。他说：“良知不误，阳明讲良知偏重前截轻后截耳。《大学》圣经一章，其学之全功即足以正之！”（《夕照编》）阳明讲良知本于孟子，李元春肯定阳明的良知学在本体上不误，误在不知道如何复这本体，即工夫论上有缺陷。他坚持程朱“主敬”“存诚”，批评王学偏于虚寂的修养方法说：“朱子之学主于敬，吾生平得力亦只此一字。”（《余生录》）“（金溪）姚江讲心学何尝不得要，但专言心便有异端寂守意”（《闲居镜语》）。在李元春的工夫论中，守礼、行礼是“主敬”的要求，“主敬”必有所“敬”，所“敬”即作为规范法则的礼或理。所以“主敬”的外在表现即对礼的践行。

刘古愚（1843—1903），名光蕡（原名一新），字焕唐，自号古愚，陕西咸阳人。16岁时（1858）父母双亡，赖兄长资助才得以立室成家。咸丰十一年（1861），刘古愚赴县城应试，看到墙壁上张贴着新签定的中英、中法《天津条约》，深受震动。同治四年（1865），应童子试为第一，进入府学学习，结交李寅（字敬恒）和柏景伟（字子俊），1875年光绪帝即位，刘古愚赴是年恩科乡试，中举。翌年赴京师会试落第，自此即绝意科举，一心研究学问。1876年到1887年间，辗转于各地设馆授徒，并短期主讲于泾阳书院。1887年到1898年掌味经书院教席。与柏景伟一起创办味经书院“求友斋”，成立“味经书院刊书处”。光绪十七年（1892），应咸阳县令之聘主持咸阳赈灾事务。甲午战争，中国惨败，康有为、梁启超等人发起了轰轰烈烈的维新运动，刘古愚在陕西也积极开展救亡活动。1895年1月，他将原“求友斋”改为“时务斋”。同

---

① 《清中期关中大儒李元春的著作和思想》，王海成，宝鸡：《宝鸡文理学院学报》（社会科学版），2014年第2期。

年，陕西学政赵惟熙主持设立“崇实书院”，地址亦在味经旧地，刘古愚主持其事。原求友斋刊书处由主要刊刻经史转向专门出版时务书籍。刘古愚还在味经书院创立了维新团体“复邠学会”，定期集会，宣传救国维新思想，并出版了严复的《天演论》和康有为、梁启超的维新论著。刘古愚还派弟子北上京都、南下上海与维新志士互通声气。1898 年 9 月，慈禧太后发动政变，光绪帝被囚，康梁亡走海外，六君子喋血京城。由于赵舒翘的告发，刘古愚被目为陕西康党，赖陕甘总督陶模保护幸免于难。后刘古愚辞去书院教席，在礼泉烟霞草堂隐居。1903 年，应甘肃兰州大学堂的邀请主持学堂事务，是年 7 月不幸触瘴疫病卒，享年 61 岁。

刘古愚去世后弟子将其著作搜集出版印行。1914 年，王含初、赵和庭、张鹏一编成《烟霞草堂文集》十卷，在西安出版。翌年李岳瑞又重新编排，1918 年由王典章（字幼农）在苏州出版，其中搜集了刘古愚的少数论文以及寿序、碑铭、诗文、杂著、书信等。其后王典章与张鹏一又陆续搜集遗著，先后于 1921 年、1925 年出版了《烟霞草堂遗书》17 种 21 卷、《烟霞草堂遗书续刻》4 种 4 卷，前者出版于苏州，后者于南京面世。刘古愚具有代表性的著作是《〈大学〉古义》《孟子性善备万物图说》《〈学记〉臆解》《〈立政〉臆解》《团练私议》《壕堑私议》《〈史记·货殖列传〉注》《〈汉书·艺文志〉注》等，集中反映了他的理学、经学、政治、经济方面的思想和主张。

刘古愚与李二曲一样终生对理学持之甚固，在举世一片反理学的声浪中他训诫门生子弟“守身之学不可不讲”，认为理学不可或缺，他一生主张不分门户，反对无谓的争辩。他的思想有“导源姚江，汇通闽洛”的特点。

在人性论上，刘古愚反对“天地之性”与“气质之性”的二元划分，认为人性人人平等，即使云南的“怒夷”、非洲的“黑夷”、美洲的“红夷”（印第安人），假以时日亦可成为彬彬君子，如果过分强调“性灵”一面，会导致佛老玄虚，过分强调气质身体之恶，则是耶教之说，皆非孔孟正途。

刘古愚认为“性”是相对于天地万物而言，“良知”是相对于具体的个人而言，“良知”既“性”，“良知”即“明德”。他将“明德”看作心之本体，主要通过“意”来体现：天以明德予人，无形状可言，不可见也。即凝聚为意，与吾深合团结为一，为吾应事接物之主。[1] 意发为好恶，主宰行动，所以要“诚意”，要进行“心”的修养。

“明德”与“新民”是刘古愚理学思想中的一对重要概念。舍却“新民”，“明德”即无从见，要发明、体现“明德”必须从“新民”上做起，他对此反复致意：

> 大学之道是由明德以亲民之路，明德不新民即无道。
>
> 明德至善之地仍在亲民上见，不亲民而空自明德，其明于何见之，即不明亦何人知之？……盖己与民共立于世，无民即无己，无己即无明德可言，故为学以亲民为重也。
>
> 合明德、亲民为一物，此有深意。人皆视明德、亲民为二，故佛老之徒修身养性只知为己，无圣人成己可以成物之公心。利达之子、政道刑齐惟责诸人，昧乎君子有己而后求人之恕道，其弊皆由政明德、亲民为二也。（以上引文俱见《〈大学〉古义》）

刘古愚认为，不参加到具体的实践中去，不为百姓牟利，“道”即无从体现，平天下也就无从谈起。他认为“平天下”就是“亲民”，具体内容就是满足百姓的物质要求，要理财、生财，要理财、生财就须明了所使用的手段，这种手段很大程度上存在于西学、自然科学之中，所以提倡西学、自然科学是符合圣人之道的。这是他在《〈大学〉古义》及其他各种相关著作中反复提到的一个观点。刘古愚对张载的气本论，程朱的理本论，王阳明的良知说，刘宗周的慎独说等都有所吸取，但其思想逻辑与李二曲的“明体适用”说更加一脉相承。但刘古愚与李二曲毕竟是两个时代的人，他们的思想知识结构又有着很大的不同。

刘古愚对传统的重本抑末、重义轻利等思想进行了较为全面深入的反思和批判。他肯定了经济的重要地位，在如《烟霞草堂文集》之《〈前汉书·食货志〉注》《〈史记·货殖列传〉注》《〈修齐直指〉评》等文中论述经济问题，对人的正常物质欲望多次做了肯定：

> 此欲即人欲，即圣贤亦不能无。此处正可以验天理。（《〈史记·货殖列传〉注》）。

“仁义”“王道”也须在食货中见：

---

[1] 《〈大学〉古义》，见《烟霞草堂文集》，（清）刘古愚撰，西安：三秦出版社，1994 年版。

民之质矣，日用饮食。食货，质也；仁义，文也。无质则文无所附，无文则饱食暖衣，逸居无教，近于禽兽，相争而不得安。（《〈修齐直指〉评》）

日用饮食群黎百姓遍为尔德，帝王一切经纶胥于是，天命之精微即尽于是。见道透彻纯正无疵，学者勿以其言不文而忽之也。（《〈修齐直指〉评》）

经济行为是王道的主要内容，这是不以人的意志为转移的，是天命之精微所在。经济是一切的基础，没有这个基础仁义便谈不上。这样刘古愚将一度被儒者颠倒的义利关系、理欲关系、仁义、王道与食货的关系重新纠正过来，对于经济在社会中的主导地位有着深刻的认识，这在当时确实是一种独到的见解。

他还从现实和历史的角度对传统的“重本抑末”思想进行了系统的批判。他根据经文中的片段记载，指出三代圣王并不轻视商业，“虞廷命官，工在礼乐之先，奚仲为汤左相，乃教造舟车，太公劝女工，通鱼盐之利，唐虞三代无一不重商”。（《孟子性善备万物图说》见《烟霞草堂文集》）不仅如此，正是由于器物的制造、商货的流通人们才从荒蛮走向文明，“物产不通即风气不开，风气不开即为洪荒，有人物如无人物……千古之治由商而开，由人之欲物也。故《易》叙黄帝、尧、舜在为市后”（《〈史记·货殖列传〉注》）。正由于物产的流通、商业的产生，才有了黄帝、尧、舜文明之治。

在经世致用、注重实际的关学学风影响下，刘古愚一步步由对技术的研究转向对政治体制、教育制度的探讨。他在隐居烟霞草堂期间，对西方的三权分立政治进行了研究，对其深为嘉许并予以采纳，有《〈立政〉臆解》传世。他提出了很适合近代教育的一套教育体制，这在当时是很少见的。他大大突破了传统学术的界限，由传统的经世之学入手最后突破了传统学术而进入到近代学术洪流之中，关中学派在他这里终于开始了新的转型。

刘古愚的弟子后学秉承师门遗绪，积极投身到对新的学术方法的运用和新的学术内容的研究，在自然科学、社会科学两方面做出很大贡献。王含初、景莘农、李仪祉等人成为陕西第一批近代自然科学家、工程技术人员，李岳瑞、张鹏一、陈涛及陈涛的弟子吴宓在社会科学、人文学术方面做出重要贡献。刘古愚及其弟子也深深地影响了陕西的社会进步。他们参与了维新运动、辛亥革命，甚至共产党人也受到刘古愚思想的遗惠。

综上所述，关学自张载奠基后，相传不绝如缕，经历了恢复、拓展、反思、转型等四个阶段,它与理学思潮相始终,既有对理学思潮一般命题的反映,同时也有对关学自身传统的继承和发展,以其地域特色和学术特色形成了对理学思潮的独特表达。需要指出的是,在关学的历史长河中,时时可以感触到张载的思想风格。

五、关学的学术特色

1.“勇于造道”,独立自得

张载“勇于造道”(《宋元学案》卷首《序录》),他提出“为天地立心,为生民立命,为往圣继绝学,为万世开太平”的宏愿,对其学术使命做了高度概括。他要揭示宇宙的本质和规律并进而确立人在天地间的主体地位,从而为民众确立一个安身立命之所,继承和发扬面临危机的优秀文化传统,开辟一个万世太平的美好社会。这四句名言,表达了一个思想家的崇高使命和远大志向。而要做到这一点,就只有在依托儒家经典的基础上,通过自己的探索而“自求”义理。他说:“三代时人,自幼闻见莫非义理文章,学者易为力,今须自作。”(《经学理窟·义理》)“今须自作”道出了张载决心探索与发明“圣人之奥”的强烈使命自觉,同时也集中表明了关学的重要学术方法——“自得”。他强调:“学不能自信而明者,患在不自勉尔。当守道不回,如川之流,源泉混混,不舍昼夜,无复回却,则自信自明,自得之也。”(《横渠易说·系辞上》)认为只要学者志于“道”,用力于“道”,就能从儒家经典中“自得”义理。张载的弟子李复也非常赞同“自得”的学术方法,认为眼见、耳听的知识远不如“自悟”出来的知识可靠。他指出:“心之所自得,虽因闻见,若脱然自悟闻见,乃筌蹄也。”(《潏水集》卷三《回庐教授书》)张载还体现出不唯书的优良学风。在考察经学发展史时,张载就发现经书在流传过程中出现了一些错误,指出:“如有前后所出不同且阙之,记有疑义亦且阙之,就有道而正焉”(《经学理窟·义理》)。他还说:“己守既定,虽孔孟之言有纷错,亦须不思而改之。”(《经学理窟·义理》)此处的“己守”正是张载所谓的“志于道”的气魄和“自得”之学。张载甚至指出,只要领悟了“天下义理”,经典与文字也就无足轻重了。他说:“今既闻师言此理是不易,虽掩卷守吾此心可矣。凡经义不过取证明而已,故虽有不识字者,何害为善。”(《经学理窟·义理》)对经典和圣人权威的怀疑,表现出张载对“天下义理”的绝对推崇以及“自信自明”的巨大气魄。

由于关学的这一传统，学者在治学态度和方式上，多遍览博采，不守门户，善于吸取各家之长，能够掌握多门知识。关学的许多代表人物大都是“坚苦力学，无师而成”。不少学者如李复、韩邦奇、李颙、李因笃，不但提倡“博学”“取众”，而且本身就是天文学家、地理学家、数学家、医学家、律吕学家、文学家、诗人。他们善于学习和掌握当世自然知识和人文知识的最高成果，并将其渗透于哲学、经学之中，建立起知识广博的学术体系。张载明确提出“惟博学然后有可得”，“学愈博则义愈精微”，“见物多，穷理多，如此可尽物之性”（《经学理窟·气质》），大力提倡“取益于众”。杨爵也指出博学才能精通。李因笃提倡博学强记，他本人深谙经学，精于音韵，擅长律诗，颇通天文、历法、治河、漕运、盐政、钱法、史法诸术。李二曲主张广泛学习，认为“咸经济所关，宜一一潜心”，他的治学领域十分广博。关学没有严格的门户意识。他们在接受和吸纳其他学派之长的同时表现出独立自主的探索精神。张载的亲炙弟子三吕和苏昞在张载去世后依附洛学，但在学术主旨上仍“守横渠学甚固”。明代中叶，关学涌现出了一大批学人，既有朱学，又有阳明之学，既守关学的学旨，又蕴含各家之长。吕柟的“仁心说”、冯从吾的“善心说”显然有着王学“良知说”的烙印，但他们又以关学来调停朱、王，溶解朱、王。明末清初的李二曲，在理学自我批判的时代思潮中，对关学做了总结，其总结方式是按照“躬行礼教为本”的关学宗旨和“崇实贵用”的关学学风，将程朱陆王“融诸一途”，提出了富有特色的“明体适用说”和“悔过自新说”。关学这种博取兼容的学术态度，虽然会使“学统”不纯、“学绪”不贯、“学路”曲折，但却体现了兼容并包、不守门户、勇于吸收、善于融合、独立探索的可贵精神。

2. 学政不二、经世致用

在宋代理学的濂、洛、关、闽四派中，关学是最具求实精神的学派。关学的创始人张载，建立了以气为本的哲学体系，其理论深邃、逻辑严密、分析细致，达到了很高的思辨水平。然而，张载为学却不尚空谈，而是“语学而及政，论政而及礼乐兵刑之学”（《河南程氏粹言》卷4《论政篇》），他从不把“道学”与“政术”视为“二事”。在他看来，“学与政”应“不殊心而得”。张载现存的文集中有不少讨论守城、积蓄、择帅、用将、养兵等边境防务的文章。张载的不少弟子曾在军旅中供职，他们在军务上或有独到见解，或有所建树，正是秉承了张载的为学宗旨。土地问题在宋代十分突出，赵宋王朝推行“不抑兼并”的政策，土地集中在少数富户手中，贫富相差悬殊，成为整个北宋政治危机的重要根源。张载对这一问题十分关心,主张应该平均分配土地,使富者不至于田连阡陌,贫者亦有其安生之地。张载虽然反对王安石的变法措施,但他并不反对变法。他“变法”的基本措施包括恢复井田、重建封建、推行宗法等。张载虽未得到朝廷的重用,政治抱负未能实现,但在辞官归乡后,将“渐复三代”的理想付诸试验。从中可以窥见张载学术思想中学贵于用的强烈色彩。张岱年说:“关学和洛学,两派的学风颇不相同。关学注意研究天文、兵法、医学以及礼制,注意探讨自然科学和实际问题……洛学则专重内心修养,‘涵泳义理’,提倡静坐,时常‘瞑目而坐’。”①张载的这种“经世致用”的求实精神,也基本上为后代的关学家们所继承和发扬。

元朝统一后,朱子之学北传入关,为关学复起创造了条件,尽管当时的关学受到了朱学的影响,但仍然保持着张载的“实学”学风。杨奂、杨恭懿、同恕诸人,治学总是从“志于用世”出发,“指陈时病”,“耻为章句”,其著述“往往有关名教”。明代关学中兴,学者们虽然受到朱、王二学浸染,但其实学之风,持而不坠。吕柟、杨爵、马理、冯从吾这些代表人物,都不以“空谈性命”为尚,而是以“学贵力行”“体用一原”为宗。吕柟认为学问应以“体用一原”原则“从下学做起”,把“做事”与“做学”统一起来。他说:“今人把事做事,学做学,分作两样看了,须是即事即学,即学即事,方见心事合一、体用一原的道理。”(《明儒学案》卷8《河东学案下》)冯从吾力倡“困而能学”“学而能行”的习行学风,认为知识能运用于实践,才是真学问,他以学射为例,阐述学行结合的道理,说“学射者不操弓矢而谈射,非惟不能射,其所谈未必当”②。明清之际,李因笃提出,研究经学的目的是通晓治国之道,有裨于国计民生。李柏针对夸夸其谈、华而不实的学风,倡导“石不言而自坚,兰不言而自芳,海不言而自深,乾不言而自刚”③的笃实精神。李颙更是以“开物成务,康济时艰”为己任,提出“儒者之学,明体适用之学也”的重要思想。他把张载的“为天地立心,为生民立命,为往圣继绝学,为万世开太平”作为自己“立志”“治学”

---

① 《关于张载的思想和著作》,张岱年,见《张载集》,北京:中华书局,1978年版,第12页。

② 转引自《陕西历代教育家评传》,李钟善等主编,西安:陕西人民教育出版社,1994年版,第156页。

③ 转引自《陕西历代教育家评传》,李钟善等主编,西安:陕西人民教育出版社,1994年版,第186页。

"做人"的崇高目标,指导自己的人生实践。"经世致用""开物成务"的实学精神,是关学700年来培育的优良学风,它不但在宋明理学中独具特色,在整个中国思想史上也有其独特的光彩。

3. **崇礼贵德、重视教化**

张载写有不少探讨礼学的文字,并躬行实践。做官时,张载就非常注重恢复古礼,以之革新社会风俗。张载对当时流弊颇多的日常礼仪颇为不满,从而致力于革除之并代之以古礼。"学者有问,(张载)多告以知礼成性、变化气质之道,学必如圣人而后已"(吕大临《横渠先生行状》)。张载认为"知礼以成性、性乃存,然后,道义从此出"(《横渠易说·系辞上》)。即是说,张载已经把知"礼"、践"礼"提升到了道德修养的高度,认为"克己复礼"是成圣成贤的必由之路。张载弟子吕氏兄弟继承和发展了张载注重礼教的思想,编订并实际推行了乡约乡仪等,使张载此种思想更加系统化和具体化。

关学始终保持这一传统。吕柟著《礼问内外篇》,任国子监祭酒时期,以四书五经及仪礼为教材,并把正心、修身、忠君、孝亲作为道德教育的基本内容,注意学生的道德品行培养,要求学生严格按各种道德规范和礼节约束自己。他说:"若无礼以提防其身,则满腔一团私意,纵横四出矣。"(《明儒学案》卷8《河东学案下》)他认为从"正己"入手,通过改过行善功夫,就能达到张载所说的"乾坤便是吾父母,民物便是吾胞与,将己身放在天地万物中作一样看,故曰:仁者以天地万物为一体"的精神境界。(《明儒学案》卷8《河东学案下》)与吕柟同时的杨爵,大力倡导"克己复礼之学",认为"人若非礼则率意妄为",把习礼视为把握人本性之善、制约人言论行为、完善人道德品节、实现为仁之道的重要途径和功夫,并把礼的内容和标准具体化,以适应不同地位和处境的人。冯从吾在关中书院讲学时,也始终坚持德教为先的原则,提出"讲学即讲德",制定《书院会约》,规定了各种礼仪,着力于培养"粹然之养,卓越之识,特然之节"的真人品。明末清初的"关中三李"进一步阐发了张载"以礼教人"的思想,李因笃主张理学应以经学为本,为人应以"圣人为规矩";李柏提出"当仁不让于师",要求人们在道德修养上艰苦磨炼,防微杜渐;李二曲提倡"悔过自新""为学修德",培养"真儒"。他还从《礼记》中摘录关于儒者的论述,写了《儒行篇》,以作为"真儒"的行为规范,并以此要求从学者。《明儒学案·师说·吕泾野柟》谓"关学世所渊源,皆以躬行礼教为本",不为无据。

4. **崇尚气节、坚贞不二**

关学学者大都治学与做人并重，努力把真理追求和人格追求相统一。他们不但在学术研究上做出了杰出贡献，而且在砥砺节操、锻铸人格方面，为学人树立了崇高的榜样。崇尚节操的精神也是由张载开风气之先的。王安石变法，张载在政治上是基本赞同的，但又不同意变法的具体做法，加之其弟张戬与王安石矛盾尖锐，为了不卷入党派之争，他毅然托病辞职，"谒告西归"，以著述讲学为生，"处之益安"，其高尚气节，为时人所称道。后来关学学者多能继此高风，明代吕柟、杨爵、冯从吾等人不但在学术上弘扬道德、重视节操、倡"仁心""善心"之说，立"正己""正心"之本，而且身体力行，躬身践履，养成了高尚的道德品质和超群拔俗的气节。吕柟先后因上疏武宗、世宗，几乎被权倾朝野的宦官刘谨杀头，曾经被皇帝下狱、贬官。杨爵因上疏批评皇帝"任用非人，兴作未已，朝讲不亲，信用方术，阻抑言路"而被两度入狱，濒死而素志不移，泰然自若，最终被削职为民。冯从吾任御史时，冒死直谏指责神宗"朝政废弛"，两度被罢官，多次受宦官诬陷，而不改凛然之节。关学学者大多走的是因"学著"而后为"官"，又因不愿与黑暗势力同流合污而"辞官"为"学"的人生道路。吕柟曾两度辞官还乡，杨爵一次辞官，一次被罢官，冯从吾曾三次辞官，一次被罢官。这种从因"学"而"官"到辞"官"为"学"的曲折道路，是他们的崇高节操的突出表现。在天崩地解、朝廷更迭的明清之际，李颙在极端艰难的环境中，自奋自立，"超然于高明广大之域"，"自拔于流俗之上"，安贫乐道，终生不仕。李因笃深感亡国之痛，被诏举为官时，力辞不赴，后被迫受命，不到一月，即以母老无依为由上书多次，终被获准回家养母。李柏在改朝换代之后，隐居太白山中，躬耕田亩，攻读诗书，当朝廷由地方贡举他出仕时，断然拒绝。关学学者这种坚贞气节和高尚人格，受到当时士人和后代史家的高度赞颂。①

① 关于关学基本特点的论述参见：《论关学的基本精神》，赵馥洁，西安：《西北大学学报》（哲学社会科学版），2005 年第 6 期。

第九章　张载思想研究史

第一节　宋元学者对张载思想的评论

一、张载弟子的评论

张载逝世前，将自己一生言论精要集成《正蒙》。张载弟子苏昞仿效《论语》《孟子》体例，将《正蒙》编订为17篇，即现在之《正蒙》。张载去世后，其弟子对张载的思想进行评论，其中最有代表性的就是范育的《正蒙序》和吕大临的《横渠先生行状》。他们较早地对张载思想的主旨做出了恰当的评论，为后世学人理解张载思想提供了重要参考。

范育在《正蒙序》中指出，张载的学说是以儒家经典为文本依托，通过批判佛教、道教思想而创建的。孔孟之后，佛教、道教等“异端”学说“与六经并行”，学人“以为大道精微之理，儒家之所不能谈”，《正蒙》正是为了“排邪说，归至理，使万世不惑”而作。《正蒙》“语上极乎高明，语下涉乎形器”，对天地宇宙、社会人生、世界万象等做了系统的论证和说明，形成了“本末上下、贯乎一道”的思想体系，一方面继承和复兴了儒家的道统，所谓“以稽天穷地之思，与尧舜孔孟合德乎数千载之间”，另一方面充实和创新了儒家道统的时代内涵，“有‘六经’之所未载，圣人之所不言”。（《张载集·正蒙序》）

吕大临的《横渠先生行状》除记述了张载的生平经历外，对张载的思想也作了全面的介绍。他指出：“其（张载）自得之者，穷神化，一天人，立大本，斥异学。”即是说，张载思想最具创新之处在于：探究宇宙本性与变化之道，贯通“天人”之学，确立核心价值观念，破斥佛教、道教异端邪说。此外，他还指出，张载“慨然有意三代之治”，对张载倡导“渐复三代”“仁政必自经界始”的政治思想做了提示，对张载“知礼成性，变化气质之道，学必如圣人而后已”，“大抵以敦本善俗为先”的社会教化思想做了精当的总结。他还指出，张载的治学路径是依据儒家经典探求“义理”，“非理明义精，殆未可学”，认为张载

的学风是学贵于用。(吕大临《横渠先生行状》)

虽然张载卒后其弟子多投奔二程，但张载的气论思想及气禀人性理论依然得到弟子们的认同。吕大临、范育、李复等均赞同张载的气论思想，吕大临还秉承了张载的“禀赋”说：“天道也，天德也，降而在人，人禀而受之，是之谓性。”“禀有多寡，故为强柔；禀有偏正，故为人物。故物之性与人异者几希，唯塞而不开，故知不若人之明；偏而不正，故才不若人之美”。(《礼记解·中庸第三十一》)

张载学以致用、贵礼重用的为学宗旨也深受弟子们的效法。张载的弟子无不注重躬行实践，表现出以治世经国为己任的鲜明色彩。《关学编·与叔吕先生》记载：“其(吕大钧)文章，不作于无用，能守其师说而践履之。尤喜讲明井田、兵制，谓治道必自此始。”与张载“学政不二”的思想旨趣完全一致。苏昞同样认为，“治经为传道居业之实，居常讲习只是空言无益”(《宋元学案》卷19《范吕诸儒学案》)。张载弟子对张载为学宗旨的赞同还表现在对“礼”的推崇上。吕大钧“日用躬行，必取先王法度以为宗范。居父丧，衰麻、敛、奠、比、虞、祔，一襄之于礼”(《关学编》卷1《和叔吕先生》)。吕大临坚持了张载“知礼成性”“变化气质”之道的学说传统。他说：“天下至大，取之修身而无不足……此礼之本，故于记之首章言之。”(《礼记解·曲礼上第一》)“所谓心诚求之，虽不中不远矣。有是心也，则未有不谨于礼，故曰‘心正而后身修’”。(《礼记解·大学第四十二》)吕氏兄弟还“率乡人”创作乡约乡规并付诸实践，使关学的礼教思想更加系统和具体。其中，《吕氏乡约》是我国历史上第一个较为完整的成文的乡约民规。

二、程、朱的评论

宋代理学家对张载思想做出较多评论的是二程和朱熹。他们主要从理本立场出发，并在强烈的理学道统意识下对张载思想进行解读和定位，因而对张载思想既有很高的褒扬，也有直接的批评，奠定了后世学人对张载思想及其理学史地位的基本认知。

大程指出，“张子厚、邵尧夫，善自开大者也”(《河南程氏遗书》卷3《二先生语三》)。小程说，“横渠道尽高，言尽醇，自孟子后儒者，都无他见识”(《河南程氏遗书》卷18《伊川先生语四》)。在《答横渠先生书》中，小程还盛赞张载“清虚一大”的学术功绩，他说“观吾叔之见，至正而谨严，如‘虚无即气则无无’之语,深探远赜,岂后世学者所尝虑及也?”(《河南程氏文集》卷9《书启·答横渠先生书》)朱熹亦曰:“大抵前圣所说底,后人只管就里面发得精细。如程子、横渠所说,多有孔孟所未说底。”(《朱子语类》卷62《中庸一》)不难发现,程朱对张载的学术成就颇为赞赏,甚至将张载比堪孟子。

但程朱并不认同张载的“太虚”思想。程朱区分了“气”和“理”的高下,主张“天理”才是宇宙最高的本体,并以“天理”解读张载的“太虚”:“道,太虚也,形而上也”。“或谓‘惟太虚为虚’,子曰:‘无非理也,惟理为实’”(《河南程氏粹言》卷1《论道篇》)。这并非张载思想原意。程朱认为张载以“气”规定“清虚一大”不免具有“形而下”之嫌,不足以明天道。他们指出:

> 立清虚一大为万物之源,恐未安,须兼清浊虚实乃可言神。道体物不遗,不应有方所。(《河南程氏遗书》卷2上《二先生语二上》)
>
> 形而上者谓之道,形而下者谓之器。若如或者以清虚一大为天道,则乃以器言,而非道也。(《河南程氏遗书》卷11《明道先生语一》)
>
> 如以太虚、太和为道体,却只是说得形而下者。……渠本要说形而上,反成形而下,最是于此处不分明。(《朱子语类》卷99《张子书二》)
>
> 问:“诸先生都举形而上、形而下,如何说?”曰:“可见底是器,不可见底是道。理是道,物是器。”(《朱子语类》卷24《论语六》)

这是坚持理本论立场的程朱对张载思想的一种误读,事实上张载的“气”统摄了“形而上者”和“形而下者”,后世不少学人受到程朱的影响,未能充分把握张载思想的真正意蕴。

另外,二程认为:“凡物之散,其气遂尽,无复归本原之理。”(《河南程氏遗书》卷15《伊川先生语一》)认为张载此说实际上落入了佛教中的“轮回”学说。朱熹说:“横渠辟释氏轮回之说。然其说聚散屈伸处,其弊却是大轮回。盖释氏是个个各自轮回,横渠是一发和了,依旧一大轮回。”(《朱子语类》卷99《张子书二》)

二程还认为,张载的思想表现出“天人二本”的倾向。张载力图为儒学构建出“天人合一”的体系,然而在二程看来,“性即理”(小程)、“心即理”(大程),即天与人、理与心性本为一事,不必强分,更无需言合。如大程指出:“若如或者别立一天，谓人不可以包天，则有方矣，是‘二本’也。”（《河南程氏遗书》卷11《明道先生语一》）二程由此对张载“穷理尽性以至于命”须“有次序”的理论也做了批评。

在批评《正蒙》核心思想的同时，程朱对《西铭》多有赞扬。大程以“仁体”“仁孝之理”解之，小程则以“理一而分殊”褒之，还并举《西铭》《大学》为学者的入门书，并以此将张载比堪孟子。二程曰：

> 《西铭》，某得此意，只是须得他子厚有如此笔力，他人无缘做得。孟子以后，未有人及此。得此文字，省多少言语。且教他人读书，要之仁孝之理备于此，须臾而不于此，则便不仁不孝也。（《河南程氏遗书》卷2上《二先生语二上》）
>
> 《订顽》一篇，意极完备，乃仁之体也，学者其体此意，令有诸己，其地位已高，到此地位，自别有见处。（《河南程氏遗书》卷2上《二先生语二上》）
>
> 《西铭》之为书，推理以存义，扩前圣所未发。与孟子性善养气之论同功。……《西铭》明理一而分殊……分立而推理一，以止私胜之流，仁之方也。（《河南程氏文集》卷9《答杨时论〈西铭〉书》）

朱熹对《西铭》也非常推崇，甚至将《西铭》提升到“彻上彻下、一以贯之”“体用一源，显微无间”的高度，并认为“此书（《西铭》）精深难窥测”（《朱子全书》第25册《晦庵先生朱文公别集》卷3《程钦国》）。此外，朱熹对《西铭》所蕴含的现实关怀、价值理想等也深表认同并身体力行之。

朱熹还盛赞张载“合两之性”的人性说，认为它“极有功于圣门”。

> 问：“气质之说，始于何人？”曰：“此起于张、程。某以为极有功于圣门，有补于后学，读之使人深有感于张、程，前此未曾有人说到此。如韩退之《原性》中说‘三品’，说得也是，但不曾分明说是气质之性耳。性那里有三品来！孟子说‘性善’，但说得本原处，下面却不曾说得气质之性，所以亦费分疏。诸子说性恶与善恶混，使张、程之说早出，则这许多说话自不用纷争。故张程之说立，则诸子之说泯矣。”因举横渠：“形而后有气质之性，善反之，则天地之性存焉。故气质之性，君子有弗性者焉。”又举明道云：“论性不论气，不备；论气不论性，不明，二之则不是。”且如只说个仁义礼智是性，世间却有生出来便无状底，是如何？只是气禀如此。若不论那气，这道理便

不周匝，所以不备。若只论气禀，这个善，这个恶，却不论那一原处只是这个道理，又却不明。此自孔子、曾子、子思、孟子理会得后，都无人说这道理。(《朱子语类》卷4《性理一》)

朱熹还对张载的“心统性情”说深表赞同，认为儒家对于心、性、情关系的见解“横渠说得最好”，“颠扑不破”，而“二程却无一句似此切”(《朱子语类》卷5《性理二》，《朱子语类》卷98《张子之书一》)，并依据张载的基本观点系统地阐发和论述了心、性、情关系。

对于张载的“学政”不二思想及其崇礼贵德、力行实践的风骨，二程十分叹服。《河南程氏粹言》卷4《论政篇》记载了二程与张载的一番对话：“子(二程)谓子厚(张载)曰：‘关中之士语学而及政，论政而及礼乐兵刑之学，庶几善学者！’子厚曰：‘如其诚然，则志大不为名，亦知学贵于有用也。学古道以待今，则后世之谬不必削削而难之，举而错之可也。’”对于张载及其弟子在当时不畏艰难而践行古礼、教化风俗的巨大魄力及其所取得的良好效果，二程也自叹不如，“子(二程)谓子厚曰：‘洛之俗难化于秦之俗。’子厚曰：‘秦之士俗尤厚，亦和叔(吕大钧)启之有力焉。今而用礼渐成风化矣。’子(二程)曰：‘由其气质之劲，勇于行也。’子厚曰：‘亦自吾(家)规矩不迫也。’”(《河南程氏粹言》卷4《论政篇》)

值得注意的是，张载并无直接的师承，其思想主要是“自得”之学，而且他所开创的诸多范畴和命题被程朱理学所借用和进一步发挥，成为理学体系中的基本核心理论。然而，经过吕大临、杨时等人对二程的溢美，却出现了“横渠之学，其源出于程氏”之说。二程曾对此说明确地加以否认和澄清：“表叔(指张载)平生议论，谓颐兄弟有同处则可，若谓学于颐兄弟，则无是事。”(《河南程氏外书》卷11《时氏本拾遗》)但是，理学的集大成者朱熹依然认为张载之学“其源则自二先生(二程)发之耳”(《伊洛渊源录》卷6《司马光论谥书》小注)。朱熹所著《伊洛渊源录》着意构建理学道统，将张载置于周敦颐、二程、邵雍之后，张载在理学谱系上的地位自此成型。

三、元代《宋史》的评论

《宋史》成于元末，其中与张载及其思想直接相关的有《道学传》和《张载传》。《宋史·道学传》将张载置于周敦颐和二程之间，对张载的理学地位做了比较忠实的定位。但它未摆脱程朱的影响。在详细记述各位理学家的生平与思想时,却又首述周敦颐,再述二程,然后才是张载。在述及张载的著作及思想时,它着重评论了《西铭》及其思想,对《正蒙》仅一语带过。而对《西铭》的解读,则完全继承了程朱的观点,认为“张载作《西铭》,又极言理一分殊之旨,然后道之大原出于天者,灼然而无疑焉”(《宋史》卷427《张载传》)。此外,《宋史》的《道学传》与《张载传》对张载生平事迹及学说的记述,与吕大临的《横渠先生行状》很相类似。对于张载崇尚“三代”和学贵于用、躬行实践的学风,《宋史》也做了揭示,《宋史·张载传》曰:“载(张载)学古力行,为关中人士宗师。”

不过值得注意的是,《宋史》的《道学传》首次指出:

> (张载)以为知人而不知天,求为贤人而不求为圣人,此秦汉以来学者大蔽也。故其学尊礼贵德,乐天安命,以《易》为宗,以《中庸》为体,以《孔》《孟》为法,黜怪妄,辨鬼神。(《宋史》卷427《道学一》)

这一评论不失为点睛之笔。张载思想的中心议题是“性与天道”,确实是基于“秦汉以来学者大蔽”而发,而《易》确实构成了张载学说的根基和主题,其思想体系中的“体”通过《中庸》而有进一步的阐发和升华,《论语》《孟子》确实被张载视为圣人载道之书。这一评论比较忠实于张载思想的原貌。

第二节　明清学者对张载思想的评论

明代以后,理学发展主要有三条路径。其一是程朱的后学,他们对张载思想的看法沿袭了程朱的观点。其二是消解程朱之“理”的客观化倾向而着意发挥人的主体性的心本论学说,王阳明就是其中的典型代表,他对张载的气学思想有所注意。其三是由反思程朱“理气”观进而对其展开批判的气学思想,他们对张载思想的评论颇引人关注,理学由此展现出复归张载气学思想的趋向。

一、心学的评论

心学体系的集大成者王阳明(1472—1529)对张载的气学思想有所注意,并借用张载气学思想对心学与气学做了沟通。王阳明认为:“我的灵明,便是天地鬼神的主宰。”“离却我的灵明，便没有天地鬼神万物了”①。其意是说，没有人的主体性的发挥，也就没有与我的“灵明”对待存在的天地万物了，天地万物的存在及其价值是人的主体性的寄予使然。王阳明所谓：“人的良知就是草木瓦石的良知，若草木瓦石无人的良知，不可以为草木瓦石矣。”(《王阳明全集》卷3《传习录下》)正是此意。由此王阳明得出“天地万物，与人原是一体”(《王阳明全集》卷3《传习录下》)的结论。那么，为什么人与万物能共有一个“良知”，为什么人与万物能够“同体”呢？王阳明指出，“只为同此一气，故能相通耳”，因为天地万物(包括人)是“一起流通的，如何与他间隔得？”(《王阳明全集》卷3《传习录下》)可见，王阳明借用并发挥了张载的“气”之感通说讲“万物一体”，使心学与气学一定程度上得以沟通。

此外，王阳明说：

> 良知之虚，便是天之太虚；良知之无，便是太虚之无形。日月风雷山川民物，凡有貌象形色，皆在太虚无形中发用流行，未尝作得天的障碍。圣人只是顺其良知之发用，天地万物，俱在我良知的发用流行中，何尝又有一物超于良知之外，能作得障碍？(《王阳明全集》卷3《传习录下》)

有学者指出，“显然，良知是王阳明哲学的本体，而良知之虚无属性也就等于天之太虚及其无形的本质，是太虚之无形本质在人生中的具体落实”，“在这里，王阳明不仅肯定了太虚的天道本体地位，而且将太虚作为其良知得以成立的天道本体依据，将太虚本体的发用流行作为其致良知的标准与指向”②。事实上，与其说王明阳将“良知”的形而上依据诉诸“太虚”，不如说王阳明将在他看来具有客观化色彩的“太虚”本体做了主体化的落实。

二、气学评论的萌发

与王阳明同时的罗钦顺(1465—1547)，虽未完全突破程朱理学的束缚，但开始以气学角度评论张载思想。他曾以朱学捍卫者身份与王阳明展开论辩，因而被视为“朱学后劲”，但他不满意朱熹“理与气决是二物”的说法，主

---

① 《王阳明全集》卷3《传习录下》，(明)王守仁撰，吴光、钱明、董平、姚延福等编校，上海：上海古籍出版社，1992年版。

② 《太虚即气——张载哲学体系及其定位》，丁为祥著，北京：人民出版社，2000年版，第298—299页。

张"盖通天地,亘古今,无非一气而已","理须就气上认取","理只是气之理","气之聚便是聚之理,气之散便是散之理,惟其有聚散,是乃所谓理也"①。这种由"气"而言"理""气"本身包含形而上之"理"的思路是对张载气学思想的继承和发挥,也是对程朱理本论的否定。

罗钦顺对张载的《正蒙》及其气论学说进行了赞扬,对张载"一物两体"的宇宙生成观表示认同。他说:

> 《正蒙》有云:"若阴阳之气,则循环迭至,聚散相荡,升降相求,絪缊相揉,盖相兼相制,欲一之而不能,此其所以屈伸无方,运行不息,莫或使之,不曰性命之理,谓之何哉?"此段议论最精。(《困知记》卷下)

但罗钦顺不同意张载"合两之性"的人性论。他说:

> 夫性一而已矣,苟如张子所言"气质之性,君子有弗性",不几于二之乎?此一性而两名,仆所以疑其词之未莹也。若以理一分殊言性,较似分明,学者较易于体认,且与诸君子大意亦未尝不合也。(《困知记》附录《答林正郎贞孚》)

> 理一分殊四字,本程子论《西铭》之言,其言至简,而推之天下之理,无所不尽。在天固然,在人亦然,在物亦然……持此以论性,自不须立天命、气质之两名,粲然其如视诸掌矣。(《困知记》卷上)

> 盖人物之生,受气之初,其理惟一成形之后,其分则殊。其分之殊,莫非自然之理,其理之一,常在分殊之中,此所以为性命之妙也。(《困知记》卷上)

可见,罗钦顺并未完全摆脱程朱的理本论思想,他赞同程朱所谓"理一分殊"之论,而且以此论阐发人性问题,认为人性不过是宇宙本性在人身上的再现而已,无需再分"天地之性"与"气质之性"。

与罗钦顺大约同时的王廷相(1474—1544),批判程朱、回归张载的气象更加明显。王廷相认为"气"才是宇宙最为根本的存在,"理"只是"气"本身的属性而已,认为"元气之上无物","气载乎理,理出于气","非元气之外又有物以主宰之"②,明确反对程朱以来理学家"独以理言太极而恶涉于气"的

---

① 《困知记》卷上,(明)罗钦顺撰,阎韬点校,北京:中华书局,1990年版。

② 《王氏家藏集》卷28《答薛君采论性书》,《王廷相集》,(明)王廷相撰,王孝鱼点校,北京:中华书局,1989年版。

思想观点。他在《横渠理气辩》中说：

张子曰："太虚不能无气，气不能不聚而为万物，万物不能不散而为太虚。循是出入，是皆不得已而然也。""气之为物，散入无形，适得吾体；聚为有象，不失吾常。""聚亦吾体，散亦吾体，知死之不亡者，可与言性矣。"横渠此论，阐造化之秘，明人性之源，开示后学之功大矣。而朱子独不以为然，乃论而非之，今请辨其惑。（《王氏家藏集》卷33《横渠理气辩》）

不难发现，王廷相完全回归于张载的气本论学说，指出张载的气学思想阐明了宇宙、人生等根本问题，并认为朱熹误读了张载的气学思想，立志要为张载的气学思想论辩。

王廷相从"气本"与"气化"的视角对张载的气本论作了探究。他说：

气者，造化之本。有浑浑者，有生生者，皆道之体也。生则有灭，故有始有终。浑然者，充塞宇宙，无迹无执，不见其始，安知其终？世儒止知气化而不知气本，皆于道远。①

……有太虚之气而后有天地，有天地而后有气化……（《慎言》卷1《道体篇》）

"气"是宇宙的本原，并有不同的存在形态。比如，在"气化"之前，就有一个"太虚之气"；而所谓"生则有灭，故有始有终"的"生生者"，就是"气化"，指的是宇宙生成，也是程朱理学所关注的宇宙生化问题；然而，在"气化"之上还有一个被程朱理本论所忽视但更为本质的"气本"，即"充塞宇宙，无迹无执，不见其始，安知其终"的"浑浑者"，也就是"太虚之气"。总之，王廷相别分"气本"与"气化"来阐发其气学思想，与张载别分"太虚"与"气化"的宇宙论思想很相接近。

王廷相还认为：

气返而游散，归乎太虚之体也。……譬如之于海矣，寒而为冰，聚也；融澌而为水，散也。（《慎言》卷1《道体篇》）

道体不可言无，生有有无，天地未判，元气混涵，清虚无间，造化之元机也。有虚即有气。虚不离气，气不离虚，无所始、无所终之妙

① 《慎言》卷1《道体篇》，《王廷相集》，（明）王廷相撰，王孝鱼点校，北京：中华书局，1989年版。

也。不可知其所至,故曰太极;不可以为象,故曰太虚。非曰阴阳之外有极有虚也。二气感化,群象显设,天地万物所由以生也,非实体乎!(《慎言》卷1《道体篇》)

此处所论之"虚不离气,气不离虚""气返而游散,归乎太虚之体",可以说就是张载"虚空即气""知太虚即气,则无无"及"形溃反原"等思想的再表达。其所谓海水与冰的比喻,与张载所谓的"气之聚散于太虚,犹冰凝释于水"也具有相同的意义。因此,当他的好友何塘(1474—1543)批评张载的"太虚即气"实际上落入老子的"有生于无"时,王廷相即以"知太虚即气,则无无"的理论加以反驳。以至于何塘发出了"浚川所见出于横渠,其文矣相似"[①]的感叹。

在气本论基础上,王廷相还对程朱的"理一分殊"论做了批判。他认为,天地万物都统一于"气",这是"气一";"气"聚散变化的不同形态形成了世界万事万物,这是"气万","世儒专言理一而遗万,偏矣"[②]。

然而,王廷相的气学思想并不完全是张载的思想。张载不仅言"天道",而且言"天德",认为"天德"是"太虚"超越但又蕴含阴阳交感变化的总体属性,张载称之为"神";"天道"是阴阳二气交感变化的属性,张载称之为"化";二者构成了"体"与"用"的关系。此意王廷相并未揭示出来。尽管王廷相对张载所谓"神与性乃气所固有"深表赞同(《王氏家藏集》卷33《横渠理气辩》),但王廷相所谓的"神"并非是指"太虚"的本质属性。

王廷相之所以没有彻底检讨出张载气本论的全部内涵,与他对"太虚"的理解有关。在张载那里,作为宇宙本体的"太虚"是未分阴阳的"湛一"之气。而王廷相指出:"非曰阴阳之外有极有虚也。"(《慎言》卷1《道体篇》)在王廷相那里,"虚"并不存在于阴、阳二气之外,尽管"气"有不同的存在形态及其功能与属性,但"气"仅指阴、阳二气而言,并不存在未分阴阳的"湛一"之气,而"太虚"本质上不过是阴、阳二气而已。因而,王廷相的"太虚"实际上就是张载所谓的阴阳交合的"太和",并非是纯粹意义上的宇宙本体。

另外值得注意的是,王廷相并未将现实社会的价值规范予以抽象并赋予

---

① 《内台集》卷4《答何伯斋造化论》《王廷相集》,(明)王廷相撰,王孝鱼点校,北京:中华书局,1989年版。

② 《雅述》上篇,《王廷相集》,(明)王廷相撰,王孝鱼点校,北京:中华书局,1989年版。

本体论属性当中，即是说，其宇宙论缺乏价值内涵的抽象原则，主要是一种自然哲学的本体论。因此，当王廷相论及人性思想时，对张载“合两之性”的宇宙论根据表示怀疑。他说：“未形之前，不可得而言矣，谓之至善，何所据而论？既形之后，方有所谓性矣，谓恶非性具，何所从而来？”（《慎言》卷4《问成性篇》），最终坚持了张载所反对的“生之谓性”。他指出：

> 人有生，斯有性可言；无生，则性灭矣，恶乎取而言之？故离气言性，则性无处所，与虚同归；离性论气，与死同涂。是性与气，可以相有，而不可相离之道也。是故天下之性，莫不于气焉载之。（《王氏家藏集》卷33《性辩》）

王廷相否认了来自于“太虚”的至善的“天地之性”，即人性中本具的先验至善的内容，单方面强调了“生之谓性”，也就是张载所谓的“气质之性”，并把“生之谓性”或“气质之性”当作人性的全部内容。可见，王廷相所谓的人性，主要是指现实生活中的自然之人性，“为恶之才能，善者亦具之，为善之才能，恶者亦具之”（《慎言》卷4《问成性篇》）。因而在认识论方面，王廷相强调了“见闻之知”的感官作用，并主张“耳目见闻，善用之足以广其心”（《慎言》卷5《见闻篇》），却对张载所谓的先验的“德性之知”予以否认，认为这是儒家学者受到禅宗影响的结果：“世之儒者，乃曰思虑见闻为有知，不足为知之至，别出德性之知为无知，以为大知。嗟乎！其禅乎！”（《雅述》上篇）

王廷相之后，张载的气学思想受到学术界的继续关注。如学宗程朱的高攀龙（1562—1626），推崇张载的“太虚即气”：“虚空都是气，不知道者不知耳。人之在气，犹鱼之在水。张子所谓太和谓道、太虚谓天，指点人极醒。”①所谓“虚空都是气”是符合张载思想的。张载将宇宙论别分“太虚”与“气化”，并认为“太虚”即“天”，“天德”“神”是其属性，而阴阳二气的交感变化被称为“气化”，“天道”“化”是其属性。高攀龙所谓“太和谓道、太虚谓天”确实十分接近张载气本论思想的实际意蕴。不过，在理气观上，高攀龙依然坚持程朱从形而上与形而下的立场区分了“理”“气”的高下。因此，“太和谓道、太虚谓天”虽然接近于张载思想的实际，但并未将张载气本论思想的真正含义揭示出来。又如唐征鹤（1538—1619）曰：“盈天地之间，只有一气，惟横

---

① 《东林书院志》卷5《东林论学语下》，《东林书院志》整理委员会整理，北京：中华书局，2004年版。

渠先生知之。故其言曰:‘太和所谓道’。又曰:‘知虚空即气’,则有无、隐显、神化、性命,通一无二。顾聚散出入,形不形能推本所从来,则深于《易》者也。[1]”这些气学思想成为程朱之学占据学术正统、王学风靡正酣的明代学术的重要一支。

此外,有明一代,对张载学说做出注解与诠释的还有胡广等奉敕编辑的《性理大全》,吕柟的《张子抄释》,刘玑的《正蒙会稿》,韩邦奇的《正蒙拾遗》,刘儓的《新刊正蒙解》,高攀龙、徐必达的《正蒙释》等。《性理大全》辑成于永乐十三年(1415),为宋代理学著作与理学家言论的汇编,其中卷四为张载的《西铭》,卷五、卷六为张载的《正蒙》,主要收入了朱熹的解释。《新刊正蒙解》成书于嘉靖二十三年(1544),该书“博采诸家,参以自得而折中之”,但仍以程朱观点为主。《正蒙释》由高攀龙集注,徐必达点评,或成书于明万历(1573—1620)之前,集注部分征引程子、朱子、刘玑、叶氏、卢中庵、张南轩、真德秀、熊禾、吴临川及不知何人所撰“补注”等九种注解,点评部分与集注一一对应,对张子思想多有会通式的阐释。《张子抄释》《正蒙会稿》《正蒙拾遗》是明代关中地区《正蒙》注释著作的代表。《张子抄释》作于嘉靖五年(1526),以抄为主,解释虽较少,但其或一章一释或数章一释,均是对张载思想的深刻体悟。《正蒙会稿》当作于弘治(1488—1505)之前,收录了作者与时人讨论《正蒙》义理的状况,不乏对张载思想的独特理解。《正蒙拾遗》成于《正蒙会稿》之后,认为“自孔子而下,知道者惟横渠一人”,主要从易学和天文历算之学等视角对《正蒙》做了深入地解释。[2]

三、气学评论的高峰

明代的气学思想至明清之际的王夫之(1619—1692)而达到高峰。在王夫之那里,理学真正地展现出复归张载气学思想的趋向。王夫之是宋明以来最为推崇张载的学者。他认为:“张子之学,上承孔孟之志,下救来兹之失,如皎日丽天,无幽不烛,圣人复起,未有能易焉者也。”[3]甚至在自撰的墓志铭中说“希张横渠之正学而力不能及”,即以弘扬张载之学为终生之志,可见他对张载的推崇程度。王夫之指出:“张子之学,无非《易》也,即无非《诗》之志,

---

① 《桃溪札记》,(明)唐征鹤撰,唐鼎元辑印《武进唐氏所著书》,1948 年版。

② 参见《明代〈正蒙〉诠释考略》,魏涛,西安:《华夏文化》,2012 年第 3 期。

③ 《张子正蒙注·序论》,(清)王夫之撰,北京:中华书局,1975 年版。

《书》之事,《礼》之节,《乐》之和,《春秋》之大法也,《论》《孟》之要归也。”(《张子正蒙注·序论》)即是说,张载的哲学思想是以儒家“六经”或“五经”以及《论语》《孟子》等为根据而建立起来的思想体系,其体系根本是“易学”。这一看法是很深刻的。

王夫之曾作《张子正蒙注》,对张载的气学思想做了深入地研究和阐发。他指出:

> 太虚即气,𬘡缊之本体,阴阳合和于太和,虽其实气也,而未可名之为气,莫之为而为万物之资始者,与此言之则谓之无。(《张子正蒙注·太和篇》)
>
> 言太和、𬘡缊为太虚,以有体、无形为性,可以资广生大生而无所倚,道之本体也。(《张子正蒙注·太和篇》)

王夫之认为,虽然“太虚”“𬘡缊”“太和”不直接称为“气”,但它们本质上就是“气”,不过是“气”的特殊状态而已。“太和”在张载那里,是指阴阳二气交合的理想状态,王夫之同样主张,所谓“阴阳合和于太和”是也。不过王夫之常常用“𬘡缊”代替“太和”。

至于“太虚”,王夫之似乎把它理解为“太和”“𬘡缊”的载体,他说:“虚涵气,气充虚”,“阴阳异撰,而其𬘡缊于太虚之中”(《张子正蒙注·太和篇》)。张载有时也把“太虚”视为包罗万象的载体。但王夫之同时又指出:“言太和𬘡缊为太虚,以有体无形为性,可以资广生大生而无所倚,道之本体也。”(《张子正蒙注·太和篇》)在此,王夫之直接把“太和”“𬘡缊”与“太虚”等同起来。王夫之说:“阴阳二气,充满太虚,此外更无他物”(《张子正蒙注·太和篇》),“太虚”也被从阴阳二气的角度做了说明。所谓“太虚,一实也”[①],就是把阴阳二气的交合状态视为一个独立存在的实体。张载则认为,“太虚”和“太和”不同,“太虚”是未分阴阳的“湛一”之气,是宇宙本体的范畴,“太和”则是“气化”的理想状态,是宇宙生成论的内容,“太虚”和“太和”一起构成宇宙论的基本内涵。“太虚”虽然也是王夫之哲学中的重要范畴,但王夫之更加重视的是“太和”(“𬘡缊”),而不是“太虚”。在王夫之看来,“太虚”是宇宙一切的承载体或者直接被理解为阴阳二气交合的理想状态(与“太和”“𬘡缊”同义),并不存在未分阴阳的“湛一”之气,张载所谓的“湛一”之气——“太虚”

① 《船山思问录·内篇》,(清)王夫之撰,上海:上海古籍出版社,2000年版。

本体被消解了,取代其本体地位的是阴、阳二气交合的理想状态——“太和”“絪缊”。

对于“理”,王夫之做出了符合张载本意的解释。张载认为“理”是“天序”“天秩”,是指阴阳交感而化生万物的过程中所蕴含的规则,是“气化”的一种属性。王夫之同样主张:

> 气化有序而亘古不息,唯其实有此理也。(《张子正蒙注·诚明篇》)
>
> 其序之也亦无先设之定理,而序之在天者即为理。(《张子正蒙注·动物篇》)

在王夫之看来,“理”也是“天序”的表现,是阴阳二气交感变化所蕴含的规则。因此,王夫之反对程朱等人严格区分“理”“气”的做法,认为:

> 若其实,则理在气中,气无非理,气在空中,空无非气,通一无二者也。(《张子正蒙注·太和》)

即是说,“理”并非独立存在的,它必须依附于“气”,通过“气”得以存在并得以展现出来,即“理”统一于“气”,“理”“气”并不能强分,二者“通一无二”。王夫之气本论的特色在此得到充分的展现。

不过在人性论上,王夫之并不同意张载的“合两之性”说,认为“古今言性者,皆不知才性各有从来,而以才为性尔”(《张子正蒙注·诚明》),“程子谓天命之性与气质之性为二,其所谓气质之性,才也,非性也”①,“离理于气而二之,则以生归气而性归理……其亦胶固而不达于天人之际矣”,“志于仁而无恶,安有恶之所从生而别为一本哉”(《船山思问录·内篇》)。王夫之名义上直接批评的虽为程朱,但实际上也是对张载人性论的批评,因为理学中把人性别分“天地之性”(程朱改为“天命之性”)“气质之性”是张载的首创。王夫之的人性论坚持了其“理”统一于“气”的气本论思路,认为人性是禀受于宇宙生化的特有品质,提出了“一本然之性也”(《读四书大全说》卷7《论语·阳货篇》)的人性论。所谓“本然”,即是“气”的自然状态及其属性而已,它构成了人性的所有内涵,既包括仁义道德,也包括非道德情感,并处在不断变化之中。

---

① 《读四书大全说》卷10《孟子·告子上篇》,(清)王夫之撰,北京:中华书局,1975年版。

王夫之指出：

> 盖言心、言性、言天、言理，俱必在气上说。若无气处则俱无也。（《读四书大全说》卷10《孟子·尽心上》）
>
> 气之化而人生焉，人生而性成焉。（《读四书大全说》卷10《孟子·尽心上》）
>
> 就气化之流行于天壤，各有其当然者，曰道；就气化之成于人身，实有其当然者，曰性。（《读四书大全说》卷10《孟子·尽心上》）
>
> 盖性者，生之理也。均是人也，则此与生俱有之理，未尝或异；故仁义礼智之理，下愚所不能灭，而声色臭味之欲，上智所不能废，俱可谓之为性。……故告子谓食色为性，亦不可谓为非性，而特不知天命之良能尔。（《张子正蒙注·诚明篇》）

人的身心由“气”生成，人性也以“气”为根据，并包含着“气化”所蕴含之“理”。因此，王夫之赞同告子所谓“生之谓性”的观点，认为即使是“上智”之人，其人性中同样具有“声色臭味之欲”。但是，王夫之的人性并非单纯的自然意义上的人性。他在赞同告子“生之谓性”的同时，又指出告子并不懂得人性中的“天命之良能”，它来自于阴阳二气交感变化的精神属性——“理”，因而“下愚”之人，其人性中同样具有“仁义礼智”。“声色臭味，顺其道则与仁义礼智不相悖害，合两者而互为体也”（《张子正蒙注·诚明篇》），即是说，只要人的自然欲望符合一定的节制，它也就和“仁义礼智”相统一了，王夫之甚至还认为“理皆行乎其中也”，即“理”正体现在“声色臭味”“饮食男女”当中。这是他“一本然之性也”的必然结论。此外，王夫之说：“夫性者，生理也，日生则日成也。”[①]“气”始终处于不断运行之中，禀受于“气”的人性在现实社会中也是不断变化的，可以在先天禀受的基础上随着后天的熏习修养而不断丰富和发展。

王夫之之后，清代中叶的戴震（1724—1777）对张载的气学思想也做了深入地研究。他也十分推崇张载，认为张载的学说要比其他理学家的思想更加符合儒家经典的基本精神：

---

① 《尚书引义》卷3《太甲二》，（清）王夫之撰，收录于《船山全书》，长沙：岳麓书社，1988年版。

> 独张子之说,可以分别录之,如言"由气化,有道之名",言"化,天道",言"推行有渐为化,合一不测为神",此数语者,圣人复起,无以易也。张子见于必然之为理,故不徒曰神,而曰"神而有常"。诚如是言,不以理为别如一物,于"六经"、孔、孟近矣。(《孟子字义疏证》卷上《理》)

戴震赞同张载的气论学说,认为世界的本质就是"气"及阴阳二气运动变化的结果;赞同张载把"神"归结为"气"的属性,而不使其成为超然独立之物,这也就是"神而有常";反对程朱理学将"理气"强分为二以及扬"理"而贬"气"的观点,赞同张载"不以理为别如一物"的看法,认为"理"统一于"气",是"气"运动变化的规则、条理等。不过,由"分别录之"可以看出,戴震并非完全同意张载的所有思想,而是主张要有所区别和取舍,比如戴震并不同意张载的人性说,而是把血气心知规定为人性,人性就是欲、情、知的统一;认为"理存乎欲中",反对理学中的天理人欲之辨,认为"以理杀人"甚于酷吏,提出"依法杀人"等具有启蒙色彩的思想。

另据《四库全书总目》,清代研究张载思想的主要还有李光地(1642—1718)的《注解正蒙》、王植(生卒年不详)的《正蒙初义》等。对于《注解正蒙》,《总目》提要云:"光地是书,疏通证明,多阐张子未发之意。""于明以来诸家注释之中,可谓善本矣"。《正蒙初义》除广采《性理大全》中的集释、补注、集解外,又取明代高攀龙、徐德夫及清代冉觐祖、李光地、张伯行等人的注解,"并采张子《经学》《理窟语录》《性理拾遗》三书相发明者,附录之,而各以己见参订于后"。认为张载"从儒释异同处入","其言太虚皆与释氏对照",思想创见"见道原"。它对张载的研究"论皆持平,颇能破门户之见",指出"程、朱多不满此书太虚二字,然晰其本旨,殊途同归,正不必执程、朱诸论以诋之"(《四库全书总目》卷92《子部二·儒家类二》)。

四、学术史视角的评论

明清之际的黄宗羲、黄百家、全祖望等所著的《宋元学案》以学术史视角对张载思想做了探究。它对张载思想的学术渊源、师承关系及其门人弟子等作了梳理,展示出关学学派的基本面貌。不过,《宋元学案》卷17《横渠学案上》所提出的张载乃"高平(范仲淹)门人"的看法,常遭到学人的怀疑。张载青年时代确实接受了范仲淹的指点,范仲淹引导张载关注儒学之"名教",并让他研读《中庸》。可以说范仲淹“导横渠以入圣人之室”，但不能说张载是“高平（范仲淹）门人”。《宋元学案》卷3《高平学案》载：“汪玉山（即汪应辰，1118—1176）与朱子书云：‘范文正公一见横渠，奇之，援以《中庸》，若谓从学则不可’。”这种说法是比较恰当的。

《宋元学案》之《横渠学案》对张载思想的评论，对前人的基本观点有所继承，比如说张载政治理想上主张“复归三代”，学风注重学贵于用，论二程在先而述张载于后等。但值得注意的是，它对张载的理学体系创见之功颇表认同，认为“横渠之学，是苦心得之”，“先生覃测阴阳造化，其极深至精处，固多先儒所未言”，并指出：“横渠先生勇于造道，其门户虽微，有殊于伊洛，而大本则一也。”（《宋元学案》卷首《序录》）即是说，张载思想与二程洛学有所差异，但是有其自己的学理依据并自成体系。因此赞扬张载思想说：“横渠气魄甚大，加以精苦之功，故其成就不同。”总结张载思想时，用“为天地立心，为生民立命，为往圣继绝学，为万世开太平”概括了张载的学术宗旨。又说：“其学以《易》为宗，以《中庸》为的，以《礼》为用，以孔、孟为极。”揭示出张载思想内容的基本特征。

但是，《横渠学案》对张载思想也有批评。它指出“其言天人之故，间有未当者”，“其凭心臆度处，亦颇有后学所难安者”。黄宗羲对各位理学家虽各有评论，但着意调和张载、程朱、陆王之学的分歧，他将“理”“气”“心”等冶为一炉，认为“盈天地者皆气也”，气“流行而不失其序”即是“理”，“理”与“气”乃“一物而两名，非两物而一体也”（《明儒学案》卷44《诸儒学案上二》），主张“质之本然者是性，失其本然者非性”，其“本然”亦即是王夫之所谓的“气”及其属性，并以“盈天地者皆心也”重点说明人把握宇宙本质何以能够实现的可能性问题，提出“吾心之物”的逐渐培养和发展过程就是“心”之“本体”，从而提出了不同于张载的宇宙论、人性论和修养论。因此黄宗羲说张载思想中的“天人之故”有不足之处，有令后学所难安的“凭心臆度处”。

此外，《横渠学案》对张载学贵于用的学风做了赞赏，但也指出张载“谓《周礼》必可行于后世，此亦不能使人无疑”。因为“《周礼》之的为伪书，姑置无论。……窃恐《周官》虽善，亦不过随时立制，岂有不度世变之推移，可一一泥其成迹哉！况乎《周官》之繁琐，黩扰异常”，即认为张载此举过于守旧或迂腐，因此说“先生法三代，宜不在《周礼》”（《宋元学案》卷17《横渠学案上》）。

明清以来还出现了“关学史”的专门著作，如《关学编》《关学宗传》等，它们以纪传体例记述张载之后的关中历代儒家学者的生平与思想，揭示关学的传衍脉络。张载的生平与思想均是它们关注的重要内容。《关学编》为明代关中著名理学家冯从吾编撰，是我国第一部关学史著作，卷首追述秦子（字子南）、燕子（字子思）、石作子（字子明）、壤驷子（字子从）等孔门四贤外，正篇即以张载为首，次述张载之弟张戬及张载弟子吕大忠、吕大钧、吕大临、苏昞、范育等，勾勒了关学学派的基本面貌。其后不断有关中学人陆续补入。其他一些关中儒家学者，被后人编为《关学续编》。清末民初的张骥继承了这一传统，于民国十年（1921）撰成的《关学宗传》，辑宋代张载至清末刘古愚等关中儒家学者。不过，他们对于张载生平及思想的记述主要综述了《横渠先生行状》《宋史·张载传》等的基本观点，并未提出新的见解，但为我们呈现了关学发展历史的基本面貌。

第三节　近现代学者对张载思想的研究

近代以来，中国学术出现了由传统向现代的转向，对张载思想研究最为突出的表现就是，摆脱传统道统观念或理学窠臼，参考西方哲学原理，对张载思想做出体系化的解释。因研究者的立意不同，张载思想的多面内涵得到不同程度的发掘和高扬。

一、体系化阐释的探索与成果

谢无量（1884—1964）在1916年出版了第一部哲学通史著作《中国哲学史》。他摆脱儒家道统束缚，“用今世哲学分类之法”，别分“气一元论”和“伦理学”两部分对张载的哲学思想做了体系化的整理。他指出，张载的宇宙观是“气一元论”，并以“天地万物一体之仁”和“天地之性与气质之性”为重点，对张载“伦理学”（即道德性命学说）做了探察。[①]

吕思勉（1884—1957）于1928年将其在上海沪江大学的中国哲学史讲义整理出版为《理学纲要》。他同样以西方哲学为参考，对张载哲学思想进行提纲挈领式的把握。他认为，在张载哲学思想中，“宇宙本体”“惟是一气”，同

① 《中国哲学史》，谢无量著，北京：中华书局，1916年版，《绪言》、第345—354页。

时“气”也是天地万物的唯一“原质”,“神也,道也,气也,一物而异名”,太虚是“气之散而不可见者”,与本体相对立的“现象”即是“阴阳两端”及其化生之宇宙万物,肯定了张载哲学的气学性质。他还从认识论、生死鬼神观、人性论、道德修养论、“重礼”等方面对张载的“人生观”做了论述。最后得出了“张载之学,合天地万物为一体,而归结于仁”的结论。①

1929 年,钟泰(1888—1979)出版了哲学通史著作《中国哲学史》。此著也跳出了传统的道统观念,主要分“《正蒙》”“《西铭》”两部分综论了张载哲学思想。认为“宋儒之中,吾则以横渠为博大矣”。他指出,张载之学“上则天道,下则人事,明则品类,幽则鬼神,大则经训,小则物名,无不阐述”,“所言亦不出阴阳变化之理”,“观其大体,要得之于《易》多矣”。认为张载的“太虚”范畴及“心”与“象”的关系之说吸取了佛教的思想,但张载以“天道”之“体用”驳斥佛、道的论说,“其文理密察,即二程有所不逮”。《西铭》则集中体现了张载“极于穷神知化、事天之功”,“穷人生之始,本诸天地,而不本诸法性;穷生之终,信有委顺,而不信有涅槃”。此外,钟先生赞扬了张载的心性论与修养论对理学的贡献。②

其后,冯友兰(1895—1990)的《中国哲学史》从“气”“宇宙规律”“宇宙现象”“天文地理”“性说”“天人合一”“对二氏(佛教、道教)之批评”等方面论述了张载的哲学思想,着意把张载的哲学思想更加体系化。认为“横渠之学,亦从《易》推衍而来”,即《易》构成了张载哲学的根基与主旨。他指出,“在道学家中,确立气在道学中之地位者,为张横渠”,“在其散而未聚之状态中,此气即所谓太虚”,主张张载哲学在“宇宙论”上是气“一元论”,进一步强调了张载哲学思想的“气”学性质。张载虽也论及“理”,但“仅略发其端”。在此基础上,冯先生认为张载区分“天地之性”与“气质之性”的人性“二元论”似乎与其“一元”的宇宙论不符,但又强调“就横渠别一部分之言论观之,则横渠可维持其‘气质之性’之说,而同时亦不至与其系统之别方面相冲突”,此“别一部分之言论”是指,张载将“太虚”之“气”提升为“天”的高度以使人性具有“天性”(天地之性)的同时,又将“攻取之欲”赋予“气”以使人性具有“气质之性”。而张载道德修养的理想境界则是“使个体与宇宙合一”的

① 《理学纲要》,吕思勉著,北京:东方出版社,1996 年版,第 65—77 页。

② 《中国哲学史》(卷下),钟泰著,上海:上海书店,1989 年影印版,第 18—22 页。

“天人合一”。①

与冯友兰大约同时的还有陈钟凡（1888—1982）的《两宋思想述评》。它将张载哲学思想概括为“二元论”，别分“宇宙论”“自然现象之解释”“心理学说”和“人性论”等内容加以论述，为体系化地重构张载哲学思想做出了有益的尝试。他指出，张载将“以宇宙为一气之变化，本纯粹之惟一惟气论也”，理、道与气“一而二，二而一”，同样肯定了张载哲学思想的气学性质。但同时又指出，张载虽然将太虚视为“气之真体”，但又“别太虚与气、神与形为两事，构成二元之宇宙观”。此外，陈氏还对张载哲学思想中的心性论、人生境界论等做了探究。值得注意的是，除引用一元论、二元论、唯物、唯理等西方观念审视张载哲学思想外，陈氏深受新文化运动所倡导的“民主、科学”思潮的影响，特辟“自然现象之解释”一节以发掘张载的自然科学思想，指出：“惜（张）载有科学思想而不知应用科学方法，虽坚守唯物之说，终不能成科学专家”，认为其“后世祖述无人”，科学思想终未能发扬光大，“诸夏科学之无进步，此其绝大原因”②。

范康寿（生卒年不详）20世纪30年代初在武汉大学哲学系任教，1936年上海开明书店出版其中国哲学讲义《中国哲学史通论》。他指出，“社会意识乃系社会存在的产物”，而中国哲学思想就是中国历史“各阶段上依据社会的存在的反映而引起的哲学思想”，因此本书“观点却与当时各家不同”。遗憾的是，在具体论述各时期不同思想时，范先生坚持的依然是思想本身的解释，并未真正将中国哲学思想置于中国历史各阶段“社会存在”的基础上予以考察。他认为，“横渠以为宇宙的本体，乃是太虚一元之气”，同样肯定了张载的气本论和一元论性质，同时也对张载的道德性命学说也做了论述。范康寿指出，张载的“太虚”与“太和”不同，前者是气之“体”，后者是气之“用”；张载人性论中的天地之性本原于“太虚”，气质之性来自气的“清浊”等。③ 这些都触及到了张载哲学思想的本质。

张岱年（1909—2004）于1935—1937年写成《中国哲学大纲》。他指出，

---

① 《中国哲学史》（下册），冯友兰著，上海：华东师范大学出版社，2000年版，第228—237页。

② 《两宋思想述评》，陈钟凡著，上海：商务印书馆，1933年版，第60—73页。

③ 《中国哲学史通论》，范康寿著，北京：生活·读书·新知三联书店，1983年版，《重版序言》第16、334—382页。

"唯气的本根论之大成者，是北宋张横渠（载）"，在张载看来，"气自本自根"，"宇宙一切皆是气，更没有外于气的"，"太虚即气散而未聚无形可见之原始状态"，"道""理""性"等"乃气所内涵"。因此，张先生说："张载的本根论，确实可以说是一种唯物论"①。这是学术界正式明确地将张载哲学归结为"唯物论"。此外，本书还从"人生论""致知论"探讨了张载的道德性命学说，努力发掘中国固有的哲学精神。

20 世纪 50 年代后期，张岱年出版了一部研究张载的专著——《张载——十一世纪中国唯物主义思想家》。在上世纪 30 年代的基本观点基础上，将张载哲学归结为"气一元论的唯物论学说"，称赞"张载是宋代卓越的唯物论者"，进一步突出了张载哲学的唯物论性质，认为"太虚"是气消散的原始状态，所谓"天，就是太虚，也就是广大无垠的物质世界"，主张"张载的哲学体系是在与佛教唯心论进行斗争中建立起来的"，并以张载的"唯物宇宙论""辩证观念""认识论""伦理学说""政治思想"等为章节②，构建了马克思主义原则下的较为完整的张载思想体系，同时也树立了张载个案研究的一个典范，深刻地影响了后来的张载思想研究，奠定了此后大陆许多思想史、哲学史、理学史等著述论述张载哲学思想的基本框架与观点。

与张岱年大约同时，侯外庐（1903—1987）等在 1959 年和 1960 年相继出版了《中国思想通史》第四卷上、下册。侯外庐等认为，张载的哲学思想属于"气的唯物主义"，太虚除具有宇宙时空之义外，即是"气的本然的'散'的状态"，对张载关于"两"的辩证法做出了充分地赞扬。不过，侯外庐等又指出：张载"既指'气'是万物之一源，但同时又说'性者，万物之一源'"，使"气"与"性"成为"两条不同的渊源"，从而陷入了"唯心主义的泥沼"。因而，张载的哲学思想其实是一种"二元论"。最后对张载与二程之间的哲学思想的异同做了探析。值得注意的是，侯外庐等以思想史与社会史相结合为原则，对张载哲学思想的"社会根源"做了发掘，认为张载的"二元论"与其身世地位、政

---

① 《中国哲学大纲》，张岱年著，北京：中国社会科学出版社，1982 年版，《自序》、第 42—49 页。

② 《张载——十一世纪中国唯物主义思想家》，张岱年著，《张岱年全集》（第 3 卷），石家庄：河北人民出版社，1996 年版，第 241—274 页。

治态度与社会主张及其对自然科学的探究紧密相连。[①] 侯外庐的这一尝试尽管有其时代烙印，但却是首次将“社会存在决定社会意识”这一唯物史观原则真正地应用于张载思想的研究当中。

二、现代新儒家的人文阐发

张载学说也成为现代新儒家[②]所关注的重要内容。现代新儒家未受到同时期大陆政治意识形态的影响，他们坚信中国传统文化存在永恒的价值，倡导在会通中西与古今的视野下对儒家文化做出整体性、系统性的阐释，着意发掘儒家文化所蕴含的人文意蕴与价值理念，或曰道德精神、宗教精神，表现出不同于同时期大陆学者的研究路数。新儒家有不少学者对张载思想做出了研究。比如劳思光指出，张载的“气”“既为万物之根源，又为有形上意味之实有”[③]。罗光认为，“太虚即是最初之气，最纯净之气，没有成之气，为形而上”[④]。他们对张载哲学思想中的人文价值内涵做了特别关注和阐发。其中以牟宗三和唐君毅为主要代表。

牟宗三（1909—1995）1968 年出版的《心体与性体》，辟“张横渠对于‘天道性命相贯通’之展示”一章对张载哲学思想做了专门论述。他把张载哲学思想看作一个整体，不满二程对张载的批评而为张载辩护，指出张载属于理学之“正宗”，而程颐、朱熹是理学的“别子为宗”，同时不同意大陆学术界将张载哲学归结为“唯物论”“唯气论”的观点，将“太虚神体”视为张载哲学体系的根本范畴，指出“虚与神非是气之谓词（predicates），非是气之质性（Properties）”，认为太虚、神为既是实有又有大用的创造实体，并本着中国体用圆

---

① 《中国思想通史》（第 4 卷，上册），侯外庐主编，北京：人民出版社，1959 年版，第 545—570 页。

② 有学者也将宋明理学视为“新儒家”，不过“新儒家”更普遍的指产生于 20 世纪 20 年代初期，一直发展到现在的一个学术思想流派，这一学派力图在现代中国恢复儒家思想的主导地位，重建儒家的价值系统并以此为基础来吸纳、融合、会通西学，以谋求中国文化和社会的现代化。其代表主要有：熊十力、梁漱溟、马一浮、张君劢、冯友兰、钱穆（对于钱穆是否属于新儒家，学术界有不同看法）等，以上为第一代，方东美、唐君毅、牟宗三、徐复观（第二代），成中英、刘述先、杜维明、余英时等（第三代）。有学者将第二、三代称为“现代新儒家”。

③ 《中国哲学史》（第 3 卷，上册），劳思光著，香港：香港友联出版公司，1980 年版，第 190 页。

④ 《中国思想史》（第 3 卷），罗光著，台北：台湾先知出版社，1976 年版，第 145 页。

融的思维,在"性与天道"或"天人合一"的体系框架中着意发挥了张载哲学思想中的人文价值意蕴,指出"横渠对于'天道性命通而为一'言之极为精透"。不过,为了打破本体与现象的二元分割、阐发虚气的圆融为一,牟先生一方面刻意抬高"太虚神体"的形而上地位,一方面又把"气"看成是形而下的,因此要构建起"虚不离气,即气见神之体用不二之圆融之论"[①],其实是有理论上的缺陷和难度的。

唐君毅(1909—1978)在上世纪六七十年代先后出版了《中国哲学原论》之《原性篇》《导论篇》《原教篇》,出版较晚的《原教篇》对前两部著作的观点做了进一步整理和修正。唐先生认为,张载的"气"具有形而上的含义,"视之如孟子之浩然之气之类,以更视其义同于一形上之真实存在"。认为"虚""气"不可强分,"虚即气之虚,无即道之无,而气则万古不息。故虚气不二之道为常道"。在《原性篇》中,他就特意突出张载的心性学说,主张"气"有精神生命,在《原教篇》中进一步强调:气"是一流行的存在或存在的流行,而不更问其是吾人所谓物质或精神",反对唯物主义倾向的"唯气论"观点。他还以《正蒙·大心》篇融通张载的其他篇章和著述,同样对张载哲学思想所蕴含的人文意蕴与价值理念做了领会式的发掘和彰显。[②]

常被学人视为"接着宋明理学讲"的现代新儒家,对儒家文化特别是其心性之学抱有很深的"感情",认为它们是中国传统文化的本原和核心,试图在现代中国恢复儒家思想的主导地位,从而着意高扬儒家文化的普世性和优越性。他们对张载哲学思想的人文价值内涵的阐发同样如此。70 年代末以来,随着大陆和港台及海外学术交流的增多,现代新儒家对张载人文价值内涵的阐发及其研究结论对大陆学术界的相关研究产生了较大影响,张载哲学思想所蕴含的人文价值内涵逐渐受到大陆学者越来越多的关注和吸收。

三、百花齐放的研究

自上世纪 70 年代末以来,大陆学术界对张载学说的研究也越来越活跃,

---

① 《心体与性体》,牟宗三著,上海:上海古籍出版社,1999 年版,第 9—52、358—489 页。

② 《中国哲学原论·原性篇》,唐君毅著,北京:中国社会科学出版社,2006 年版,第 70—91 页;《中国哲学原论·原教篇》,唐君毅著,北京:中国社会科学出版社,2005 年版,第 212—218 页。

呈现出百花齐放的繁荣面貌。

第一，对前30年主流观点的继承和发展。张岱年在1977年为《张载集》的出版写的《关于张载的思想和著作》中，坚持认为"张载的自然观是气一元论，其中包含了一些朴素辩证观点"①。姜国柱所著《张载的哲学思想》（出版于1982）继承了侯外庐等人的观点，认为张载一方面承认"气"的宇宙根源地位，另一方面又承认"心""性"是"万物之一源"，以此为基础说张载哲学思想"处处充满矛盾"，是"二元论"的哲学家。② 不过，姜国柱后来在《张载关学》中又转向了唯物主义"气本论"。③ 在上世纪80年代出版的侯外庐、邱汉生、张岂之主编的《宋明理学史》，是新中国成立以来的第一部系统论述宋明理学的专著，它虽然以唯物史观为基本原则，但摆脱了前一阶段唯物与唯心"两军对垒"的"对子"模式，别分"本体论""道德论""认识论"等论述了张载的哲学思想体系，对张载的气学思想做了高度赞扬，认为"建立一个以'气'为宇宙本体的宇宙观，张载却是首功"，"太虚"是气的消散的原始状态，"神""道""理"等均是"气"所表现出的属性，主张张载的理论主要来自《易》，并从"天地之性"与"气质之性""穷神知化"与"穷理尽性""大心"等方面对张载的道德性命学说做了深入系统地梳理。此外还对张载学说与二程学说的关系做了分析，以凸显张载哲学思想的特征。④ 继此之后，冯友兰的《中国哲学史新编》、任继愈主编的《中国哲学史》等⑤均坚持认为张载的学说是气本论的唯物主义，但同时以《西铭》为中心对张载的道德修养与境界学说做了重点阐述。

第二，对前30年主流观点的明确反思及新途径的探索。丁伟志在1980年发表《张载理气观析疑》，批评了长期以来套用的"两军对战"模式，认为"张载没有正面论述'理'与'气'之间的关系，没有回答、也没有提出谁产生谁、谁从属谁的问题"，"这样，便使得张载的哲学没有成为严格意义上的唯物

---

① 《关于张载的思想和著作》，张岱年，载于《张载集》，北京：中华书局，1978年版，第3页。

② 《张载的哲学思想》，姜国柱著，沈阳：辽宁人民出版社，1982年版，第29—34页。

③ 《张载关学》，姜国柱著，西安：陕西人民出版社，2001年版，第78页。

④ 《宋明理学史》（上册），侯外庐、邱汉生、张岂之主编，北京：人民出版社，1984年版，第85—127页。

⑤ 冯友兰著《中国哲学史新编》（下册），北京：人民出版社，1998年版，142—172页；《中国哲学史》（第3册），任继愈主编，北京：人民出版社，2003年版，第201—216页。

主义哲学，同样也没有成为严格意义上的唯心主义哲学。强行加冕，绝无益处”。[①] 丁伟志的观点并不全面，因为张载确实指出“神与性乃气所固有”（《张子语录·语录中》），此外在分析张载宇宙观和认识论时依然具有二元论倾向，但此文确实展现出了对前一阶段主流观点的深入反思和有力冲击。与此同时，陈俊民发表《论中国哲学史的逻辑体系问题》称：唯物与唯心“‘两军对战’的“‘对子’不能构成哲学和哲学史体系的逻辑结构”，“实质是一个人为的强制性结构，在理论上和史实上都难以成立”，主张中国哲学史的逻辑体系应当是“由多序列、多层次、多环节上的小‘圆圈’构成的‘大圆圈（螺旋）’”。[②] 此后，陈俊民出版的《张载哲学思想及关学学派》[③]对此做了有益的探索。程宜山所著的《张载哲学的系统分析》认为，张载哲学思想是朴索唯物主义的气“一元论”，但同时又具有明显的“一元二重化”的倾向。更为重要的是，此书引入了范畴分析和系统分析的方法，展示了张载哲学中天道观、人道观、认识修养学说三部分有机统一的逻辑行程、系统和特征，在此基础上对张载的“诚明所知”和“德性所知”的关系等做出了诸多发明[④]，成为反映唯物主义一派张载思想研究取得新进展的著作。

第三，20 世纪 80 年代末以来张载学说研究的多元化趋势。一是研究张载哲学思想的学术方法的多元化。陈来的《宋明理学》继承了“气一元论的唯物主义哲学”的观点，认为太虚、气、万物均是“气”这一实体的不同状态，“神”“化”“理”是“气”的属性，同时注重对张载道德性命学说的考察。[⑤] 蒙培元的《理学范畴体系》不再判定张载哲学“唯物”“唯心”立场，从宋明理学的主要范畴及其逻辑结构出发展开张载哲学思想的研究，其在宇宙论方面指出张载确立了“气是宇宙本体的一元论哲学”，“太虚是气的本然状态，也是自然界的本体存在”，并从“体用”的立场论证了“太虚”与“万物”的关系。[⑥] 张立文的《宋明理学研究》同样摒除了“唯物”“唯心”的立场，注重从哲学范畴和逻辑结构分析张载哲学思想，力图探求张载哲学文本“在特定语境中的

① 《张载理气观析疑》，丁伟志，北京：中国社会科学，1980 年第 4 期。

② 《论中国哲学史的逻辑体系问题》，陈俊民，西安：《陕西师范大学学报》（哲学社会科学版），1980 年第 4 期。

③ 《张载哲学思想及关学学派》，陈俊民著，北京：人民出版社，1985 年版。

④ 《张载哲学的系统分析》，程宜山著，上海：学林出版社，1989 年版。

⑤ 《宋明理学》，陈来著，沈阳：辽宁教育出版社，1991 年版，第 57—75 页。

⑥ 《理学范畴体系》，蒙培元著，北京：人民出版社，1989 年版，第 9—12 页。

本来意义”[①]。方光华的《中国古代本体思想史稿》则从张载对佛教思想的批判角度论述了张载的“太虚本体论”，通过对“佛性前提批判——‘八不缘起’与‘天道神化’”“佛性内涵批判——虚空即性与天道即性”“佛性体证批判——止观并重与穷理尽性”等深入论析的基础上，认为“张载的哲学体系乃是在深入批判佛学佛性论过程中建立起来的”[②]，有助于澄清张载哲学与佛教思想之间的关系这一长期困扰学术界的重大问题。丁为祥的《虚气相即——张载哲学体系及其定位》则以天人、体用、本然与应然三重关系构建张载的哲学体系，反对将太虚与气等同起来，而将二者看成是全面的“相即”关系，并将张载哲学放置于整个宋明理学潮流当中反观其在理学中的地位及宋明理学的发展趋势[③]，发前人所未发。不过，丁先生对“气”多重含义的认识有所不足。林乐昌也撰有多篇论述张载哲学思想的论文[④]，在张载哲学的诠释框架上做了创新，认为“太虚”是具有超越时空、超越物质之气的本体，从宇宙本体论和宇宙生成论两层结构讨论太虚与气之间的相分与相合关系，提出了张载哲学思想乃“两层结构的宇宙哲学”。不过，当林先生把“气”视为“形而下”之时，就同样面临着牟宗三所遇到的理论难题。杨立华的《气本与神化——张载哲学述论》，采取了回归与细致分析张载哲学文本的方法，认为无形的“太虚”聚为有形的“气”和万物，主张“太虚”与“气”的关系乃无形之气与有形之气的关系。[⑤] 龚杰的《张载评传》是中国学术史上关于张载的第一部评传体研究著作，除介绍张载生平及著作外，以文化背景、天道观、人学思

---

① 《宋明理学研究》，张立文著，北京：人民出版社，2002 年版，第 180—224 页。

② 《中国古代本体思想史稿》，方光华著，北京：中国社会科学出版社，2004 年版，第 284—306 页。

③ 《虚气相即——张载哲学体系及其定位》，丁为祥著，北京：人民出版社，2000 年版，第 59—69 页。

④ 主要有《张载对儒家人性论的重构》，北京：《哲学研究》，2000 年第 5 期；《20 世纪张载哲学的主要趋向反思》，北京：《哲学研究》，2004 年第 12 期；《张载理观探微——兼论朱熹理气观与张载虚气观的关系问题》，北京：《哲学研究》，2005 年第 8 期；《许衡对张载人性论的承接和诠释》，济南：《孔子研究》，2006 年第 12 期；《张载礼学论纲》，北京：《哲学研究》，2007 年第 12 期；《张载两层结构的宇宙哲学探微》，北京：《中国哲学史》，2008 年第 4 期；《“为天地立心”——张载“四为句”新释》，北京：《哲学研究》，2009 年第 5 期等。

⑤ 《气本与神化——张载哲学述论》，杨立华著，北京：北京大学出版社，2008 年版，第 40 页。

想、道统论、社会思想、关学、与程朱及明代反理学思潮的关系等为专题，较为全面地梳理了张载思想。此外，与学术界的一般认识不同，此书将张载哲学思想归结为“四书学”。① 二是张载思想的专题研究的多元化。作为理学思想的重要部分，张载的思想内容是非常丰富的，除哲学思想外，至少还有经学思想、社会教化思想、教学思想、政治思想、宗教思想、学术特色与方法，等等。自上个世纪末以来，对张载思想做出专题化的研究越来越引起学术界的重视。在张载的经学思想研究方面主要表现为对张载《易》学思想的研究，如丁原明的《〈横渠易说〉导读》、朱伯崑的《易学哲学史》、余敦康的《汉宋易学解读》《内圣外王的贯通——北宋易学的现代诠释》等。② 学术界一般将张载哲学归结为《易学》，但同时也认识到张载对“四书”非常重视，并将其纳为建构理学体系的重要思想资源(甚至有学者将张载哲学归结为“四书”学，如龚杰)，因此学术界对张载“四书”学也做了研究，如龚杰的《张载的“四书学”》，肖永明的《张载之学与〈四书〉》，束景南、王晓华的《四书升格运动与宋代四书学的兴起》，董灏智的《“四书”经典结构形成过程的思想史考察》，王振华的《张载对孟子心性论思想的继承与发展》等③，近年来陕西师范大学博(硕)士生也常将张载的“四书”学作为研究课题。同时，也出现了对张载经学思想做出综合性研究的著作，如蔡方鹿主编的《经学与中国哲学》、姜广辉主编的《中国经学思想史》等④。关于张载的政治思想也出现了相关研究论文及著作，如刘昶的《官僚政治下的三代理想——张载社会政治思想概述》、毕明良的《张载哲学的政治意涵诠释》、宋义霞的《张载“四为”之政治伦理思想价值

① 《张载评传》，龚杰著，南京：南京大学出版社，1996 年版。

② 《内圣外王的贯通——北宋易学的现代诠释》，余敦康著，上海：学林出版社，1997 年版；《〈横渠易说〉导读》，丁原明著，济南：齐鲁书社，2004 年版；《易学哲学史》，朱伯崑著，北京：昆仑出版社，2005 年版；《汉宋易学解读》，余敦康著，北京：华夏出版社，2006 年版。

③ 《张载的“四书学”》，龚杰，西安：《西北大学学报》(哲学社会科学版)，1994 年第 3 期；《张载之学与〈四书〉》，肖永明，长沙：《船山学刊》，2007 年第 1 期；《四书升格运动与宋代四书学的兴起》，束景南、王晓华，北京：《历史研究》，2007 年第 5 期；《“四书”经典结构形成过程的思想史考察》，董灏智，长春：《东北师范大学学报》(哲学社会科学版)，2012 年第 6 期；《张载对孟子心性论思想的继承与发展》，王振华，西安：《陕西师范大学学报》(哲学社会科学版)，2011 年 5 期。

④ 《经学与中国哲学》，蔡方鹿主编，上海：华东师范大学出版社，2009 年版；《中国经学思想史》，姜广辉主编，北京：中国社会科学出版社，2010 年版。

探析》，李蕉的《张载政治思想述论》等[①]。此外，对于张载的教育思想及学术特色也出现了诸多研究成果，李刚的《张载经典阅读的方法论》[②]认为张载在经典阅读方面形成了系统的方法论，张践的《张载的实学思想及其宗教观》[③]则对张载的宗教思想做了初步探索。

第四，在古代学人传统影响下出现了"关学史"视野下的张载学说研究。早在20世纪五六十年代出版的《中国思想通史》（侯外庐主编，第四卷上册）就曾专辟一节对张载所开创的关学传承与学风做了整理。[④] 20世纪80年代，陈俊民出版了《张载哲学思想及关学学派》，从关学的角度出发，对张载所开创的关学的社会背景、学术源流及其哲学思想、发展历史做了系统梳理。[⑤]方光华等的《关学及其著述》在考察和厘清"关学"一词的含义的基础上，对关学的形成背景、思想内容、发展演变、主要著述等做了专门论述。[⑥] 此外，还出现了研究关学的大量学术论文，对关学的发展历史、思想要旨与学风特质、与程朱学派的关系、与明清实学的关系及其历史地位与影响等诸方面做了深入细致的考察和论证。

最后，对张载及关学著述文献的整理也日益受到学术界的重视，并出现了诸多成果。1978年，中华书局编辑出版《张载集》，收录有《正蒙》（《东铭》《西铭》并入《正蒙·乾称篇》）《横渠易说》《经学理窟》《张子语录》《文集佚存》《拾遗》等，并根据各种版本做了校订、补遗，在附录中收集了《横渠先生行状》《宋史·张载传》《司马光论谥书》以及各本序文等，是目前关于张载著作的最好版本。2012年中华书局还出版了林乐昌的《正蒙合校集释》（上下册），这是目前关于《正蒙》的最好版本。2014年知识产权出版社出版了周赟

① 《官僚政治下的三代理想——张载社会政治思想概述》，刘昶，上海：《上海师范大学学报》（哲学社会科学版），1984年第4期；《张载哲学的政治意涵诠释》，毕明良，长沙：《船山学刊》，2010年第4期；《张载"四为"之政治伦理思想价值探析》，宋义霞，西安：《理论导刊》，2010年第10期；《张载政治思想述论》，李蕉著，北京：中华书局，2011年版。

② 《张载经典阅读的方法论》，李刚，西安：《陕西师范大学学报》（哲学社会科学版），2011年5期。

③ 《张载的实学思想及其宗教观》，张践，武汉：《江汉论坛》，2000年第1期。

④ 《中国思想通史》（第4卷，上册），侯外庐主编，北京：人民出版社，1959年版，第545页。

⑤ 《张载哲学思想及关学学派》，陈俊民著，北京：人民出版社，1985年版。

⑥ 《关学及其著述》，方光华等著，西安：西安出版社，2003年版。

的《〈正蒙〉诠译》，对《正蒙》进行了白话文诠释。但张载还有诸多著述已经亡佚，近年来陆续有学者从史籍中辑出张载的佚文和佚诗。程宜山的《关于张载著作的佚文》[①]是国内学者在这方面较早的尝试。《全宋文》卷1299、卷1305辑得佚文20篇。李裕民在《张载诗文的新发现》中辑得佚文14篇、佚诗61首[②]，与《全宋文》佚文有所重复。林乐昌在《张载答范育书三通及关学学风之特质》中，辑得佚文1篇。林乐昌还从各种古籍中采辑张载《孟子说》，计133条。[③] 邱忠堂的硕士毕业论文《张载〈论语说〉研究》辑录《论语说》246条。日本学者山际明利统计出《论语说》119条[④]，其中3条重复。当然，张载散佚的著述还有很多，当前不少学者正在进行更加全面的辑佚工作。对于关学文献的整理出版，近年来也取得一定成效，中华书局相继出版了陈俊民、徐兴海点校的《关学编》以及陈俊民点校的《蓝田吕氏遗著辑校》等，但清末及民国时期一些史著如张骥的《关学宗传》等还有待进一步整理。[⑤] 此外，上世纪80年代以来还发现了《横渠族谱》以及关于张载的明、清、民国时期的公文等新史料。[⑥]

四、国外学者的评说

张载思想也受到国外学者的关注和研究。美国传教士丁韪良（1827—1916）在1894年出版的著作《翰林集》中，对张载的思想做了非常高的评价，认为张载的“太虚即气”说与笛卡儿的“以太”“旋涡”说“相吻合”，将张载思想视为比笛卡儿哲学早400年的“前笛卡儿的笛卡儿哲学”，并提出笛卡儿的学说可能来自张载学说的推测。

笛卡儿被黑格尔称为“现代哲学之父”，他认为，宇宙中并不存在“虚空”，而是充满着一种非常稀薄的连续流体——“以太”，由此形成许多转动

---

① 《关于张载著作的佚文》，程宜山，北京：《中国哲学史研究》，1981年第4期。

② 《张载诗文的新发现》，李裕民，太原：《晋阳学刊》，1994年第3期。

③ 《张载佚书〈孟子说〉辑考》，林乐昌，北京：《中国哲学史》，2003年第4期。

④ 《论语思想史》，［日］松川健二编，台北：台湾万卷楼图书出版股份有限公司，2006年版。

⑤ 参见《关学及二十世纪大陆关学研究的辨析与前瞻》，刘学智，北京：《中国哲学史》，2005年第4期。

⑥ 参见《新发现的〈横渠族谱〉》，高景明著，西安：《文博》，1987年第4期；《宝鸡市档案馆征集的张载史料简介》，郑爱莲、林乐昌，北京：《历史档案》，1992年第2期。

着的漩涡而构成宇宙万物的生成和变化。这一学说对西方近现代哲学和物理学的发展产生了很大影响。丁韪良认为,张载思想的"主要目的"虽然是"进行道德教育",但却是"从宇宙的本原入手的",他的"太虚即气"论"从本国最古老的神圣之书(指《易经》)中发源","否认虚空的存在,而主张所有空间都充满着以太",宇宙万物均"由'以太'这种原始元素集聚而成",这种观点与笛卡儿的理论"相吻合"。因此丁韪良指出:"张载不仅同意笛卡儿关于物质是由'以太'这种原始元素集聚而成的观点,而且他和他的同道们似乎已经有了用旋涡运动来解释集聚方式的猜测。"

不过,在丁韪良看来,笛卡儿并没有解决由"以太"形成的宇宙万物的消亡问题,而"张载比笛卡儿更向前推进一步,他进而认为,一切形态的物质注定还要复归于'以太'","而这种复归又为一种新的物质的出现做了准备"。丁韪良发现,张载的这一思想旨趣受到了西方近现代哲学和物理学的认同。他说,"张载这种思想的全部内容,又出现在最近由波·基·费特和巴尔福·斯图沃特二位教授所写的名为《看不见的宇宙》的著作中","主张分子动力学理论的现代物理学家们实际上抱有同样的信念"。由此,丁韪良发出了如此的感叹:"看到一种过时的理论在西方科学的至盛时期复活,是令人感到惊奇的,而在八个多世纪以前的中国遇见它,更令人感到惊奇!"在此基础上,丁韪良提出了笛卡儿的学说可能来自张载学说的推测,认为"我们可能不得不承认,那从法国兴起,席卷整个欧洲的哲学运动之第一推动力来自十一世纪的中国思想家"①。

英国近现代科学家李约瑟(1900—1995)也对张载思想做了探察和评论。他对丁韪良的上述观点做了直接的呼应,在《中国科学技术史》第二卷《科学思想史》中他写道:"丁韪良在距今约一个世纪以前所写的而现在仍然值得一读的论文里说,理学是比笛卡儿早400年的笛卡尔主义,这话并不是不中肯的。"此处所谓的"理学"就是指丁韪良笔下的张载及其"同道们"的思想。李约瑟对张载的"一切事物和生物都是由'气'的凝聚过程而形成,并由'气'的离散过程而毁灭"的气本思想深表赞同,认为张载的思想显示出显著的"自然主义",而且"在朱熹用'理'作为宇宙组织的原则之前,张载就用了'太和'一

① 参见《笛卡儿的"以太""旋涡"说与张载的"太虚即气"说》,[美]丁韪良撰,程宜山译,西安:《陕西师范大学学报》(哲学社会科学版),1982年第4期。

词，并且是在非常唯物主义的意义上使用的”。不过，在李约瑟看来，笛卡儿的哲学是“把世界看成一个庞大的机器”的“机械实在论”，这与后来产生的“把世界看成一个庞大的活的有机体”的“有机主义哲学”不同。李约瑟认为，与西方有机哲学“相信事物是由于自然的预先安排按前定的秩序而产生的”类似，张载及其“同道们”“把宇宙的‘物质原理’在某种方式上等同于人类德行的‘道德原理’和其他‘精神’事物（即这样从非人类甚至无生命的世界的根源中得出的人类的和社会的最高价值）”，是对中国古代自然主义的有机科学哲学系统化的有益尝试，因而将中国的宋代理学时代视为中国“自然科学的黄金时代”①。

2010 年上海古籍出版社出版了美国学者葛艾儒的《张载的思想》。受到大陆唯物主义的影响，葛艾儒认为，“气”是张载哲学的根本范畴，并将张载哲学视为气本论。在将张载的“气”做出“氣”与“気”双重诠释的基础上，尝试构建张载的思想体系，是葛艾儒研究张载思想的显著特色。他认为，在张载思想中，“氣”是混沌的、根源性的、形而上的气，也就是“太虚”“太和”；“気”是现象层的、化生的、形而下的气，并以此解释了“天地之性”和“気质之性”的根据问题。同时，他将阴与阳视为气本身所固有的“极性”即根本属性，而乾坤、刚柔、仁义、动静等则是气的部分属性。在此基础上，葛艾儒尝试说明以“理”为本的二程学说不同于张载的气本论，并对牟宗三的形而上之“虚”与形而下之“气”的体用论做了批评。将“气”别分为“氣”与“気”的双重诠释为张载思想的研究提供了一种新的可能路径，但在葛艾儒的诠释体系中，张载的“氣”的形而上属性以及“‘仁’‘义’何以成为两极”等关键性问题并未得到合理的解释和恰当的说明。②

此外，东亚国家特别是日本和韩国学者对张载思想也多有研究。近年来，中日韩学者还多次齐聚在张载故里，举办了如“‘张载关学与实学’国际研讨会”“‘关学・南冥学与东亚文明’国际学术研讨会”“张载关学与东亚文明学术研讨会”等重大国际性学术交流活动，就张载气论思想及其对韩国曹南冥等的影响以及东亚儒学走势等问题进行有益的探讨和交流。韩国教育

---

① 参见《中国科学技术史》第 2 卷《科学思想史》，[英]李约瑟著，何兆武等译，北京：科学出版社、上海：上海古籍出版社，1990 年版，第 499、503、525、530 页。

② 参见《张载的思想》，[美]葛艾儒著，罗立刚译，上海：上海古籍出版社，2010 年版。

部还曾在2011年邀请张载后裔到韩国参加为期数月的学术访问。这些均展示了张载及其思想“对当时(古代)和如今的东亚以至于整个亚洲东方文明和世界文明,都有极大的贡献和影响”[1]。

纵观从古至今的张载思想研究历程,张载思想在不同历史时期均受到学人的重视。与其他理学家相比,张载的思想特别是其哲学思想在学术界中引起的争议最大。深入反思和总结千年来学人对张载思想研究的成绩与教训,有助于提升张载思想研究的境界。

① 参见《张载“三观”与东亚文明》,葛祥邻,宝鸡:《宝鸡社会科学》,2007年第4期。

附录 张载简谱[①]

张载(1020—1077),字子厚,北宋凤翔府郿县(今陕西眉县)人,祖籍大梁(今河南开封),世称“横渠先生”。

宋真宗天禧四年(1020)

张载生于长安。

曾祖生于唐末,历五代不仕,因子贵被赠为礼部侍郎。祖父张复,在北宋任给事中、集贤院学士等职,后赠司空。父亲张迪,任殿中丞、涪州(今重庆市涪陵区)知州等,赠尚书督官郎中。

宋真宗天禧五年(1021)

王安石生。

张载2岁。

宋真宗乾兴元年(1022)

真宗崩,六子赵祯即位,是为仁宗,年仅12岁,刘太后摄政。

张载3岁。

宋仁宗天圣元年(1023)

张载4岁。父张迪任涪州事,张载与母随父至涪州任所。

宋仁宗天圣二年(1024)

张载5岁。

宋仁宗天圣三年(1025)

张载6岁。

宋仁宗天圣四年(1026)

张载7岁。

---

① 据《张载集·附录》吕大临所撰《横渠先生行状》,《宋史·张载传》,清代武澄《张子年谱》(《宋明理学家年谱》第1册,北京:北京图书馆出版社,2005年版),晚清民国初刊《横渠先生年谱》(《儒藏·史部本》,四川大学出版社,2007年版)等整理。

宋仁宗天圣五年(1027)

张载8岁。

宋仁宗天圣六年(1028)

张载9岁。

宋仁宗天圣七年(1029)

张载10岁。

《行状》云:"始就外傅,志气不群,知虔奉父命,守不可夺,涪州器之。"

宋仁宗天圣八年(1030)

石介举进士。

张载11岁。是年,弟张戬出生于涪州,字天祺。吕大临《张御史行状》云:"君讳戬,字天祺,少而庄康,有志成之气,不与群童狎戏。"

宋仁宗天圣九年(1031)

张载12岁,弟张戬2岁。

宋仁宗明道元年(1032)

党项族李明德被宋封为夏王,旋卒,其子李元昊嗣位。程颢生。

张载13岁,弟张戬3岁。

宋仁宗明道二年(1033)

刘太后薨,仁宗亲政。程颐生。

张载14岁,弟张戬4岁。

宋仁宗景祐元年(1034)

张载15岁,弟张戬5岁。父张迪殁于涪州任上,张载和弟张戬与母亲陆氏一起扶棺回开封,越秦岭,赴斜谷,行至眉县横渠镇,因经济拮据及前方发生兵变而无法前行,全家只好居于横渠,葬父张迪于大振谷口迷狐岭。

宋仁宗景祐二年(1035)

张载16岁,弟张戬6岁。于眉县奉母教弟。

宋仁宗景祐三年(1036)

李元昊西攻回鹘瓜州(今甘肃瓜州)、沙州(今甘肃敦煌),占西凉之地。苏轼生。

张载17岁,弟张戬7岁。居横渠半耕半读。

宋仁宗景祐四年(1037)

京师开封及襄(今湖北襄阳)、并(今河北保定和山西太原、大同一带)、代(今山西代县)、祈(今山西忻州)诸州地震,民死者两万两千余。

张载 18 岁,弟张戬 8 岁。与邠(今陕西彬县)人焦寅游。《宋史·张载传》曰:张载“少喜谈兵,至欲结客取洮西(今甘肃临洮一带)之地”。

宋仁宗宝元元年(1038)

党项族首领李元昊称帝,建立西夏。司马光举进士。

张载 19 岁,弟张戬 9 岁。“慨然以功名自许”,立志报效国家。

宋仁宗宝元二年(1039)

西夏攻宋,被巡检指挥使狄青击败。

张载 20 岁,弟张戬 10 岁。

宋仁宗康定元年(1040)

西夏入侵延州(今陕西延安),宋军败于三川口(今陕西延安西北),诏以夏竦为陕西经略安抚招讨使,以韩琦、范仲淹副之,范仲淹知延州。

张载 21 岁,弟张戬 11 岁。张载至延州上书范仲淹,提出自己的军事主张(《边议》)。范仲淹很赏识张载的才能,劝他先读儒家经典《中庸》,涵养自己以图更大发展。张载接受了范仲淹的劝告,回乡读《中庸》,但“未足也”。于是又访释老诸书,累年尽究其说,但发现佛道不符合自己的理想抱负,返而求之儒家“六经”,逐渐形成自己的思想体系。

宋仁宗庆历元年(1041)

西夏攻渭州(治所在今甘肃平凉),宋军败于好水川(今宁夏隆张县北),关右大震。宋分陕西为四路,以韩琦、范仲淹、庞籍为陕西安抚经略招讨使。范仲淹于西北边防筑大顺城(今甘肃庆阳),次年竣工。

张载 22 岁,弟张戬 12 岁。

宋仁宗庆历二年(1042)

三月,辽威胁宋,宋以岁增银 10 万两、绢 10 万匹议和。九月,西夏攻掠渭州,宋军败于定川寨(今宁夏固原西北)。王安石中进士。

张载 23 岁,弟张戬 13 岁。张载撰《庆州大顺城记》。

宋仁宗庆历三年(1043)

李元昊上书请和。八月,范仲淹任枢密副使、参知政事(副相),开始变法,史称“庆历新政”。次年六月,变法失败。

张载 24 岁,弟张戬 14 岁。

宋仁宗庆历四年(1044)

宋、夏议和,李元昊被封为夏国主,宋输岁币 20 万于夏。

张载 25 岁，弟张戬 15 岁。

宋仁宗庆历五年(1045)

范仲淹、富弼、韩琦等被罢。石介卒。

张载 26 岁，弟张戬 16 岁。

宋仁宗庆历六年(1046)

张载 27 岁，弟张戬 17 岁。弟张戬奋起自力，随兄求学。

宋仁宗庆历七年(1047)

蔡京生。

张载 28 岁，弟张戬 18 岁。

宋仁宗庆历八年(1048)

李元昊卒，子谅祚继位，宋封其为夏国王。

张载 29 岁，弟张戬 19 岁。张戬被地方选为乡贤贡生。

宋仁宗皇祐元年(1049)

广源州(安南，今越南)侬智高反宋。

张载 30 岁，弟张戬 20 岁。

宋仁宗皇祐二年(1050)

张载 31 岁，弟张戬 21 岁。

宋仁宗皇祐三年(1051)

米芾生。

张载 32 岁，弟张戬 22 岁。

宋仁宗皇祐四年(1052)

范仲淹卒。侬智高北犯，围广州，诏枢密副使狄青讨之。

张载 33 岁，弟张戬 23 岁。

宋仁宗皇祐五年(1053)

狄青大破侬智高。

张载 34 岁，弟张戬 24 岁。张戬中进士，任陕西阌县(治所在今河南灵宝)主簿。是年二月，岐州(今陕西岐山)大旱，致人相食。

宋仁宗至和元年(1054)

张载 35 岁，弟张戬 25 岁。张载受在长安任职的故相文彦博赏识，被聘往学宫为士子表率。《横渠先生行状》云："方未及第时，文潞公以故相判长安，闻先生名行之美，聘以束帛，延之学宫，异其礼际，士子矜式焉。"约于此时，游师雄从学于张载。

宋仁宗至和二年(1055)

张载36岁，弟张戬26岁。张戬被调任普润(今陕西麟游县境内)县令。

宋仁宗嘉祐元年(1056)

胡瑗管理太学。

张载37岁，弟张戬27岁。张载至京师开封应举，讲《易》于相国寺，与二程共语道学之要。《横渠易说》撰成于此年前后。张戬被调任陕州灵宝县令。

宋仁宗嘉祐二年(1057)

孙复卒。

张载38岁，弟张戬28岁。张载受知于欧阳修，与程颢、苏轼、苏辙、吕大钧一起考中进士。约于是年，吕大钧从学于张载。及第后，张载先授任祁州(今河北安国)司法参军，不久迁移任丹州云岩(今陕西宜川)县令，政事以敦本善俗为先。

宋仁宗嘉祐三年(1058)

张载39岁，弟张戬29岁。

宋仁宗嘉祐四年(1059)

朝廷诏河南处士邵雍不至。胡瑗卒。

张载40岁，弟张戬30岁。张载与程颢论“定性”功夫。张戬被调往渠州(今四川渠县)县任职。

宋仁宗嘉祐五年(1060)

西夏攻扰大顺柔远沽城(今甘肃庆阳一带)，被环庆(治所在今甘肃庆阳)经略安抚使蔡挺击败。王安石任三司度支判官。苏轼任凤翔府(今陕西凤翔)签书判官。

张载41岁，弟张戬31岁。

宋仁宗嘉祐六年(1061)

张载42岁，弟张戬32岁。弟张戬被调陕西蒲城县令。

宋仁宗嘉祐七年(1062)

包拯卒。

张载43岁，弟张戬33岁。张载闻立皇太子，甚喜。

宋仁宗嘉祐八年(1063)

仁宗崩，仁宗无子，太宗曾孙赵曙即位，是为英宗。

张载44岁,弟张戬34岁。张戬调金堂(今四川金堂)县任。

宋英宗治平元年(1064)

张载45岁,弟张戬35岁。

宋英宗治平二年(1065)

张载46岁,弟张戬36岁。

宋英宗治平三年(1066)

西夏入寇环庆(今甘肃庆阳)。契丹改国号"大辽"。

张载47岁,弟张戬37岁。张载应王乐道之邀到京兆郡学讲学。讲学中,多教人以德,告诫学生少留恋科举,多习尧舜之道。

宋英宗平治四年(1067)

英宗崩,长子赵顼即位,是为神宗。蔡挺击溃入寇的夏军。

张载48岁,弟张戬38岁。张载任渭州(治所在今甘肃平凉)签书军事判官。为蔡挺所尊礼,军府之政,大小咨之。张载夙夜从事,赞助之力颇多。

宋神宗熙宁元年(1068)

诏王安石越次入对。京师地震。

张载49岁,弟张戬39岁。张载撰《与蔡帅边事画一》《泾原路经略司论边事状》《经略司画一》等,对边事问题做了深入探讨。是年,受武功(今陕西武功)主簿张山甫之邀,讲学于武功绿野亭。苏昞、吕大临约于此时从学于张载。

宋神宗熙宁二年(1069)

王安石任参知政事(副相),开始变法,史称"熙宁变法"或"熙宁新政"。

张载50岁,弟张戬40岁。因吕公著推荐,宋神宗召张载到京师汴梁,询问治国之道,张载对曰:"为政不法三代,终苟道也。"神宗甚悦,欲任以要职,张载以初到中央对朝廷情况不甚熟悉予以婉谢。神宗授张载为崇文院校书。王安石邀请张载参与变法,因对王安石变法有不同看法,张载予以婉拒。后外派至明州(今浙江宁波)审理苗振贪赃案。是年,张载与程颐论修养功夫。弟张戬被诏为监察御史里行。

宋神宗熙宁三年(1070)

王安石继续推行新法。司马光、吕公著、程颢、苏轼等人被罢。

张载51岁,弟张戬41岁。张载审理苗振案后还朝。张戬上书批评王安石变法,被贬为公安(今湖北公安)知县。张载遂以病为由,辞官归眉县横渠镇。终日俯而读，仰而思，著述讲学，在书院东西门墙上书《贬愚》《订顽》（即《东铭》《西铭》）。与李复讨论“宗子之法”，并买田分井，梳东西二渠，将井田试验于乡，人称“夫子渠”。作《答范巽之书》《并答范巽之》及《与吕微仲书》，并作《真像堂记》。是年，李复举荐张载。

宋神宗熙宁四年（1071）

张载52岁，弟张戬42岁。是年，张戬被贬为夏县（今山西夏县）转运使。

宋神宗熙宁五年（1072）

欧阳修卒。程颢罢归洛。

张载53岁，弟戬43岁。在横渠镇著述讲学。闻蔡挺迁为枢密副使，张载书《贺蔡密学启》曰：“兹审显被眷图，擢陲要近。宠辉之涣，虽儒者至荣。付任所期，盖朝廷有待。蔼传中外，孰不欣愉！”以示对蔡挺的祝贺和寄托。

宋神宗熙宁六年（1073）

周敦颐卒。

张载54岁，弟张戬44岁。张载隐居横渠，著述讲学，并在扶风午井（今陕西扶风午井乡）、长安子午镇（今陕西西安长安区子午镇）、蓝田（今陕西蓝田）等地，划子午正方位，试验“井田制”。午井、子午镇的来历由此而得。是年，张载与吕大钧、吕大临讨论“保甲法”。

宋神宗熙宁七年（1074）

因新法遭到众多反对，王安石罢相。

张载55岁，弟张戬45岁。

宋神宗熙宁八年（1075）

王安石复入相。

张载56岁，弟张戬46岁。张载因年老患病，书《老大吟》七绝一首：“老大心思久退消，倒巾终日面岧峣。六年无限诗书乐，一种难忘是本朝。”

宋神宗熙宁九年（1076）

王安石谢病求去，诏免王安石相，判江宁府（今江苏南京）。

张载57岁，弟张戬47岁。是年，张戬被贬为凤翔（今陕西宝鸡）司竹监（管理竹子的官员）。三月，张戬卒。张载悲痛万分，亲撰张戬墓志铭，编定《弟戬丧服纂要》（已佚），并葬张戬于父亲张迪墓右侧。是年秋，“感异梦”的张载，收集整理自己一生的言论与心得，著成《正蒙》，传给门人，并说：“此书予历年致思之所得……大要发端示人而已，其触类之广，则吾将有待于学者。

正如老木之株，枝别固多，所少者润泽华叶尔。”

宋神宗熙宁十年(1077)

邵雍卒。

张载58岁。在秦凤路(治所在今甘肃天水)任职的吕大防向神宗举荐张载说:“张载之学，善法圣人之遗意，其术略可措之以复古。”宋神宗再度召张载至汴京，授以同知太常礼院。九月，邵雍病，张载和司马光、二程朝夕伴侍，谈论《易经》。是年，张载与礼官议礼不合，辞官西归，路过洛阳。与二程又论理学、井田、礼教及“龙女衣冠”之事等。张载说:“载病不起，尚可及长安。”十二月，行至临潼驿舍卒。当时唯外甥宋京在身边，因无买灵棺之钱，宋京连夜哭告长安，张载弟子吕大钧、苏炳等哭奔临潼，奉柩归眉，主办丧葬。

宋神宗元丰元年(1078)

程颢作诗悼念张载，司马光撰《又哀横渠诗》《论谥书》。翰林院学士许诠等上奏朝廷，乞加赠恤。神宗下诏按崇文院三馆之职，赐丧费官支半数。三月，张载依古礼葬于眉县横渠镇南大振谷口父张迪墓左侧向南。

张载有一子名张因，此时尚幼，与母寄居在河南娘家。

此时，关中学者多从学于二程。

南宋嘉定十三年(1220;或嘉定十六年，1223)，宁宗赐谥“明公”(或谥“献”)。南宋理宗端平二年(1235)，从祀孔庙。南宋理宗淳祐元年(1241)，封为“眉伯”。明世宗嘉靖九年(1530)，改称“先儒张子”。

参考文献

一、古代典籍

《国语集解》,徐元诰著,王树民、沈长云点校,北京:中华书局,2002年版。

《史记》,(汉)司马迁撰,北京:中华书局,1982年版。

《汉书》,(汉)班固撰,北京:中华书局,1962年版。

《晋书》,(唐)房玄龄等撰,北京:中华书局,1974年版。

《旧唐书》,(后晋)刘昫等撰,北京:中华书局,1975年版。

《新唐书》,(宋)欧阳修等撰,北京:中华书局,1975年版。

《新五代史》,(宋)欧阳修等撰,北京:中华书局,1974年版。

《续资治通鉴长编》,(宋)李焘撰,北京:中华书局,2004年版。

《续资治通鉴长编纪事本末》,(宋)杨仲良撰,北京:北京图书馆出版社,2003年版。

《宋史》,(元)脱脱等撰,北京:中华书局,1985年版。

《宋史纪事本末》,(明)陈邦瞻等撰,北京:中华书局,1977年版。

《明史》,(清)张廷玉等撰,北京:中华书局,1974年版。

《清史稿》,赵尔巽等撰,北京:中华书局,1977年版。

《尚书校释译论》,顾颉刚、刘起釪著,北京:中华书局,2005年版。

《周易正义》,(魏)王弼、(晋)韩康伯注,(唐)孔颖达等正义,《十三经注疏》,(清)阮元校刻,上海:上海古籍出版社,1997年版。

《老子道德经注校释》,(魏)王弼注,楼宇烈校释,北京:中华书局,2008年版。

《论语注疏》,(魏)何晏集解,(宋)邢昺疏,《十三经注疏》,(清)阮元校刻,上海:上海古籍出版社,1997年版。

《春秋集传纂例》,(唐)赵匡撰,《四库全书》第146册。

《孟子注疏》,(汉)赵岐注,(宋)孙奭疏,《十三经注疏》,(清)阮元校刻,上海:上海古籍出版社,1997年版。

《墨子间诂》,孙诒让著,北京:中华书局,1954年版

《荀子简释》,梁启雄著,北京:中华书局,1983年版。

《韩非子》,陈秉才译注,北京:中华书局,2007年版。

《黄帝内经》,姚春鹏译注,北京:中华书局,2010年版。

《吕氏春秋集释》,许维遹著,梁运华整理,北京:中华书局,2009年版。

《礼记正义》,(汉)郑玄注,(唐)孔颖达等正义,《十三经注疏》,(清)阮元校刻,上海:上海古籍出版社,1997年版。

《大戴礼记汇校集解》,方向东著,北京:中华书局,2008年版。

《管子校注》,黎翔凤著,梁运华整理,北京:中华书局,2004年版。

《淮南子集释》,何宁著,北京:中华书局,1998年版。

《盐铁论》,(汉)桓宽著,北京:商务印书馆,1934年版。

《论衡校释》,黄晖著,北京:中华书局,1990年版。

《王弼集校释》,(魏)王弼撰,楼宇烈校释,北京:中华书局,1980年版。

《南华真经注疏》,(晋)郭象注,(唐)成玄英疏,曹础基、黄兰发点校,北京:中华书局,1998年版。

《列子注》,(晋)张湛注,上海:上海古籍出版社,1989年影印版。

《大智度论》,[印]龙树撰,(后秦)鸠摩罗什译,《大正藏》第25册。

《物不迁论》,(后秦)僧肇撰,《大正藏》第36册。

《华严经》,(晋)佛陀波陀罗译,《大正藏》第9册。

《大乘起信论》,[印]马鸣撰,(梁)真谛译,高振农校释,北京:中华书局,1992年版。

《修习止观坐禅法要》,(隋)智顗撰,《大正藏》第46册。

《中论疏》,(隋)吉藏撰,《大正藏》第25册。

《三论玄义》,(隋)吉藏撰,《大正藏》第45册。

《华严法界观门》,(唐)法顺撰,《大正藏》第45册。

《大般若波罗蜜多经》,(唐)玄奘译,《大正藏》第6册。

《华严一乘十玄门》,(唐)智俨撰,《大正藏》第45册。

《道德经义疏》,(唐)成玄英撰,收录于《道书辑校十种》(第五册),蒙文通辑校,成都:巴蜀书社,2001年版。

《道教义枢》,(唐)孟安排集,长春:时代文艺出版社,2008年版。

《华严经探玄记》,(唐)法藏撰,《大正藏》第35册。

《修华严奥旨妄尽还原观》,(唐)法藏撰,《大正藏》第45册。

《花(华)严经文义纲目》,(唐)法藏撰,《大正藏》第35册。

《坛经》,(唐)慧能撰,《大正藏》第48册。

《唐玄宗御制道德真经疏》,(唐)李隆基,《道藏》第11册。

《唐六典》,(唐)李林甫等撰,陈仲夫点校,北京:中华书局,1992年版。

《顿悟入道要门论》,(唐)慧海撰,《卍续藏》第63册。

《华严经疏》,(唐)澄观撰,《大正藏》第35册。

《华严玄谈》,(唐)澄观撰,《卍续藏》第5册。

《原人论》,(唐)宗密撰,《大正藏》第45册

《论易之三名》,(唐)孔颖达撰,见《宋本周易注疏》,北京:中华书局,1988年影印本。

《韩昌黎全集》,(唐)韩愈撰,北京:中国书店,1991年版。

《李文公集》,(唐)李翱撰,台北:商务印书馆,1986年版。

《柳宗元集》,(唐)柳宗元撰,北京:中华书局,1979年版。

《孙明复小集》,(宋)孙复撰,《四库全书》第1090册。

《徂徕石先生文集》,(宋)石介撰,陈植锷点校,北京:中华书局,1984年版。

《周易口义》,(宋)胡瑗撰,长春:吉林出版集团,2005年版。

《悟真篇三家注》,(宋)张伯端等撰,石明辑注,北京:华夏出版社,1989年版。

《儒林公议》,(宋)田况撰,《丛书集成(初编)》,上海:商务印书馆,1937年版。

《李觏集》,(宋)李觏撰,王国轩点校,北京:中华书局,1981年版。

《直讲李先生文集》,(宋)李觏撰,《四部丛刊初编》,上海:商务印书馆,1936年版。

《欧阳文忠公文集》,(宋)欧阳修撰,《四部丛刊初编》,上海:商务印书馆,1936年版。

《周敦颐集》,(宋)周敦颐撰,陈克明点校,北京:中华书局,1990年版。

《王安石老子注辑本》,(宋)王安石传,容肇祖辑,北京:中华书局,1979年版。

《诗义钩沉》,(宋)王安石撰,邱汉生辑校,北京:中华书局,1982年版。

《临川集》,(宋)王安石撰,文渊阁本《四库全书》。

《司马文正公传家集》,(宋)司马光撰,《四库全书》第1094册。

《张载集》,(宋)张载撰,章锡琛点校,北京:中华书局,1978年版。

《二程集》,(宋)程颢、程颐撰,王孝鱼点校,北京:中华书局,1981年版。

《蓝田吕氏遗著辑校》,陈俊民辑校,北京:中华书局,1993年版。

《杨龟山集》,(宋)杨时撰,《丛书集成初编》,上海:商务印书馆,1937年版。

《滹水集》,(宋)李复撰,文渊阁本《四库全书》。

《易学辨惑》,(宋)邵伯温撰,《永乐大典》本。

《郡斋读书志》,(宋)晁公武撰,孙猛校证,上海:上海古籍出版社,1990年版。

《困学纪闻》,(宋)王应麟、(清)翁元圻等著,栾保群、田松青、吕宗力校,上海:上海古籍出版社,2008年版。

《老学庵笔记》,(宋)陆游撰,北京:中华书局,1979年版。

《伊洛渊源录》,(宋)朱熹撰,北京:中华书局,1985年版。

《近思录》,(宋)朱熹、吕祖谦撰,北京:中华书局,2011年版。

《四书章句集注》,(宋)朱熹撰,北京:中华书局,1983年版。

《朱子全书》,(宋)朱熹撰,朱杰人、严佐之、刘永翔主编,上海:上海古籍出版社,2002年版。

《朱子语类》,(宋)黎靖德编,北京:中华书局,1986年版。

《宋文鉴》,(宋)吕祖谦编,文渊阁本《四库全书》。
《张栻全集》,(宋)张栻撰,长春:长春出版社,1999 年版。
《直斋书录解题》,(宋)陈振孙撰,上海:上海古籍出版社,1965 年版。
《礼记集说》,(宋)卫湜撰,长春:吉林出版社,2005 年版。
《扪虱新话》,(宋)陈善撰,上海:上海书店,1990 年版。
《佛祖统纪》,(宋)志磐撰,《大正藏》第 49 册。
《闲居编》,(宋)智圆撰,《卍续藏》第 56 册。
《圆宗文类》,[高丽]义天撰,《卍续藏》第 58 册。
《苏魏公文集》,(宋)苏颂撰,王同策等点校,北京:中华书局,1988 年版。
《燕翼诒谋录》,(宋)王林撰,朱杰人点校,北京:中华书局,1981 年版。
《邵氏闻见录》,(宋)邵伯温撰,北京:中华书局,1987 年版。
《王阳明全集》,(明)王守仁撰,吴光等编校,上海:上海古籍出版社,1992 年版。
《困知记》,(明)罗钦顺撰,阎韬点校,北京:中华书局,1990 年版。
《王廷相集》,(明)王廷相撰,王孝鱼点校,北京:中华书局,1989 年版。
《桃溪札记》,(明)唐征鹤撰,唐鼎元辑印《武进唐氏所著书》,1948 年版。
《正蒙拾遗》,(明)韩邦奇撰,清嘉庆七年刻本。
《泾野子内篇》,(明)吕柟撰,赵瑞民点校,北京:中华书局,1992 年版。
《少墟集》,(明)冯从吾撰,文渊阁本《四库全书》。
《元儒考略》,(明)冯从吾撰,文渊阁本《四库全书》。
《关学编》,(明)冯从吾撰,陈俊民、徐兴海点校,北京:中华书局,1987 年版。
《王徵遗著》,(明)王徵撰,李之勤点校,西安:陕西人民出版社,1987 年版。
《畏天爱人极论》,(明)王徵撰,毛瑞方编注,新北:橄榄出版社,2014 年版。
《二曲集》,(清)李颙撰,北京:中华书局,1996 年版。
《东林书院志》,《东林书院志》整理委员会整理,北京:中华书局,2004 年版。
《张子正蒙注》,(清)王夫之撰,北京:中华书局,1975 年版。
《尚书引义》,(清)王夫之撰,收录于《船山全书》,长沙:岳麓书社,1988 年版。
《读四书大全说》,(清)王夫之撰,北京:中华书局,1975 年版
《船山思问录》,(清)王夫之撰,上海:上海古籍出版社,2000 年版。
《顾亭林诗文集》,(清)顾炎武撰,华忱之点校,北京:中华书局,1959 年版。
《宋元学案》,(清)黄宗羲等撰,(清)全祖望补,北京:中华书局,1986 年版。
《明儒学案》,(清)黄宗羲撰,北京:中华书局,2008 年版。
《孟子字义疏证》,(清)戴震撰,北京:中华书局,1982 年版。
《庄子集释》,(清)郭庆藩撰,王孝鱼点校,北京:中华书局,2004 年版。
《受祺堂文集》,(清)李因笃撰,清光绪十年刊本。

《古今韵考》,(清)李因笃撰,北京:中华书局,1985年影印版。

《四库全书总目》,(清)永瑢等撰,北京:中华书局,1965年版。

《三辅旧事》,(清)张澍辑,陈晓捷注,西安:三秦出版社,2006年版。

《张子年谱》,(清)武澄,《宋明理学家年谱》(第1册),北京:北京图书馆出版社,2005年版。

《砥斋集》,(清)王弘撰撰,《续修四库全书》第1404册。

《山志》,(清)王弘撰撰,何本方点校,北京:中华书局,1999年版。

《待庵日札》,(清)王弘撰撰,《续修四库全书》第1404册。

《桐阁文钞》,(清)李元春撰,清光绪十年朝邑同义文会刻本。

《清麓文集》,(清)贺瑞麟撰,清光绪二十五年刘嗣曾传经堂刻本。

《烟霞草堂文集》,(清)刘古愚撰,西安:三秦出版社,1994年版。

《关学续编》,(清)王心敬撰,陈俊民、徐兴海点校,北京:中华书局,1987年版。

《太白山人雪木李先生墓碣》,(清)王心敬撰,《槲叶集》附刊。

《槲叶集》,(清)李柏撰,清康熙三十四年刻本。

《李文孝先生行状》,(清)朱树滋撰,《关中三李年谱》附录。

《关中三李年谱》,(清)吴怀清撰,陈俊民点校,西安:陕西师范大学出版社,1992年版。

《横渠先生年谱》,(清)归曾祁撰,《儒藏·史部本·儒林年谱提要上》,成都:四川大学出版社,2007年版。

《中国哲学史教学资料汇编》(隋唐部分,下册),中国哲学史教学资料汇编编选组编,北京:中华书局,1965年版。

《全宋文》,曾枣庄、刘琳等主编,成都:巴蜀书社,1992年版。

《宋代官制辞典》,龚延明编著,北京:中华书局,2007年版。

二、研究著作

《中国哲学史》,谢无量著,北京:中华书局,1916年版。

《中国哲学史》(卷下),钟泰著,上海:商务印书馆,1929年版。

《理学纲要》,吕思勉著,上海:商务印书馆,1931年版。

《两宋思想述评》,陈钟凡著,上海:商务印书馆,1933年版。

《张载——十一世纪中国唯物主义思想家》,张岱年著,武汉:湖北人民出版社,1957年版。

《中国思想通史》(第1卷),侯外庐主编,北京:人民出版社,1957年版。

《中国历史上的宇宙理论》,郑文光、席泽宗著,北京:人民出版社,1957年版。

《中国思想通史》(第4卷,上册),侯外庐主编,北京:人民出版社,1959年版。

《理学与艺术》,钱穆著,《宋史研究集》(第7辑),台北:台湾书局,1974年版。

《中国思想史》(第3卷),罗光著,台北:台湾先知出版社,1976年版。

《中国佛学源流略讲》,吕澂著,北京:中华书局,1979年版。

《中国哲学史》(第3卷,上册),劳思光著,香港:香港友联出版公司,1980年版。

《中国哲学大纲》,张岱年著,北京:中国社会科学出版社,1982年版。

《张载的哲学思想》,姜国柱著,沈阳:辽宁人民出版社,1982年版。

《中国经学史的基础》,徐复观,台北:学生书局,1982年版。

《中国政治思想史》,萧公权著,台北:中国文化大学出版社,1982年版。

《中国历史地图集》第5册《隋·唐·五代十国时期》,谭其骧主编,北京:中国地图出版社,1982年版。

《中国哲学史通论》,范康寿著,上海:三联书店,1983年版。

《宋明理学史》(上册),侯外庐、邱汉生、张岂之主编,北京:人民出版社,1984年版。

《张载哲学思想及关学学派》,陈俊民著,北京:人民出版社,1986年版。

《宋代儒释调和论及排佛论之演进——王安石之融通儒释及程朱学派之排佛反王》,蒋义斌著,台北:商务印书馆,1988年版。

《理学范畴体系》,蒙培元著,北京:人民出版社,1989年版。

《张载哲学的系统分析》,程宜山著,上海:学林出版社,1989年版。

《中国科学技术史》第2卷《科学思想史》,[英]李约瑟著,何兆武等译,北京、上海:科学出版社、上海古籍出版社,1990年版。

《〈周礼〉主体思想与成书年代研究》,彭林著,北京:中国社会科学出版社,1991年版。

《宋明理学》,陈来著,沈阳:辽宁教育出版社,1991年版。

《二程哲学体系》,庞万里著,北京航空航天大学出版社,1992年版。

《中国哲学发展史》(隋唐卷),任继愈主编,北京:人民出版社,1994年版。

《陕西历代教育家评传》,李钟善等主编,西安:陕西人民教育出版社,1994年版

《中国哲学史大纲》,胡适著,上海:上海古籍出版社,1997年版。

《内圣外王的贯通——北宋易学的现代诠释》,余敦康著,上海:学林出版社,1997年版。

《中国哲学史新编》(下册),冯友兰著,北京:人民出版社,1998年版。

《心体与性体》,牟宗三著,上海:上海古籍出版社,1999年版。

《中国哲学史》,冯友兰著,上海:华东师范大学出版社,2000年版。

《虚气相即——张载哲学体系及其定位》,丁为祥著,北京:人民出版社,2000年版。

《张载关学》,姜国柱著,西安:陕西人民出版社,2001年版。

《北宋新学与理学》,肖永明著,西安:陕西人民出版社,2001年版。

《佛教哲学要义》,方立天著,北京:中国人民大学出版社,2002年版。

《宋明理学研究》,张立文著,北京:人民出版社,2002年版。

《宋元时期的老学与理学》,刘固盛著,西安:陕西人民出版社,2002年版。

《中国哲学史》(第3册),任继愈主编,北京:人民出版社,2003年版。

《中国历史十五讲》,张岂之主编,北京:北京大学出版社,2003年版。

《关学及其著述》,方光华等著,西安:西安出版社,2003年版。

《〈横渠易说〉导读》,丁原明著,济南:齐鲁书社,2004年版。

《道学宗主:周敦颐哲学思想研究》,杨柱才著,北京:人民出版社,2004年版。

《王安石传》,梁启超著,天津:百花文艺出版社,2005年版。

《易学哲学史》,朱伯崑著,北京:昆仑出版社,2005年版。

《中国古代本体思想史稿》,方光华著,北京:中国社会科学出版社,2005年版。

《中国哲学原论·原教篇》,唐君毅著,北京:中国社会科学出版社,2005年版。

《汉宋易学解读》,余敦康著,北京:华夏出版社,2006年版。

《荆公新学研究》,刘成国著,上海:上海古籍出版社,2006年版。

《中国哲学原论·原教篇》,唐君毅著,北京:中国社会科学出版社,2006年版。

《论语思想史》,[日]松川健二编,台北:台湾万卷楼图书出版股份有限公司,2006年版。

《气本与神化:张载哲学述论》,杨立华著,北京:北京大学出版社,2008年版。

《经学与中国哲学》,蔡方鹿主编,上海:华东师范大学出版社,2009年版。

《经术与性理》,吴国武著,北京:学苑出版社,2009年版。

《魏晋玄学论稿及其他》,汤用彤著,北京:北京大学出版社,2010年版。

《中国经学思想史》(第3卷,上册),姜广辉主编,北京:中国社会科学出版社,2010年版。

《张载的思想》,[美]葛艾儒著,罗立刚译,上海:上海古籍出版社,2010年版。

《宋明理学概述》,钱穆著,北京:九州出版社,2011年版。

《中华人文精神》,张岂之著,北京:人民出版社,2011年版。

《张载评传》,龚杰著,南京:南京大学出版社,2011年版。

《张载政治思想述论》,李蕉著,北京:中华书局,2011年版。

《宋代蓝田四吕及其著述研究》,李如冰著,北京:人民出版社,2012年版。

三、研究论文

《对"张横渠是一个唯心主义者"一文的答复》,张岱年,北京:哲学研究,1956年第4期。

《古代的关中》,史念海,《河山集》,上海:三联书店,1963年版。

《王安石的哲学思想》,漆侠,石家庄:河北大学学报(哲学社会科学版),1978年第

3 期。

《关于张载的思想和著作》,张岱年,《张载集》,北京:中华书局,1978 年版。

《罗马化汉语拼音的历史渊源》,杜松寿,西安:陕西师范大学学报(哲学社会科学版),1979 年第 4 期。

《张载理气观析疑》,丁伟志,北京:中国社会科学,1980 年第 4 期。

《论中国哲学史的逻辑体系问题》,陈俊民,西安:陕西师范大学学报(哲学社会科学版),1980 年第 4 期。

《泾阳王徵传》,陈垣著,《陈垣学术论文集》(第 1 集),北京:中华书局,1980 年版。

《关于张载著作的佚文》,程宜山,北京:中国哲学史研究,1981 年第 4 期。

《程颢程颐哲学思想异同论》,卢连章,郑州:中州学刊,1982 年第 1 期。

《张载及其陕籍后学的教育思想》,郑涵慧,西安:人文杂志,1982 年第 4 期。

《笛卡儿的"以太"、"旋涡"说与张载的"太虚即气"说》,[美]丁韪良撰,程宜山译,西安:陕西师范大学学报(哲学社会科学版),1982 年第 4 期。

《先秦儒学与宋明理学》,张岱年,郑州:中州学刊,1983 年第 4 期。

《"经学"散札》,邱汉生,北京:学习与思考,1984 年第 2 期。

《论张载的教育思想》,白洁,西安:陕西师范大学学报(哲学社会科学版),1984 年第 2 期。

《官僚政治下的三代理想——张载社会政治思想概述》,刘昶,上海:上海师范大学学报(哲学社会科学版),1984 年第 4 期。

《张载的教育思想》,刘锡辰,洛阳:河南大学学报(哲学社会科学版),1986 年第 2 期。

《新发现的〈横渠族谱〉》,高景明,西安:文博,1987 年第 4 期。

《也谈二程思想的异同》,张恒寿,郑州:中州学刊,1988 年第 5 期。

《论张载的"知礼成性"说》,邵显侠,北京:哲学研究,1989 年第 4 期。

《王徵与我国第一部机械工程学》,刘仙洲,引自宋伯胤《明泾阳王徵先生年谱》,西安:陕西师范大学出版社,1990 年版。

《王安石在北宋儒家学派中的地位》,邓广铭,北京:北京大学学报(哲学社会科学版),1991 年第 2 期。

《试论中国佛学有关心性的基本思想》,吕澂,载于《吕澂佛学论著选集》(第 3 卷),济南:齐鲁书社,1991 年版。

《张载在批判佛学中建立的哲学体系论析》,方光华,郑州:中州学刊,1991 年 5 期。

《〈横渠易说〉与张载的天人合一思想》,刘学智,西安:陕西师范大学学报(哲学社会科学版),1992 年第 2 期。

《宝鸡市档案馆征集的张载史料简介》,郑爱莲、林乐昌,北京:历史档案,1992 年第 2 期。

《张载的四书学》,龚杰,西安:西北大学学报(哲学社会科学版),1994 年第 3 期。

《张载诗文的新发现》,李裕民,太原:晋阳学刊,1994 年第 3 期。

《试谈“横渠四句”》,张岱年,北京:中国文化研究,1997 年第 1 期。

《王荆公的哲学思想》,钱穆,载于《中国学术思想史论丛》(第 5 册),台北:联经出版事业公司,1998 年版。

《张载“太虚”之气的价值意蕴》,赵馥洁,宝鸡:宝鸡文理学院学报(社会科学版),2000 年第 1 期。

《张载的实学思想及其宗教观》,张践,武汉:江汉论坛,2000 年第 1 期。

《张载对儒家人性论的重构》,林乐昌,北京:哲学研究,2000 年第 5 期。

《冯友兰〈中国哲学史〉上册审查报告》,金岳霖,载于《中国哲学史·附录》(下册),华东师范大学出版社,2000 年版。

《冯友兰〈中国哲学史〉上册审查报告》,陈寅恪,载于《中国哲学史·附录》(下册),华东师范大学出版社,2000 年版。

《宋学的渊源——后周复古与宋初学术》,饶宗颐,载于《中国宗教思想史新页》,北京:北京大学出版社,2000 年版。

《秦汉区域地理学的“大关中”概念》,王子今,西安:人文杂志,2003 年第 1 期。

《张载佚书〈孟子说〉辑考》,林乐昌,北京:中国哲学史,2003 年第 4 期。

《北宋新学与理学人性论建构的不同路径及特点》,肖永明,长沙:求索,2004 年第 2 期。

《张载的佛教观及其启示》,李承贵,厦门:厦门大学学报(哲学社会科学版),2004 年第 6 期。

《20 世纪张载哲学研究的主要趋向反思》,林乐昌,北京:哲学研究,2004 年第 12 期。

《关学及二十世纪大陆关学研究的辨析与前瞻》,刘学智,北京:中国哲学史,2005 年第 4 期。

《论关学的基本精神》,赵馥洁,西安:西北大学学报(哲学社会科学版),2005 年第 6 期。

《张载理观探微——兼论朱熹理气观与张载虚气观的关系问题》,林乐昌,北京:哲学研究,2005 年第 8 期。

《王安石的哲学思想》,贺麟,载于《文化与人生》,北京:商务印书馆,2005 年版。

《许衡对张载人性论的承接和诠释》,林乐昌,济南:孔子研究,2006 年第 12 期。

《张载之学与〈四书〉》,肖永明,长沙:船山学刊,2007 年第 1 期。

《张载的教育思想探微》,孔令华,西安:理论导刊,2007 年第 2 期。

《中国思想史研究的三个向度》,方光华,上海:学术月刊,2007 年第 4 期。

《四书升格运动与宋代四书学的兴起》,束景南、王晓华,北京:历史研究,2007 年第 5

期。《张载礼学论纲》,林乐昌,北京:哲学研究,2007 年第 12 期。

《张载两层结构的宇宙论哲学探微》,林乐昌,北京:中国哲学史,2008 年第 4 期。

《“为天地立心”——张载“四为句”新释》,林乐昌,北京:哲学研究,2009 年第 5 期。

《周文王遗言》,李学勤,北京:光明日报,2009 年 4 月 13 日国学版。

《周文王遗嘱之中道观》,李均明,北京:光明日报,2009 年 4 月 13 日国学版。

《清华简〈保训〉座谈会纪要》,刘国忠、陈颖飞,北京:光明日报,2009 年 4 月 13 日国学版。

《南大吉与王阳明——兼谈阳明心学对关学的影响》,刘学智,北京:中国哲学史,2010 年第 3 期。

《清华简〈保训〉篇解读》,廖名春,北京:中国哲学史,2010 年第 3 期。

《论张载礼学的社会教化功能与现实意义》,郝保权,西安:西北大学学报(哲学社会科学版),2010 年第 3 期。

《张载哲学的政治意涵诠释》,毕明良,长沙:船山学刊,2010 年第 4 期。

《张载“四为”之政治伦理思想价值探析》,宋义霞,西安:理论导刊,2010 年第 10 期。

《王安石人性论之演进》,毕明良,长沙:船山学刊,2011 年第 3 期。

《张载对孟子心性论思想的继承与发展》,王振华,西安:陕西师范大学学报(哲学社会科学版),2011 年 5 期。

《张载经典阅读的方法论》,李刚,西安:陕西师范大学学报(哲学社会科学版),2011 年 5 期。

《王安石新学哲学的创立》,张立文,南昌:南昌大学学报(人文社会科学版),2012 年第 1 期。

《明代〈正蒙〉诠释考略》,魏涛,西安:华夏文化,2012 年第 3 期。

《诏狱缘何涉新法:北宋祖无择案刍议》,辜梦子,广州:学术研究,2012 年第 5 期。

《“四书”经典结构形成过程的思想史考察》,董灏智,长春:东北师范大学学报(哲学社会科学版),2012 年第 6 期。

《清中期关中大儒李元春的著作和思想》,王海成,宝鸡:宝鸡文理学院学报(社会科学版),2014 年 2 期。

图书在版编目(CIP)数据

张载思想研究/方光华，曹振明著．—西安：西北大学出版社，2014.12

（关学文库/刘学智，方光华主编）

ISBN 978-7-5604-3543-5

Ⅰ.①张… Ⅱ.①方…②曹… Ⅲ.①张载（1020～1077）—哲学思想—研究 Ⅳ.①B244.45

中国版本图书馆CIP数据核字(2014)第312455号

出品人 徐 晔 马 来
篆 刻 路毓贤
出版统筹 张 萍 何惠昂

张载思想研究 方光华 曹振明 著

责任编辑 马 来 王学群 **装帧设计** 泽 海
版式统筹 刘 争
出版发行 西北大学出版社
地 址 西安市太白北路229号 **邮 编** 710069
网 址 http://nwupress.nwu.edu.cn **E-mail** xdpress@nwu.edu.cn
电 话 029-88303593 88302590
经 销 全国新华书店
印 装 西安华新彩印有限责任公司
开 本 720毫米×1020毫米 1/16
印 张 23
字 数 360千字
版 次 2015年1月第1版 2017年5月第2次印刷
书 号 ISBN 978-7-5604-3543-5
定 价 48.00元